LA LIBRAIRIE DU XXIe SIÈCLE

Collection
dirigée par Maurice Olender

Jacques Roubaud

Poétique

Remarques

Poésie, mémoire, nombre, temps,
rythme, contrainte, forme, etc.

Éditions du Seuil

ISBN 978-2-02-129549-8

www.seuil.com

Ce volume rassemble un demi-siècle de réflexions dans une forme particulière de prose que j'appelle *remarques.*

Il se compose de 15 sections de 317 remarques chacune.
317 est un nombre premier ainsi que son palindrome écrit 713.
Pour des raisons numérologiques liées au contenu, bien que non justifiées conceptuellement, 317 a été choisi. Trois raisons :
– 317 est le nombre de sonnets du *Rerum Vulgarium Fragmenta* de Pétrarque ;
– c'est le nombre fétiche de Khlebnikov ;
– enfin 317 est un des « nombres de Perec ».

J. R.

P. S. En confiant ces *Remarques* à Maurice Olender, je lui ai dit mon souhait de ne pas unifier ni corriger ces pages afin que chaque remarque soit laissée telle qu'elle apparaît dans mon texte. Écrites durant plus d'un demi-siècle, je ne les ai pas datées. En n'unifiant pas, je laisse (du moins je l'espère) une trace du temps. L'idée qui est la mienne est la suivante : chaque remarque est une image et le lecteur doit la recevoir comme telle.

A (1-317)

1. Je ne peux pas dire : je me souviens sans dire implicitement : je me rappelle que je me souviens (Phédon). Cela implique l'in (dé) fini. Mais comme fibre d'un présent du passé.
2. Les deux notions, **mémoire** et **nombre**, ont des naissances contemporaines quasi mythiques mais non mythiques : Pythagore et Simonide.
3. Leurs vies appartiennent de droit à un <u>Livre de Vies</u>.
4. La théorie des Idées n'est qu'un des points de passage du nombre à la mémoire. Et de là à la pensée.
5. **Mémoire :** continuité des souvenirs (see Épicure selon Philon), donc la constitution de l'identité personnelle. **Je me souviens donc je suis** (alg. D. Clifford).
6. Apparemment l'anamnèse ne nécessite aucune interrogation du type « qu'est-ce que X ? ». Y a-t-il une Idée, une Forme de l'anamnèse ? de la mémoire ? Algernon D. Clifford pense que non.
7. L'Idée d'âme vient de l'idée non réfléchie de mémoire. Elle est le lieu mythique (lieu du conte) de la mémoire.
8. La poésie (composée et retenue) est le seul art de mémoire qui unisse (mette en jeu) les deux pôles de la mémoire : le pôle du souvenir et celui de l'anamnèse.
9. variante : hypothèse de la troisième mémoire : la poésie comme art de mémoire. Se situe entre la mémoire-logico-mathématique, du langage, de la manipulation des outils, « skills », et la mémoire des images-souvenirs, celle qui peut-être laisse des traces localisables strictement.

10. La mémoire poétique suscite la mémoire ordinaire, sous ses trois espèces (Vico).
11. Les difficultés rencontrées par les arts de la mémoire, les mnémonistes, les mnémotechniciens et les mnémonistes naturels pour se souvenir de mots ; ex. : « je suis le ténébreux le veuf l'inconsolé ». Homère est une encyclopédie.
12. Le mythe de la mémoire peut se lire comme mythe du mythe (variante : le conte de la mémoire peut se lire comme conte du conte).
13. Le mythe est ce qu'il faut transmettre aux descendants, contre la catastrophe de la mort. La question est alors : peut-on convertir les mythes, i-e les récits transmis de génération en génération, en une « technê » ?
14. Mais cela ce sont des contes. Au fond, il n'y a pas de mythes, il n'y a que des contes (une remarque, dit-on, de Dumézil : « je n'ai jamais saisi la différence »). Je cesse de croire aux mythes.
15. Même si les arts de mémoire ne nous préservent que des informations, il n'est pas clair que l'information mémorielle soit totalement inutile à la compréhension, donc aussi à la seconde forme de la mémoire.
16. En fait il y a une certaine confusion, entraînant un déplacement de point de vue : Platon et Augustin et d'autres s'intéressent à la valeur, aux valeurs relatives des deux types de savoir (du point de vue de la pensée). Mais moi je regarde leur lien à deux types de mémoire.
17. La méthode (dans la « parole » (séminaire), dans les « échanges ») doit être conforme à la thèse (déduite de celle du *de magistro* et Platon) : ne pas amener à la première mémoire seulement, mais à la seconde (au sens de Vico, à la fois réminiscence et invention).
18. Il faut aussi critiquer, à partir de la thèse de la seconde mémoire et dans la ligne des arguments sceptiques, cette conception de connaissance, savoir, compréhension… qui nous vient du langage, donc de notre seconde mémoire, qui nous donne la croyance en le sens de ces mots.
19. Le caractère discret de la connaissance s'oppose au caractère continu de la compréhension (recollement). Les connaissances sont des souvenirs (qui constituent la première mémoire : les

souvenirs sont des événements élémentaires, la mémoire assure la continuité (solidarité) des groupements). La compréhension est mémoire (seconde mémoire).

20. On peut avoir un souvenir faux de quelque chose qui fut, mais peut-on avoir un souvenir de quelque chose qui n'était pas ?
21. Chaque souvenir est seul.
22. Un souvenir n'est jamais en conflit avec aucune ressemblance. This is *pastness*.
23. Un souvenir n'est ni plus ni moins ressemblant, ni plus ni moins différent d'un autre.
24. L'unité de la multiplicité des souvenirs a nom mémoire.
25. Les objets de la mémoire ne sont pas des substances mais des subsistances.
26. La tâche première de la mémoire est la constitution des signes (partant des significations).
27. Ombre portée par les cygnes sur les étangs.
28. La mémoire n'est pas une citation du réel mais son signal.
29. Se souvenir détruit le monde.
30. Votre langage porte votre mémoire. La mémoire naît avec lui (avant, réminiscences d'images ?), et change avec lui. Ce sont les ajouts au langage qui déterminent des ajouts à la mémoire ; la perte de mémoire est une perte de langue.
31. Peut-on appliquer la théorie de l'anamnèse au souvenir ? l'opinion (vraie) du souvenir, c'est ce dont on se souvient. Mais il y a un autre souvenir, un souvenir-savoir qui serait l'*ingegno* de Vico ?
32. Poésie : seule transcendance, non violente, non criminelle.
33. « La tâche du poète », « la tâche de la poésie » ?
34. Jamais on n'a « pensé » la poésie seulement pour elle-même (sauf Mallarmé, peut-être).
35. La transition à partir du shamanisme s'est faite vers la science, la théologie, la philosophie... dissimulant la poésie, la combattant, la confinant, la dénigrant.
36. Le « marché » est peut-être la fin de l'art. La poésie ne dépend pas du marché. La poésie peut échapper à la fin de l'art.
37. Plutôt que le « marché », le profit.
38. La poésie est salut individuel à l'âge des effondrements.
39. Mémoire et poésie orale sont liées (see Parry-Lord, Finnegans, Zumthor...).

40. L'accusation de mercantilisme portée contre Simonide, contre les sophistes, ne pourrait guère « marcher » aujourd'hui contre les poètes ; cependant, Mallarmé : « à quoi bon trafiquer… »
41. Two main trends in poetry : the poeticosophy-poeturgy : savoir et pouvoir de la langue par le sens formel/dévoilement poétique d'une *unio mystica* avec la langue.
42. Toute poésie est dans une langue. La poésie n'est mémoire du langage que dans une langue donnée.
43. La poésie est mémoire de <u>la</u> langue en étant mémoire dans <u>une</u> langue.
44. Poésie : le plus précieux des « lieux de mémoire » individuels.
45. Poésie : passage de la mémoire personnelle à la mémoire collective, (et retour), mais passage différent de celui des savoirs, des pratiques…
46. Poésie : parle à chacun, à sa mémoire ; l'éveille ; la réveille.
47. Les sourds à la poésie sont sourds à la mémoire.
48. La poésie est le nom (propre) de la langue. Une poésie, toute poésie qui mérite ce nom est un nom propre, le Nom de sa langue. L'ensemble des moments de poésie dans une langue déploie cette langue.
49. Poésie : mode de survie d'une langue morte.
50. The paradox of poetry as still-life and vanitas : « maintenant ». The poet's chief illusion is the achievement of stasis ;… it takes time, even for the most experienced reader, to read a poem, and the time it takes, no matter how short, involves action and movement. The supreme illusion for the poet is to seem to have checked the movement, to have reached stasis, balance… a moment eternal in its implication of perfect totality (Colie) see Stosskopf, P. L. Rossi.
51. axiome : il y a de la poésie.
52. raisonnement : il y a de la poésie parce qu'il y a du langage.
53. Poetry : the one faith, one value. It is a personal « gospel ».
54. The links inside language created by great poetry are a less mechanistic and childish « gematria » (rhythm) (« ce peu profond ruisseau… ») this is the deep meaning of « protonatural number ».
55. La langue d'aujourd'hui est la langue indifférente (indifférence « contraire » du vrai, selon Thom). Le vrai de la langue est la poésie.

56. Justifier les commencements de la réflexion en Grèce par la situation de fait de la poésie dans le monde à l'heure de l'universalisation du modèle capitaliste réellement existant. Or, tout vient des débuts grecs (en ce qui concerne la poésie).
57. Donc, même si la poésie est vraiment universelle (i-e de tous temps, de toutes langues : est une condition de la survie des langues), son état contemporain impose le réexamen de son origine (autrement dit il n'y a pas que la philosophie ou la science dont les « origines » sont là) (mais dans le cas de la poésie ce n'est pas un début, le début est antérieur, il n'est pas que là. Ce qui commence c'est un refus de reconnaître la poésie, ou une incapacité (pour ne pas dire refoulement)).
58. Je choisis Simonide, pas Homère (ni Orphée) : pensée de la poésie, de la poésie comme forme pensée, donc art. pas la poésie naturelle, ni la poésie sacrée.
59. Je construis un mythe de Simonide. Je construis le conte de Simonide.
60. La poésie est, quand elle est pensée poésie (la philosophie impliquant pensée de la pensée).
61. Poésie : langue de la langue.
62. Poésie : n'est pas une mimesis au sens ordinaire, mais une mimesis de la langue (see John Thompson).
63. Même s'il est légitime « d'extraire » de la pensée de la poésie, de lui « faire dire » de la pensée, on « oublie » ce faisant qu'elle est poésie. On la perd en tant qu'événement artistique de langue.
64. Poésie : dit la langue, mais ne dit-elle que cela ? elle dit tout, car la langue dit tout ce qui peut se dire, donc la poésie dit cela (se placer aussi loin que possible de la double réduction bébête de Barthes : réduction à la littérature, réduction de la littérature à ne parler que d'elle-même. Au contraire, revendiquer un dire beaucoup plus vaste).
65. Ce qu'elle dit ne peut être dit ni ailleurs ni autrement (pôle du non paraphrasable absolument, à l'opposé de la mathématique : qui tend vers la paraphrasabilité totale).
66. Simonide, la figure-Simonide, comme le premier à se reconnaître poète, au sens moderne (sens où Guillaume IX est le premier troubadour, Pythagore le premier savant-philosophe). Il représente la première naissance de l'art de poésie.

67. Translation de la distinction mémoire naturelle/art de la mémoire.
68. Les Troubadours n'ont pas inventé l'amour, mais ils ont compris l'amour par la poésie, le reprenant à la philosophie, à la théologie.
69. La poésie vit par entrelacement. Cet entrelacement est plus étroit que celui de la syntaxe (see Platon : Sophiste). C'est l'entrelacement du nombre et de la mémoire par la combinatoire rythmique. Il est fort, ne se défait pas.
70. La dialectique est une imitation du rythme, une mimesis de type « fantastique », pas une copie.
71. La poésie ne « signifie pas quelque chose » au sens d'Aristote, donc elle « n'est rien ». Mais elle « signifie » la langue. C'est une manière de signifier qui est restée invisible, indécelée par la réflexion de Platon, d'Aristote, de tous les autres (y compris les Modernes, sauf en un sens Mallarmé). La poésie signifie donc mais de manière moins triviale, plus oblique. On peut dire qu'elle ne signifie pas au premier sens, direct. Elle n'a aucun contenu philosophique, qu'on prenne le point de vue du sens ordinaire, ou celui de la phrase.
72. Les différentes positions philosophiques ont toutes leur manière propre d'« oublier » la poésie. Les sophistes seraient ceux qui empruntent, copient sa manière de non signifier, la détournent.
73. La fonction de la poésie selon la position néo-simonidienne est bien la mise en mémoire.
74. La poésie depuis l'antiquité et peut-être plus encore aujourd'hui est recouverte des contresens et des réductions qui lui furent imposés par les interprétations et les déviations proposées de son rôle.
75. Il n'y a qu'une tradition parfaite, celle des Troubadours.
76. Deux positions réductrices : la survalorisation comme essence, main dans la main avec le dénigrement comme futilité, jeu, irresponsabilité, mensonge… d'où toutes les injonctions.
77. La prose de narration au sens moderne n'a été possible que parce qu'il y a eu la poésie au sens moderne.
78. La poésie marque toujours son isolement formel par rapport aux autres activités de langage.
79. La notion de faisceau (topos, ensembles observés, « objets »

observés) peut servir de métaphore pour résoudre le problème de Protagoras.

80. Les arts de la mémoire naissent de la reconnaissance par le Simonide du conte du fait que la poésie est art de mémoire.
81. La poésie naît d'un pouvoir du langage : être effecteur de mémoire.
82. Le poète artisan : idée sceptique. Elle n'est pas suffisante.
83. Une démarche de réappropriation par la poésie. exemple : sur MXG → si quelque chose noir.
84. Aujourd'hui la poésie est l'ultime art de la mémoire : intérieure, personnelle, vivante, individuelle, restituable.
85. Le vers libre est faiblement mémorable, n'offrant qu'une faible diversité de lieux de mémoire.
86. Une caractéristique de toutes les activités langagières, particulièrement de la philosophie, c'est qu'elles n'ont aucune distance réflexive à la langue (même les philosophies dites du langage, puisqu'elles pensent le langage selon les mêmes modalités de langage que les autres). Elles jouent leurs jeux de langage en toute innocence, en tout aveuglement.
87. Pour la poésie, le langage n'est pas un instrument inadéquat (indépendamment du fait qu'il est le seul disponible) : il ne la trompe jamais, il ne lui manque jamais.
88. Pourquoi suis-je plus à l'aise avec les philosophes (Maïmonide, Saadia, dans le contexte du judaïsme) qu'avec les mystiques ? parce que le mysticisme est rival de la poésie (je dirais même, sans offense, dévoiement). La poésie prolonge le conte (et le shamanisme), nie le mythe, n'a pas d'opposition réelle avec la philosophie ou la science (même la linguistique, malgré la réaction spontanée de méfiance ou de rejet des poètes devant elle), elle est héritière du conte (position « nervalienne »). La mystique est un déplacement du mythique, lui-même travestissement du conte.
89. Parce qu'elle est dans le langage et seulement dans le langage, la poésie dit le monde de l'homme, parle pour chacun, et pour tous. Elle est la seule à le faire.
90. La poésie n'a besoin que du langage ordinaire.
91. La poésie qui est écrit-parole (toujours) (pour un œil-oreille, presque toujours) est celle qui peut entrer et sortir de l'homme.

La mémoire fixée en langue, en écrit est, sauf par la poésie, une mémoire immobilisée.

92. La naissance de la poésie, comme activité autonome, est ce « moment » : celui où elle devient écrit-parole.
93. Le vers, le poème sont des êtres numériques vivants (les vers en sont les membres).
94. Merlin : il est la figure du temps, comme futur antérieur : ce que dit Merlin ne peut être compris au moment où il le profère ; ce sont des « obscures paroles ». Mais quand on en vient au point du futur dont il parlait, on les comprend. Il nous avait dit simplement : voilà ce qui aura été dit.
95. La poésie est nombre, mais pas chiffre.
96. La poésie est méditation du langage dans le langage, mais oblique.
97. La langue, le langage sont objets absolus de la méditation de la poésie.
98. Langage et mémoire : Votre langage porte votre mémoire. La mémoire naît avec lui (avant, réminiscences d'images ?), et change avec lui. Ce sont les ajouts au langage qui déterminent des ajouts à la mémoire ; la perte de mémoire est une perte de langue.
99. méditation : retourner les techniques et stratégies de méditation contre la doctrine de l'inspiration.
100. Les techniques de la méditation mystique sont des cas particuliers de la méditation poétique, mais à des fins externes.
101. La méditation poétique commence par une contemplation de la mémoire dans la langue.
102. Je distinguerai la numérologie des poètes de celle des critiques.
103. Crépuscule à Reus : effet de soir, terrible ; les jaunes-orange, les roses, ocres, qui sortent des façades (use in Goodman : retour).
104. Il y a six dimensions visuelles (d'où spatiales) (see Calvino : l'opaque). L'espace ordinaire n'est qu'une projection réduction, simplification et rétraction. Il y a deux dimensions sonores (d'où temporelles). En tout 8 dimensions (see octaves de Cayley).
105. « res est in loco, tempus in re » ; belle définition du lieu mnémonique, mais surtout du lieu poétique rythmique.

106. La poésie n'a atteint son autonomie que du jour où elle est devenue œil-oreille.
107. Tel est le sens de la révolution simonidienne : de l'oreille à l'œil intérieur.
108. Cela passe par la trace mnémonique matérielle externe au cerveau, pas nécessairement l'écriture, au sens courant du terme (see chants pour écorce, peintures de sable).
109. Idée de lecture qui ferait naître le texte en commençant, non par le commencement du poème, mais ailleurs, avançant et reculant dans l'espace du poème accompli, enfin repris dans son ordre.
110. La composition, l'exécution (lecture), la démonstration aussi se déroulent en avançant puis en reculant depuis le point d'aboutissement : L'espace temporel du poème est ainsi fait d'un repli d'une dimension sur l'autre.
111. Un alexandrin en sa position quatre est ainsi un point de temps de coordonnées 4, 8.
112. Peut-être pas les 8 dimensions, six seulement pour la « poésie dans la page ».
113. Les deux dimensions temporelles de la poésie sont presque réduites à un point.
114. Revoir la théorie hinostrozienne du parcours de la page du point de vue de la multidimensionnalité.
115. En fait il faut généraliser au temps, au temps de la poésie (plus généralement au rythme), les deux axes croisés de la théorie d'Hinostroza.
116. L'idée de « livre » pour atteindre aux huit dimensions totales.
117. Duplication des dimensions ordinaires : il n'y a aucune raison en traversant le corps, que l'avant soit sur la même ligne que l'après. Il y a un « avant virtuel », imaginaire, distinct de l'après (même chose pour haut et bas et gauche droite) (see nyaya).
118. Dire que le poème est « maintenant », c'est dire qu'il se présente à l'esprit comme un objet plein appréhendable par la vision interne (une image du poème) globalement, anticipant sur sa fin dès avant son début.
119. Les arts de la mémoire sont un témoignage anthropologique de la domination du visuel.
120. Dans toute lecture (audition) du poème, l'anticipation existe

car on sait que le poème est une répétition de son existence antérieure, qu'il a été composé avant d'être lu-entendu (question de l'improvisation, de l'improvisation partielle de la poésie orale : elle joue plus encore sur la mémoire du préexistant anticipé).

121. Jouer sur cela pour une lecture : annoncer, mieux qu'une durée probable, quelques points de passage à l'avance.

122. Dans la sextine, les points de passage anticipés sont là, mais en même temps ils le sont selon un désordre (apparent) secrètement ordonné (si on ne le sait pas, on ne saisit pas, on n'appréhende pas réellement la permutation). (Dans la sextine, que s (n) = 1 marque cependant bien la séparation de strophes.)

123. poème : la porte ouverte sur la mémoire.

124. poème (idée de) : quand il faut lire le poème (exécution montante).

125. « Complément de noms » est un poème épique oral « formulaïque » (de formule simple, métrique ; nécessairement simple ; ce que n'est pas son « exécution »).

126. in TLS 12th july 1991 : B.B.Powell in « Homer and the origin of the Greek alphabet » puts forth the rather too coincidental notion that the greek alphabet was invented by a single man – in Euboia, to be precise – for the specific purpose of recording the two homeric epics. C'est le <u>conte de Powell</u>.

127. La réticence à la fixation rejoint la remarque (du tls) : « when committed to writing, the unique character of oral poetry evanesces. »

128. Meter is abstract oral poetry.

129. A nice paradox, typically a non non p process : that Mi. Me's work is based on dictionaries.

130. E. A. Havelock : oral language never fossilizes. Yes, but it disappears.

131. Les mètres « mesurent » les « formules » de la poésie orale formulaïque.

132. (contrairement à l'hypothèse de bernard J. (tel. 19/11/91)) Le « de memoria » d'Aristote n'oppose pas le syllogisme à la théorie des arts de mémoire de Simonide. La découverte du syllogisme est de nature mnémonique ; comme d'ailleurs celle de la syntaxe, du vers.

133. La déduction mémorielle est à la fois naturelle, universelle (« prouvée » par Cherechevski) et condition de la logique, de la syntaxe, de la métrique (du rythme dans la langue). Telle est la thèse que je proposerai, en toute irresponsabilité.

134. La faculté de raisonner vient de la mémoire, est une abstraction de son fonctionnement. Elle impose l'idée de temps (d'Aristote, comme simplement ordre séquentiel, **N** (d'où le problème de **R**)). Il y a dans le fonctionnement de la mémoire la possibilité de toutes les « déductions naturelles ».

135. Le point de départ de la pensée conceptuelle n'est pas la pensée se pensant elle-même mais la pensée de la mémoire hors de l'acte de mémoire. C'est la naissance de la « réminiscence » au sens aristotélicien et non platonicien. Et elle est le point de départ des arts de la mémoire.

136. Un titre : l'invention de Simonide. L'invention du fils de Leoprépès.

137. Le nombre, le temps, la logique (ordinaire ou autre), viennent tous de la mémoire réflexive, mémoire se reconnaissant comme telle, qui n'est pas-autre que la poésie (affirmation légèrement vaste !).

138. Le langage est une condition d'apparition de la mémoire réflexive, mais la condition absolue c'est la poésie : tel est le premier contenu de la thèse de la mémoire.

139. Tout poème a besoin d'un projet formel propre. Il peut être emprunté (sonnet).

140. La poésie est une condition de la pensée. L'écriture est une condition de l'existence de la poésie en tant que seulement poésie (donc telle que je l'entends). Il faut écriture, ou plutôt trace (see les doutes généraux sur la réalité d'une transmission purement orale, véda, druides). Le cas des chippewa, du walam olum.

141. Quand la poésie cesse d'assurer la transmission des savoirs (d'être la seule ou la principale à le faire), elle peut exister en tant que telle (et ne peut plus guère exister qu'en tant que telle). Elle assure alors seulement sa propre transmission et celle de la langue, avec un degré de résistance (non au changement mais à la destruction) inconnu aux autres formes de langage.

142. La fonction de mémoire de la poésie est d'abord directe, ensuite elle se produit « at one remove », car l'écriture assure mieux la transmission directe, au moins partiellement.
143. La poésie devient aussi mémoire de la poésie. C'est sa ténacité.
144. La « révolution simonidienne » est la naissance de la poésie comme œil-oreille.
145. Le mot oreille contient, oulipiennement, le mot œil (see Thurber, cependant).
146. L'invention des arts de la mémoire constitue une tentative de sauvetage de la conception ancienne de la poésie, des arts de la parole et de l'ouïe plus généralement (aussi le conte) permettant une traduction visuelle interne.
147. Tel est le sens du « ut pictura poesis ».
148. Il faut réapprendre à marcher dans sa tête.
149. Ce n'est pas seulement une référence commune dans la langue qui a été perdue avec la chute de la poésie, parce qu'on ne l'apprend plus, c'est toute vraie référence individuelle à la poésie.
150. Un poème doit être mémorable, pour être mémorisé, ou au moins revisité intérieurement.
151. La position « simonidienne » serait : il n'y a pas que la poésie qui est mémorisable. Tout l'est, grâce aux « arts ». On peut « traduire » l'oral en visuel. Et on peut le faire chacun pour soi.
152. Les arts de la mémoire comme tentative de sauvetage de la conception première de la poésie (et qui est valable en partie pour la conception moderne, après les troubadours) : voyez : la pensée-mémoire individuelle, autonome, séparée du langage (le langage cessant de faire partie du corps) peut, elle aussi, fonctionner dans les nouveaux contextes. Ce fut, c'est un échec évident. Il fallait montrer que la pensée-mémoire individuelle peut, elle aussi, fonctionner dans les mêmes conditions, être objet d'une technique.
153. Dans les discussions qui ont suivi l'apparition de la théorie Parry-Lord, l'opposition oral-écrit d'une part, l'insistance sur l'improvisation de l'autre (il y a une large part d'improvisation dans la poésie écrite : see Galaup de Chasteuil, et l'écriture automatique des surréalistes comme résurgence de l'improvisation), font que la mnémonique est constamment

sous-estimée. Le point essentiel est le caractère oral de la transmission, autant pour l'écoute que pour la composition-exécution. Enfin, au moins aussi importante est la nature du « matériau » : narratif ou pas, savoir à transmettre ou pas.

154. Le jeu de la poésie orale est un jeu entre répétition et invention, entre le plaisir de la surprise et celui de la reconnaissance (see Henry James). Il importe donc d'étudier le contraste entre le formulaïque et le reste. Et ceci montre encore le lien avec les stratégies mnémoniques (see la « broken formula » de Bacon et la maxime à la Rochefoucauld ; see le partimen).

155. L'opposition poésie-prose (lors de « l'invention de la philosophie ») comme signe de l'opposition oral-écrit. Mais le résultat est d'empêcher la poésie de remplir sa fonction de mémoire du langage.

156. The invention of the vowels : elles contiennent le souffle et même le souffle put être alors en partie noté.

157. La conception orale, « mimétique » de la poésie interdit l'identification de la poésie avec un individu séparé, pourvu d'une âme individuelle. C'est ce caractère qu'a conservé la poésie, d'où la lutte indispensable contre le « biographique ».

158. La seule possibilité d'écoute de la poésie aujourd'hui est celle de la « mimesis » au sens d'une identification de l'entendant avec les poèmes. Celui qui écoute doit devenir la voix d'un poème. D'où la thèse du « maintenant », encore.

159. De même que le regard de la mémoire va vers l'extérieur (les images du passé), c'est-à-dire depuis le regardant vers le regardé, et le reçoit comme regardé à son tour, de même la poésie « première » suppose aussi une réciprocité des voix intérieures. Celui qui entend un poème le dit en lui-même. Il y a retour inverse de la voix, comme de la lumière.

160. L'évidence de l'identification de l'auditeur au lecteur apparaît à qui écoute l'interprétation orale de la poésie aujourd'hui. D'où la nécessité de ne pas séparer la voix de l'œil, la nécessité de la mémoire des poèmes si on veut les « comprendre ». « Qu'est-ce que ça veut dire ? » réponse : « je répète. » Poetry is allergic to paraphrase.

161. « The mission of Socrates was to ask the poets what their poems said. » « Ce que disait le poème » : an answer to Socrates.

162. Implications d'une généralisation possible de la thèse : le calcul n'est pas mimétique ; pas d'arithmétique dans l'oralité, sans le « pas » de la pensée (même pas encore pensé, i-e avant la pensée de la pensée, i-e le pas de la mémoire isolée, interne, la mémoire de la mémoire. Dans ce cas le nombre serait d'abord métrique, l'outil de la mémorisation).

163. Deux stratégies antagonistes de la poésie : mimer la fureur divine, mimer la technê. Seuls les troubadours, ne sachant pas que la poésie était devenue inférieure du côté de la pensée… Mais eux existent au début d'une langue. Est-ce une condition ?

164. Question : une seule langue nouvelle est-elle née depuis l'imprimerie ? I see none.

165. Au début d'une langue prenant conscience d'elle-même (c'est-à-dire mémorisant sa mémoire), la poésie (Finlande ?).

166. Poetry produces images in the mind. Plus de poésie dans la tête, plus d'images.

167. « In an early 14th century ms Lady Memory stands up at the entrance of a castle, between two doors. On one door is a large ear ; on the other an eye » (un œil-œil et un œil-oreille).

168. C'est la <u>diglossia</u> associée à la dichotomie écrit-oral qui conditionne la création de la poésie au sens moderne par les Troubadours. Elle occupe le terrain sans opposition, à la différence de la poésie des Anciens qui est marquée nécessairement comme intellectuellement inférieure.

169. L'importance de la poésie des Troubadours (et de la prose vernaculaire qui en dépend) apparaît mieux. En outre le trobar a inventé le concept fondamental de toute poésie : l'amour, inséparable de l'amour de la langue.

170. La poésie est mémoire de la langue par amour, par l'amour.

171. L'oralité poétique contemporaine est une non-non oralité.

172. Le *dissoi logoi* recommande l'association de noms communs pour la mnémonique des noms propres, et réciproquement. La poésie (Gertrude) traite les noms communs comme les noms propres des choses.

173. Le poète « fabbro » pratique une « mimesis » particulière : l'imitation de la poésie par la poésie. C'est le pendant du travail d'invention de la mémoire.

174. Le « big shopper » est mon instrument d'aède.
175. Que la poésie ne dit pas « quelque chose ». Parce que ce qu'elle dit n'est pas séparable d'elle ; du moins dans les poèmes.
176. Car la poésie qui est l'absente de tout poème, dit la langue, est sa mémoire.
177. La position aristotélicienne de *Métaphysique gamma* (dans la lecture Cassin-Narcy), si on l'applique à la poésie, fait des poètes des non-hommes. La version molle et courante de cette thèse fait d'eux des enfants (pas encore hommes) ou des fous, des mystiques (un peu plus qu'hommes, ou plus hommes ou anti-hommes…).
178. Sens des arts de la mémoire : intériorisation de la mémoire externe.
179. Lutte de la mémoire interne contre la mémoire externe, plutôt que lutte de l'oral contre l'écrit, à travers une lutte de l'« aural » contre le visuel (anti-Ong). Contre le « partage des tâches » scientifiques entre langage, écriture et raisonnement (pour lequel, selon Platon et Aristote, le langage internalisé, la logique, suffit).
180. La pensée dite « occidentale » nie la mémoire, nie le rôle premier de la mémoire dans toute pensée. Elle tend à l'exclusion ou infériorisation de tout autre savoir (mémoire manuelle, gestuelle : outils, arts du geste ; mémoire langagière : poésie).
181. La conception du poète « fabbro » ou « facteur » insiste sur cette parenté des savoirs déniés.
182. À la mémoire aussi appartient le savoir du conte.
183. Le conte dit « folklorique » semble exclu de la discussion sur l'oralité : Coyote ne circule pas moins oralement qu'Homère.
184. Pour Simonide la mémoire est demi-divine : mi-âne mi-cavale.
185. Le regard antique, comme la lumière antique (théories), va de l'intérieur vers l'extérieur. C'est une vision mnémonique. L'œil interne de la mémoire éclaire les images du passé.
186. On a « oublié », à cause des théories physiques de la lumière, la lumière intérieure virtuelle qui continue le même mouvement.
187. Mémoire, mythe, regard : le passé interdit, infernal, dangereux : Eurydice, Loth. Les images sorties vivantes du souvenir se figent, s'effacent, se délitent.
188. Actéon : le voyeur frappé de mutité.

189. Merz : toujours en train de devenir une œuvre → Simonide : devenir opposé à être (Simonide in « Protagoras »).
190. Le tactile visuel chez Gesualdo et Schwitters.
191. Rapprocher Camillo de Merz.
192. Anamnèse – elle vient au secours de la pensée, pour lui permettre de chercher la réponse à la question « qu'est-ce que X ? » (pour n'importe quel X). Il faut, pour Socrate, commencer toute enquête par la définition. Le paradoxe de Ménon devrait porter là. La réponse de Nicolas de Cuse, dans sa logique pré-intuitionniste telle que je l'utilise pour mon propre compte, est : la définition qui définit toute chose n'est « pas-autre » (non aliud) que ce qu'elle définit.
193. Prose. Notion de prose-limite, comme absolument non « envahie » de poésie. Ce serait une généralisation de Morse-Hedlund au cas non associatif : pas de répétition métrique du type A-A- init (A) (qui est la ponctuation du groupement (A-A)), mais où A est n'importe quelle sous-séquence rythmiquement hiérarchisée.
194. La poésie est maintenant (un aspect de l'hypothèse) : le poème n'existe que dans le moment de sa profération ou appréhension (œil-oreille).
195. Les poèmes ne sont que dans un présent non discrétisé, plein, continu, étendu.
196. Du point de vue de la poésie, les tautologies jouent le même rôle que les paradoxes.
197. La poésie disant ce qu'elle dit en le disant ne dit pas quelque chose. Elle ne dit pas quelque chose qui serait hors d'elle, ceci ou cela. D'où on conclura aisément (selon l'opinion), qu'elle ne dit rien.
198. La poésie est comme le mètre étalon. Une langue s'y mesure, qui sans elle serait sans mesures. Mais elle ne se mesure pas elle-même.
199. La traduction est une mesure indirecte de la poésie.
200. L'effort de la théorie lussonienne serait de définir une mesure possible de la poésie (le rythme) appartenant à un autre « ordre », une ontologie régionale plus vaste (comme une longueur d'onde remplace le vieux mètre vénérable de notre enfance, celui du pavillon de Breteuil).

201. Il est vrai aussi que les alexandrins n'ont pas de modèle (sans perte). Ils se mesurent les uns les autres.
202. Formel. Les signes intéressants (ou importants) viennent toujours de loin (source : paraphrase d'un passage d'Hippocrate). D'où l'utilité du diagnostic formel pour toute lecture « substantielle » de l'œuvre d'art.
203. Telle serait une « vraie » sémiologie.
204. Le vers est « état agglutinant » de la langue.
205. Un poème devrait avoir un projet formel, pas seulement une forme prise parce qu'elle se trouvait là.
206. La poésie n'est pas une citation de la langue mais son signal.
207. La poésie est (au début) une mimesis aurale.
208. Le mot oreille contient aussi le mot réel (mais cette fois « dans le désordre »).
209. Un poème réel est sa propre idée.
210. Un poème ne se distingue pas de l'idée de lui-même.
211. Chaque poème est singulier dans la succession.
212. Dans un poème tout peut arriver.
213. La technique de la poésie est combinatoire.
214. Poésie : une pensée sans connaissance.
215. Poésie : une pensée qui perd connaissance.
216. Si vous n'avez pas (ou plus) de poèmes dans la tête, je vous plains.
217. Le récit est brouwerien, implique des « rationnels » proto-naturels ; la poésie, elle, veut seulement les entiers (proto-naturels).
218. Nombre et sonnet : il n'y a pas de traits constants du sonnet, mais tout sonnet est « un sonnet de Pétrarque » ; il y a toutes sortes de nombres, mais tous « ressemblent » aux entiers « naturels » (?).
219. La contrainte a un caractère local qui l'apparente au constructivisme (mathématique).
220. Forme-poésie : logique interne de la poésie ; elle impose « son » nombre, le nombre protonaturel. (Cependant il est présent aussi ailleurs.)
221. Idée de connecteurs protonaturels. (Ils ne sont pas associatifs, ni commutatifs…)
222. La forme-poésie ne peut pas rester seulement un objet pour lequel on n'a qu'un sentiment d'évidence. Même si on a une

« preuve » d'existence, les poèmes, il ne s'agirait que d'un objet sans propriétés directement accessibles. Il lui faut le nombre (le nombre-pour-la-poésie, i-e une particularisation du nombre protonaturel ; ou un enrichissement ? les deux ?).

223. La poésie connaît plus la dualité séparé/solidaire que celle du discret/continu.

224. La poésie, 3e mémoire, effecteur de mémoire, suscite les séquences « effinies » de souvenirs. S'il y a de l'infini en poésie, c'est une effinitude, et elle est là, dans ses effets intérieurs d'images-mémoire.

225. Les « cent mille milliards » ne sont qu'un modèle simplifié de ce qui est inhérent à la forme-sonnet : tous les premiers vers de tous les sonnets « se valent », à cause de leur situation formelle.

226. « fondation » des nombres protonaturels : le geste de l'événement : (notation).

227. Immédiatement vient le geste de la succession, de la mêmeté, qui conduit à un geste de totalisation dont le singulier sera noté différemment : **le « point »-événement** – il y a des singuliers de totalisation dans la succession ; geste de la création de l'avant-après. d'où : **a..**

228. On en déduit aussitôt par succession un **a.b..**

229. Le geste de mémorisation suppose une flèche du premier parenthésage vers le second, inversant également l'ordre des gestes de séquentialité, d'où **ba...** et une flèche de a.b.. vers lui, flèche de subordination marquant l'apparition de la flèche du temps chère à p truc l.

230. Composer de telles flèches les affaiblit.

231. C'est la version la plus simple (qui donne naissance à un modèle d'association cohérente binaire). On en définira d'autres si on veut tenir compte, dans la mémorisation, d'une totalisation des gestes de séquentialisation (=totalisation, pour 2 événements), avec tous les modèles de cohérence associative.

232. Le geste de mémorisation a un effet sur l'association. Mais il y a un autre effet : effet de commutation. (On en déduirait les arbres commutatifs.)

233. Ici apparaît la totalisation proprement dite, celle du 3, ou plutôt **a...**, qui se sépare à ce « moment » de la succession.

C'est là que la propriété des entiers (naturels) commence à la fois à négliger la flèche du temps et à supposer la mémoire absolue. On postulera un morphisme vers le trois, ou mieux un triangle morphique.

234. Exemple : **gaa**, que je ne vais pas supposer associatif, mais avec un morphisme de raccordement-déperdition d'intensité, de « réel » de **gagaa** vers **ggaaa**.

235. On voit les mêmes « phénomènes » pour les superpositions ou successions de l'opérateur d'association, **g**.

236. On postulera une « existence » des nombres de plus en plus faible à mesure qu'on progresse dans la suite « naturelle ». Les grands nombres sont de moins en moins entiers (inaccessibilité, anonymat).

237. Comparer les vitesses d'accès aux nombres à des trains : omnibus, express, rapides, tgv (on pourrait aussi commencer par la marche, puis le cheval (le vélo)...)).

238. (de l'opposition continu/discret) Un couple de termes de substitution possibles (Tennant) : fusion/fission.

239. Les grands entiers sont non séparables ou séparables seulement d'une manière excessivement coûteuse.

240. 53 : je l'atteins en 53 pas (omnibus) avec 10, 20,..., 50, 51, 52, 53, en huit pas (express plus omnibus) ; mais est-ce un entier moins « sûr » ? la certitude serait-elle de revenir à l'omnibus, à la définition pédestre des bâtons mis l'un après l'autre ?

241. L'exemple de 35 puissance 53 plus 53 puissance 35 : il est non seulement inaccessible (au sens précédent) mais anonyme en un autre sens, indiqué par Jean Bénabou, c'est-à-dire qu'on ne saurait le faire passer de sa forme arithmétique à sa forme canonique.

242. Différence entre 10 puissance 14 et neuf puissance 15 qui sont « voisins » dans la séquence canonique.

243. Apparemment le français, quand il s'approche des grands nombres, reproduit la « coupure » hurfordienne après 3 : mille, million, milliard – million, billion, trillion (l'origine « savante » se marque alors du fait qu'ici on continue). (Mais la langue ordinaire ignore, déjà, les quadrillions (absents du « petit Robert ».))

244. Serait-ce là le sens du bizarre « sorok » russe ? et du maintien

en français de quatre-vingt ? juxtaposition brouillée de 10, 20, 30 et de vingt, quarante, soixante ?

245. Distinguer, comme créant une chute de densité ou de réalité, les mots lexicaux pleins, les mots composés, les juxtapositions et enfin les constructions prépositionnelles qui elles-mêmes sont de juxtaposition limitée.

246. Ce qui veut dire qu'on ne juxtapose pas facilement des « de » : la pluralité des mondes de Lewis ; c'est une limite de « subitisation ».

247. Même chose pour des relatives emboîtées.

248. Ceci impose peut-être une généralisation de la notion de subitisation ; lui supposer une origine « numérique ».

249. On pourrait donner un « poids de réel » aux entiers d'une langue donnée.

250. Il y a des entiers virtuels, des entiers vérifiables, vérifiés.

251. Il y a les mêmes, pour quelqu'un, pour une société, une langue.

252. Je classerai les entiers par vitesse d'accès : accès successoral, accès calculatoire (théorique : récursivité ; pragmatique : ordinateurs, à la « main »), accès selon une théorie logique, multi-accès identificatoire…

253. Serait-il vrai que la difficulté du « grand », seen here for big numbers, s'étend aux résultats mathématiques, qu'il faut jalonner pour y avoir accès ?

254. Non seulement on ne peut pas compter jusqu'à cent mille milliards, mais pour des nombres plus petits on ne peut pas raisonnablement recompter.

255. <u>Des nombres protonaturels</u> : (re) construire les entiers à partir d'eux.

256. Il ne faut pas seulement une construction axiomatique ne supposant pas donnés les entiers, mais tenir compte du fait qu'écrire, reconnaître les symboles suppose déjà, si on n'y fait attention, « beaucoup » d'entiers conventionnels.

257. Dire : entiers conventionnels, ou habituels, ou historiques, plutôt que naturels.

258. Sont-ce les mêmes nombres que comptent les grecs et les iqwaye ? la mise en correspondance par changement de base : pour des nombres un peu grands il faut des vérifications trop longues.

259. Distinguer plusieurs types de vitesse : les vitesses de la langue, de l'écriture, des systèmes formels, des calculatrices…

du 'grand incendie de londres'

260. Je pense la prose comme **stratégie. de 'gril'**. « Théoriser » sur la prose seulement dans cette perspective.
261. Le premier exemple est le **rêve.**
262. Le rêve (de **GRIL**) est plutôt dans la ligne de Synésius de Cyrène que dans celle du Rêve de Scipion.
263. Le rêve initial initiateur de **GRIL** est aussi annonce, vision, prédiction, mais il ne parle pas qu'en clair. Il n'a pas la rationalité littéraire construite du rêve cicéronien (tout en étant un rêve écrit, lui aussi), il n'a pas l'incohérence d'autres rêves « naturalistiquement » pris dans la « boutique obscure ».
264. Le rêve annonce le **Projet**, le roman, mais il annonce en même temps la **destruction** de ce qu'il annonce ainsi.
265. Le rêve de GRIL a sa duplicité : passé autant par la porte de corne (le vrai) que par la porte d'ivoire (le faux).
266. Penser la prose doit affronter le problème de la **difficulté**.
267. Il y a la difficulté du cap 5 du <u>récit</u>, la pseudo-déduction, la **déduction fictive**. Mais il y a aussi la difficulté pragmatique d'entrer dans les pages initiales, culminant avec la description de la photographie « **fes** » : phrases longues, position de l'auto-description de l'auteur en train d'autorer… tout cela est stratégie d'éloignement du lecteur pressé ; du lecteur énervé de l'ère des variétés (see jeu des perles de verre).
268. Dans <u>les photos d'Alix</u>, glissement de « Fes » à « fesses » (see branche noire, sous-jacente, implicite de toute la nuit sous-entendue).
269. La prose, quelle ? ; comme prose de **destruction**.
270. Il s'agit de la destruction de la mémoire personnelle, mais aussi de l'exercice de la mémoire comme destruction, par l'anéantissement écrit des souvenirs. La mémoire m'apparaît comme une fonction destructrice, c'est-à-dire qu'elle est aussi semblable au rêve, remplit des fonctions analogues. Je compose un traité de mémoire, un traité du triple-M : Mélancolie, Méditation, Mémoire.

271. Il y a évidemment une polémique implicite avec « La recherche » de monsieur Marcel. Je dis : pas de temps perdu ; le temps n'est jamais perdu, il ne peut donc pas être retrouvé. Il est ou latent, ou détruit.

272. Poser la question de l'**allégorie : 'Gril'** est-il un roman allégorique ?

273. Mon écriture de prose est médiévale ; enfances de la prose : le rêve est comme le rêve dans le Lancelot (rêve de Galehaut). Les enchevêtrements créent une « sparterie » ; la mémoire du lecteur (et plus on avancera, plus cela sera ainsi) sera supposée absolue, même si la lisibilité de surface reste, le plus souvent, facile (il y a des choses qui arrivent, chaque « moment » repart, en quelque sorte, de rien), ce sera, c'est une prose d'entrelacement ; là est sa celtitude (certitude) (book of kells).

274. Il y a donc, très souvent, des moments allégoriques. Allégorie dissimulée plus ou moins épaissement : azerole-prose, par exemple (là c'est dit) ; mais aussi loi du croissant (une loi de la fiction).

275. Le rêve, encore, est cela, allégorie, dans la tradition rhétorique.

276. Plus vastement, donc plus modestement, la chute du Projet, le Roman, sont une allégorie de ma vie ; et, si on veut, de toute vie.

277. Un rêve est un fragment d'autobiographie involontaire. Ce rêve est **toute** mon autobiographie. à la fois comme germe, qu'on peut faire pousser, mais aussi comme condensation, qui excède tout de ce que j'en pourrais écrire.

278. stratégie narrative : un secret (ici ce qu'est le **'gril'**) qui est annoncé, mais n'est pas, ne sera pas révélé ; la révélation épuise le sens, après coup, rétrospectivement.

279. C'est l'erreur (?) de Dostoïevski dans « l'adolescent », de révéler le secret ; erreur seulement en une perspective, celle de la satisfaction du lecteur ; car il est par ailleurs nécessaire qu'il soit, comme le héros lui-même, déçu.

280. Je défendrai le caractère concret de ce livre, 'gril', proche de la vie, en disant qu'un projet intellectuel et artistique est aussi bien « stuff » du vivant que ne le sont des amours ou des conquêtes guerrières ou financières ; pas plus, pas moins. La fiction est indifférente à la hiérarchie des « sujets ».

281. Je pense à une Stratégie macintosh du texte caché.

282. Idée stratégique essentielle (à ne pas dire) : que le **'gril'** est description (entre autres) du « projet » ; que le « projet » aura été, en fait, au bout du compte, le **Projet** ; que le 'gril' aura été, en fait, au bout du compte, le **GRIL**.

283. Le 'gril', alors, doit 'recevoir' le 'projet', de manière plus systématique.

284. Nécessité de répondre à l'objection de Cl. Roy sur la « déduction palindromique » de manière précise, pas à pas. (Entre-deux-branches de la Branche un à la branche deux, mais pas seulement.)

285. Disposition des fenêtres sur l'écran en vue d'une « lecture » de Gril. (Peut-être la même que celle du roman éventuel : « l'école de la nuit ».)

286. Moments (paragraphes) et instants (alinéas) l'instant de prose du 'gril' est l'élément minimal de composition.

287. **'gril'** : Il y a quatre « consignes » (deux sont des « mystères ») : – La composition au présent – la définition (solutions littérales) – l'inévitabilité de l'achèvement – la stratégie de véridicité.

288. Le commencement ? le commencement du **Projet** et du roman est **le** rêve, donc aussi le rêve est commencement de **'gril'** et du « projet » ; une « anamnèse » du tout.

289. *commencement* ; doit être le ciment du commentaire.

290. poésie : pas seulement le vers, cas particulier du métrico-rythmique ; pas seulement le métrico-rythmique au sens traditionnel, pauvre : après extension de la notion de nombre, de celle de rythme. Le **Projet** comme poésie supposait une extension assez violente de la notion formelle de poésie.

291. Le **Projet** aurait été un « objet » mathématique, un objet d'une n-catégorie, servant de modèle à sa construction comme poème. La mathématique « finale » du Projet était celle de la partie non publiée de la thèse de Jean B. ; à partir de la thèse : la mathématique est l'étude des n-catégories ou plutôt : le mathématique est le oméga-catégorique (de la limite inductive de toutes les n-catégories).

292. La machine – composer au présent va très bien avec la virtualité écranique : la possibilité perpétuelle de l'effacement, les « disparitions » involontaires des « documents », ces « oublis », avec

leurs traces machiniques bizarres. La fluidité comme irréelle de la composition à mesure en est grandement facilitée, moins techniquement qu'intérieurement.

293. **'gril'** s'éloigne ou est en contraste, opposition, à la fois avec **GRIL** et **PROJET** en ce sens qu'il n'est pas poésie (pas mathématique non plus mais ça c'est plutôt évident et ne joue pas jusqu'ici) ; i-e est **non-PROJET** mais n'est pas non plus roman, i-e est **non-GRIL**.

294. « projet » est aisément décrit comme ruine de **PROJET**.

295. Définition de **'gril'** ; plus précisément : ce qu'il est se conformant à sa définition ; où « est » est plutôt « venant à être » (see discussion sur le poème de Simonide dans *protagoras*).

296. <u>autobiographie</u> : d'un côté « autobiographie de tout le monde », d'un côté autobiographie de J.R. ; comme outside himself (alice toklas de soi-même doit être l'autobiographe ; (toklas : plus intéressant que pessoa comme hétéronyme)), d'un côté « autobiographie de personne ».

297. L'autobiographie est un aspect réel de **'gril'** dans la mesure où c'est tout à fait de la non-poésie au sens où j'entends poésie.

298. La <u>machine</u> : bien sûr l'hypertexte, déjà annoncé et prévu pour les <u>entre-deux-branches</u>.

299. Comme non-poésie, **'gril'** ne s'interdit pas de penser (la poésie non plus d'ailleurs, mais dans **'gril'** ce n'est pas un aspect second, cela fait partie de ce qu'il est) ; soyons modeste cependant dans l'emploi du mot pensée : il s'agit de ne pas s'interdire de penser, à quoi que ce soit, mais ce sera toujours une pensée racontée, non préméditée, une pensée « comme ça », comme ça se rencontre dans la progression des choses qui arrivent.

300. <u>méfiance</u> : ne pas multiplier les moments de rumination de secteurs techniques de la pensée (une ou deux fois, dans **BOU...**).

301. Effet de la composition au présent : un aspect « organique ».

302. Effet de mémoire : dans la librairie de mi ig, cette lectrice qui me dit s'être souvenue de la présence sensuelle du savon sur un bord de lavoir : c'est un effet-mémoire (autres exemples, nombreux) ; une réussite donc (involontaire) ; cela veut dire aussi qu'il s'agit de quelque chose qui « empiète » sur le territoire de la poésie ; la poésie est tellement « refusée » par le

monde qu'elle ne produit plus cet effet (ou même si elle le produit encore, on ne va pas le chercher, on ne sait plus le chercher là).

303. Les fragments qui sont des images-mémoire, dans leur isolement typographique, sont des morceaux de prose qui pourraient être extraits en poème, en poème en prose (ou même en « vers » d'ailleurs) (c'était une suggestion de P truc L).

304. Défense de la particularité typographique des images-mémoire : intention d'isolement temporel dans la composition ; ils sont en un sens des citations. Ils sont des images-mémoire qui sont restituées en fragments-mémoire de prose ; pas composés au présent ; composés au passé et rétablis dans un présent de narration, recomposés au présent. C'est-à-dire que je veux marquer cela.

305. L'intention principale est de les disposer comme semi-prose, prose qui pourrait très directement, en un seul geste, sans effort, être faite poésie. Cet effet n'a évidemment de pertinence et d'efficacité que si on admet de se placer, en tant que lecteur, dans un jeu de langue où la poésie existe encore comme sous-jeu autorisé, compris tel.

306. Une autre intention seconde est d'arrêter, de ralentir la lecture. Il n'est pas vrai qu'il soit nécessairement évident qu'on s'y arrêterait sans cela. Il est vrai qu'il y a là une intervention « d'auteur », que la liberté du lecteur est gênée ; tant pis.

307. Il est vrai qu'il y a là une intention secondaire polémique : contre les habitudes paresseuses des lecteurs devant la typographie. Ce n'est aucunement une intention décorative.

308. Je réponds longuement, ici pour moi-même, parce qu'il s'agit d'une objection sérieuse, pas d'une simple réaction d'agacement irréfléchi.

309. J'aimerais que ces insistances formelles ne soient pas trop confondues avec des effets soap-opera (le coup de téléphone dans la cuisine, annoncé par la musique, la gravité soulignée par le geste, l'expression de l'actrice, les mots employés, etc. tout le contraire de la phrase hyper-rapide qui annonce la mort d'Albertine dans les mémoires de mr marcel ; dans une version au moins, celle de la « pléiade », « classique » ; cette remarque de lectrice (elle en fut indignée) est fondamentale, en fait)).

310. Ces « notes stratégiques » sont destinées évidemment au « prologue épistémo-critique » même si quelque substance s'en diffuse (c'est inévitable) dans les branches en cours. Le prologue épistémo-critique est la partie de 'gril' qui n'obéit pas au principe de l'écriture au présent de ce qui se raconte. Ne serait-ce que parce qu'il ne s'y raconte rien.
311. La table descriptive, avec son index, est aussi destinée à marquer le caractère « résumable » de **'gril'**. un caractère de non-poésie donc.
312. Éléments de description d'une variante de la forme-roman : quelque chose de commun avec le roman, plus exactement avec une version de la forme-roman (ce n'est qu'une version, le roman excède largement ces limitations (?)) qui serait non-poésie (selon la version de la forme-poésie que je défends) : celle dont le pôle extrême est le rompol.
313. pseudo-forme-roman : il s'agit de nier les pseudo-axiomes de la poésie.
314. Parmi les définitions simplificatrices du roman, construction d'une chimère antithétique de la définition fictive de la poésie.
315. pseudo-axiomes – a : que le roman non seulement peut se résumer, se paraphraser, dit quelque chose qu'on peut dire, mais qu'il doit réaliser, tend à réaliser ces possibilités (cette extraction de sens narratif peut être ambiguë, multiple…).
316. pseudo-axiomes – b : cette pseudo-forme-roman se prête bien à être mise, sinon en pièces, du moins en ironie (Hortense).
317. Incidemment qu'en est-il de la forme-poésie du point de vue des personnages-acteurs de la forme-roman en ce sens (« auteur », « narrateur » ? (voix ?), lecteur, éditeur…)) ; quelque chose à faire pour « Ce que disait le poème… » ? faut-il imaginer des interventions de « lecteur », ou autres, dans un poème ?

B (318-634)

318. La pseudo-forme-roman a une version « parfaite », limite, archétypale : le rompol.
319. La version limite, parfaite, limite inductive de tous les romans (en ce sens) est « The Murder of Roger Ackroyd ».
320. Ce rompol est parfaitement résumable, essentiellement résumable, et il est aussitôt exclu de toute possibilité de relecture, de lecture même si on vous en donne le résumé, sa définition.
321. Cette forme-roman, version simplifiée d'une des définitions de GRIL : chute d'énigme en mystères ; et les mystères attendent une solution, une révélation.
322. La, les solution(s), révélation(s), est (sont) une fin. Un roman doit s'achever.
323. Les lecteurs fatigués de la manière dont les romans réellement écrits, publiés tendent (tromperie sur la marchandise) à nier cette fatalité de la forme se tournent vers le roman policier (et quand ils sont encore plus fatigués par l'effort de suivre et de comprendre sinon les mystères du moins leur solution ils se tournent vers la version américaine, le Trilleur).
324. À un point ultérieur de fatigue ils vont vers la biographie (de plus en plus traitée comme rompol), l'autobiographie, les journaux, les récits de voyage, l'espionnage, les nostalgies de l'empire, les pastiches du roman du 19e, etc.
325. Le roman du 19e avait comme mystère le mariage (Trollope, see quatrième de couverture d'Allais).

326. Il y avait aussi les mystères du *bildungsroman*…
327. Diverses stratégies d'évitement : éviter de finir, de s'achever, de résoudre les problèmes, de dévoiler les mystères ; dans ce but, s'expliquer, digresser, retarder le moment final (allongement), introduire des tas de choses annexes, les descriptions, la psychologie…
328. Une version particulièrement géniale de la découverte de la nature triviale du roman, Tristram Shandy : rester avant le commencement (see *Prae*), utiliser le retard zénonien du récit sur l'événement.
329. La grande manière (vraiment post post post-moderne) c'est le roman médiéval ; prototype : le Lancelot en prose, ses embranchements… (*ambages pulcherrimae*).
330. Son anticipation de la prose ferroviaire : embranchement de Mugby.
331. Et surtout : rien que des fins provisoires.
332. Les romans du graal ont saisi la nature du temps, imperceptible sinon au futur antérieur.
333. Tristram Shandy marque une difficulté propre à la forme-roman : que le roman doit finir, être achevé et du coup devenir passé révolu.
334. Pour le lecteur, la difficulté du roman : l'impossibilité de la relecture sinon à autres fins ; c'est le problème critique ; le roman doit se lire d'abord et avant tout une seule fois.
335. C'est cela qui compte chez Sterne, plus que le simple fait qu'il raconte un avant-raconter.
336. L'horloge du grand horloger (dieu, le romancier).
337. Mettre en parallèle avec la fin horlogère dans le poème de « Morale élémentaire ».
338. Il y a une mémoire narrative qui vaut pour le conte et qui n'est pas celle en jeu pour la poésie.
339. Le roman n'est pas mémorisable, on ne peut en mémoriser que les, des linéaments, les, des articulations narratives ; on ne peut l'avoir présent entier à la mémoire. Mais il faudrait avoir présent (pour les grand romans), omniprésent le fil narratif.
340. Mémoire absolue exigée pour la lecture des romans du graal : supportée par la stratégie formelle de l'entrelacement (ces fils qui réapparaissent à des milliers de pages de distance, ces

fils repris ou changeant de « couleur » chez les continuateurs ou les remanieurs).

341. Don Quichotte est roman au sens moderne car il est achevé (Cervantès tue son héros pour interdire les suites).
342. Titre. – **poésie** : (→ **'gril'**, branche 4).
343. Titre – poésie : ménage.
344. La poésie ne dit pas le vrai, et ne dit pas le beau, le bon, le juste, etc. puisqu'elle ne dit pas le vrai (elle dirait le vrai du beau, du bon, du juste…) mais le roman ? qu'est-ce qu'un roman qui dirait le vrai…
345. **'gril'** s'efforce à cette variante ironique, piège du vrai, la véridicité.
346. Les images-mémoire de **La Boucle** sont des effecteurs de mémoire pour le lecteur.
347. Le recul homérique ossianique des Chants de Maldoror préfigure la version plus systématique d'« Ulysses », de Lowry (« divine comédie "ivre" »). C'est la forme-roman « appuyée » (fantasmatiquement) sur la poésie.
348. L'inachèvement : Musil.
349. **'gril'** : l'achèvement dans l'inachèvement.
350. Préparer le diagnostic de « Finnegans wake » : travestissement de la poésie.
351. Je n'envisage pas l'hypertexte comme prolifération incontrôlée des « lectures possibles » au hasard, c'est-à-dire les versions informes de cette technique machinique : plutôt comme une multiplication réglée de parcours offerts de lecture, certains entièrement dirigés, certains semi-dirigés (les mots soulignés dans le texte des branches), d'autres enfin, bien sûr, libres.
352. J'y disposerai quelques mystères.
353. La mémoire absolue : elle devient de plus en plus nécessaire pour **'gril'** (et je ne la possède pas moi-même !).
354. D'où l'urgence d'avancer dans les branches (risques de répétitions, radotage).
355. Il y a une originalité « latérale » de **'gril'**.
356. poésie : « Les explosions du temps, fruits toujours mûrs pour la mémoire. »
357. Attention ! : la poésie s'affirme poésie au sens que je donne, forme-poésie satisfaisant aux pseudo-axiomes, mais elle doit

toujours « parler d'autre chose » ; autrement dit je ne vais pas tomber dans le patafouillis barthésien.

358. La ponctuation numérique (numérologique) obsessionnelle de **'gril'** (très liée aux suites de queneau) est une aussi imitation formelle de la poésie.

359. Il faudrait envisager aussi une numérotation « protonaturelle ».

360. Les annonces de **'gril'** : provisoires, révocables. Contribution recherchée à l'effet de présent de la constitution de l'ouvrage.

361. Une ligne de la forme-prose : moments of non-being.

362. Est-ce à dire que les poèmes sont des moments of being ? yes, but only in the sense that they are moments of being dans la forme-poésie.

363. Les **moments** de 'gril' sont des « maintenant » pragmatiques de sa prose (imitations du pseudo-axiome : la poésie est « maintenant »).

364. Différence entre l'exigence d'originalité de la canso (formelle) et la notion moderne, marchande, du plagiat.

365. La définition du plagiat pour le roman est conséquence de l'invention du droit de propriété littéraire. On constate qu'elle s'accorde d'abord avec la forme-roman ici définie : il faut « résumer » le livre pour exhiber les preuves, locales ou globales, du vol.

366. Mais la loi est ambiguë : car elle traite aussi des vols de morceaux de texte ; comme s'il s'agissait de poésie ou bien d'une découverte technique ou scientifique.

367. L'affaire « Verbaux » (livre de la GMT (grande tête molle) Attali)) : les « plagiats » de ce monsieur font voir une vraie caricature : on discute comme si ces banalités écrites en « journalistique » méritaient d'être protégées (see article adair).

368. Les règles d'emprunt, de citation dans les dispositions légales : idée de poèmes entièrement composés de fragments légalement « citables ».

369. Pourquoi les opéras ont-ils été au 19e de plus en plus chantés de manière à ce qu'on ne comprenne rien aux paroles ? de peur que certains en entendant ce qu'on avait fait de certains grands textes de la littérature (shakespeare par ex.) ne soient saisis de nausée. Aujourd'hui une telle « pudeur » n'est plus

nécessaire, cela apparaît absolument normal (contraster avec Purcell/Dryden).

370. Les images-mémoire sont des effecteurs de singularités (natural kinds).
371. Bien sûr, il faudrait que la révélation, dans un roman, n'épuise pas le sens, contrairement à ce qui se passe dans le rompol.

'gril'

372. **La définition** de 'gril' : elle est donnée au moment 8 (branche 1) sous forme d'une annonce au futur, qui comporte des places libres, tenant lieu de lettres devant composer 4 mots. La répartition étant 2+11+2+6.
373. Il y a hélas une coquille dans **imp-bou** et j'en suis responsable, le deuxième « mot » manquant a dix places (moment 86) ! Mais c'est resté invisible ; et pour cause.
374. Il y a plusieurs « solutions ».
375. Un peu comme dans « 53 jours ».
376. La première solution est imposée par le titre même de la branche 1 : **'le grand incendie de londres' sera la destruction du Projet**. Cette solution peut être déchiffrée, l'a été, par Philippe Boyer. Mais ce n'est pas la seule.
377. Une autre solution fournit un titre possible pour la branche 6 : **la distraction**.
378. Les autres solutions s'obtiennent par glissements à partir de la première.
379. Dans la première version de la définition dissimulée, « sera » est mis pour « coming into being » (see protagoras).
380. Le « est » dans la version de la Boucle est mis pour « aura été » (déjà dans la br 1, incises).
381. 'gril' est un « roman avec définition » (§ 64 de la br 1).
382. L'assertion 99 de la br 1 est moins contrainte : il n'y a que…
383. see § 148 de la branche 1.
384. Dans l'avertissement « expliquer, déterminer pour moi-même ce que cela sera ».
385. Sur la **fin** de 'gril', il y a une décision : le livre sera achevé, quoi qu'il arrive. La décision est dite dans la branche 1, précisée encore dans **la boucle** (§ 85) mais dans un moment qui est placé bien en avant de sa place prévue, comme devant intervenir

après les 6 branches (et en fait après les entre-deux-branches aussi, bien que je ne le dise pas) qui peut-être ne seront pas toutes écrites.

386. Mais cette décision est plus forte que ce qui est dit ; le livre sera achevé seulement par ma fin. La présentation actuelle est compatible avec une fin qui serait décidée après telle ou telle branche.

387. La composition des entre-deux-branches a été commencée dans l'entre-deux-branches (chronologique) qui sépare la publication de la br 1 du commencement de la composition de la boucle.

388. solutions de la **définition** – la destruction du – la description du (main readings) mais aussi : – le renoncement au – le déplacement du – ressouvenir – la contrefaçon – déréliction – polygraphie – polymorphie – déploration – translation – contraction – fabrication – disposition – distraction.

389. C'est du poème qu'on peut dire ce que Nabokov attribue (wishful thinking) au roman : on ne le lit pas, on le relit (see définition d'après gril-bou musique ou sph mem).

390. Je n'établis pas des frontières absolues entre poésie et prose, poésie et roman, et… ; plutôt des frontières épaisses, avec des empiétements, des « no man's land », des chevauchements…

391. 'gril' – stratégie de la véridicité – exemple des feux arrière des voitures à Seattle dans BOU-r.1. I knew it was wrong, because I had read the chapter in public, but I left it because a) respect de l'axiome b) the link to the problem of colour in memory-images in the same chapter.

392. stratégie de la véridicité : – exemple de Davila-Davilla. Meaning ? – la lettre de Canguilhem : « Ce n'est pas le dimanche mais le jeudi que vous veniez à Toulouse chez Madame Vidal. »

393. effet de véridicité : que c'est vrai, et que ça ne bouge pas. This seems to mean that pour le lecteur, habitué au roman, tout ce qui est dit est passé, achevé, ne peut pas être dépêtré de son énonciation sur la page (du moment de sa lecture), donc est vrai en ce sens étroit. C'est vrai parce que c'est écrit dans le roman (« c'est dans le livre », comme on disait « c'est dans le journal » ou, « ils l'ont dit à la télé »).

394. L'effet de vérité vient peut-être beaucoup plus de la ressemblance

de la prose du livre avec de la prose de roman que de la vraisemblance de ce que je dis. La prose composée selon la stratégie et la posture de véridicité a des chances de tomber sur un monde possible, donc de ressembler à, donc d'être vraisemblable, donc de ressembler à du vrai.

395. poésie et prose: Une des questions que pose la batterie de cuisine des pseudo-axiomes de la poésie est: la prose ne les satisfait pas? (la question m'est posée à Lisbonne à propos de vme). réponse: – après Mallarmé: la prose vaut en tant que vers rompu, dire: vaut en tant qu'ombre de la poésie, cherche à venir sur le même terrain – autre réponse: même si une prose les satisfaisait, ce ne serait jamais l'aspect principal, décisif. Comparer avec les narrations en vers. Si elles sont poésie, elles excèdent le roman; sinon, elles imitent le roman (et sont plus ou moins inutiles). Nabokov semble avoir fini par conclure (test de la traduction) qu'Eugène Onéguine était avant tout un roman.

396. vme retarde l'achèvement en multipliant les fins locales (le roman de…, pluralité de romans, pluriel du titre). Un autre ordre de lecture serait possible. L'ordre choisi est celui du parcours de chapitres associés à une figure-page, donc à la fois conventionnel, arbitraire (imite le conventionnel, l'arbitraire) n'ayant donc pas de commencement absolu ni de fin absolue.

397. Il y a des romans qui ne pensent pas: serait-ce vraiment un jugement positif? des romans qui ne disent rien: même question. La réponse est nette: les pseudo-axiomes de la poésie appliqués au roman ne marchent pas.

398. Le roman, mémoire de la langue? Jamais de manière centrale, indispensable; de manière au plus localement centrale. FW. a cette prétention (mémoire même de toutes langues) et démontre une incompréhension affligeante de ce qu'est une langue. La langue n'est pas qu'un lexique. La syntaxe de FW est triviale.

399. C'est pourquoi d'ailleurs FW plaît à tant de gens, en retard d'une guerre linguistique, qui pensent que tout est affaire de mots, de choix de mots importants, simplement ensuite mis bout à bout, « in a pleasing order ».

400. L'antonymie poésie/roman est une sous-antonymie de l'antonymie poésie/prose.

401. s'apparente à cette antonymie ? la particularise ? l'antonymie continu/discontinu : elle la signifie dans le jeu des arts du langage ?

402. Ce qui peut arriver de pire au roman c'est le « poétique ». See « la recherche » : its cloying sentimentality. On lui pardonne plus ou moins parce que ce n'est pas de la poésie.

403. Des commencements perpétuels <u>parce que</u> des fins provisoires.

'gril'

404. **'gril'** : un roman à thèse(s) ; mais on ne voit pas la (les) thèse(s).

405. **'gril'** : On peut lire la branche 1 après la branche 2.

406. **'gril'** : une ressemblance partielle avec le livre de poèmes. On peut, presque, lire chaque moment seul ; on peut (presque) ouvrir n'importe où.

407. **'gril'** : il y a une certaine originalité à ce livre (ce n'est pas spécialement cela qui est cherché ; pas un geste « moderniste ») ; mais cette originalité perd sens, devient quelconque et même s'annule entièrement si on ne la situe pas dans une perspective de maintien d'une antonymie poésie/prose, augmentée d'une antonymie poésie/roman. Sa singularité cesse d'être quelconque si on tient compte de l'existence persistante, maintenue, de ces jeux de langage comme <u>distincts</u>.

408. **'gril'** : La distinction (en <u>incise</u>) image/piction, bien que nécessaire au propos, est à la frontière de ce que je pense admissible (du côté de la lisibilité, du côté des « dix styles », du « ton de prose »).

409. **'gril'** : l'appropriation de Wittgenstein ou de Kamo no Chomei est de nature « romanesque », théoriquement irresponsable. Les <u>dix styles</u> sont très affectivement interprétables et transposables pour moi. Je les prends comme des « moods » de prose (ce qui ne veut pas dire qu'ils n'ont pas des traits formels).

410. **'gril'** : (Marseille, Philippe Boyer) : l'antonymie poésie/prose comme transposition chez l'auteur (moi) de l'opposition arithmétique/algèbre, liée à l'opposition Grecs/troubadours (la parenté « arabe »). Peut-être : je n'avais pas vu cela.

411. **'gril'** : Ph. B. remarque que si on « boucle » le § 196 sur le § 1

on écrit 1961. Cela, je le savais. (Les « choses formelles » ont moins de chances de m'échapper.)

412. **'gril'** : Ph. B. remarque le lien entre la définition des liens entre **PROJET** et **GRIL** et la notion de compactifié d'Alexandrov. (Vrai : et je ne l'avais pas vu.)

413. On translating titles : quelqu'un dans le *Times* remarque que la nouvelle traduction du titre de Proust, « In Search of lost time » aurait toutes les chances d'être lue par un lecteur innocent du contenu comme : « enquête sur les heures de travail perdues pour cause d'absentéisme ».
414. P truc L : Nous avons fait plusieurs choses ensemble ; lui surtout.
415. Perceval au château du graal a-t-il vu un boojum ?
416. « The story is told that Grothendieck, pressed for an example to illustrate a general result, finally burst out : "ok, ok, an example ? let p be a prime, say 27,…" »
417. Variante des allures de nombres : au pas, au trot, au galop.
418. Mathématiques oubliées, résultats perdus.
419. Les nombres calculables, écrivables, nommables, énumérables, épelables (pas à pas).
420. La Vulgate mathématique ne conçoit les entiers que comme écrits pas à pas : en fait, d'après Hurford « trois » n'est jamais bâti dans aucune langue comme successeur de 2.
421. La langue contient dans son anamnèse beaucoup plus d'arithmétique que celle de la vulgate (et aussi beaucoup plus de logique que la logique classique).
422. Histoire oulipienne des mathématiques : Frege est un mot en « revenentes » ; s'oppose à Cantor, lipogrammatique en e. (Legendre) (Serre) (Cartan). (Berge) versus (Gauss), Hamilton, Pascal.
423. Un sonnet en hiatus – un sonnet avec seulement des e élidés – en alternance de diérèses et synérèses –
424. (P truc L) Les rythmes sont des noemata préalables au temps.
425. (P. Truc L) On ne peut être sans avoir tété.
426. (P. Truc L) Si on devait faire attention chaque fois qu'on traverse une rue, on ne se ferait jamais écraser.

427. Derain dès l'aube, à l'heure où blanchit la campagne. – Le prince d'Aquitaine a La Tour aboli/Sa seule toile est morte…
428. Ce vers va s'achever par un monosyllabe.
429. (Hazlitt : the conversations of James Northcote esq ; (1830)) – I have always said of that dispute about burying Lord Byron on Poet's Corner, that he would have resisted it violently if he could have known of it. Not but there were many very eminent names there, with whom he would like to be associated ; but then there were others that he would look down upon. If they had laid him there, he would have got up again. See Antin with Frost.
430. La lettre, les cartes postales du prisonnier libéré (matériaux) : « le huit juillet Ah ! que je jubile… » (seulement les consonnes qui ne sont pas admises dans la contrainte du prisonnier – b d f g h k l p q t z (?)) l'étoile, le bleu là-haut, tout là-haut – hébété, la plage, et la houle liquide –   (dédicace) : à l'oulipo   je file au bal   tout bête du potage   à l'hôtel de La Baule de l'Ile d'Yeu, à Lille, Toul je lappe le bol de lait à l'aube   Toul, hôtel du Loup bad food dépité au lit diable je joue au football j'ai lu de la philo, du yoga   poutous.
431. L'œil prend la mesure visuelle de la page du poème – compare with la prospection de l'or : « the prospector sieves the undifferentiated material from the bed of the passing stream, searching for that meaningful glint among the confusion of pebbles, using sight as a probe ».
432. Problème de la présence d'un poème sur plusieurs pages – problème des sauts de page, sauts de « moments » – généraliser l'insight de Hinostroza sur la saisie de la surface visuelle de la page selon les deux axes obliques.
433. Pour Homère, les miroirs étaient blancs.
434. La difficulté du nombre : tenir à la fois du même et du différent.
435. La langue, dans sa syntaxe, est pré-protonaturelle, peut manier d'assez longues séquences (impliquerait des entiers déjà pas négligeables en énumération), pourvu cependant que ses singuliers (disons les mots) ne soient pas engagés directement dans des accumulations de mêmetés contiguës (par exemple : superpositions de « de », de relatives ; « très », cher à JB, est vite stationnaire).

436. (Hopkins 1887, préface du livre de son père *Cardinal Numbers*) – « On Welsh methods of reckoning and "spectral numbers". From number 1, which is scarcely seen, to 12, the numbers rise either uprightly, or leaning a little to the right, rising a little, and are in cheerful day-light. From 20 to 100, the numbers are as if far away to my right, and seem as in another "reach" – distant and indefinite. They appear to be returning to the left. Still farther, and behind, scattered over a sort of vague landscape, are billions, trillions and the rest – all to the left ; in blocks, not in lines. On the left of number one are a few minus numbers, and below it, swarms of fractions. The place where they appear is gloomy grass. Backgrounds of rooms and remembered open-air scenes appear in different parts of this picture or world. » Art de mémoire spontané.

437. L'arbre et la sphère : deux modes topologiques de la mémoire.

438. (short-short story) « je pense » se dit le malin génie, « donc je suis », « je serais donc capable de me persuader moi-même faussement de l'existence du monde ». « Je suis donc un être contradictoire. »

439. Ne faut-il pas supposer que toute décision initiale d'une mêmeté est ipso facto un début de totalisation, donc que le symbole vide de P truc L représente en fait une disposition de parenthèses ?

440. La poésie est la passion (souffrance) de la philosophie. Aujourd'hui donc, son ennui, sa « gêne ».

441. La « poétique » d'Aristote ne dit, en fait, rien de la poésie.

442. Comment j'ai écrit tous les livres (titre).

443. Le prétexte du passé pour écrire dans une prose passée (Michon, Quignard).

444. Définitions en S + 7. Exemples : – <u>académicien</u> : ver parasite du porc. – <u>écrivain</u> : herse destinée à émietter la croûte superficielle d'une terre. – <u>lecteur</u> : fonctionnaire romain adjoint à un proconsul. – <u>printemps</u> : forme d'un cristal qui a plusieurs faces parallèles à une même droite. « Les printemps irisés de la neige » (Nerval). – <u>été</u> : Durée qui n'a ni commencement ni fin « Il songeait à l'été futur, étrange mystère ; à l'été passé, mystère plus étrange encore » (Hugo). – <u>Poésie</u> : *pop.* argent « avoir de la poésie plein les poches » (Céline). – <u>prose</u> : caractères

quantitatifs et mélodiques des sons en tant qu'ils interviennent dans la poésie « en apprenant la poésie d'une langue, on entre plus intimement dans l'esprit de la nation qui la porte » (Staël). – ciel : *techn.* : levier à dispositif recourbé.

445. (variante : n.m.+7). Dieu : Recueil des décisions des jurisconsultes, composé par ordre de l'empereur Justinien. *Voir* codificateur.

446. Une profondeur de parenthèses étant imposée (et on ne peut procéder autrement dans la théorie minimale, 2-3), on a une associativité faible.

447. Il n'y a pas de paraphrase du souvenir.

448. Ut memoria poesis.

449. L'axiome « maintenant » : comme un souvenir est un « maintenant » du passé.

450. **1991**, poème : **U**ne **R**oute **S**eul **S**oleil !

451. (rem. 201) Il n'y a pas d'alexandrin étalon. Mais il y a de petits étalons, des alexandrins modèles.

452. Un rêve de mr Goodman : dans sa cage Laurence Sterne, le serin, répétait plaintivement : « I can't get out ! I can't get out ! » Assise sous la cage, Ophélie regardait le serin et murmurait dans sa moustache : « If you could, would you ? »

453. Nombre oulipien : de queneau, premier, ainsi que son palindrome – premier exemple : 359 (719, 953, 1907).

454. (a Clerihew ?) Le roi Nabuchodonosor/Ne voit que des opéras de Verdi/Il aime l'éclat que Nabucco donne aux ors/Verdis//

455. Titre (P truc L) Edgar Morin, prêtre.

456. (P truc L) Comme on connaît ses seins, on les soutient.

457. (P truc L) Jacques Martin Heidegger.

458. (P truc L) Un cordonnier ne doit pas pisser plus haut que ses souliers.

459. (LR) In statu (quo) cauda venenum.

460. (LR) E cosi fan tutti quanti.

461. (P truc L) : Vous entrez en forêt. Attention : un arbre peut en cacher un autre.

462. Je viens de recevoir ta dernière lettre et j'y réponds immédiatement. Tu me demandes si j'ai bien reçu ta dernière lettre et si j'ai l'intention d'y répondre. Je me permets de te faire remarquer que l'envoi de ta dernière lettre fait que la lettre

que tu m'as envoyée précédemment n'est plus désormais ta dernière lettre et que si je réponds comme je suis en train de le faire à ta dernière lettre, je ne réponds pas à celle qui est maintenant ton avant-dernière lettre. Je ne peux donc satisfaire à la demande que tu me fais dans ta dernière lettre. J'observerai par ailleurs que ta dernière lettre ne répond pas, contrairement à ce que tu affirmes (je te cite : « j'ai bien reçu ta dernière lettre et j'y réponds immédiatement ») à la lettre où je te demandais, si je ne m'abuse, si tu avais bien reçu ma dernière lettre et si tu avais l'intention d'y répondre. En l'absence d'éclaircissements et de réponses de ta part sur ces deux points auxquels j'attache (à bon droit je pense) une certaine importance, je me verrai, à mon grand regret, obligé d'interrompre notre correspondance.

463. P truc L : Il n'y a pire sourd que celui qui ne <u>peut</u> pas entendre.

464. Le poème posait une question. Mais laquelle ?

465. (Plotin) Les souvenirs n'existent pas grâce à une impression, comme une empreinte sur de la cire, disposée en l'âme, mais parce que l'âme éveille en elle-même le pouvoir de posséder ce qu'elle ne possède plus. Pour « âme », lire mémoire.

466. (Plotin) Comment un être identique et toujours semblable à lui-même aurait-il des souvenirs ? La mémoire est la trace des changements.

467. (Plotin) Se souvenir c'est penser à des choses différentes. Mémoire, s'exerçant sur les singuliers. Mémoire, perception du fait des singuliers.

468. (P truc L, 1986) On ne se baignera jamais deux fois le même dans la même baignoire pleine d'acide sulfurique.

469. Comment la poésie est-elle mémoire du langage ? par le nombre. Le nombre lie (entrelace) la poésie et le langage.

470. (rem. 469) Cet entrelacement est la mémoire.

471. La poésie : déploiement du nom (des noms) de la langue, ombre du nom de la langue.

472. La poésie oblige à une participation. Elle doit susciter une appropriation intérieure par la mémoire (être répétée sinon retenue, agitée par la voix, par la vue).

473. La poésie : le nom, le nombre et l'ombre de la langue.

474. Les bibliothèques ordonnées de PB sont un théâtre de mémoire.

475. Le bord du bord du vers (rime) n'est pas un vide, mais un blanc. (Le d deux du vers est l'événement blanc.)
476. La chromatographie diachronique du nombre (dans la langue) fait apparaître des traces d'anciens parenthésages.
477. Memory-places a way to construct in one's head mental models of numbers.

'gril'

478. Le pur visuel d'une image est incapable de donner accès au passé. Les autres sens restituent les images parce qu'ils sont plus « bas ». Ce n'est pas parce que le goût ou le parfum sont plus fidèles qu'ils nous ouvrent le passé mais parce que quand l'image du passé est plus intense elle prend le goût ou l'odorat comme effecteur. La mémoire <u>touche</u> le passé (le passé est l'enfer).
479. ('gril') Ce n'est pas l'accidentel, le souvenir spécial, unique, nécessaire découvert de manière contingente qui donne accès au passé. Il n'y a pas d'intérêt spécial pour l'accès au passé. C'est le **Projet**, la **restitution** du **Projet** qui décide de ce que la mémoire va remuer.
480. La séquence d'**images-mémoire** est une conséquence de la séquence déductive rêve-décision-**Projet**.
481. En fait il en est certainement de même (rem. 479) dans « la Recherche » mais he doesn't say so. C'est le projet narratif qui a déterminé les moments et les modes des révélations.
482. (**'gril'**, définition)/la restitution.
483. A diary, the entries of which would <u>all</u> be recollections.
484. (Wollheim) Every person has a life of his own, his one and only life, and it is the life he leads. But some, more than others… manage to give to their life a pattern, an overallness… the different measures of success that they have in making their lives of a piece.

Since it is not strained to recognize in such an interpretation of a life, in the life of wholeness, something that, in many ages, for many cultures, has been in the nature of an ideal – a grace to be cultivated or a triumph to be won – the question arises : what is the connection between this ideal unity (call it that) and the formal unity that a life possesses in virtue of being one and the same life, a person's one (and only) life? Le récit de la mémoire : je.

485. I would call the ideal unity formal unity. L'autre est l'unité informe.
486. **'gril'** is about the impossibility of such a goal (of a formal goal : le **PROJET** et **GRIL**), and at the same time is a substitute limitedly formal goal, which nevertheless tries to forge such a connection between the impossible formal life and the inevitable unformal life, so that, the being revealed to be dropped, to succeed on both counts.
487. Aubrey aurait composé Hamlet comme une vie brève, pieced together en interrogeant les fossoyeurs.
488. **'gril'** : it has <u>no theory of memory</u> (no theory of anything). Pas seulement par prudence.
489. Most autobiographers do not work on their memories but on the supposed meanings of their memories. They never question their modes of access.

490. (Whitehead) : Even perfection will not bear the tedium of infinite repetition. No ! : Even infinite repetition will not bear the tedium of perfection.
491. In « je me souviens » GP treats « reported » memory as « personal » memory.
492. Y a-t-il un moment de la vie où on n'a encore que très peu de couleurs ? Leur apparition suit-elle la séquence de Berlin-Kay ?
493. Ce dont on se souvient dépend des modes de narration dont on dispose.
494. Peu se demandent comment se produit l'arrêt sur image-mémoire. On dit : je me souviens de ceci, cela ; rien sur la manière dont on en arrive à s'arrêter sur ceci, cela.
495. Peu de couleurs dans mes souvenirs. La mémoire des couleurs dépend-elle de leur couche chronologique ? À quel moment d'établissement du « background » les « qualités » apparaissent-elles ?
496. À quel moment de l'histoire du « moi » commence-t-on à savoir que l'on rêve ?
497. Someone : Il ne partagea jamais son existence avec sa vie. Il n'avait pas conscience de la première, et l'autre lui semblait extérieure à lui, il n'était jamais à l'aise en sa présence.

498. Stade du miroir tourné contre le mur.
499. La rhétorique n'est pas le formel. Elle est constituée de discontinuités du formel érigées en règles.
500. Les images-mémoire apparaissent accompagnées de la certitude d'un passé non immédiat, lointain même parfois. Mais les choses sues (avec images ou non) semblent immédiates.
501. Les ombres du passé errent dans les palais de la mémoire.
502. Le cadre chronologique « numérisé » de la mémoire autobiographique est un parcours de mémoire. Ce sont des lieux étalons. ils ont souvent une origine externe (famille, journaux...).
503. Un exemple important de la définition du présent comme futur antérieur est celui de la « xenomoney » : la valeur d'une monnaie définie à partir de l'anticipation de sa valeur à différents points du futur.
504. L'événement élémentaire de la TRAM est un élément qui se crée lui-même à partir de son futur.
505. L'invention de la notation musicale permet l'invention du silence.
506. La poésie fut le premier art de mémoire. La découverte de la poésie (au sens moderne (i-e simonidien !)) a suscité la découverte de la mémoire. La disparition des arts de mémoire fait de la poésie le dernier exemple. Elle est le dernier refuge de la mémoire intérieure, personnelle, vivante. Elle survit (si elle survit) à l'aphasie de la mémoire.
507. Le vers libre est difficilement mémorable, étant pauvre en « lieux ».
508. Le cerveau ressemble plus à une bibliothèque de poèmes qu'à une machine de Turing.
509. « Ce qui est rigoureux est insignifiant », dit Thom. Ce qui ne l'est pas, pas moins.
510. Tous les faits sont des faits de mémoire.
511. Les faits de l'arithmético-combinatoire supportent la seconde forme de la mémoire.
512. Idée de récaténations continues.
513. Idée : de la vie comme intervalle ouvert (de temps : plus généralement un ouvert). Conte de celui qui tente de retrouver le souvenir de l'instant de sa naissance (use Kotik Letaiev) ; par méditation. Dans sa vieillesse, il s'en approche de plus en

plus. Quand il y parvient, il meurt. Ou : il y parvient quand il meurt.

514. L'envoi de lumière (mémoire) se réfléchit sur des obstacles (les souvenirs) ; recherche d'une trajectoire d'esquive vers le passé le plus lointain. (La disparition des souvenirs récents supprime de plus en plus ces obstacles.)

515. On arrive sur une rive de fleuve, qu'on ne voit que dans la mort : le Styx. On arrive sur l'autre rive à la naissance (conception). L'eau rapide (le temps) nous entraîne, et on aborde plus tard (pythagorisme).

516. Un cri intérieur précède la mort, symétrique du cri de la naissance.

517. En descendant de la colline un instant couverte de cendres.

518. (Hermann Weyl, plus ou moins) : être ainsi n'est pas être là.

519. Les singuliers-nombres n'ont pas que la propriété d'existence. Seuls les nombres « naturels » (historiques) sont ainsi.

cmmp

520. Nous ne nous faisons en fait aucune idée réelle de ce qu'est le livre de poèmes qui a pour titre « cent mille milliards de poèmes ». S'il se composait de cent mille milliards de poèmes effectivement écrits, nous ne pourrions jamais en lire qu'une toute petite partie, quantitativement quasi insignifiante. En fait nous n'en lisons jamais qu'une plus petite partie encore (la seule manière d'en lire vraiment serait de faire marcher quelque temps le programme alamo).

521. Or, dans les lectures que nous faisons effectivement, domine le sentiment que nous ne lisons en fait que les sonnets de départ. La ressemblance est très forte.

522. Le livre de Queneau est donc en apparence réductible à ses dix sonnets de base et à son geste : le geste combinatoire virtuel, la « potentialité ».

523. Ce geste, dans l'édition voulue par Queneau, n'est pas (comme dans l'édition Pléiade) purement mental. Il a une matérialisation (elle-même potentielle) : les « languettes » de papier porteuses de vers où se découpent les sonnets générateurs.

524. Lire un poème « des cent mille milliards » revient à placer des signets dans le livre. L'objet nous invite à des gestes de

lecteur, du moins de lecteur traditionnel : dix gestes successifs, semblables à ceux par lesquels on marquerait, dans un livre ordinaire, des moments d'arrêt, des appels à la relecture.

525. Chaque poème du livre potentiel est une relecture partielle (réglée) des dix sonnets qui l'engendrent.

526. Le sentiment de parenté incestueuse de tous ces poèmes entre eux nous empêche en fait, de saisir leurs différences ; comme s'il s'agissait de cent mille milliards de visages de chinois.

527. Ce sentiment nous interdit de décider s'il y a, ou non, quelque chose d'autre que les dix sonnets d'une part, et le geste combinatoire de l'autre.

528. Imaginons une expérience : un lecteur, ne connaissant ni l'idée du livre, ni les sonnets qui l'engendrent, est mis en possession, au moyen du programme alamo, par exemple, d'un certain nombre des poèmes constructibles (quelques dizaines, par exemple) (c'est une chose qui aurait été possible à un visiteur de l'exposition « les immatériaux »).

529. La lecture, une vraie lecture, faite indépendamment de la recherche du « truc », (elle présenterait des analogies avec celle des « sonnets » de Ted Berrigan, qui sont des « variations » construites sur un matériel limité de vers), pourrait donner un « pressentiment » de l'ensemble des sonnets potentiellement présent au départ du programme, quoique invisible.

530. On rétablirait ainsi, par effacement de l'affichage de la contrainte, un effet plus proche de l'intention initiale ; la disproportion entre le « poids de réalité » des sonnets effectivement écrits et de ceux qui font partie d'un hypothétique devenir potentiel, en serait, légèrement, réduite.

531. Le programme alamien « Rimbaudelaire » produit (produirait, s'il était corrigé de ses négligences) des « sonnets » dont la lecture offre, bien sûr, un sentiment moins obsédant de répétition à l'identique que celle de quelques-uns des « cent mille milliards ».

532. Remarquons qu'il a fallu la découverte par Luc Étienne d'une « erreur », la répétition possible, dans un nombre considérable des poèmes virtuels, d'un même mot à la rime (qui fait que, selon la définition tardive, dix-neuviémiste du sonnet, admise implicitement par Queneau, tous les « poèmes » ne sont pas

des sonnets), pour qu'on *mesure*, un peu, qu'ils ne sont pas tous pareils.

533. Ce *clinamen par anticipation* (qu'est une erreur dans l'application d'une contrainte) introduit une faille dans l'immense plaine (dans « l'interminable/ennui de la plaine/»).

534. On ne lira jamais *tous* les « cent mille milliards ». Le « mode d'emploi » nous en convaincrait, si nous nous laissions aller à en douter. Mais ce très grand nombre, délibérément choisi tel, est un peu plus que cela, qu'on écrit très simplement, finiment et courtement, un suivi de quatorze zéros (ou plus simplement encore, par la notation exponentielle ; et qu'on dit en cinq mots) : il s'agit, *pour toutes fins pratiques*, d'un *infini*.

535. Ce livre contient ce qui est, pour tout lecteur, une quantité infinie de poèmes.

536. Il s'agit, bien sûr, d'une infinité potentielle. En ces temps post-cantoriens, une telle précision est nécessaire. Je dirai, empruntant le terme à Yvon Gauthier, qu'il s'agit d'un *effini*. « Cent mille milliards de poèmes » est un *livre effini*.

537. Cette propriété est bien l'analogue de la propriété qui caractérise l'infini potentiel, la croissance indéfinie : aussi loin que nous pourrions aller lisant, nous pourrions toujours lire un sonnet de plus.

538. En outre le caractère effini du livre est destiné à durer. Aucun progrès de calcul, aucune rapidité ou puissance accrue des ordinateurs ne changera le fait que nous sommes et resterons des lecteurs « finis ».

539. Pour lire tous les sonnets possibles il faudrait choisir un procédé d'énumération ; par exemple, l'ordre « lexicographique-numérique » : les dix sonnets étant numérotés de 0 à 9, le premier sonnet de la liste (première page du livre contenant un sonnet) serait imprimé avec le numéro d'ordre 00000000000000 ; le deuxième aurait le numéro 00000000000001 ; il coïnciderait avec le premier sonnet pour les 13 premiers vers, mais son dernier vers serait pris dans le deuxième des dix sonnets de base. Le dernier sonnet dans cette énumération « rationnelle » aurait le numéro 99999999999999.

540. Une autre procédure envisageable, qui constituerait un hommage, serait la suivante : soit q le plus grand nombre

de Queneau inférieur à 10 puissance 14. Un nouvel ordre des sonnets serait choisi en effectuant la permutation caractéristique de la q-ine sur l'ordre précédemment défini (en admettant qu'on ait calculé q) et en laissant les derniers termes inchangés.

541. Une fois choisi un tel procédé, on pourrait entreprendre également l'édition d'un livre de cent mille milliards de pages, qui constituerait une version possible des CMMP (« cent mille milliards de poèmes »).

542. Queneau dans sa présentation nous donne une évaluation du temps de lecture du livre, mais ne nous dit pas dans quel ordre il pense qu'une telle lecture doit être effectuée. On peut donc vraisemblablement supposer que tous les ordres sont considérés comme compossibles.

543. Il s'ensuit que le livre publié contient potentiellement (10 puissance 14) ! (factorielle) livres de cent mille milliards de poèmes, « factorielle cent mille milliards » étant le nombre des ordres possibles des pages, chaque ordre imposé donnant évidemment naissance à un livre différent. C'est beaucoup, énormément plus que cent mille milliards, et cette potentialité seconde, effinie d'ordre supérieur, est aussi implicitement présente que la première.

544. Les CMMP expriment, parodient, portent à la limite une propriété commune à la plupart des formes poétiques, dont le résultat est la « ressemblance familiale » qui apparaît entre deux poèmes quelconques composés dans cette forme, indépendamment de ce que, par ailleurs, ils disent.

545. Tous les sonnets, en un sens, sont les mêmes.

546. Tous les sonnets, en un sens, sont des sonnets de Pétrarque.

547. Tous les premiers vers des sonnets pétrarquistes « sont » le premier vers d'un des 317 sonnets du Canzoniere, tous les seconds des seconds, et ainsi de suite. Autrement dit, tous les sonnets pétrarquistes appartiennent à la très très grande famille potentielle des « 317 puissance 14 » combinaisons de vers de sonnets de Pétrarque.

548. Le moment de la vieillesse, de l'épuisement d'une forme est celui où l'évidence de l'identité de tous les poèmes composés

selon la forme l'emporte, comme dans CMMP (rem. 520 *sq.*), sur leur individualité.

549. On peut dire la même chose d'un type de vers, l'alexandrin par exemple, ou le vers iambique anglais. Tel est le sens de l'expression « Vieillesse d'Alexandre ».

550. L'évidence de l'épuisement d'une forme poétique, d'un mètre, n'est pas sensible à tous, poètes et lecteurs, au même moment.

551. (Keith Waldrop) *One function of memory is to present things out of order.* Préservation d'une faible entropie ?

552. (d'une interview de Bernadette Mayer) : … *this poet Bill Kushner who is always writing while walking, and very often he is writing sonnets while walking, and he inspired us… to walk for fourteen blocks and write one line per block and, therefore, come up with some sonnets that way.* C'est bien la notion trivialisée de sonnet comme simple quatorzain.

553. Pas de mêmeté sans un double geste (mouvement) : de mémorisation puis de recordation (enregistrement/restitution ; écriture/lecture).

554. C'est déjà ce qui se passe pour un singulier unique. Il y a donc une « fibre » « au-dessus » d'un singulier, dès que posé, et en changement constant, provenant de ses différents futurs.

555. L'association (geste associatif) d'un événement de symbole « point »,., avec lui-même (son successeur dans une relation de mêmeté) est une première totalisation associative **a..**

556. Pourquoi écrire **a..** plutôt que**..a**, que **(..)** ? En fait il faudrait distinguer, selon que l'association se produit après présentation de l'événement, ou avant, demande ou non un geste de séparation (avant ou après, ou les deux).

557. Il faudrait un signe typographique de ces distinctions : les parenthèses inversées que j'ai inventées pour « **La Boucle** », par exemple.

558. Constitution de la séquence des singuliers symboliques (germe de la combinatoire) : considérons le cas d'un événement élémentaire (é.é.) « point » suivi d'un nouvel événement constitué par l'association de deux points et associé à lui. Je suppose qu'il s'agit d'un nouveau geste d'association (mais pour l'instant je conserve la relation de mêmeté pour l'éé). On a donc (selon la notation habituelle des entiers protonaturels) : **a.b..**

559. Le point et a.. sont les prégénérateurs des entiers protonaturels.
560. Doit-on distinguer (et si oui, comment ?) les symbolisations « algébrique » et géométrique (arbres : racine en l'air ou racine en bas).
561. Pourquoi le **point** plutôt que 0, ou 1 ?
562. Il faut distinguer l'association **a..** de la juxtaposition **point point**.
563. La simple admission de la possibilité de fixer des symboles, donc de les répéter identiquement et de les reconnaître comme identiques une fois répétés « suppose », déjà, un stock d'entiers ordinaires suffisant.
564. La langue nous fournit un gros stock de singuliers.
565. Les singuliers de la langue permettent des séquences de juxtaposition de « mêmes ». Mais je ne crois pas, contrairement à ce qu'on pourrait en déduire, qu'il s'agit, déjà, d'entiers ordinaires. Ils nous disent seulement : un point puis un point puis un point…
566. On ne pourrait pas répondre à la question : un point puis un point puis un point, ça fait combien ? la réponse ne pourrait être que : un point puis un point puis un point ; ou bien, ayant posé les deux séquences de juxtaposition de singuliers, on procéderait par mise en correspondance (bijection).
567. Les noms de nombres servent à compter, certes, mais d'abord à compter les nombres.
568. Les juxtapositions de mêmes ont un lien avec les « grains de conscience » chers à P truc L.
569. On pourrait remplacer l'expression « entier naturel » par « entier historique ».
570. Les séquences de juxtaposition de mêmes : des pré-entiers ?
571. **a.b..** : je ne peux l'écrire-dire-penser que si je peux y revenir, le répéter ; cela suppose obligatoirement un « retour » vers le début de la constitution (mémorisation) et une réécriture (réénonciation) à l'identique (supposé tel), donc une recordation.
572. La mémorisation d'une association est palindromique. La recordation idéale accompagne la constitution de la séquence associative, à distance, en est une translation.
573. En tenant compte de l'impossibilité de la perfection de ces

gestes, je noterai le geste de mémorisation comme une récaténation élémentaire (de symbole **G**) :

a.b.. → GabDab....

574. La recordation suppose une récaténation inverse **G'** d'où l'axiome

G'GabDabD'Gabdab... → a. b...

qui supposedly est une identité. On peut l'admettre par commodité, avec éventuellement déperdition de « réalité ».

575. On trouve alors des conditions de mémorisation (association) cohérente stricte (la fermeture du pentagone), ou faible (les axiomes de cohérence n'exprimant pas d'égalité mais des récaténations orientées). La flèche GaGbc → GGabc implique que la mémorisation cohérente faible n'est possible que si la mémorisation des associations est, elle, stricte.
576. L'associativité au sens ordinaire suppose beaucoup de conditions.
577. Les identifications supposées pour une mémorisation-recordation parfaite conduisent à la définition d'une association nouvelle, l'association ternaire **a...**
578. On a en général affaire à plusieurs « **3** » : les deux <u>trois</u> binaires et le <u>trois</u> ternaire.
579. La théorie 2-3 s'appuie sur cette distinction.
580. Avec les associations même associatives strictement, on n'a pas encore atteint les entiers ordinaires, puisqu'il faut une certaine dose de commutativité. Bien sûr, dans le cas arithmétique ordinaire, la commutativité est conséquence de l'associativité, mais on peut, sur ce chemin, commencer par une commutativité antérieure à l'associativité (arbres commutatifs).
581. Appelons <u>dissociation</u> le geste dual de l'association. C'est la « <u>deuité</u> » de Brouwer.
582. La deuité brouwerienne est un biipsisme.
583. Le geste « suivant » de la deuité est (toujours Brouwer) la relation « <u>entre</u> ».
584. La mémoire est dissociation du passé associé (« solidaire » ou « révolu »).
585. La combinatoire propre à la mémoire est celle des <u>intrications</u>.

585 bis. On obtient une version encore autre du « **3** » : le diagramme neptunien (peigne-trident) : (aba) + b = a.

586. La deuité première des intrications (par la relation <u>entre</u> et son

intervention initiale dans le diagramme neptunien) est différente de la dichotomie. Celle-ci crée la division des singuliers (substitutions, changements de niveaux d'association, greffes d'arbres).

587. La deuité et le « entre » sont une autre manière de fonder la théorie 2-3.
588. Les entiers protonaturels sont les « observations » des entiers historiques.
589. Les noms de nombres conservent la mémoire (trace) des changements de sens du concept de nombre.
590. La lecture est au livre ce que la marche est au chemin et le lecteur est à la lecture ce que le marcheur est à la marche.
591. On peut guider de la remarque précédente les interventions rythmiques dans un « hypertexte » (par exemple les ENTRE-DEUX-BRANCHES du GRIL).
592. Le mètre est le bêmatiste du vers.
593. À certains moments, il y a des bêmatistes poétiques concrets qui disent le vers : Hugo pour l'alexandrin.
594. Il y a aussi des bêmatistes de formes : Ronsard pour le premier sonnet français (jusque vers 1600).
595. La poésie n'a pas affaire à la nation mais à la langue. Il n'y a pas de poésie nationale.
596. Il serait cependant vain de revendiquer l'autonomie de la poésie et de lui donner cette fonction propre importante qu'elle serait seule à remplir, être mémoire de la langue, s'il n'y avait plus de poésie, et dans le cas d'une poésie composée dans une langue donnée, s'il n'y avait plus cette langue.
597. La poésie se heurte à des barrières douanières d'un type tout à fait particulier : les frontières des dialectes.
598. La barrière des langues, la nécessité de traduire, rend le transport de poésie économiquement prohibitif.
599. Deux solutions au problème « douanier » posé par la poésie. La première est radicale : l'<u>effacement</u> de la poésie des langues dominées. La deuxième solution est en fait assez proche de la première, et peut conduire à terme à la première, et même plus loin : l'effacement des difficultés de traduction par l'uniformisation générale, l'alignement sur les modes d'expression poétique de la langue dominante universelle, qui est l'anglais.

600. Les mêmes forces sont et seront à l'œuvre pour aligner le roman universel sur une seule variété, celle du roman écrit en langue anglaise.
601. Tout roman français présentant des difficultés de compréhension formelle ou linguistique quelconque est difficilement traduisible, dans la plupart des cas intraduisible sans d'immenses efforts, donc économiquement intraduisible.
602. L'idéal du roman marchandise : être sans frontières ; pouvoir être transmis partout sans se heurter à ces barrières retardatrices et coûteuses que sont les difficultés de traduction et de recréation qu'oppose la singularité des langues.
603. Les seules différences envisageables dans le contexte dit « du village mondial » sont superficielles, cosmétiques.
604. L'aspirine ne peut qu'être le même composant chimique dans toutes les pharmacies du monde, quel que soit le vêtement changeant sous lequel on la présente au client. Le temps du produit littéraire aspirine s'avance.
605. Il n'est pas sûr d'ailleurs que le roman lui-même, malgré de louables efforts, soit capable de s'adapter à cette situation, même en se convertissant en autre chose, le récit de voyage par exemple.
606. À l'effacement des langues au profit de la plus forte d'entre elles correspondrait l'affaissement de la langue dominante elle-même.
607. (see rem. 14) L'invention de l'idée de mythe n'est qu'une forme dégradée d'un réel de la langue : le conte.
608. (see rem. 21) Mais aucun souvenir ne peut être saisi seul.
609. Il y a toujours empiétement des souvenirs.
610. La séparation (au sens topologique le plus fort) des singuliers est une construction de pensée.
611. Ce qu'on peut espérer (et encore rarement) au mieux c'est un axiome d'accessibilité (au sens des espaces de Fréchet) : de deux souvenirs il existe un voisinage de l'un qui ne contient pas l'autre.
612. (see rem. 66) Ces figures : Simonide, Guillaume IX, Pythagore (et d'autres ?) sont des inventions, font partie de contes théoriques.
613. (see rem. 71, 72) La stratégie du coucou, la stratégie de l'assassin.

614. (see rem. 78) Nier l'isolement formel (séparation forte) de la poésie, c'est nier la poésie.
615. (see rem. 77) La crise de la narration moderne a pour origine la crise de la poésie (la question posée de sa survie).
616. (see rem. 80) Pour le conte de la poésie, l'invention des arts de la mémoire vient après, résulte de l'invention de la poésie (au sens présent).
617. (see rem. 82) elle est nécessaire. C'est une idée de sceptique à la sextus, pas pyrrhonien.
618. (see rem. 85) C'est pourquoi (?) il tend à s'appuyer sur les débris des vers plus anciens.
619. Dans ce cas (au moins pour le vers français), la succession temporelle serait, aussi, causale.
620. (see rem. 88) Cependant le conte n'a pas qu'un seul héritier : il y a le roman.
621. (see rem. 90) Mais elle a besoin de tout le langage ordinaire.
622. La poésie devrait apprivoiser les régions spécialisées du langage (la menuiserie comme la logique, la mystique comme la description des animaux).
623. (see rem. 101) Dans cette mémoire entre celle de l'apprentissage de la langue : Dominique Fourcade décrivait, dans le film sur son « atelier d'écriture » la manière dont il plaçait des bornes scolaires de phrases, des itinéraires balisés, en ne gardant que les jalons (ponctuations, durées rythmiques), les remplissant ensuite des mots de poésie.
624. (see rem. 104) Les flèches de parcours dans toutes ces dimensions sont des allers-retours incessants.
625. Idée d'une Vita Merlini comme l'une des Vies de Pythagore.
626. (see rem. 120) Dans toute lecture de poésie on lit en anticipation. On lit, on reçoit selon des anticipations possibles : si c'est un vers, de son mètre ; anticipation aussi de la rime, dans le sonnet, de sa forme, dans le livre, de la dimension du poème.
627. L'appréhension incertaine d'un poème, parfois, à l'exécution orale peut venir d'un jugement gravement erroné de la durée estimée par rapport à la durée réelle.
628. Un poème, ce poème ; jamais le poème.
629. (see rem. 133). Qu'il y a déduction mémorielle est prouvé, mieux encore peut-être, par l'exemple de Zazetsky.

630. (see rem. 139) La plupart des poèmes n'ont qu'un projet formel d'emprunt, largement irréfléchi (une quantité importante des poèmes composés en **vil** ont aussi une étendue moyenne, etc.).
631. (see rem. 146 : correction ; see 152 aussi) Plutôt que le sauvetage d'une conception ancienne, la translation de l'ancienne poésie dans le mode d'existence de la nouvelle.
632. (see rem. 151) L'art de mémoire généralise à partir du cas de la poésie, qui est le mémorisable par excellence dans la langue.
633. (see rem. 160) « Qu'est-ce que ça veut dire ? réponse : "répète !" »
634. La maladie de la poésie est un signe d'une maladie du monde : l'oubli de la mémoire.

C (635- 951)

635. Un singulier ne vient jamais seul.
636. Les singuliers sont soumis au principe du changement.
637. Tout singulier *aura été*.
638. Un singulier n'est appréhendé qu'après changement(s).
639. Même si le signe est arbitraire, cela ne veut pas dire que l'esthétique poétique doit privilégier l'arbitraire (axiome de Breton). La poésie serait alors comme le sont encore la moitié au moins (ou « l'immense majorité ») des photographies.
640. Pour faire de (grandes) choses (pour faire n'importe quelles des choses qui nous importent) il faut vivre comme si on allait mourir.
641. Mais Flaubert n'*est* pas Madame Bovary.
642. Mais ce que Flaubert veut, c'est que le lecteur soit madame B.
643. Je ne suis pas, moi non plus, madame Bovary.
644. Quand Flaubert dit « je », et pas « moi, madame Bovary » (dans ses lettres, par exemple), quand je le lis alors, suis-je Flaubert ?
645. Madame Bovary est-elle Flaubert au même sens qu'un yoghourt est Danone, ou Gervais ?
646. Un nombre est un objet dérobé à une collection.
647. S'il est vrai que tout nombre a un successeur, cela veut dire que prendre le nombre d'une collection oblige à considérer cette collection comme potentiellement ouverte ; dans l'ombre de la collection une population d'objets invisibles.
648. « l'Ontogenèse récapitule la phylogenèse » : cas parti-

culier d'une version temporelle de la correspondance macrocosme-microcosme.

649. La chute du vers (la crise de vers) a été une condition de la découverte de l'inconscient.

650. C'est Paris qui est à l'avant-garde du bouleversement poétique du 19e siècle. C'est à Paris que la psychanalyse vient non pas naître mais être « conçue ».

650 bis. La chute de la rime laisse proliférer le jeu de mots. Les conséquences : almanach vermot.

651. Mais aussi le raisonnement par l'étymologie.

652. Mais aussi Finnegans wake. (Ce n'est pas mieux.)

653. C'est le fantôme qui vient hanter le vieux Lacan.

654. La chute de ce qui « tenait » la poésie traditionnelle, qui protégeait la langue des débordements de l'inconscient est ressentie comme une offense. C'est une cause de la désaffection publique envers la poésie. C'est une cause de la haine contemporaine pour la poésie.

655. La vogue des mots-valises appartient à la même constellation de symptômes.

656. La distinction, à laquelle se laisse aller parfois l'Oulipo, entre l'idée de contrainte et l'œuvre (problème de l'art conceptuel).

657. La remarque d'Aristote sur Héraclite (séparer correctement les mots d'Héraclite, ce n'est pas facile, puisqu'on ne voit pas avec quoi ils sont liés, avec ce qui suit ou avec ce qui précède) : bien sûr, mais il n'y a pas à distinguer, car les deux se valent (le lien avec ce qui vient avant et avec ce qui vient après). Mais cela procède du fait qu'Héraclite emprunte à la poésie sa manière, car s'il est quelque chose qui est caractéristique de la poésie c'est bien cela.

658. Or cela veut dire que dans la poésie il y a une réflexion implicite sur les manifestations du temps : un discours du temps et de ses parties.

659. L'union héraclitéenne des contraires, qui n'est pas leur réconciliation par sympathie en une unité même « supérieure » est une relation biipsiste (il y a quelque chose de cela dans les « miroirs » de Guitart). Chacun des contraires est « autre de l'un ».

660. On pourrait en extraire une définition du présent comme

passé et futur en même temps (en ce sens : constituant un « deux » biipsiste). L'approximation « futur antérieur & futur dans le passé » s'avance vers une définition.

661. Difficulté irréductible dans la TRAM : les singuliers n'ont en commun que de n'avoir rien en commun. Les mêmetés sont des décisions, pas des faits. Mais ce peuvent être des décisions cohérentes (collectives) donc créant une possible réalité des faits.
662. La déduction est la mémoire de l'intuition (Descartes).
663. P truc L plus ou moins nie la nécessité de cet exercice de la mémoire.
664. La TRAM met en cause le PAS (Principe de l'Antériorité du Simple).
665. La « division du travail » pythagorique : l'arithmétique s'occupe du discret, la géométrie du continu, la musique du temps et l'astronomie du mouvement.
666. La TRAM est néo-pythagorique.
667. Proclus rapporte que la géométrie est née des inondations du Nil qui efface les configurations, les formes des champs. Elle constitue une réponse à cet « oubli ». La forme est mémoire.
668. calcul des ombres : Thalès raisonnant sur l'ombre portée par les Pyramides.
669. Le (néo) Pythagorisme est une *arithmetica universalis* (Fermat, Kronecker, Yvon Gauthier). Mais l'arithmétique de la TRAM doit être « pré-naturelle ».
670. L'arithmétique de la TRAM doit coïncider avec une arithmétique praeter-naturelle (peut-être préférable à prénaturelle) pour les « petits » nombres (la limite du « petit » étant relative). Au-delà une certaine « indistinction » est nécessaire.
671. L'image du train (La Boucle cap 1) doit se substituer à celle de la rivière du temps (A-série) coulant face à ses rives (B-série).
672. La méthode de lecture des textes que j'utilise est en un sens « philonienne » ; ses deux branches ne sont pas soutenues de Moïse et d'Homère mais de « mathématique » et « poésie ».
673. L'interprétation de la nature de la poésie demande un pythagorisme, non un platonisme.
674. No ideas but in numbers.
675. Les nombres éveillent la mémoire.

676. Pour Nicomaque de Gerasa, l'être est structuré comme un langage.
677. La tentative des premiers pythagoriciens d'arithmétisation du monde a pour « parenthésages » privilégiés le 4 et le 10. Ils reflètent quelque chose de la constitution linguistique du nombre en grec : un 4-système (indo-européen) recouvert d'un 10-système.
678. L'idée de faire du nombre un point de départ pour l'étude du monde n'est pas beaucoup plus bizarre que celle de Dumézil (plutôt moins).
679. Le cinquième solide platonicien diffère des autres dans sa « constitution » en triangles. Les triangles utilisés pour les 4 solides correspondant aux éléments reflètent la dyade (isocèles) et les non-entiers (les triangles rectangles faisant appel à l'irrationnelle diagonale).
680. La théorie aristotélicienne du nombre élimine l'idée d'un nombre comme « nom propre ». Elle fait des nombres les simples fantassins de l'armée quantitative, les soldats chargés de la quotification du monde. La distinction discret/continu n'est faite que dans cette visée.
681. Dans la forme fondamentale de Véronèse un segment infiniment grand par rapport à un segment unité est inaccessible par la juxtaposition de segments égaux. (Caractère non-archimédien de la géométrie de Giuseppe.) Mais dans la TRAM cette inaccessibilité est un fait de « durée » : atteindre un grand nombre pas à pas prend « trop de temps », trop de « pas » ; ça ne va pas assez vite.
682. L'idée d'échelles emboîtées évoque celle des niveaux rythmiques.
683. Le temps lussonien est vert. C'est un temps « à la Véronèse ».
684. Le nombre de la TRAM doit présenter un archimédisme restreint.
685. 106 est « infiniment grand » par rapport à 1.
686. De ce qui n'a jamais été la poésie se souvient.
687. Aussi : de ce qui n'a jamais été la photographie se souvient.
688. Dans le piège, le hérisson ne peut pas abandonner tous ses piquants.
689. Quelques philosophes tentent d'approcher le « maintenant »

de la poésie par le fragment, l'aphorisme… Ce sont des ruines de vers, d'unités de poésie (Kierkegaard).

690. L'instant de Kierkegaard comme *prolepsis*, prénotion de la poésie.
691. Le vers est un infiniment grand (Veronésien) par rapport à chacune de ses positions : la vitesse d'énumération métrique (compter le vers) est insuffisante intrinsèquement par rapport à la saisie de la totalité du vers, sa contemplation à l'ouïe, sa mémoire-anticipation.
692. Rapprocher de l'argument anti-zénonien d'Essenine-Volpine.
693. Je pense parce que je me souviens.
694. La poésie, dites-vous, est difficile. Surtout si vous êtes dans l'ignorance de la poésie qui se fait. Restez trois mois au lit sans sortir et voyez comme la marche est difficile.
695. Sur la deuité : he lexado de ser vuestro/por ser vos/que lexo era ser dos//
696. Les trois fictions philosophiques que combat Badiou représentent trois manières de nier ou travestir en fait le rôle du langage. Pourquoi ? Parce que ce sont des manières modernes de nier ou travestir la poésie.
697. Notre temps est celui de la perte de mémoire.
698. Parenté de l'Étranger d'Athènes et du *Man from Porlock*.
699. C'est le conte, avant le roman, qui est victime de la sophistique.
700. Le roman soumet le conte au temps (d'une A-série) ; le conte, lui, invente une A-série, invente un temps.
701. La poésie est le NUN du Parménide lu par Damascius.
702. La sophistique (les sophistiques) est (sont) aussi coucou(s) du conte.
703. (voir rem. 658) titre : discours croisés du temps et de ses parties.
704. (voir rem. 681) Le vers est un bêmatiste de poésie.
705. Deux modalités du quasi-infini : – « l'infini pour toutes fins pratiques » (différentes versions) – l'incommensurabilité.
706. Il faut qu'un poème soit ouvert et fermé.
707. (see rem. 650 *sq.*) Le mimétisme de la rime, image mimique, a été désigné (du doigt) comme homonymie, donc comme pseudo- (Sophiste) : telle fut l'accusation du Pseudo-Turpin à Verlaine.

708. La haine de la rime, mauvaise mimesis, ne s'en débarrasse pas : retour involontaire dans la passion du calembour, dans la frénésie étymologique, la fascination pour le mot-valise.

709. Il y a eu, il y a toujours le même contresens sur la nature de la rime chez ceux qui veulent imposer ou comprendre la rime comme stricte homonymie phonique.

710. La deuité de la rime, son biipsisme, fait partie de l'amors.

711. Ce vers s'achèvera par un heptasyllabe (see rem. 428) : on ne peut pas mettre « dissyllabe » si on veut que ce soit un alexandrin.

712. Les nombres ne sont pas seulement dans la tête, ne sont pas dans la nature, concrète ou idéale (pi in the sky).

713. Le nombre naît de la perception des objets singuliers et de leur identité préservée par mêmeté (identité extrapolée arbitrairement ad libitum dans l'idée de « nombre naturel »). Le nombre naît donc du temps, c'est-à-dire du rythme et mémoire.

714. La partie non paraphrasable de la mathématique est la partie non découverte, son futur, son imprévisibilité (l'intuition des conjectures). Au contraire la partie de la poésie non paraphrasable est la poésie même, toujours au futur, dans un avant-lecture.

715. Dans l'univers mémoriel la plus grande partie de la masse des souvenirs est obscure ; mais c'est elle qui déforme la lumière du passé, dans notre présent.

716. La mémoire : radiations ; les souvenirs : poussières.

717. On étendra la notion de distinction (préférable à celle de mesure) pour la définition opératoire des impartibles (qui élimine celle de chronon, d'atomes...) à la séquence des nombres ; il y a énormément de séquences d'entiers distinctes (peut-être pas autant et aussi distinctes que chez Essenine-Volpine !) qui se séparent dans leur traitement différent du distinct et de l'indistinct (chaque séquence étant « non-connexe » (Benzécri), « à trous »)).

718. (see rem. 322) Un poème, à la différence d'un roman, tend à ne pas s'achever.

719. La poésie n'est pas « maintenant » au sens où le maintenant est un point-limite dans le temps mais au sens (dérivé de Damascius) (d'après l'« instantané » du Parménide) où il est

un endroit du temps, là où l'illimité de la mémoire saisit le temps, le « pince ».

720. (see rem. 332) Avec Guiron le courtois, ils découvrirent aussi le passé postérieur.
721. (see rem. 334) On pourrait même considérer qu'il s'agit d'une aporie de la critique.
722. (see rem. 336) Est-ce la « raison » du commencement « horloger » de Sterne ?
723. (see rem. 337 : variante) Le commencement horloger de Tristram Shandy est le « symétrique » du poème de « Morale Élémentaire ».
724. (see rem. 175) Pas le poème, mais les poèmes.
725. (see rem. 189) L'être de la poésie est tout entier maintenant dans le devenir (comme dirait Damascius).
726. L'éternité en un clin d'œil : poésie.
727. (see rem. 194) Un poème est un NUN (maintenant) ; pas un « maintenant » point-limite, mais un NUN qui saisit le temps, et lui fait avaler de force l'éternité (étant entendu que l'éternité n'est pas infinie au sens plein : n'est infinie qu'au sens d'incomparable).
728. Pas « l'éternité », donc, mais une éternité (niveaux incommensurables de la TRAM ; see Véronèse).
729. (see rem. 197) Mais attention : un poème dit toujours quelque chose qui peut ou pas être dit hors lui, qui n'est pas la poésie, puisque la poésie ne dit rien que ce qu'elle dit en le disant.
730. Ceci est vrai, minimalement, en ce qu'il est fait de langue, et tout fait de langue dit quelque chose ; quelque chose qu'on peut dire, c'est-à-dire redire. Mais ce quelque chose n'est pas poésie. Ce que dit la poésie, dans un poème, l'excède en même temps qu'il ne se réduit pas à lui, peut susciter dans la mémoire la pensée que le contraire est dit, etc.
731. (see rem. 199) De même que les autres langues mesurent indirectement toute langue.
732. D'où il faudrait conclure qu'il ne saurait y avoir une seule langue.
733. La poésie est (aussi) le nombre du mouvement de la langue.
734. (see rem. 201) Ou encore : les alexandrins se mesurent au mètre-alexandrin. Le mètre-alexandrin n'est pas un alexandrin.

735. En première approximation il est un « alexandrin sensuel moyen ». Mais cette définition-là est insuffisante. Il faut un modèle rythmique abstrait.

736. Idée qu'il n'y a pas de mètre du vieux *cantar* du Cid, dont on n'aurait que des vestiges. Que ce mètre est un mètre de traduction.

737. Il pourrait être un mètre de traduction du français (vers épique) mais pas au sens où l'hexamètre de Virgile traduit celui d'Homère : car dans ce cas-là il y a transduction d'un modèle réfléchi du mètre d'une langue à l'autre. Je suppose que dans le cas du ' Cid ' la traduction est involontaire, non réfléchie, une mimesis sans modèle explicite, une écoute du mètre d'une langue dans une autre langue : la seule chose certaine pour l'auditeur c'est qu'il y a des vers, qu'ils sont césurés ; ensuite ils reproduisent différentes « unités » aurales des hémistiches, tels qu'ils les perçoivent.

738. Cette hypothèse pourrait être soutenue par comparaison avec les métriques dites aberrantes de la poésie anglo-normande.

739. (see rem. 224) La poésie n'est pas vraiment une troisième mémoire ; plutôt une troisième forme de la mémoire.

740. (see rem. 236) L'inaccessibilité au compteur pas à pas (au bêmatiste des nombres entiers) est une des propriétés de l'infini.

741. L'anonymat est une propriété des trop grands nombres.

742. Compter, dans toute langue, se fait avec des sauts, qui laissent des « trous », où se trouvent des nombres indistincts, parce que anonymes ou inaccessibles (ou les deux).

743. (see rem. 245 *sq.*) Une construction en génitifs « enfantine » : un milliard de milliards de milliards…

744. (see rem. 254) Tel est le sens de « l'affaire des petites cuillères » chez la tante de Huckleberry Finn.

745. (see rem. 269) Il y a un rôle de la prose dans **'gril'** : prose de **la distraction** (branche 6).

746. (see rem. 270) Un traité de mémoire, de triple M, est aussi un traité de distraction.

747. Car la distraction est la fuite devant l'éros mélancolique. La branche de la distraction est aussi la branche-porn, les tentatives d'écrire une fiction « histoire de mon mariage » comme roman autobiographique porno.

748. Voilà bien une remarque « boing » (qui fait faire un bond brusque à ma compréhension de 'gril') (la remarque précédente).

749. Les coïncidences numérologiques peuvent illuminer des régions obscures du procès de composition : une procession.

750. (see rem. 273) Chaque moment de prose dans 'le grand incendie de londres' devrait (idéalement) être une copie d'un NUN damascien. (Pas l'être, n'en être que copie, puisqu'il ne s'agit pas de poésie.)

751. (see rem. 338) La mémoire narrative serait plutôt du côté de la première mémoire (mémoire-souvenirs, mémoire première forme) que de la seconde.

752. (see rem. 349) 'gril' : l'achèvement par l'inachèvement obligatoire.

753. Cela implique aussi qu'il faudra avoir le courage de radoter (see rem. 354).

754. On a beau nier la réalité et la pertinence de la distinction poésie/prose, poésie/roman, il est un fait lourd : sa pertinence marchande.

755. (see rem. 390) La frontière poésie/prose est « épaisse » et peut bouger comme celle du vivant et de l'inerte.

756. (see rem. 402) Ce qui peut arriver de pire à la poésie, c'est le « poétique ».

757. La domination du « poétique » dans la poésie à l'époque de la crise majeure de poésie (l'époque présente) explique (ne justifie pas mais excuse) la tentation de nier la survie de la poésie. On voudrait se débarrasser de cet objet avili (see David Antin disant : si Robert Frost est un poète, alors je ne suis pas un poète ;...).

758. Mais on ne fuit pas facilement ; en particulier il y a la pression lourde du marché : On dit : je te baptise « texte » (ou même, plus tard : je te baptise « roman ») ; mais personne ne s'y trompe : ni les lecteurs, ni les éditeurs, ni les journalistes, ni les libraires...

759. Est-ce à dire qu'en maintenant l'affirmation de l'existence autonome de la poésie, on cède au marché, on va dans son sens ? Je ne crois pas ; la réponse est semblable mais les intentions sont opposées. Pour le marché, pour les opérateurs du marché, il s'agit de montrer du doigt ce qui doit être sinon interdit du moins exclu des endroits importants, du moins

confiné, « contained » dans un rôle mineur. « You cannot "buck the market" », disait madame Thatcher.

760. (see rem. 406) **'gril'** : sa ressemblance partielle au poème. Il est difficile de lire « tout d'un coup ».

761. (see rem. 442) titres : comment j'aurais dû écrire tous mes livres. – comment je n'ai pas écrit certain (pas de s) de mes livres.

762. (see rem. 475) Dans la poésie comptée rimée, la dérivée du mouvement du vers est notée par la rime.

763. (rem. 478) Le sens « théologiquement » infernal est le sens du toucher, celui par excellence de la chair (see Paolo et Francesca : Dante).

764. (rem. 486) Une des composantes de cette impossibilité est l'impossibilité « milnérienne » (« dans les limites du corps ») et on pourrait penser que le PROJET avait pour intention obscure de nier ces limites (hubris).

765. (rem. 552) L'expérience de Bernadette Mayer est une expérience de bêmatisme.

766. (rem. 575) Dans la théorie des associations cohérentes, une associativité stricte est le « second ordre » des associativités relatives.

767. d'un singulier : what it is, it says, and what it says, it is.

768. Dans aucun monde, aucun singulier n'a de relation de mêmeté avec un autre singulier, mais uniquement avec lui-même (ne dit rien d'autre que lui-même). La procession lussonienne des « mêmetés » n'est pas un effet de monde mais un effet de rapport au monde.

769. Le monde ne nous offre de lui-même aucune mêmeté.

770. C'est la mémoire qui nous impose des mêmetés.

771. La procession des mêmetés est le rythme.

772. La TRAM refuse non le PAS (Principe d'Antériorité du Simple) mais qu'il soit l'unique principe. Elle part simultanément du PAC (Principe d'Antériorité du Composé).

773. Un poème ne dit pas « je suis » mais « suis suis » et « je je ».

774. Dès qu'il y a « ceci et cela », il y a nombre. Mais le nombre naturel (que je nomme « historique ») suppose beaucoup plus, beaucoup trop. Le nombre qui naît de « ceci et cela » n'est pas le nombre historique (comme le prétend Plotin) mais le nombre protonaturel.

775. Pour faire naître le nombre il faut une présentation de singuliers par la mémoire, au présent.

776. Dans le dicton « toutes choses sont nombres », il faut faire attention à la manière de lire « sont ».

777. Comment exposer la poétique formelle ? il y a plusieurs modes stylistiques de l'exposition ; je suis particulièrement sensible à leurs différences et implications parce que j'ai l'habitude d'au moins deux d'entre eux, extrêmement éloignés et contrastés : l'exposé de nature mathématique (ou qui, sans être à sujet mathématique, est construit de la même manière) (pédagogique ou expositoire de recherches) ; la lecture de textes (poétiques ou non) ; dans le premier cas, il est difficile de se passer de l'aide du « tableau », dans le second du livre, des cahiers ou papiers. L'exposé de poétique doit se situer entre les deux « pôles » ainsi caractérisés.

778. Entre les deux « pôles » de la lecture (« pôle L ») (de poèmes, de citations, de fragments étendus en prose) et de la déduction (« pôle D ») (essentiellement d'inspiration plus ou moins directement « mathématique »), avancer par petits bouts partiellement pré-pensés, commenter plus ou moins, soit sur l'inspiration du moment, soit sous l'effet de remarques d'un auditoire.

779. Mais le public ? La difficulté est sérieuse en droit : les publics ordinaires des exposés des deux types « polaires » mentionnés plus haut ont une « intersection » à peu près vide ; plus précisément, ceux susceptibles de suivre avec point trop de difficultés les exposés de type D ne s'intéressent pas (et n'ont que faire de) aux exposés L sauf pour amusement ; et réciproquement quoique l'amusement d'un exposé mathématique pour un non-mathématicien soit sans doute assez limité. (Certains (Pierre Lusson nommément) en concluront qu'il faut s'abstenir ; mais dans ce cas il faut toujours s'abstenir.))

780. La poétique formelle est à envisager (c'est un horizon) comme hilbertienne, c'est-à-dire satisfait aux conditions suivantes :

i. spécificité de l'objet.
ii. axiomes explicites indémontrables
iii. indéfinissabilité des termes primitifs
iv. universalité de la rigueur formelle de la déduction

781\. Poésie : une définition (une hypothèse) opératoire provisoire :

La poésie est un art dont le matériau principal (premier, primordial, essentiel) est la langue.

782\. Poésie (axiome) :

La poésie dans une langue a affaire à d'autres langues

(exemples : Zukofsky-Catullus ; Pastior-Petrarca – Perec-La disparition ; Papillon-sonnet en langue inconnue).

783\. Poésie (axiome) :

La poésie a affaire au langage.

784\. L'hypothèse de la poésie art (rem. 781) ne peut en fait rien dire de bien net au sujet de l'axiome de la rem. 782. Il faut d'autres thèses ; mais il est clair que le langage est impliqué dans toute hypothèse sur la nature de la poésie.

785\. Photographie (axiome parallèle à l'axiome de la rem. 781) :

La photographie est un art dont le matériau principal (premier, primordial, essentiel) est la lumière.

786\. Art (définition de Zénon le Stoïque)

Technê estin hexis hodopoiêtikê. « L'art est l'habitude de construire les routes. »

(scholie : « hodos » quelque chose qui conduit quelque part)

787\. Art (version de Cleanthes d'après Olympiodore) :

hexis hodoi panta anuousa : tendance fixe (hexis), constante à mener à bien, compléter, achever (anuousa) toute chose (panta) par un sentier ou piste (hodoi) (presque une « méthode »).

788\. Comparer à l'art du prosateur-cordonnier de Trollope.

789\. Il s'agit de « hexis » (disposition) et non de « diathesis » (état de l'âme ; see Trollope on « inspiration ») (see dans le même sens Queneau in Le voyage en Grèce (texte de 1938) : « une autre bien fausse idée qui a cours actuellement, c'est l'équivalence que l'on établit entre inspiration, exploration du subconscient et libération, entre hasard, automatisme et liberté. Or cette inspiration qui consiste à obéir aveuglément à toute impulsion est en réalité un esclavage. Le classique qui écrit sa tragédie en observant un certain nombre de règles qu'il connaît est plus libre que le poète qui écrit ce qui lui passe par la tête et qui est l'esclave d'autres règles qu'il ignore » et « Le poète n'est jamais inspiré parce que maître de ce qui apparaît aux autres comme inspiration. Il n'attend pas que l'inspiration lui tombe du ciel comme des ortolans tout rôtis. Il sait chasser et pratique l'incontestable proverbe aide-toi, le ciel t'aidera. Il n'est jamais inspiré parce qu'il l'est sans cesse, parce que les puissances de la poésie sont toujours à sa disposition, sujettes à sa volonté, soumises à son activité propre. »))

790. étant hexis et non diathesis, l'art n'est ni vertueux ni immoral.

791. Art (suite de la déf. rem. 787) :

technê estin systema ek katalêpseôn.

792. L'art est (constitué) d'insights, graspings (appréhension) : katalepseon est commencer à devenir sûr de quelque chose (quelque chose comme arriver à une idée claire et distincte, latin comprehensio).

793. Zénon, nous dit-on, expliquait le terme par gestes : la perception par la main tendue, approbation, le consentement (assent) par l'agitation des doigts, et katalepseon en fermant le poing, et la connaissance véritable en déployant le poing fermé à l'intérieur de l'autre main, ferme.

794. (suite de la définition 787, 791) :

syngegymnasmenon participe parfait passif d'un verbe qui signifie « s'exercer ensemble » (exemple : les équipes de rugby, les « consorts » de violes de gambe… ; rapport évident avec la conception queneliienne de l'Oulipo).

pros ti telos

dans l'intérêt d'un but. Ce n'est pas une fin (puisque l'art n'est pas bon en soi)

ton euchreston.

choisi parmi les buts qui sont bons.

enfin :

en toi bioi. pendant toute une vie

(récapitulation finale dans la traduction de Sparshott : « an art is a system of insights in a constitution they have reached by being exercised together in the interests of some objective among them that are of good use in life ».)

795. Le but de l'art existe parmi les buts nécessaires de l'humanité, il n'est pas créé par l'art.

796. L'oulipo est « art des contraintes » au sens zénonien des rem. 786 *sq.*

797. L'art (au sens zénonien) intervient pour définir l'unité de la vie depuis ses débuts ; il commande organisation d'une vie.

798. L'art donne à la vie sa dignité (idée obsolète dans le monde-marché ; see le livre de Joseph Mouton : Sois artiste).

799. La règle constitutive de l'Oulipo s'interprète dans cette perspective. Ainsi que les buts du groupe ; là est son « sérieux ».

800. La conception d'atelier oulipien est implicitement contenue dans l'idée d'art qui est la sienne (zénonienne).

801. L'atelier oulipien diffère de la version usa des ateliers d'écriture : direction par un expert ; ceux qui viennent là sont des étudiants qui cherchent des « credits » ou plus généralement des personnes qui cherchent à entrer dans le « marché » littéraire.

802. L'ensemble des développements de la poétique formelle (**poform**) procède par affirmations de nature différentielle : ceci, pas cela ; ceci est possible, pas cela, etc. il est bon, par conséquent, de disposer le plus souvent possible de telles variations ; la photographie est un bon choix, dans sa ressemblance (photographie en noir et blanc) comme dans sa différence avec la poésie, plutôt qu'un autre art ; ce n'est pas seulement que j'y suis plus sensible ; c'est aussi que c'est un exemple différentiel particulièrement instructif.

803. Par art zénonien je « pointe » aussi le caractère artisanal de la poésie. Exemples principaux : Troubadours, Rhétoriqueurs, Oulipo.

804. La mise au point d'un « outillage », d'un dispositif expérimental pour la poétique formelle utilise explicitement l'aspect artisanal de l'hypothèse substantielle sur la nature de la poésie.

805. Les quatre adjectifs intervenant dans l'hypothèse de la poésie présente dans la rem. 781 (principal, premier, primordial, essentiel) jouent eux aussi un rôle différentiel ; ils servent, par exemple à séparer poésie et prose (prose d'art, roman…).

806. Ils marquent qu'il y a d'autres arts du langage, parmi lesquels il faut situer la poésie.

807. Une conséquence, différentielle, de l'adjectif « principal » (rem. 781) est qu'autre chose que la langue peut intervenir dans la poésie, donc importer à la poétique : ainsi, il peut

n'être pas indifférent à un poème où survient le mot « rouge » qu'il soit « écrit » en rouge (ou d'ailleurs en bleu).

808. Le vers : « la terre est bleue comme une orange » n'est pas le même vers si on l'imprime en noir ou si on l'imprime avec « bleu » en bleu et « orange » en orange (ou le contraire).

809. La rem. 808 n'est pas du tout négligeable en ce qui concerne les rapports de la poétique à la linguistique.

810. Poésie : Hypothèse de l'existence matérielle :

La poésie n'existe que dans les poèmes ; et dans les concaténations, assemblages et constructions de poèmes.

811. Il n'y a pas de poésie dans le coucher de soleil.

812. Il n'y a pas de poésie dans la prose, dans la philosophie, dans la finance, etc.

813. Pas plus qu'il n'y a de langage des abeilles, des enzymes gloutons ou des schistes gréseux.

814. Questions posées par la poétique formelle (poform)

i. y a-t-il de la poésie ?

ii. si oui pourquoi y a-t-il de la poésie plutôt que pas

iii. y a-t-il encore de la poésie ? (avec quelques questions bifurcantes comme : doit-il y avoir encore de la poésie ? la poésie peut-elle survivre dans l'environnement matériel contemporain ? doit-elle disparaître au profit de… ?)

iv. quelle est l'origine de la poésie ?

815. Une question substantielle posée à la poétique formelle

La poésie pose la question de l'essence et de l'origine du langage.

816. La poésie pose les questions d'essence et d'origine du langage d'une manière spécifique et « rivalise » avec la philosophie du langage sur ce point (ainsi qu'avec les religions, l'anthropologie…).

817. Reprenons à notre compte Jean-Claude Milner : « L'activité grammaticale est supposée par le moindre système de poésie. Car enfin, toute poésie repose sur un retour du même dans la langue (j'en parlerai longuement JR). Pourtant, jamais la perception sensible ne suffit à déterminer ce qui comptera ici comme même et comme différent. Il y faut une doctrine

autonome, laquelle se fonde nécessairement sur un jugement que le sujet porte sur sa propre langue. Implicite ou explicite, ce jugement, dans son essence, est grammatical. Or, **toute langue est capable de poésie ; il s'ensuit que toute langue est capable de grammaire** » (c'est moi qui souligne JR).

818. Poésie, une hypothèse :

Toute langue est capable de poésie.

819. La question de la langue est centrale, pour toute théorie de la poésie ; elle l'est en particulier pour la poétique formelle.

820. La thèse suivante :

La poésie est amour de la langue

est une thèse de la poétique, qu'utilise selon ses modalités propres la poétique formelle.

821. Une des tâches de la poétique formelle (poform pour simplifier, à ne pas confondre avec la poétique au sens plus large) est de répondre aux questions posées, soit directement, soit par transposition, par les « questions simples sur le langage » de Milner. Ainsi, elle doit réagir à ces affirmations milnériennes : « toute langue a un vêtement phonique ; toute langue est inscriptible ; toute langue est traductible ».

822. **Toute poésie a-t-elle un vêtement phonique ?** évidemment non : ce non est à prouver : c'est une affaire de contre-exemple, la poform raisonne autant en contre-exemples qu'en exemples (la linguistique aussi, mais c'est pour elle l'exemple qui est premier) ; citons les « poèmes-ponctuations » (discussion de l'affaire Daive-Albiach ; du contresens sur le palindrome de Perec).

823. Les deux contre-exemples de la rem. 822 cités sont des contre-exemples puisés dans l'ensemble des poèmes existants ; mais le contre-exemple peut apparaître précisément en réponse à la question, à une réponse proposée à la question ; c'est le contre-exemple par expérimentation.

824. Un contre-exemple, plus complexe, est posé par mon livre dont le titre est le signe d'appartenance ; comparaison avec l'exemple linguistique type : l'énoncé « le ciel est bleu » n'est pas l'exemple linguistique, mais plutôt : « “le ciel est bleu” se dit ». Or « le signe d'appartenance » ne se dit pas. Le titre du livre est donc un énoncé poétique, qui est dit (poétiquement),

mais qui « ne se dit pas » (en tant qu'il serait prononçable) (cf. toute l'histoire des difficultés de la désignation du livre).

825. Si on récuse le titre lui-même, parce qu'il ne ferait pas partie du texte du livre (ce qui se discute), on peut trouver du même phénomène d'autres exemples dans le livre.

826. Question : **Toute poésie est-elle inscriptible ?** la réponse est sans doute non mais c'est moins évident que dans le cas précédent, contrairement aux apparences ; saute tout de suite à l'esprit l'idée de la poésie orale. Dans ce cas, la notation est une partition ; il est vrai qu'on « perd » à la restitution d'après « partition » d'une poésie orale ; mais c'est certainement en grande partie dû aux insuffisances de l'écriture (par rapport à la musique, où existe aussi le même problème) ; en outre, on peut dire que l'enregistrement est une écriture. Il est donc beaucoup moins évident de dire que la réponse est négative.

827. Question : **Toute poésie est traductible ?** je pense que oui. Ici la discussion est conceptuellement liée à une autre thèse substantielle sur la poésie, dite thèse robellienne : **un poème est défini par l'ensemble de ses traductions.**

828. La thèse robellienne est à rapprocher de l'axiome de la rem. 782.

829. **Question des propriétés universelles communes à toute poésie.** Y a-t-il un objet universel poésie ? la poform propose une réponse partielle :

oui, le **rythme**.

830. La réponse à la question de la rem. 829 est partielle en vertu de la

> **Thèse universelle du contre-exemple : pour toute propriété universelle de la poésie, il existe ou existera (expérience) un contre-exemple.**

831. Dans la rem. 829 il s'agit du rythme au sens de la TRAM et d'une section particulière, celle du **rythme réalisé dans la langue.**

832. La donnée observable, l'exemple : qu'est-ce que l'exemple en poésie ? : Un poème, un fragment constitutif de poème, une construction en poèmes. Abstraction de ce qui constitue le « stuff » de la poésie.

833. La poform reconnaît des exemples beaucoup plus proches de l'exemple linguistique : le vers, le sonnet…

834. Hypothèse – **Tout possible matériel de langue est un possible de poésie.**

835. Il y a là une distance à la langue si on admet, avec Milner que **le possible de langue et le possible matériel peuvent ne pas coïncider**. Cette distance de la poésie à la langue est fondamentale.

836. En un sens elle est une des justifications de la thèse qui dit « toute langue est capable de poésie » (la poésie devant être autonome pour que la thèse ait un sens et ceci une modalité de cette autonomie).

837. On pourrait penser qu'on tend là à une « théorie de l'écart » ; ce n'en est pas une. Il n'y a pas nécessairement écart à la langue, violation des lois de la langue pour constituer la poésie ; seulement distance éventuelle.

838. Ce n'est, qui plus est, qu'une des distances possibles d'autonomisation (qui n'est pas seulement s'écarter de la langue, mais **dire de la langue**, mettre en évidence ses lois ; c'est la **fonction** de cette distance).

839. Il y a d'autres manières de différencier le possible de langue du possible de poésie : par exemple, l'organisation nombrée.

840. Le vers peut apparaître comme « théorie » de la grammaire.

841. Il peut servir à consolider une autre thèse milnérienne : « **L'activité grammaticale rencontre des propriétés objectives des langues.** »

842. La question se pose aussi « aux origines » (on peut penser que c'est la poésie, par ses « distances » à la langue, qui est un maillon essentiel dans la découverte par les sociétés humaines des possibilités de description des « propriétés objectives des langues »).

843. Que « **Le poème est maintenant** » veut dire qu'on ne peut saisir un poème que comme cela, comme s'il était prononcé (lu, ce qu'on voudra, ce n'est pas la question) **maintenant ; composé et perçu** maintenant ; **poetry is now.** What does that mean ?

844. ça mean que l'odyssée, la chanson de la fleur inverse de raimbaut d'orange, la divine comédie, le vierge le vivace et le bel aujourd'hui, la petite cosmogonie portative, « *État* » d'Anne-Marie Albiach, sont « maintenant », des poèmes de maintenant, ceci pour chaque maintenant.

845. Comme ils sont « maintenant » il n'y a pas à les rapprocher de nous par le commentaire, la traduction, la modernisation orthographique… (c'est là un aspect de l'ambiguïté du slogan « make it new » de Pound dans la théorie de la traduction ; they stand or die **as they are**).

846. Pour la poésie, le « temps » est augustinien : il n'y a pas de passé de présent ni de futur ; il y a un présent du passé, un présent du présent, un présent du futur.

847. Mais ce n'est pas là la situation de l'exemple linguistique ou de l'événement donnant naissance à l'expérimentation scientifique en général. Il est, lui aussi, au présent, parce que répétable ; mais il s'agit uniquement d'un « présent du présent » ; il est donc en fait, **hors-temps**. Cette situation est fondamentalement différente de celle du poème.

848. Ce hors-temps des exemples et expériences est en fait limité à un certain entourage, plus ou moins long, du présent ; puisque les appareillages interviennent.

849. Le hors-temps logique ou mathématique semble plus étendu encore.

850. Un poème est essentiellement répétable. Mais il ne l'est que comme réitération de soi. C'est-à-dire **sans changement** (il y a changement dans ses circonstances, sa réception, son énonciation, etc., d'immenses et constants changements mais ces changements doivent échapper, au moins dans une de ses parties essentielles, à la poétique), donc sans **variations différentielles**, soit en lui-même soit hors de soi (autres poèmes). Il s'ensuit qu'il est tout à fait autre chose que l'exemple linguistique ou que l'expérience de physique.

851. Le vers n'est pas hors-temps ; le vers est lui, répétable, mais comme un énoncé linguistique, avec des variations spécifiques identifiables (substitutivité).

852. Une contrainte oulipienne, celles des « moules métriques » utilise en partie cette propriété.

853. Il s'ensuit que la poétique ne saurait être une science galiléenne (elle doit être hilbertienne).

854. Cette propriété de la poésie la distingue, il me semble, substantiellement de la fiction :

Fiction is time.

855. Ce pourra ne pas être le cas de la poésie, mais seulement si elle est prise dans un regard, selon un « point de vue » de poétique formelle la privant de sa caractéristique temporelle (visible dans les poèmes).

856. On pourrait dire : le roman (plus généralement la fiction) est temporel, l'énonciation, la performance poétique, l'exécution musicale sont temporelles ; l'exemple, l'expérience scientifique est essentiellement atemporelle ; le poème a une temporalité relative, qui lui est particulière (le lien avec développements sur la **mémoire** apparaît là).

857. La poétique formelle peut, et doit, envisager les poèmes comme des « exemples » ; mais cela suppose que des variations différentielles sont possibles ; cela suppose qu'on puisse les faire varier. Comment ?

858. Une famille de variations possibles (see thèse Robel) : les traductions (y compris les traductions dans la même langue).

859. Comme les exemples linguistiques, les exemples poétiques sont construits. Le principe de la construction des exemples est surtout la variation, c'est-à-dire la réécriture ; l'écriture, la composition plutôt d'un autre poème (en tant que poème, il sera essentiellement autre) qui sera le « même » exemple (cet exemple peut déjà exister). Il s'ensuit que la poétique implique aussi la « composition ».

860. Cette démarche (construction de l'exemple par variations de compositions) est, si l'on veut, oulipienne ; en fait elle excède en un sens l'Oulipo ; ou, si l'on veut encore, le généralise.

861. *Remarque supprimée.*

862. La poétique formelle n'est pas une poétique du corpus ou du magnétophone ; même si la poésie d'une langue est un corpus (en mouvement perpétuel d'ailleurs).

863. On peut dire que toute poésie définit un univers de langue, ayant certaines lois propres (tout en partageant la plupart des lois ordinaires avec les univers de la langue).

864. La poétique a-t-elle sa lunette astronomique ? C'est **la langue qui sert d'observatoire pour la poétique**.

865. On peut se demander s'il existe d'autres outillages, d'autres observatoires pouvant servir à la poétique ? je ne sais pas répondre à cette question pour l'instant (où je viens, dans cette

remarque, de la poser). Mais aussitôt me vient une proposition de réponse : oui, il y en a d'autres ; la logique (au sens déductif du terme ; la mathématique).

866. Hypothèse : **En poésie l'expérience est possible**.

867. (Elle est par conséquent nécessaire ; c'est une autre thèse sur la nature de la poésie.)

868. La poétique formelle (poform) utilise la linguistique comme « antérieure » et « localement indépendante » (mais pas seulement).

869. C'est une grande tentation, à laquelle il faut résister, de ne choisir qu'elle.

870. La tentation inverse existe (souvent chez les poètes : défense de l'ineffable contre l'effable ; sentiment de « propriétaire » de la langue (lié à l'amour de la langue)).

871. On pourrait être tenté aussi de proposer une poétique formelle (disons des morceaux scientifiques galiléens (milnériens) d'une poétique formelle)) pour outillage et observatoire de la linguistique ; c'est certainement prématuré, en admettant même que ce soit envisageable.

872. Certaines hypothèses substantielles sur la poésie (comme celle qui dit : **La poésie est mémoire du langage**) le supposent implicitement.

873. La poétique formelle comprend aussi un **programme de composition** (où l'Oulipo sert de paradigme, mais seulement partiel).

874. La poétique formelle a, dans sa deuxième partie, le (les) programme(s) de composition, recours aux **dispositifs fantasmagoriques** (l'Oulipo ne s'en prive pas) ; si par ailleurs toutes les contraintes générales énoncées sont respectées (avec une rigueur tatillonne), on obtiendra une grande productivité fictive.

875. On se place, en fait, dans un **monde possible de poésie**. Dans un tel monde, on n'opère pas seulement en « composition », c'est-à-dire en création de poèmes (plus généralement de littérature ; ce que je dis, comme c'est le cas pour l'Oulipo, excède la restriction « poétique »).

876. On peut se demander si l'exigence oulipienne n'est pas une tentative de poétisation de la littérature ; en somme la démarche

inverse de celle signalée par Mallarmé pour « justifier » la prose (qui « vaut en tant que vers rompu »), un effort pour réinvestir le domaine littéraire dans son ensemble par la poésie (en ce sens ce serait une forme stricte de l'affirmation, assez vague, de Queneau selon laquelle ses romans sont, aussi, « poèmes »).

877. Dans un monde possible de poésie (fantasmagorique) (rem. 875) est possible aussi la poétique formelle de ce mode particulier de poésie (poétique nécessairement alors elle-même fantasmagorique).

878. Dans le cas de l'Oulipo on a la forme faible : l'explicitation de la contrainte est inséparable du texte ; ou plutôt l'existence de la contrainte explicitée, même si elle reste implicite dans ce qui est composé selon elle.

879. <u>poform</u> : explorer les branches de la poétique qui sont susceptibles d'un traitement formel, ce qui veut dire, en vue d'une mathématisation possible (éventuellement prolongée d'une mécanisation (logiciel)), selon l'épistémologie que j'ai appelée hilbertienne, éventuellement (mais d'une manière limitée) d'une littéralisation milnérienne (galiléenne-poppérienne).

880. La poform suppose le développement (et l'exposé) des parties où la réponse à la question de l'existence de la poform est positive ; mais aussi l'examen critique de ces parties ; autrement dit la question de la poétique formelle est une question de possibilité. La poétique au sens large (en particulier de la prose) sera impliquée, pour tracer des démarcations.

881. Par le détour du mot « question » on est amené à s'interroger sur la nature de la poésie, sur la manière dont la poétique (formelle ou pas) prend la poésie dans sa visée.

882. Le langage, le factum loquendi, la langue (sous les espèces des trois « facta » factum linguae, factum linguarum, factum grammaticae) ; la linguistique, à la fois sous la question de ses méthodes, de sa scientificité, et sous l'aspect de ses développements positifs, constituent un réservoir de questions pour la poétique, en même temps qu'un <u>observatoire</u> (au sens milnérien) pour elle.

883. Ce ne sont pas les seuls. La théorie du rythme en indique un autre : la musique.

884. Un autre encore : la photographie (dans une moindre mesure la peinture, les autres arts en général).

885. Mais aussi la mathématique elle-même (et la logique).

886. Zukofsky : poetry définie comme une intégrale, lower limit (borne inférieure) language, upper limit (borne supérieure), music. Il y a là l'affirmation d'une certaine situation de la poésie, en même temps qu'une définition substantielle (nature et fonction).

887. Le problème de savoir s'il faut envisager d'autres observatoires est ouvert.

888. À tous moments, on rencontre, dans le choix des domaines, des procédures, dans le silence sur certaines questions etc., quelque chose qui appartient à l'esthétique au sens vague. On peut se poser la question (qui entre aussi dans la « question » du titre « question d'une poétique formelle ») de savoir si on tend, dans la poétique formelle et plus généralement dans la théorie du rythme, à disposer les conditions de ce que Lusson appellerait une « esthétique responsable ».

889. Quelques textes ayant à contribuer à l'esthétique de la poform.
Mallarmé, passim (quant au livre, crise de vers, correspondance…)
Hopkins passim (journal lettre, notes…)
Zeami une journée de nô
Benjamin prélude épistémo-critique à la thèse sur le théâtre baroque
Dante dve
Hermogène rhétorique
Wollheim : art and his objects

890. Ajouter un certain nombre de cansos de troubadours (et de leurs continuateurs et disciples) (il n'y a pas de poétique des troubadours ; il n'y a que ce que fictivement on peut en déduire)
La canzone doctrinale de guido cavalcanti
etc.

891. Il n'y a presque que des choses négatives à dire sur la Poétique d'Aristote, en ce qui concerne la poésie.

892. Et encore plus négatives sur ses disciples modernes (Genette…).

893. La poétique devant devenir formelle s'appuie sur quelques « candidats concepts » (parfois concepts détournés, parfois

concepts connus auxquels on demande de la patience) : j'en énumère quelques-uns, à la suite d'un déjà évident qui est « rythme » :

– les trois M : mélancolie, méditation, mémoire. – nombre – jeu – amour – contrainte…

894. Mais aussi temps, lumière, mondes (aussi bien le problème des mondes possibles : Leibniz, Lewis, que celui de la logique modale : Kripke).

895. Elle tend surtout à approcher un autre « candidat concept » qui lui donne son être : forme, forme poétique.

896. On pourrait dire que :

La poétique formelle n'est qu'une longue déduction de la forme.

897. Distinguons le **mètre** qui est une figure abstraite, du **vers** qui est **réalisation d'un mètre** dans une langue, dans la langue.

898. Le **mètre** est **une composante du rythme** (dans la perspective de la TRA (m, M)), n'est pas lié intrinsèquement au langage ; peut apparaître dans d'autres réalisations (musicales par exemple).

899. Dans le langage, le mètre peut apparaître ailleurs que dans le vers. Le **vers** est un mode d'existence particulier des réalisations possibles d'un mètre.

900. Hypothèse : **Toute poésie métrique est articulée**.

901. Les propriétés d'un mètre, réalisé dans un vers, sont déterminées par celles des éléments constitutifs du mètre et leurs réalisations en éléments constitutifs du vers.

902. L'étude d'un mètre implique une « décomposition en parties constitutives » ; c'est le problème de la discrétisation.

903. Cette discrétisation devra s'arrêter (problème de la régression à l'infini) ; mais elle s'arrêtera à plus ou moins de « profondeur ».

904. **Un mètre (resp. un vers) ne se réduit pas à la somme de ses parties constitutives**.

905. Ceci est vrai, à quelque profondeur de discrétisation que l'on descende.

906. Un mètre (resp. un vers) est un tout distinct de l'ensemble de ses parties.

907. Hypothèse : **Il n'y a pas de mètre sans rythme**.

908. Question ouverte : **Peut-il y avoir rythme sans mètre ?**

909. Le **rythme** est une des deux notions centrales, des deux « thema » constitutifs, de la poétique formelle.
910. Ces deux « thema » excèdent la poétique, ils sont d'application plus générale ; mais ils ont pour l'instant trouvé leur terrain d'application surtout dans la poétique et dans l'analyse musicale.
911. Le deuxième thema a pour nom **mémoire**.
912. Mémoire et rythme sont liés dans la **TRA (M, m), théorie du rythme**.
913. Mémoire et rythme n'ont pas un statut équivalent : dans la théorie du rythme, le thema mémoire est second par rapport à celui de rythme. Dans la poform la mémoire est première.
914. Dans les deux cas la liaison est une dualité ; ce que, copiant une terminologie d'origine mathématique, je dirai par les formules :

Dans la TRA (M, m) la mémoire est un co-rythme.
Dans la POFORM le rythme est une co-mémoire.

915. Attention : le co-co-rythme n'est pas la mémoire. La co-co-mémoire n'est pas le rythme (dans le meilleur des cas (simplification) pas-toute la mémoire (resp. pas-tout le rythme)).
916. Dans la partie proprement mathématique, nommée **arithmétique protonaturelle**, rythme et mémoire sont « réconciliés », comme deux faces d'un janus bifrons.
917. L'événement rythmique : **un x qui a lieu ou pas**.
918. L'événement élémentaire (rythmique) est une singularité (en ce sens qu'il est distinguable de non x), mais essentiellement répétable, en ce sens qu'il est abstrait et indifférencié ; il ne s'inscrit pas dans des coordonnées spatio-temporelles.
919. Une telle inscription appartient (éventuellement) aux branches de telle ou telle théorie du rythme qui s'intéresse à telle ou telle réalisation concrète (ou différemment abstraite) et il ne s'agit pas nécessairement de l'espace-temps ordinaire du macrocosme habituel.
920. Il y a un instant théorique où l'événement est non « sans structure » mais sans structure envisageable par la théorie, où il est un « point », un « élément », mais peut-être quelque chose de plus abstrait qu'un point (illustration géométrique) ou un élément (illustration ensembliste), par exemple, un élément

« observé au sens de Bénabou », un objet d'une catégorie régulière, un morphisme dans un topos… « choses » qui ne sont pas susceptibles d'une « illustration » au sens ordinaire.

921. En de tels « instants théoriques », l'événement, s'il a lieu, est un double ; pas un doublet, au sens de la théorie ensembliste axiomatisée, de deux éléments coexistants sans organisation ni hiérarchie, pas le couple ordonné de la même théorie ; mais quelque chose comme la paire de jumeaux indiscernables de Carroll, Tweedledum et Tweedledee, indiscernables au point d'être en le même (see Deleuze) ; l'événement rythmique est fondamentalement biipsiste : n'a besoin d'aucun « dehors » de soi, et a une duplicité infranchissable à l'analyse ; c'est cette duplicité qui est nommée « même » et « différent ». Cette duplicité est sa duplicité interne.

922. L'événement rythmique a, comme le graal, ses « muances ».

923. Jumeau de soi-même l'événement rythmique ne se dissout dans aucune de ses contradictions, les tenant ensemble.

924. Mais en un sens l'é.é.r. est essentiellement singulier donc non répétable ; en un sens il est essentiellement répétable (abstrait, indifférencié…) donc non singulier. C'est sa deuxième « duplicité », sa duplicité externe.

925. Face au changement discontinu, le paradoxe du couple apparaît (couteau de Lichtenberg).

926. Face au changement continu aussi : le bateau de Thésée, dont la version seconde fait apparaître à nouveau le jumeau obtenu par sissiparité.

927. La « muance » jumeaux de Mark Twain : jusque dans son « coup de théâtre ultime » joue « contre » le principe d'identité de Leibniz, dans ses deux aspects : identité des indiscernables, indiscernabilité des identiques ; sur notre acceptation implicite et spontanée du principe (la tache sur la cuisse, la « marque de fabrique » étant la « propriété discernante »).

928. Collection de doubles : Jekyll and Hyde – William Wilson – The Other (le film) – Marx brothers – Vicomte pourfendu etc. (identité vis-à-vis du bien et du mal, par rapport au miroir ; on peut prendre d'autres propriétés collectivisantes du deux : les jumeaux dont l'un est un géant et l'autre un nain…).

929. Collection de doubles : la prohibition de l'inceste (chanson

de Maurice Chevalier : « J'ai vécu trois ans avec elle/Un jour, ell'me dit brusquement/Tu ressembl'à papa-maman/horreur, c'était ma sœur jumelle/... »).

930. Le libre arbitre de l'électron entre les deux trous.

931. La hiérarchie rythmique, l'échelle d'articulation, suppose le « groupement » des événements élémentaires.

932. Elle suppose aussi leur « analyse » c'est-à-dire la rupture de l'indifféren-tiation caractéristique de l'événement rythmique « stricto sensu ».

933. L'**analyse rythmique**, en constituant la théorie, les théories du rythme, examine la transformation des e.e. en complexes par groupement, d'un côté, de l'autre leur transformation en complexes par « atomisation ».

934. Ces deux « mouvements » sont, en principe, inarrêtables : tout e.e., en quelque articulation que ce soit, doit pouvoir toujours être groupé avec d'autres pour constituer un nouvel e.e. ; doit toujours aussi être analysé comme étant lui-même groupement d'autres e.e.

935. Un groupement peut se contenir « lui-même » comme e.e.r.

936. En aucun des deux axes (réversibles, mais pas simplement), l'axe du groupement et l'axe de la dissection, on ne « sort » d'une notion pour en atteindre une autre : on se retrouve toujours avec des événements de nature rythmique, chargés de duplicité.

937. La « duplicité » des e.e.r. peut, en fait « doit » être, si on s'en tient à la version « sage » des bénabou-observables, regardée à la fois « d'en dessous », à partir des e.e.r. (potentiellement une effinité) en lesquels l'e.e.r. dont on s'occupe se « dissout » de la première manière et qui le composent, et « d'en dessus », à partir des e.e.r (potentiellement une effinité) en lesquels il se dissout de la deuxième manière et qu'il contribue à composer (il y a une dissymétrie inévitable là).

938. La « création de complexité » implicite dans la qualification d'élémentaire pour les événements rythmiques se fait de manière « séquentielle », la séquentialité intervenant partout ; on voit là une des « lignes » du rythme ; c'est la ligne de complexité, complexification- simplification, une des diastoles-systoles de la théorie.

939. « Tout se complique » est un des slogans de la TRA (m, M) accompagné du slogan antagoniste : « Tout se simplifie ». Comme disait à peu près Gertrude : complicate as much as you want ; it's got to simplify. Simplicity will take care of itself.
940. Il n'y a pas d'élémentaire ultime (ni de complexité maximale).
941. Je veux dire pas d'élémentaire ultime absolu, dans toutes les directions.
942. En revanche, dans chaque développement séquentiel, quel qu'il soit, la condition d'effinitude intervient : on s'arrête toujours. Ce qui est au-delà est flou. Ce qui est avant l'arrêt est à trous.
943. Cela tient au fait que toute séquence intervenant dans la théorie rythmique est elle-même « nombrable », en nombres protonaturels et surtout en nombres mémoriels et rythmiques.
944. Toute séquence « diminuante » (condition d'effinitude) arrive à un, des impartibles ; Toute séquence grossissante, augmentante arrive à un, des incollectibles.
945. Dans toute réalisation « concrète » du rythme, il y a impossibilité de rendre compte de cet effini potentiel de l'élémentarité ; mais il reste sous-jacent. Les lignes de séquentialité sont toutes moralement effinies.
946. On pose, par abstraction théorique, généralement un commencement à la ligne de complexification, et une borne (et aussi dans le cas de la simplification). Dans le cas de la théorie rythmique proprement dite la différence entre mémoire et rythme est marquée par l'imposition d'une borne inférieure pour la mémoire, et de la borne supérieure pour le rythme. Dans la POFORM c'est le contraire.
947. On a dans chaque cas une superposition de deux lignes ordonnées effinies chacune à un bout, bornées à l'autre (pas les mêmes).
948. Ce n'est pas tout à fait la même chose que de poser que, pour toutes fins pratiques, on a du « fini » par tous les bouts ; la potentialité effinie a des incidences sur le fini lui-même.
949. **La théorie du rythme a pour limite (horizon) la définition du rythme.**

Son objet même, objet unique, nommé, nommé rythme, est nécessairement « évanouissant » dans la théorie : il n'y a pas de définition préalable, ou provisoire, ou opératoire, du rythme ; ni de définition finale, ultime, accomplie au terme de la démarche théorique.

950. *Remarque supprimée.*

951. **Le rythme n'est pas l'axiome de sa théorie, il n'a pas de propriétés.**

D (952-1268)

952. On ne peut pas dire : il est vrai du rythme que ceci, ceci et ceci ; toutes les propriétés qu'établit la théorie sont des propriétés de ce que n'est pas le rythme, des propriétés d'**un** non-rythme ; mais le rythme n'est pas rassemblé en un objet, qui serait la négation de cet objet que serait **le** non-rythme ; ce qui signifie que, si on veut être le plus près possible de l'idée d'un objet-rythme (que la théorie du rythme, sagement et constamment, récuse ; mais que son fondateur, tout aussi constamment, remet sur le tapis), il s'agit d'un **objet cusain :** pas-autre (nil aliud) que ce dont on peut affirmer ceci, ceci ou ceci, et même cela.

953. L'agnosticisme de la théorie lussonienne est un blasphème : il « évacue » le sujet et l'histoire.

954. On pourrait être tenté (comme il est objet cusain) de prouver une existence « anselmique » du rythme.

955. Chaque mètre est un non-rythme, plein de propriétés. S'il y a, dans l'étude des propriétés des mètres, quelque chose d'une illumination du rythme, ce ne peut-être que par une assez difficile réfraction.

956. *Remarque supprimée.*

957. Définition. **La Théorie du Rythme Abstrait, ou TRA (M, m) (où M = Métaphysique et m = mathématisée) est l'entrelacement d'une famille de théories ayant en commun une combinatoire séquentielle hiérarchisée d'événements élémentaires discrets considérés sous le seul aspect du « même » et du « différent ».**

958. Une théorie quelconque du rythme ne part pas de données concrètes, d'une réalité expérimentale du rythme. Elle part d'une conception logiquement « syntaxique » de théorie avec axiomes arbitraires et déductions, donnant naissance à un ensemble de « théories du rythme », comportant chacune des littéralisations sans contenu, et des réalisations à contenu, qui seront elles confrontées à des régions du concret (un concret multiple).

959. Sauf exception miraculeuse (et ce peut être une thèse que les miracles de ce genre n'ont lieu aucune fois), il n'y a pas qu'un seul modèle possible d'un mètre, même très simple.

960. L'ombre de la TRA (M, m) : la **TAM (M, m)** (Théorie Abstraite de la Mémoire).

961. **La canso est un « entrebescar » de langue et de sons, accompli au moyen de rythme et de rimes.**

962. Les théories du rythme particulières dont se constituent la TRA (M, m) & la TAM (M, m) dans leur ensemble ne forment pas une simple somme disjointe : elles sont liées ensemble par entrelacement et constituent une « **famille** » : elles ont des traits communs, ou plutôt de ces « allusions » à des traits communs virtuels qui fondent, au sens « pseudo-wittgensteinien », les « **ressemblances familiales** ».

963. La notion de ressemblance familiale dans les théories du rythme repose sur une autre notion, également pseudo-wittgensteinienne, celle de **jeu de langage**.

964. Pour chaque théorie du rythme spéciale, appartenant à la famille, on définit un ou des **jeux de rythme(s)** (comportant en particulier des **jeux métriques**) qui constituent la théorie.

965. Dans le « jeu du sonnet », les sonnets (les poèmes composés selon ce jeu, s'insérant dans ce jeu) n'ont pas entre eux de traits communs fixes explicitables, mais constituent une famille, sont liés entre eux par une « ressemblance familiale ».

966. Les jeux de poésie, dont les « joueurs » sont les poèmes de la même famille, ont leurs géants et leurs nains, leurs « petits génies » et leurs mongoliens (qui ne sont pas nécessairement les moins aimés), leurs « prix de beauté » (au sens de fll)…

967. **Le « formel » est une notion familiale.**

968. **Il y a des jeux formels.**

969. **Le formel s'articule en jeux.**
970. **Le formel est un entrelacement de jeux formel en familles.**
971. Les grands exemples de tradition formelle, un aspect particulier « familial », « tribal », généralement interprétés uniquement en termes sociologiques, d'écoles : les Troubadours et leurs variantes en d'autres langues, le *dolce stil novo*, les rhétoriqueurs (il y a un jeu unificateur « prévalent » chez eux : la rime),…, les surréalistes (il y a une tradition formelle surréaliste, dissimulée et niée, qui comprend au moins le « vers libre standard » see val), le groupe Bourbaki (il y a un concept unificateur « familial » du groupe, la structure), l'oulipo (uni « sous la contrainte ») ; plus la cohérence formelle est grande, plus la ressemblance familiale acquiert une importance qui déborde la seule esthétique ; certaines réactions d'enthousiasme ou de rejet s'en comprennent mieux.
972. La Télévision (en particulier) assure le vieillissement accéléré des mots, des expressions langagières, des inventions du langage cuit. Exemple : *La vie mode d'emploi*. La banalisation par excès de répétition affaiblit l'image-langue de ce titre.
973. Pour que le geste avant-gardiste ne soit pas qu'un geste de dérision (en un sens un geste nul), il faudrait savoir ne pas mépriser, ignorer la forme à détruire. Exemple : le « sonnet » de Gerhard Rühm.
974. Il est vrai qu'en agissant ainsi, le geste avant-gardiste perd de sa force de destruction. Tel est son paradoxe irréductible.
975. Le retour de l'alexandrin : why do you count that as twelve, aujourd'hui ?
976. La vérité poétique est inépuisable plutôt qu'ineffable.
977. Le jeu de poésie est un jeu de langue qui se vérifie dans une langue, pas dans la nature.
978. Un poème dit toujours quelque chose. Mais la poésie n'est pas ce qu'il dit.
979. Concevons deux sous-formes de la forme-mémoire : la forme-souvenir et la forme-pensée.
980. La poésie est une troisième forme-mémoire.
981. Aucune des deux formes-mémoire (-souvenir et -pensée) ne peut exister sans l'autre. Elles sont solidaires et se renforcent l'une l'autre.

982. Chaque forme-mémoire fait intervenir une langue (le langage?) à sa manière.
983. Chaque forme-mémoire excède le langage : fait intervenir les sens, les sensations, les perceptions, le geste.
984. Les formes-mémoire externes s'opposent aux formes-mémoire internes. Pour la poésie, la mémoire externe est autant l'oral que l'écrit.
985. J'appelle aurale la forme-mémoire interne liée au sens de l'ouïe.
986. Je cherche un mot pour désigner la forme-mémoire interne de l'écrit.
987. Par la langue s'effectue la transmission des mémoires de l'extérieur à l'intérieur (et réciproquement).
988. La langue n'est pas le seul transmetteur de la mémoire.
989. Les formes-mémoire s'organisent autour d'images-mémoire (images-souvenir, images-pensée).
990. La mémoire-poésie s'organise autour d'images-mémoire provenant des formes-mémoire.
991. Il n'y a pas d'images propres à la poésie. Pas de théorie de l'image « poétique ».
992. Dans l'idée de formes-mémoire il y a l'idée de non-mémoire (qui englobe mais dépasse l'idée de formes-oubli).
993. Pour toute forme-mémoire, mais particulièrement pour la forme-poésie, il est nécessaire de tenir compte de la différence géométrique et topologique entre le monde externe (l'idée de monde qui nous est donnée) et la partie du monde, interne, qui nous est propre.
994. Le lien entre mémoire et non-mémoire (entre mémoire et oubli aussi) n'est pas de type (logiquement) classique.
995. La mnémotechnie est l'art de mémoire des temps de la *numeracy* à l'américaine.
996. En poésie, l'infini pour toutes fins pratiques intervient assez vite.
997. On peut imaginer trois étapes (fiction anthropologique) génératrices des nombres : – additive – multiplicative – exponentielle.
998. Mais on peut aussi imaginer (comme simultanées) des étapes de divisibilité : marches plus petites divisant des escaliers de géants ; division des jours en heures…

999. Ces étapes représentent des accélérations (ou décélérations) successives dans l'appréhension des nombres (comme différenciant les singuliers).

1000. Il y a trois espèces de « successeurs » : le successeur ordinaire additif : n → n + 1 ; le successeur multiplicatif an → an + 1 ; le successeur « exponentiel » a puissance bn → a puissance bn + 1

1001. Entre un « entier exponentiel » et son successeur (comme entre un « entier multiplicatif » et son successeur) on construit, lentement, ceux du « niveau » inférieur.

1002. Dans la séquence effective des numéraux (les entiers « génétiques » comme dit Nelson) (et selon les « bases » choisies pour passer d'un niveau à l'autre) chaque nombre a un poids relatif aux différentes « échelles ».

1003. Les nombres, pris au sens des trois échelles, changent selon les langues ; pas seulement par leur nom.

1004. Les nombres dits par la langue reflètent les échelles.

1005. Écrire un nombre va plus vite que le dire.

1006. Les trois modes de construction des nombres représentent une accélération dans la tentative de maîtriser les grands nombres.

1007. La maîtrise des grands nombres est liée au rêve de la maîtrise « numérique » du monde par l'énumération des singuliers (le rêve de la *numeracy* à l'américaine).

1008. L'idée de grand nombre vient du rêve de la « copia » par extension indéfinie de la mémoire externe.

1009. Il faut distinguer la définition d'un nombre, sa description et sa construction.

1010. Il y a des nombres concevables et des nombres effectifs (constructibles en temps réel).

1011. Dans le cas du nombre de la poésie, la limitation draconienne de la notion de « grand nombre » est liée à la mémoire (la poésie a besoin d'une subitisation).

1012. Le geste cantorien de « totification » est une sorte d'accélération nominale (et cetera réifié), qui va au-delà de tous les modes de création rapide de nombres. L'ordinal transfini Oméga est atteint par un saut fictif brusque, au-delà de tout nombre atteignable, sous toute échelle.

1013. Les noms de nombre dans les langues ne connaissent pas l'exponentielle itérée. Les modes de création accélérée de nombres sont limités, encore, par la théorie 2-3.

1014. L'infini dit potentiel, c'est le futur antérieur indéfini. (See Poincaré, Dernières pensées : « tous les nombres que l'on pourra... »)

1015. Les nombres ont un poids variable de réalité, selon leur mode de construction. Il existe une « mesure de réalité » d'un nombre.

1016. Le traitement de l'infini « à la Véronèse », i-e non archimédien, est plus satisfaisant que le cantorien (pour la poésie, pour le nombre protonaturel) : dans une échelle donnée, un nombre peut être inaccessible par déplacement dans une échelle inférieure.

1017. Au nombre comme cardinal, comme ordinal, comme étiquette il faut ajouter le nombre comme parcours (et pas dans un seul sens).

1018. La poésie connaît l'infiniment grand (au sens limité, veronésien et lussonien) et du coup aussi l'infiniment petit.

1019. Un événement poétique suscite un processus de mémoire. On pourrait le comparer à la trajectoire d'une particule. De même que la particule du très petit physique n'est identifiable qu'indirectement, de même l'événement infiniment petit poétique peut être invisible et ne consister (pour le regard de l'observateur) qu'en trajectoires de mémoire.

1020. L'hypothèse d'Hinostroza des deux axes obliques de lecture dans la page est une des manières d'aborder la géométrie intérieure de la poésie écrite : on n'a pas affaire à un rectangle immobile plan mais à une surface beaucoup plus « tordue ». Les deux axes de « descente oblique » représentent d'une part le mouvement d'anticipation qui va du début du poème vers sa fin (d'un début de ligne vers une fin de ligne) et d'autre part le mouvement « orthogonal » au premier qui sans cesse rabat la fin de vers sur le début du vers suivant (en même temps sur son propre début par identification, par instantanéification : le « maintenant "damascien-kierkegaardien" » de la poésie).

1021. Il n'y a pas que le temps (le temps de la poésie, au moins) qui doit être pris à la fois comme B-série et comme A-série de Mc Taggart; le nombre lui-même tient des deux ensemble.

1022. En ce qui concerne la « réalité » de l'infini ou des très grands nombres, je suis agnostique.

1023. L'infini potentiel est un infini timide.

1024. Les très grands nombres sont aussi difficiles à concevoir que les transfinis.

1025. Le « plus un » : je ne vois pas comment il pourrait ne pas être, mais je ne le vois pas.

1026. Sur les « Cent Mille Milliards » : dans un livre les pages ne sont pas interchangeables.

1027. (comm. rem. 667) Le conte de Proclus sur l'invention de la géométrie 'imite'celui de Simonide.

1028. Une <u>hypothèse du moderne</u> : période de l'affaiblissement, sinon de la destruction non de la mémoire interne mais de ses modes antérieurs de fonctionnement, en particulier des stratégies, des formes de vie de sa maîtrise (en particulier l'oubli et la décadence en mnémotechnie des arts de mémoire).

1029. Une (des) hypothèse(s) de fiction anthropologique : les stratégies d'apprentissage de la mémoire sont aussi anciennes que le langage, la poésie, le nombre.

1030. L'affaiblissement de la maîtrise de la mémoire interne s'accompagne d'une dépendance croissante et finalement peut-être absolue des modes de la mémoire externe.

1031. Corollaire a) de l'hypothèse de la chute des arts de mémoire : un déséquilibre entre les deux pôles de la forme-mémoire (mémoire-souvenir et mémoire-pensée) ; au profit de la seconde.

1032. Corollaire b) de la même hypothèse : une certaine rupture de la solidarité entre les deux pôles de la forme-mémoire, un affaiblissement de leur solidarité.

1033. Corollaire c) conséquence des corollaires a) et b) : le pôle considéré comme le seul important, le pôle-pensée, s'affaiblit lui aussi.

1033 bis. L'accumulation du savoir collectif masque les effets massifs de « c) ».

1034. Le <u>modernisme</u> peut être associé à l'hypothèse de l'affaiblissement de la mémoire interne ; du moins dans le domaine des arts, et particulièrement dans celui des arts du langage.

1035. Hypothèse du modernisme : le mouvement artistique dit moderne est la forme-art de l'affaiblissement historique de la mémoire interne.
1036. La période artistique moderniste est le moment de l'oubli de la mémoire.
1037. Le moment de l'oubli de la mémoire est le moment historique des têtes vides.
1038. Le moment moderniste ne se caractérise pas par la conscience directe d'un rapport avec la chute de la mémoire intérieure.
1039. L'axiome moderniste est le slogan de la table rase.
1040. Le moment contemporain est celui de la pénétration des têtes vides par les images externes. Il est caractérisé par le remplissage des têtes.
1041. Le moment contemporain est le moment historique des têtes refaites.
1042. Le déséquilibre entre les modes de la forme-mémoire est aggravé par le remplissage des têtes. Les images qui refont les têtes sont des images qui ne sont pas formées à l'intérieur.
1043. Ces images tentent d'échapper à la langue.
1044. Les images du mode contemporain obéissent à une géométrie et une topologie inadéquates à la mémoire-souvenir comme à la mémoire-pensée.
1045. La topologie des images pénétrantes est différente de celle de la mémoire interne.
1046. La topologie des images pénétrantes est pauvre.
1047. Dans l'état actuel de ses réalisations, la réalité virtuelle est fausse, et pauvre.
1048. Le moment artistique correspondant au temps des têtes refaites est le moment post-moderne.
1049. Hypothèse zéro de la poésie : il y a la poésie.
1050. Il y a : il y a la poésie dans les langues. Il y a de la poésie dans les langues. La poésie est dans les langues comme forme. Il y a une forme-poésie. Il y a des jeux de poésie qui manifestent la forme-poésie. Les jeux de poésie sont des jeux de langage.
1051. La poésie n'a pas affaire, directement, au langage.
1052. La poform (poétique formelle) ne considère pas un univers du langage, mais des univers de langues et une n-catégorie (n non borné) bâtie de ces univers.

1053. Une langue sans poésie meurt.
1054. Hypothèse un de la poésie : la poésie est mémoire.
1055. Hypothèse deux de la poésie : la poésie est mémoire de la langue.
1056. Hypothèse trois de la poésie : la forme-poésie dans une langue est une forme-mémoire de cette langue.
1057. Hypothèse quatre de la poésie : la poésie est en particulier une troisième forme-mémoire intérieure. Elle n'est ni la forme-souvenir, ni la forme-pensée, mais une forme-mémoire spécifique.
1058. Les formes-souvenirs du monde sont les traces des changements.
1059. Hypothèse cinq de la poésie : la poésie est mémoire par la langue.
1060. Hypothèse cinq bis de la poésie : La forme-poésie agit en tant que forme-mémoire, par la langue.
1061. Il n'y a pas, dans le monde (dans le monde hors-intérieur), de forme-pensée.
1062. Hypothèse six de la poésie : La forme-poésie agit en tout point de l'axe qui joint les deux pôles des autres formes-mémoire. Elle ne s'identifie à aucun d'eux.
1063. Hypothèse sept de la poésie : La poésie ne se souvient pas.
1064. Le poème dont le titre est « ce que disait le poème » illustre un aspect de l'hypothèse sept de la poésie.
1065. Hypothèse huit de la poésie : la poésie ne pense pas.
1066. La poésie a affaire à notre mémoire intérieure, à celle de chacun de nous. Elle agit sur les formes-mémoire d'une manière spécifique, qui n'est ni celle de la mémoire-souvenir, ni celle de la mémoire-pensée. Elle suscite souvenir(s) et pensée(s) (et bien d'autres choses encore, comme les affections) mais selon son effet propre, qui est l'effet-poésie.
1067. Hypothèse neuf de la poésie : la poésie ne dit rien.
1068. Hypothèse dix de la poésie : la poésie est un effecteur de mémoire.
1069. Hypothèse onze de la poésie : La poésie est effecteur de mémoire.
1070. Parmi les effecteurs de mémoire, la poésie est seule à avoir pour moteur unique et essentiel la langue.

1071. La poésie effectue la mémoire pour quelqu'un, pour sa mémoire, en vertu du rapport privilégié qu'elle a avec cette langue. Elle est ce que dit pour lui sa langue.

1072. Je ne suis pas stupide au point de penser que dire la langue ne peut se dire autrement que par la poésie (la langue peut être objet de savoir…). Mais je pense que les manières autres de dire la langue sont ou externes à la langue ou plus ou moins des ersatz de la poésie, que la manière naturelle de dire la langue, aussi ancienne que les langues, les sociétés humaines et les individus autonomes qui se souviennent et qui pensent, est celle de la forme-poésie.

1073. Les formes poétiques dites traditionnelles sont liées à l'état pré-moderne des rapports entre mémoires interne et externe ; et à l'époque où la poésie, troisième forme-mémoire, est organisée d'une manière adéquate à un équilibre entre intérieur et extérieur.

1074. Supposons que la forme simonidienne de la poésie est celle qui « convient » à l'existence de la mémoire externe écrite.

1075. Dans la poésie orale en l'absence de mémoire externe écrite, c'est la musique (parfois aussi la danse, le dessin ; see chippewas) qui assure l'équilibre entre les trois formes-mémoire.

1076. Les poètes du moment moderniste tiennent compte du fait que la forme traditionnelle de la poésie est devenue inadéquate à l'état des rapports entre mémoires. Ils entreprennent de détruire les formes traditionnelles.

1077. Pendant le moment moderniste on ne prend en compte que l'inadéquation des modalités existantes de la forme poétique à la situation nouvelle. Ce moment se caractérise par le geste avant-gardiste de la destruction.

1078. Le moment post-moderniste est celui de la réfection des têtes vidées de mémoire, le moment des têtes refaites.

1079. Le moment post-moderniste se caractérise par le slogan « mort de la poésie ».

1080. <u>variante a du slogan mort de la poésie</u> : il n'y a plus de poésie ; il n'y a que le roman.

1081. <u>variante b du slogan mort de la poésie</u> : il faut remplacer la poésie par le texte, le ceci ou le cela ; il faut abolir les frontières entre la poésie et le reste, etc.

1082. variante c du slogan mort de la poésie : la poésie est ailleurs que dans la poésie : dans la prose, dans les journaux, dans la chanson, dans le coucher de soleil, dans le cinéma…

1083. variante d du slogan mort de la poésie : la poésie est partout.

1084. Il faut défendre la nécessité de la poésie (ne pas se contenter de décrire), et cela en pensant les problèmes du rapport entre mémoire interne et mémoire externe. Il faut affirmer la non-fatalité de la disparition de la poésie.

1085. Appliquons au « cent mille milliards » la remarque d'Edward Nelson dans « *Predicative Arithmetic* » : « *the intuition that the set of all subsets of a finite set is finite – or more generally, that if A and B are finite sets, then so is the set BA of all functions from A to B – is a questionable intuition. Let A be the set of some 50 000 spaces for symbols on a blank sheet of typewriter paper, and let B be the set of some 80 symbols of a typewriter; then perhaps BA is infinite. Perhaps it is even incorrect to think of BA as being a set. To do so is to postulate an entity, the set of possible typewritten pages, and then to ascribe some kind of reality to this entity – for example, by asserting that one can in principle survey each possible typewritten page. But perhaps it is simply not so. Perhaps there is no such number as 805 000; perhaps it is always possible to write a new and different page. Many ordinary activities are built up in a similar way from a rather small set of symbols or actions. Perhaps infinity is not far off in space or time or thought, perhaps it is while engaged in an ordinary activity – writing a page, getting a child ready for school, talking with someone, teaching a class, making love – that we are immersed in infinity.* »

1086. Adoptons encore ceci, toujours d'Edward Nelson : « *what does it mean to speak of the term (composed of) 265 536 occurrences of S (successeur) ? This involves the genetic concept of number. But if one produces occurrences of S at the rate of one every 10-24 seconds, which is about the time it takes light to traverse the diameter of a proton, and if the age of the universe is taken to be twenty billion years, then it will take more than 1 019 684 ages of the universe before that many occurrences of S have been produced.… To regard this (symbol) as standing for a genetic number entails a philosophical commitment to some ideal notion of existence. To a nominalist 65 536 is a number, to which one can count, but 265 536 is a pair of arabic numerals (written in a certain way), and there is not a scintilla of evidence that it stands for a genetic number. There is a story of a bank employee who was told to count a bundle of bills to verify that there was actually a thousand of them. The employee began to count them : 1,2,3…, 61,62,63 – and then stopped, being convinced that since it had checked perfectly all that way it must be correct.* »

1087. Réfléchir sur le nombre (de la poésie) implique de poser la question du « et cetera ».

1088. Les hypothèses de la poésie impliquent des hypothèses sur le compositeur de poésie, qu'on nomme souvent poète.

1089. Hypothèse douze de la poésie : la poésie est un art dont le matériau essentiel est la langue.

1090. Le mot littérature ne désigne peut-être qu'une relation collectivisante (d'un ensemble de jeux de langage).

1091. Nous vivons sous le régime de l'ECOPROF : économie de profit, dont le mécanisme affiché est dit le « marché », dont le ressort, l'axiome unique est le profit, et la règle (légale) de survie est la transmission infinie en principe par héritage des droits de propriété.

1092. L'horizon de l'universalisation de l'ECOPROF s'appelle Idée du Village Mondial, IVIMON.

1093. En dehors des moyens classiques, l'ECOPROF compte établir la souveraineté de l'IVIMON sur la planète à l'aide de son arme absolue, technologique, qui est le TONUTRIN – Tout Numérique à Transmission Instantanée.

1094. La poésie (et plus généralement la littérature de création) se heurte à des barrières douanières d'un type particulier qui ont d'énormes effets économiques. La frontière des langues, la nécessité de traduire, rend le coût du transport de langue à langue tout à fait prohibitif.

1095. Le temps du produit littéraire aspirine s'avance.

1096. À l'effacement des langues au profit de la plus forte correspond l'affaissement de la langue dominante elle-même.

1097. La poésie, après l'invention (fictive) du fils de Leoprépès, n'est pas, ne peut pas être, peut ne pas être la poésie selon Homère.

1098. En vertu des hypothèses de la poésie, la poésie post-simonidienne n'est pas sans commune mesure avec celle d'Hésiode ou d'Homère, avec la poésie d'autres langues et d'autres temps. L'idée de poésie est présente dans toutes les langues et toutes époques et civilisations.

1099. Hypothèse treize de la poésie : Dans toute langue il y a de la poésie.

1100. L'invention simonidienne est de rendre explicite ce qui est poésie dans la poésie (i-e les compositions poétiques).

1101. L'invention de la poésie doit s'entendre comme possibilité de reconnaître qu'il y a de la poésie (au sens des hypothèses de la poésie).

1102. On peut la reconnaître alors ailleurs. (Autres temps, autres lieux.)

1103. La poésie, dans Homère, est plagiat par anticipation de la poésie (au sens de Simonide, au sens contemporain).

1104. L'invention de la poésie permet de reconnaître que ce que disent (au sens ordinaire de dire) les poésies d'ailleurs, d'avant et de toujours, est autre que la poésie.

1105. La poésie véhicule toujours du sens (toutes sortes de sens) mais ce(s) sens ne lui est (sont) pas essentiel(s) par nature.

1106. Les hypothèses de la poésie impliquent des hypothèses du poète.

1107. Les hypothèses de la poésie impliquent des hypothèses du lecteur.

1108. Les poètes ne sont pas des maîtres de vérité.

1109. Continuer à revendiquer le prestige des temps pré-simonidiens, à s'affirmer diseur de la vérité des choses, des êtres, des langues, des cités ou des empires, la vérité des dieux, c'est la posture homérique.

1110. La posture orphique est celle du retour à la posture shamanique. C'est la posture du poète inspiré, du « furieux ».

1111. La posture du poète spontané est la version mièvre de la posture du poète inspiré.

1112. La posture malherbienne est celle du poète décoratif.

1113. La posture malherbienne est celle qui est préférée par les représentants des différentes branches du savoir.

1114. Les principales postures de poète se caractérisent par une ignorance de ou un refus d'admettre la nature propre, particulière, irréductible, de la poésie, par une dénégation ou minimisation de son rapport privilégié, nécessaire et original à la langue.

1115. Les progrès de l'ECOPROF impliquent l'affaiblissement de la position de la poésie dans le champ de la littérature, dans celui de la société, dans la vie individuelle ; et dans un deuxième temps non seulement son affaiblissement, mais la possibilité même de sa disparition.

1116. Les hypothèses de la poésie impliquent que le rôle social du poète (dans les temps de l'ECOPROF et de l'IVIMON) ne peut être que très modeste.

1117. Je défendrai l'idée de la relative neutralité de la technique (donc du TONUTRIN).

1118. À l'époque moderne et contemporaine, les poètes qui ont eu un rôle social ou politique reconnu éminent l'ont dû en grande partie à un contresens, contresens dont l'idée de poésie a souffert et souffre encore.

1119. La posture du poète maudit est une posture particulièrement caractéristique du moment moderne.

1120. Le geste avant-gardiste est un geste de destruction-libération.

1121. Le geste libératoire masque la pauvreté du geste de la table rase.

1122. Le geste avant-gardiste est soumis à la tentation de la fuite en avant révolutionnaire.

1123. La fuite en avant avant-gardiste peut être aussi bien contre-révolutionnaire (Pound, Céline, Benn).

1124. Les « vieilleries poétiques », les formes traditionnelles dépassées, épuisées et surannées survivent en dessous, quand le geste avant-gardiste est confronté à la durée.

1125. Le « retour à » est une des conséquences possibles de l'épuisement du geste avant-gardiste.

1126. Le geste avant-gardiste est nécessairement psitacciste.

1127. L'aboutissement naturel du geste avant-gardiste est le silence.

1128. La version glorieuse du geste moderniste, chez Rimbaud, se change en version trafic.

1129. Les libérateurs du vers, en vieillissant, deviennent des négriers du vers.

1130. Denis Roche : abandon de la poésie – éloge de la littérature – difficulté avec la littérature – photographie –.

1131. La fatalité massive de la faillite des avant-gardes l'emporte sur la variété inventive des expériences individuelles, interdit d'établir les expériences, les démarches, dans une quelconque continuité, une communauté de formes stables, tend à créer un semi-solipsisme. L'air de famille flou du vers libre international (le **vil**) tire les stratégies personnelles vers le mouton au panurgisme incontrôlé.

1132. Tout geste avant-gardiste est voué à l'échec s'il ne s'accompagne pas d'une compréhension formelle.

1133. La fatalité de l'avant-garde est la posture de secte.

1134. L'avant-gardisme est lié au moment moderniste. L'avant-gardisme du moment post-moderne est d'annoncer la fin des avant-gardes.

1135. Le slogan de la mort de l'auteur est une variante du slogan de la mort de la poésie.

1136. L'invention du « texte » fut la variante farce des deux slogans croisés « mort de l'auteur » et « mort de la poésie ».

1137. L'existence du TONUTRIN dans les conditions de l'ECOPROF et de l'IVIMON donne naissance à une fuite en avant technologique : le TONUTRIN, dit-on, implique sinon la mort de la poésie du moins la disparition de ses modes désuets d'existence (le livre) et son remplacement par un art nouveau, écranique, interactif et multimédia.

1138. Le recours à un programme et à un écran ne garantit absolument pas contre la « vieillerie » poétique.

1139. Il peut même lui servir de masque, et assurer sa survie.

1140. Une variante molle du geste avant-gardiste contemporain : affirmer la disparition des frontières entre poésie et non-poésie au sein des activités artistiques de langue.

1141. L'invention du « texte TQ » comme l'affirmation de l'effacement des frontières va dans le sens des tendances lourdes de la société, celles de l'ECOPROF. Il n'y a pas de repli possible du genre : sacrifier la poésie au profit du « texte ». Mais il n'y a pas de salut (autre que momentané et parfois financier) à se convertir au « tout-roman », à la biographie ou au récit de voyage (le roman-guide-bleu-personnalisé).

1142. Certains essayent de se faire passer pour ce qu'ils ne sont pas, d'entrer par contrebande dans les rangs des triomphateurs du marché. Ils rêvent d'être les « Georges Soros » de la littérature. Que l'avertissement d'Isidore Ducasse sonne à leurs oreilles : leurs œuvres ne s'en vendront pas mieux.

1143. Il faut défendre la posture suivante : nécessité de la poésie ; nécessité, si on est poète, de se revendiquer comme poète.

1144. Il faut affirmer que la question de la poésie ne concerne pas que les poètes. La chute de la poésie menace la langue. La chute de la poésie menace chacun en sa mémoire, menace sa faculté d'être libre.

1145. Il n'y a cependant aucune raison d'être œcuménique en poésie. Bien que la question interne à la poésie : qu'est-ce qui vaut ?, qu'est-ce qui ne vaut pas ?, ne soit pas la première question qui se pose, en des temps de menace absolue sur la poésie, on ne peut pas gommer les divergences dans l'appréciation des lignes poétiques antagonistes qui s'affrontent dans son champ. Autrement dit, je suis en partie d'accord avec David Antin quand il dit : « suis-je poète ? si X est poète, alors je ne suis pas poète. » Mais je dirai quand même : « Oui je suis poète, même si X se dit poète. »

1146. La conception de la poésie qui résulte des hypothèses avancées ne peut donner à la poésie aucune des justifications qui sont généralement proposées comme raisons de son existence, de sa survie. Elle n'amène pas non plus à admettre ce qui lui est souvent annoncé comme faisant partie de ses devoirs.

1147. L'acte d'accusation – l'argument de la difficulté. Les poètes ne sont plus lus, sont peu lus parce qu'ils sont difficiles.

1148. Première réponse à l'accusation de difficulté, la réponse polémique : « Qui veut noyer son chien l'accuse de la rage. » Vous trouvez la poésie difficile parce que vous ne voyez pas pourquoi il y aurait de la poésie. Cela, soit parce que vous la jugez dépassée, ennuyeuse, soit parce que vous considérez qu'autre chose aujourd'hui peut jouer le rôle qui était le sien (il s'agit du rôle « poétique » au sens mou), la chanson, la pub…

1149. Deuxième réponse : si la poésie est liée à la mémoire, elle l'est à la mémoire de chacun ; si elle n'est pas, ou plus, dans votre mémoire, alors vous ne connaissez plus ce qu'est la poésie; la poésie que vous rencontrez est nécessairement étrange, inhabituelle, difficile donc, par non-familiarité, par perte de familiarité avec la poésie, avec toute poésie.

1150. Une variante de la même accusation : la poésie actuelle est difficile ; ah si vous écriviez comme x, comme y, comme tel poète du passé.

1151. La réponse à cette variante est une variante de la réponse à la forme pure : parce que la poésie du passé est déjà entrée dans la mémoire, dans la mémoire de la langue, donc indirectement dans la vôtre ; elle est déjà là, ce qu'elle est est déjà acquis dans la langue, s'absorbe alors sans l'effort nécessaire de pénétration, de perception de la poésie en tant que poésie, de reconnaissance de la poésie dans les poèmes (qui est le premier moment de la mise en mémoire).

1152. Dans ce cas la difficulté de la poésie se présente aussi comme difficulté à admettre le changement dans la poésie. Ceci est de plus un cas particulier d'un phénomène qui affecte toute mémoire, et qui joue spécialement dans le cas de la poésie, étant donné sa nature.

1153. Il s'agit de la mémoire immobilisée, arrêtée. La mémoire intérieure, dans ses deux formes, ne peut vivre qu'en se modifiant sans cesse, qu'en se vérifiant sans cesse intérieurement. L'hypertrophie du rôle donné aux mémoires externes favorise, en devenant le paradigme dominant, l'immobilisation de la mémoire (see la transmission orale de la poésie, la transmission orale des lois, des généalogies ; l'exemple paradigmatique cité par Jack Goody). (C'est un point essentiel soulevé par Platon, autrefois.)

1154. La poésie extrême-contemporaine présente un autre caractère encore, qui est source d'une réelle difficulté, très différente de ce qu'on désigne d'ordinaire par difficulté (vocabulaire, constructions, formes, présentation, idées…) : l'hypothèse de la mémoire implique, si on tient compte de ce que la mémoire signifie, que la poésie anticipe sur les changements dans la langue (le temps de la poésie est aussi un futur antérieur), les annonce, éventuellement participe à leur émergence.

1155. La poésie contient le futur de la langue.

1156. La langue paraît étrange, insolite, difficile, dans la poésie du présent.
1157. La langue paraît étrange dans la poésie extrême-contemporaine parce qu'elle y présente certains traits de son futur.
1158. La langue paraît étrange dans la poésie extrême-contemporaine parce qu'elle y présente certains traits oubliés de son passé.
1159. La poésie préserve le passé de la langue dans son présent. Elle donne une image augustinienne de la langue.
1160. La poésie redonne un sens oublié aux mots de la tribu.
1161. Tel est le sens de la remarque de Gertrude dans une interview (quelque chose comme : « Look, when I say "a rose is a rose is a rose is a rose", the rose is again red in english poetry »).
1162. La troisième réponse à l'accusation de difficulté est qu'elle repose sur un contresens absolu concernant la nature de la poésie. Il y a des poèmes (parmi ceux que je suis prêt à défendre) qui posent des problèmes de compréhension immédiate, linguistique ou de pensée, considérables. Mais il y en a au moins autant d'autres qui ne présentent nullement cette caractéristique. Mais la présence des uns et des autres dans les librairies (et généralement leur absence) ne dépend absolument pas de cette distinction.
1163. La difficulté de la poésie aujourd'hui est qu'elle est poésie. Ce qui est difficile à admettre, à entendre, et à comprendre (l'a toujours été plus ou moins, mais l'est à l'extrême dans les conditions actuelles), c'est qu'il y ait, encore, cette manière particulière de traiter la langue qui constitue la poésie. La difficulté première est là. Toute autre difficulté est secondaire.
1164. Cela tient bien sûr à la nature toute particulière de la notion de sens en poésie. S'il y a sens, c'est sens formel et effet intérieur de sens. Dans toute forme-poésie du présent, d'un type nouveau, il y a difficulté à saisir ce sens, à l'admettre, à le reconnaître parce qu'on est habitué (scolairement et idéologiquement habitué) à chercher autre chose, une des formes habituelles du sens.
1165. Pour beaucoup (y compris certains poètes ; il y a des postures démagogiques chez les poètes) le crime essentiel de la poésie

est l'incompréhensibilité. La poésie doit satisfaire les exigences de sens d'un public hypothétique.

1166. L'accusation d'incompréhensibilité est associée de manière implicite à l'exigence de compréhension immédiate.

1167. Si la poésie est mémoire, agit sur la mémoire, il n'y a aucune raison que sa pénétration (donc sa compréhension) soit immédiate. Bien au contraire.

1168. La compréhension immédiate d'un poème est ou bien un contresens, la compréhension d'autre chose que le poème *qua* poème ; ou bien une compréhension molle, pâle.

1169. Ceci est spécialement visible si le poème ne pose aucune difficulté de compréhension instantanée au sens ordinaire. Exemple paradigmatique : le poème chippewa des nuages.

1170. « Tu ne comprends pas ? je répète… »

1171. Dans la mémoire naît une compréhension irréfléchie, non traductible, non transmissible, de la poésie.

1172. Une autre manière de céder à la pression du monde sur la poésie est de maintenir la posture du poète, mais en admettant toutes ou partie des accusations portées contre la poésie et les poètes qui se situent, plus ou moins nettement, dans la perspective que je dessine dans la POFORM (poétique formelle).

1173. C'est la posture du renoncement. Dans ces conditions la poésie peut survivre, atteindre même une certaine audience en se présentant comme ce qui est pour moi soit un autre rôle que le sien, soit, si on veut être plus sévère, un travestissement, une trahison de son rôle. L'exemple le plus net de cette situation est aujourd'hui l'Angleterre.

1174. La poésie ne peut pas sans s'affaiblir renoncer à tout projet formel.

1175. La posture du renoncement conduit la poésie à se satisfaire d'un rôle de parente pauvre du roman.

1176. La posture du renoncement conduit la poésie à imiter le roman de gare, réduit aux élans du cœur (Wendy Cope).

1177. La poésie du renoncement peut trouver une force apparente dans une situation où apparaît un indiscutable épuisement de la forme romanesque.

1178. La poésie démissionnaire joue un rôle de substitut émouvant du discours bio-éthique, écologique, humanitaire, jardinier, touristique, franciscain, bouddhiste, new age, etc. (des noms !).

1179. La posture du renoncement est le prolongement de la politique du slogan « mort de la poésie », mais par d'autres moyens.

1180. Le discours savant, le discours critique (ce qu'il en reste), le discours journalistique, soutiennent la posture du renoncement.

1181. La poésie du renoncement s'interdit la poétisation du discours politique à cause des slogans « mort de la politique », « discrédit de la politique »... Il s'ensuit qu'une poésie à surface ouvertement politique serait sans doute momentanément à défendre.

1182. Hypothèse quatorze de la poésie : la poésie est pour un œil-oreille.

1183. « Historiquement » (dans l'histoire du conte théorique), l'invention simonidienne est associée à une révolution technologique : celle de l'écriture alphabétique.

1184. Les progrès de l'écrit ont conduit à une situation d'équilibre plus ou moins stable entre mémoire externe et mémoire interne.

1185. L'hypothèse quatorze exprime d'abord ce fait élémentaire que la poésie devient écrite-orale.

1186. À l'époque médiévale, dans les langues vernaculaires, la poésie redevient aussi écrite-orale.

1187. C'est alors que se rompt le lien de la poésie à la musique.

1188. La poésie est nécessairement un double (sens de la vue, sens de l'ouïe) ; cela tient aussi à la nature de la mémoire, qui est un double (passé-présent).

1189. Avant l'écriture alphabétique, la seule à pouvoir « donner à voir » les sons de la poésie, c'est dans le même « sens », dans l'oralité-auralité que se transmet la poésie. Ce sont les générations successives qui jouent le rôle du double.

1190. Imaginons un axe de la langue dans la poésie, qui a deux pôles, un pôle de la trace écrite, un pôle de la trace orale.

1191. La poésie (au sens qui est donné ici, à ce mot, dans ces remarques) manifeste (extérieurement) deux formes ; elle est sur la page et elle est dans la voix.

1192. Il est clair que le TONUTRIN va compliquer, enrichir (et si on n'y prend garde brouiller, affaiblir) cette distinction nécessaire.
1193. La poésie peut privilégier l'une ou l'autre forme (écrite/orale).
1194. La poésie peut circuler de la forme écrite à la forme orale et réciproquement.
1195. La poésie peut être « derrière » les deux formes, sans pencher vers une.
1196. Il existe une modalité de la poésie où la forme écrite est subordonnée (elle n'est pas (toujours) absente chez les poètes de la performance, Blaine, Heidsieck, Métail)).
1197. La modalité écrite fait intervenir les modalités du geste d'inscription (main, typo, écran…).
1198. La modalité écrite fait intervenir le geste d'appréhension par l'œil (see exemple écranique de l'apparition non simultanée de la page).
1199. La modalité orale-aurale fait intervenir le geste de prononcement.
1200. Il y a des modalités de poésie où la voix est impossible.
1201. Il y a des modalités de poésie où l'écrit est impossible.
1202. Dans une poésie où soit l'écrit soit la voix est impossible, cela ne veut pas dire que la voix ou l'écrit n'en fait pas partie. La poésie est toujours un double, mais une des faces du double peut être vide, ou obscure, ou opaque.
1203. Je n'ai pas formulé une <u>Hypothèse quatorze prime de la poésie</u> : la poésie est orale-écrite.
1204. Je ne pourrais en fait postuler que quelque chose comme une <u>Hypothèse quatorze seconde de la poésie</u> : la poésie apparaît sous la forme orale-écrite.
1205. Ne parler que de poésie écrite ou de poésie orale, c'est oublier qu'on ne vise par là qu'une forme externe, un état de langue.
1206. <u>Hypothèse quinze de la poésie</u> : la poésie est mémoire externe <u>et</u> mémoire interne. C'est une hypothèse de précision.
1207. Scholie de l'hypothèse quinze : La poésie n'est pas strictement publique. La poésie ne peut pas se réduire à son aspect public, au texte dans le livre, à la performance de voix, de gestes… la poésie est aussi privée, et d'une manière

qui est autre que celle de la mémoire-souvenir, comme de la mémoire-pensée…

1208. Il s'ensuit qu'il peut exister, et même qu'il existe nécessairement une distance énorme entre les effets-mémoire de la poésie, d'une mémoire intérieure à une autre. Pour toute autre activité de langue, pour l'examen de toute autre activité de langue, ces effets (qui existent toujours) doivent être réduits au maximum, doivent être considérés soit comme négligeables et parasites, soit comme seconds ; dans le cas de la poésie, cette réduction est impossible.

1209. La poésie est soustraite à la règle dite de la « publicity of meaning » (see Tennant). La discussion sur la signification de la poésie (dans les poèmes) est au départ faussée si on ne tient pas compte de cela. Dans le « sens » de ce que dit un poème, il y a nécessairement une part prépondérante de privé intransmissible, non interpersonnel.

1210. Hypothèse seize de la poésie : La poésie apparaît sous la forme aurale-éQrite (je désigne par « éQrit » l'effet interne de la trace).

1211. On peut aussi postuler une Hypothèse dix-sept de la poésie : la poésie est nasale, est dans la peau, sur la peau, sur la langue (organe).

1212. L'opposition première n'est pas entre oral et écrit mais entre intérieur et extérieur.

1213. L'opposition intérieur-extérieur est, dans le cas de la poésie, beaucoup plus radicale que dans le cas de toutes les autres activités langagières.

1214. Il s'ensuit que la poésie, si je l'accueille et la reconnais, fait de la langue ma langue plus que tout autre usage, me fait possesseur de ma langue. Ma langue est à moi par la poésie.

1215. Ce sentiment de possession de la langue conduit à une autre posture de poète, à mon sens erronée. Dans cette posture un poète est amené à se croire, lui, le véritable possesseur de la langue. C'est la posture du propriétaire. Je la dis erronée parce qu'à mon sens elle repose encore sur une identification abusive entre intérieur et extérieur. La poésie, mémoire externe au moment où vous la recevez, va dans votre mémoire interne et redevient mémoire externe par la récitation, par la lecture publique, l'explication, etc. Mais la poésie n'était pas dans votre mémoire interne avant d'y entrer. Elle n'est pas dans la mémoire interne du poète avant qu'elle devienne ce fragment de mémoire externe qu'est un poème, composé par lui, et manifestant de la poésie. Une fois composé, un poème est à tous. Il n'appartient plus exclusivement au poète compositeur.

1216. Il n'y a pas d'avant intérieur de la poésie.

1217. La poésie est une flèche de mémoire orientée de l'extérieur (le fragment du jeu de langue) vers l'intérieur.

1218. La posture d'indignation des poètes devant les linguistes ne me semble pas justifiée.

1219. Toute poésie orale ou écrite devient aurale ou éQrite (et pas seulement) devient événement de mémoire interne, devient images intérieures irréductibles à d'autres images intérieures, à des images extérieures, devient images-mémoire strictement privées (autant souvenirs que pensées).

1220. Ne pas tenir compte de la composante intérieure de toute poésie revient à ne prendre les poèmes que pour des pictions.

1221. Il y a un jeu de poésie qui joue sur l'équilibre intérieur-extérieur. Car intérieur et extérieur interviennent toujours, mais pas nécessairement de manière équilibrée.

1222. L'équilibre n'est pas une catégorie esthétique universellement souhaitable ; il n'y a pas de « golden mean » universelle.

1223. Le zaoum, la ursonate, le lettrisme sont des exemples de dissymétrie en faveur (au moins apparente) de l'intérieur.

1224. Le poème du président FLL est sans doute un exemple typique de prédominance de l'image externe (et de ses « oublis »).

1225. Mais dans ce cas sans doute, comme plus nettement dans le cas du poème-ponctuation de Jean Daive, la situation est celle d'un double-double (avec relations diagonales entre intérieur et extérieur).

1226. Dans le film où Dominique Fourcade répond sur sa « manière » de travailler, l'intervention des « modèles grammaticaux » de la première scolarité est un exemple sans doute emblématique (il est vraisemblable que cela se passe ainsi dans bien d'autres cas, mais de façon obscure au compositeur) d'avant-mémoire interne de la composition qui réduit quelque peu la portée absolue de la rem. 1216.

1227. Reformulation de la rem. 1216 – L'avant-intérieur de la poésie n'est pas encore poésie.

1228. Cela vaut, par exemple, pour le cas, beaucoup plus net, où un poème est « dans la tête » avant d'avoir été dit, ou noté. Dans ce cas je dis qu'il n'est pas encore poème, puisqu'il n'a pas de forme externe.

1229. Tous les sens interviennent dans la mémoire interne de la poésie.

1230. L'invention des arts de mémoire est liée au moment où on passe d'une poésie essentiellement orale-aurale, à l'idée d'une poésie où intervient l'écrit-éQrit. Cette invention assure la traductibilité sensuelle maintenue de la poésie dans la mémoire interne.

1231. Aux hypothèses qui expriment que la poésie ne pense pas et ne se souvient pas, il faut ajouter – Hypothèse dix-huit de la poésie : la poésie ne dit rien.

1232. La poésie ne dit pas, ne dit rien de ce qu'on dit quand on dit quelque chose, et quand on dit qu'on dit quelque chose.

1233. Dans l'idée de « quelque chose est dit » qui a un sens, il y a l'idée « dummettienne » de la « publicity of meaning ».

1234. Cette « thèse », je la détourne à mes fins : pour dire quelque chose, étant donné que la pensée est une forme dérivée de la mémoire, il faut qu'il y ait mémoire de ce qui est dit.

1235. Mais ce n'est pas suffisant : il faut qu'il y ait adéquation entre mémoire externe et mémoire interne, qu'il y ait identification possible du sens de ce qui est dit, allant d'une mémoire interne à une autre (hypothèse de la traductibilité du sens interpersonnellement, de l'impossibilité du langage privé).

1236. Il faut qu'il y ait stabilité du sens dans le temps (dans certaines limites bien entendu : une durée, postulée indéfinie, mais seulement pour les besoins de l'analyse puisque la langue bouge).

1237. Dire quelque chose suppose pouvoir dire ce que l'on dit.

1238. Pouvoir dire ce que l'on dit, en d'autres termes n'implique pas une régression à l'infini mais une circularité obligatoire, selon la thèse de l'universalité du langage comme médium de notre langue comme notre monde (« les limites de mon langage sont les limites de mon monde », dit Wittgenstein), circularité qui est non seulement inévitable mais fondatrice de toute signification.

1239. Dire quelque chose signifie pouvoir dire et redire quel est ce « quelque chose » que l'on dit.

1240. Dire ce que l'on dit ne peut se faire en employant une phrase du genre « tu n'as pas compris, je répète… ».

1241. Il n'y a pas de dire primitif, non au sens d'indécomposable, mais au sens de non dicible autrement.

1242. Pour dire, avoir dit, n'importe quoi, il faut pouvoir redire ce qu'on a dit autrement qu'on ne l'avait dit antérieurement.

1243. C'est à cette seule condition que la mémoire-pensée peut s'exercer pour extraire intérieurement le sens « public » d'un dire.

1244. Pour dire il faut pouvoir paraphraser.

1245. Hors dire on peut montrer. C'est le sens déictique.

1246. Hypothèse dix-neuf de la poésie : la poésie n'est pas paraphrasable.

1247. Ce que dit la poésie ne peut être dit autrement.

1248. Mais la poésie est un dire (comme elle est un montrer). Que dit-elle ? Elle dit de la langue, par effet-mémoire.

1249. La poésie est, parmi les dires (comprenons-y les écrits), parmi les jeux de langage, à un pôle strictement opposé à celui qu'occupe la logique (et en grande partie la mathématique, qui a peut-être une composante hors-langue).

1250. La logique et la mathématique sont là où il y a adéquation la moins imparfaite entre mémoire externe (publique) (sens des énoncés) et mémoire interne (compréhension atteignable des énoncés).

1251. Je dis « la moins imparfaite » car la compréhension parfaite serait celle des idées-formes platoniciennes, par anamnèse (dans l'interprétation d'alg. D. Clifford, seulement « à la limite »).

1252. La logique (formalisée, non limitée à son état classique), la mathématique sont ce qu'il y a de plus paraphrasable, tendent à l'essentiellement paraphrasable, à l'à-jamais paraphrasable (c'est leur mouvement naturel, qui tend sans cesse à faire apparaître de nouveaux sens).

1253. Les autres activités de pensée sont dans un état intermédiaire.

1254. La forme-souvenir de la mémoire ne peut être approchée (redite) que par description, par narration.

1255. Hypothèse vingt de la poésie : la poésie est essentiellement non-paraphrasable.

1256. Il s'agit ici aussi sans doute d'une limite. D'une limite inatteignable.

1257. Hypothèse vingt et un de la poésie : la poésie cherche l'à-jamais-non-paraphrasable.

1258. Les poèmes cherchent l'éternel dans l'éphémère.

1259. L'hypothèse vingt et un (rem. 1257) exprime le mouvement de la poésie.

1260. Le temps de la poésie, quand il est rendu mesurable dans le mètre (et réduit à cet aspect), est le nombre de ce mouvement.

1261. La vulgate du poéticien soutient que la poésie ne peut dire ce qu'elle dit autrement parce qu'elle emploierait le mot juste. Le poéticien ajoute en rigolant qu'il s'agit là d'une illusion, d'une prétention, d'une naïveté, qui a sa source dans l'ignorance crasse des poètes, et qu'il faut mettre à jour.

1262. Mais il n'y a pas pour la poésie de mot juste, de mot plus ou moins juste, pas plus de phrase, d'énoncé, de vers, etc. juste ou pas. Il y a le mot, le vers, la strophe, le verset, l'énoncé etc. qui est employé pour mettre en mouvement l'événement de poésie, dans un poème, par exemple, et qui est là, juste ou pas. Il ne pourrait être dit juste (ou injuste) que si on pouvait dire ce que serait l'injuste dans ce cas, donc si l'hypothèse vingt (rem. 1255) était fausse.

1263. Un événement intérieur de poésie est toujours une séquence d'événements effectués dans la mémoire.

1264. Certains soutiennent que la poésie ne dit rien, rien étant pris au sens absolu, qu'elle est un rien, un vide, un *flatus voci*, un simple bruit, une simple trace. Je soutiens résolument le contraire.

1265. Mais il y a là sans aucun doute un vrai problème pour le compositeur de poésie (que soulève par exemple la tenson du néant). Le fait de ne pas dire selon les modes ordinaires de dire, le fait de l'intention toujours déjouée de dire (et aussi la nécessité assez générale de dire au sens ordinaire, et le fait d'avoir dit quelque chose, au sens ordinaire, le plus souvent), le fait qui en résulte, au sens strict ou comme horizon de menace, le fait de l'impossibilité de dire (la vide blancheur du papier mallarméen) (ce sont des situations que rencontre inévitablement la poésie), se heurtent à ce spectre, à cette horreur du non-dire et du dire rien, soit parce qu'il n'y aurait rien à dire (au sens ordinaire), soit parce que ce qu'on dirait ne serait que ce qu'on aurait dit (au sens ordinaire) (deux visages d'un néant) (voir Milner dans l'Amour de la langue ; see commentaire de la tenson du néant dans La Fleur Inverse (flin)).

1266. L'hypothèse vingt (rem. 1255) ne veut pas dire non plus que la poésie dit quelque chose, quoi que cela soit, du simple fait de le proférer ou de le tracer, que c'est la seule profération ou la seule inscription qui est son sens et sa vérité.

1267. L'affirmation précédente est liée au contresens ou détournement sophiste, ancien ou moderne.

1268. Hypothèse vingt-deux de la poésie : La poésie dit ce qu'elle dit en le disant.

E (1269-1585)

1269. Les hypothèses du lecteur excèdent les hypothèses de la **Poform**, mais la question du lecteur en fait partie.

1270. Il n'est pas vrai que le poète moderne et contemporain est libre de créer son propre geste stratégique, indépendamment des autres. La grande ressemblance familiale entre eux (de génération en génération) ne se comprendrait pas.

1271. (rem. 1169) La réaction d'incrédulité devant l'affirmation que le poème des nuages (chippewa, mais il n'est pas du tout nécessaire de dire sa source avant de le dire) est poème, je l'ai rencontrée aussi bien dans une classe de lycée que chez le poéticien japonais qui participait à la discussion (table ronde) de l'université Todai à Tokyo. Cela l'a tellement scandalisé qu'il en a failli perdre, un instant, une once de sa politesse.

1272. On peut, en réfléchissant sur la mathématique, se dispenser de remarquer que la mathématique est, pour qui en fait, dans sa mémoire-pensée. Ou encore, on peut supposer que l'effet-pensée de la mathématique est sinon le même, du moins le même pour toutes fins pratiques chez chacun de nous. Mais il n'est pas possible d'oublier la mémoire intérieure individuelle dans le cas de la poésie. La poésie n'est pas que sa manifestation de langue. Elle est manifestation intérieure, de mémoire, par la langue. Mais cette manifestation n'est pas observable hetérophénoménologiquement (comme dirait Dennett).

1273. Si le poème des nuages (chippewa) est présenté comme un

« emprunt », sa « leçon » est différente (moins forte). D'être un emprunt appartient à son histoire. Peut-être faut-il être moins « timide » et le revendiquer seul. Peut-être s'agit-il en fait de deux poèmes distincts.

1274. (rem. 1208) L'hétérogénéité radicale des effets-mémoire de la poésie, d'une mémoire à une autre, ne veut pas dire que la POFORM doit s'interdire de les prendre comme objets d'étude. Il y a certainement des modalités régulières de ces effets, des séquences d'images-mémoire qui surgissent de manière similaire en chacun, à partir d'un événement de poésie ; parce que ce sont des images-mémoire comme les autres, par exemple.

1275. (rem. 1211) Nous avons la poésie dans la peau.

1276. Dire quelque chose (dire au sens ordinaire) implique redire, fait intervenir le temps. L'hypothèse « la poésie est maintenant » est une négation de cette propriété du dire.

1277. (rem 1255-1256) On pourrait formuler l'hypothèse d'une anamnèse de la forme-poésie.

1278. L'affection de la mémoire de la langue (et dans toute mémoire intérieure il y a affection) est l'amour de la langue.

1279. L'amour de la langue naît avec la naissance de la langue en nous.

1280. Il se peut que l'amour de la langue soit déjà là avant notre naissance.

1281. L'amour de la langue est un rêve d'avant-naissance.

1282. Affirmer l'existence actuelle de **N**, ensemble des entiers, c'est affirmer indirectement l'existence réelle de l'éternité.

1283. Je ne dis pas : la poésie dit qu'elle est poésie (même au sens spécial de dire que je choisis).

1284. <u>Hypothèse vingt et trois de la poésie</u> : La poésie dit ce qu'elle dit en disant quelque chose.

1285. La poésie dit quelque chose au sens ordinaire, donc autre chose que ce qu'elle dit en disant (contenu de l'effet-mémoire).

1286. Il est très difficile dans un jeu de langage (comme le faisait remarquer Gertrude Stein) de ne rien dire, au sens ordinaire. On peut dire de manière perplexante, ambiguë, contradictoire, mais des mots mis bout à bout ont toujours un sens, au moins des bouts de sens, des morceaux de sens. La poésie étant dans la langue, l'axiome « la poésie ne dit rien » dit que cela qu'elle dit ainsi n'est pas ce qu'elle dit premièrement, n'est pas ce qu'elle dit essentiellement, mais ce qui accompagne ce qu'elle dit essentiellement, parce qu'on est dans la langue, dans un jeu de langue ; ce qu'elle dit d'autre, et elle dit toujours autre chose, s'ajoute, se heurte, se combine à ce qu'elle dit essentiellement.

1287. Un accompagnement de sens ordinaire est présent à la fois extérieurement dans la poésie, parce que dans tout événement de langue, et intérieurement, dans l'effet-mémoire de la langue de poésie.

1288. L'hypothèse vingt et trois dit plus : que cette autre chose est non seulement pragmatiquement présente mais nécessairement présente, qu'elle est nécessaire à la poésie. Car ce n'est que par le détournement, le contraste, l'oubli, de ce que la poésie dit ordinairement qu'elle peut dire essentiellement.

1289. Hypothèse vingt et quatre de la poésie : la poésie dit la poésie.

1290. Dans l'hypothèse vingt et quatre il s'agit d'un dire essentiel : que la poésie est mémoire, qu'elle dit cela en disant…

1291. Mais si on imagine ce dire comme le dire de ce quelque chose que serait la poésie, on ne dit que quelque chose d'extérieur, de secondaire, et pour tout dire de faux ou de banal. C'est le contresens barthésien (qu'il étendait à la littérature : et pour cause ; n'ayant rien à dire de la poésie, que d'écrire de manière « poétique »).

1292. Le contresens barthésien est une des formes post-modernes du contresens rhétorique.

1293. Selon Hintikka, il y a deux points de vue contraires, qui « informent » la discussion philosophico-logique sur la vérité : « celui du langage comme médium universel et celui du langage comme calcul. Selon le premier, le langage – notre langage – est universel en ce sens que l'on ne peut s'en échapper. On ne peut pas dire "arrêtez le monde, je veux en sortir", et, selon l'idée du langage comme médium universel, on ne peut pas dire non plus "arrêtez le langage, je veux m'en évader". Tout ce que nous disons et (selon certains philosophes) pensons, présuppose déjà le langage que nous utilisons, y compris les relations sémantiques en vertu desquelles il peut être utilisé pour dire quelque chose. »

1294. Même si on admet la thèse de Hintikka, elle n'intéresse pas vraiment la poésie : parce qu'il y a une échappée possible pour la poésie. Elle est dans le langage, mais n'est pas tout le langage (sauf, illusion, pour certains) ; on peut « sortir » de la poésie, s'en évader, dans la non-poésie, qui est encore langage.

1295. (D'après Hintikka). Selon l'idée du langage comme médium universel « ce qui est en dehors… est inexprimable dans le langage donc dépourvu de sens… Nous sommes prisonniers de notre propre langage… Cette prison est une prison de haute sécurité dont il n'y a aucun espoir de s'échapper… une des conséquences est l'ineffabilité de la sémantique ». « Tenter de parler de la sémantique de notre langage dans ce langage lui-même est une entreprise analogue à la tentative proverbiale du baron de Münchhausen de s'élever en tirant sur ses barrettes de chaussure. Au pire, le résultat est un non-sens, au mieux… le résultat est vide. »

1296. Conséquence de la thèse du langage comme médium universel : la vérité est ineffable. Mais la vérité poétique n'est pas ineffable.

1297. Idée du langage comme calcul. C'est la condition d'une linguistique à la Milner, par exemple. Elle suppose la pluralité des mondes, les modèles. Elle est liée à la sémantique des mondes possibles. Pour Hintikka, il n'y a pas d'ineffabilité de la vérité ; il y inexhaustibilité de la sémantique donc de la vérité, et indéfinissabilité de la vérité pour un langage dans ce même langage. On peut explorer l'idée d'une vérité poétique comme calcul.

1298. La construction génétique des nombres (à la peano naïve) se fait en utilisant le nombre lui-même. Pour passer du premier, 1, à son successeur, on fait une succession ; pour avoir le suivant on a fait une nouvelle succession on a donc le 3 comme résultat d'une succession de succession appliquée à 1.

1299. La succession suppose la prédécession ; et elle a des propriétés qui sont aussi des propriétés mémorielles.

1300. Il faut mettre en doute la nécessité « numérique » du fait que le prédécesseur du successeur de n doit être n lui-même. (Pensons qu'il y a en fait une « fibre » « au-dessus » de l'entier.)

1301. Le nombre conventionnel atteint quelque part dans la A-série des nombres, au présent, est un amalgame, une équivalence de plusieurs de ses futurs antérieurs (mais aussi de ses passés postérieurs), la relation successeur-prédécesseur construisant une famille de B-séries numériques (plus compliquée que celle de Mc Taggart).

1302. Un très grand nombre est frappé d'impuissance arithmétique.

1303. Parce que je vise la poésie donc une mémoire interne-externe, je m'intéresse au nombre interne-externe.

1304. On pourrait parler de <u>nombres indistincts</u> (pour plagier Milner).

1305. On peut réinterpréter la démarche des Cmmp comme l'intention de construire un effini poétique.

1306. Si on compte de différentes manières une très grande collection, le résultat est incertain (et difficilement reproductible). C'est un acte de foi de penser qu'il s'agit d'un même nombre à chaque dénombrement.

1307. Les entiers historiques sont une réduction-abstraction par observations des nombres protonaturels. Les nombres protonaturels sont dans la même situation par rapport aux parcours (énumérations) dans les collections de singuliers.

1308. Les ordinateurs sont des outils pour lever l'indistinction des très grands nombres.

1309. Les nombres naissent comme mémoire des énumérations de grandes collections de singuliers.

1310. Il y a une démarche montante et une démarche descendante de création des nombres.

1311. Le nombre naît comme parcours jalonnant un déplacement dans l'espace (yoruba). Il s'agit de placer des poteaux pour évaluer les grandes collections (see subitisation).

1312. Le <u>tout immédiat</u> plutôt que l'événement.

1313. Le temps est à la fois A-série et B-série de Mc Taggart.

1314. Le temps réduit la mémoire et le rythme.

1315. La pensée dérive de la mémoire.

1316. En pensant la pensée on a oublié la mémoire.

1317. (rem. 5) Je suis ma mémoire.
1318. Je ne suis que ma mémoire.
1319. (rem. 15) L'échec des arts de mémoire : qu'ils n'ont pas su définir une contribution décisive à l'art de pensée.
1320. L'art de pensée est une branche de l'art de mémoire.
1321. Les arts de mémoire ont été une ébauche de l'art de mémoire. Ce fut une ébauche boiteuse parce qu'ils ont privilégié quasi exclusivement la première forme-mémoire.
1322. Les arts de mémoire « universalisants » (Camillo, Bruno…) étaient une tentative de s'approcher de l'art de mémoire, en désignant des lieux universels (interpersonnels) pour les savoirs (et, secondairement, la pensée), en donnant forme géométrique à leur organisation.
1323. Avant l'invention de Simonide, la poésie est une pré-poésie, ou proto-poésie (par analogie avec les nombres proto-naturels). Est aussi pré-poésie, en ce sens, la poésie des langues non écrites…
1324. La pré-poésie, pré-alphabétique, n'existe pas seule. Elle s'accompagne, le plus souvent, de musique et de « gestes » (la danse par exemple), mais surtout elle est « performative ».
1325. La part de poésie dans la pré-poésie (potentielle, virtuelle, au futur antérieur) « excite » la composante visuelle du champ mnémonique. Elle est déjà œil (interne)-oreille (interne).
1325 bis. La poésie (en mon sens) naît avec l'écrit, qui donne une visibilité extérieure durable à la langue.
1326. La poésie, troisième forme-mémoire, a des traits des deux autres : elle est langue et non-langue.
1327. La poésie, comme <u>double</u>, doit posséder une possibilité de jeu externe à elle (musique), ou devenant interne (écriture).
1328. Chaque moment de GRIL est composé dans un des dix styles.
1329. Un des dix styles « soutient » la composition de chaque moment de la prose de mémoire.
1330. Le style de chaque moment de prose « apparaît » en même temps que je commence à le composer.
1331. La différence entre la situation grecque et la situation provençale : dans le premier cas, tout se passe dans la même langue et la poésie doit chercher son champ dans le partage, tenir compte de la division du travail intellectuel (et artistique :

la tragédie…). Elle ne le trouve pas. Les Troubadours ont été favorisés par la diglossie. La poésie des Troubadours n'a pas eu à combattre pour son terrain, elle l'a trouvé : l'amour (*amors*, plutôt, pour éviter la confusion), comme le nom propre de la mémoire de la langue.

1332. L'âme est un conte de notre mémoire, toujours en arrière de nous.

1333. L'harmonie est la projection du marquage des durées sur le marquage des hauteurs.

1334. L'arithmétique proto-naturelle a besoin de plusieurs dimensions : les n-entiers, des courbes rythmiques dans ces espaces, avec une analyse de Fourier (ou ondelettes) non associative !

1335. S'il y avait une origine dans le champ mnémonique, ce serait le « je » ; mais ce serait une origine mobile, et une origine coupée en deux (le double, le biipsisme de chacun).

1336. Qu'il n'y a pensée que quand la pensée sait qu'elle est pensée ; ce qui veut dire se souvenir d'avoir pensé. Ce qui veut dire : j'aurai pensé.

1337. La mémoire est au commencement de toute pensée.

1338. Le champ mnémonique est un ouvert, un ouvert effini. Le penser fermé serait penser la mort, penser, réellement, l'infini. La mort, l'infini ne sont que des gestes de la pensée, des coups de force de signalisation.

1339. Le poème des nuages « vaut » comme poème de la fascination de la seule permanence : celle du changement.

1340. Le nombre en nous comme compteur inconscient des chaînes mémorielles (Hooke), des séquences de « recollections » (dans la tranquillité de l'invisible à nous-même).

1341. Les chaînes mémorielles peuvent donner lieu à deux énumérations distinctes d'un seul événement passé du monde. C'est le strabisme du souvenir.

1342. Le temps intérieur est local, soumis à observation.

1343. Vieillir c'est perdre la faculté de compter proto-naturellement. C'est la nécessité de compter de plus en plus loin (ralentendo !).

1344. Oubli : éclipse.

1345. Une théorie de la dualité corpusculaire (mémoire)-ondulatoire (rythme, co-mémoire) de la mémoire-lumière.

1346. Les événements lourds du passé infléchissent les rayons mémoriels.
1347. L'idée d'entiers proto-naturels est venue du problème de la cohérence dans les catégories multiplicatives.
1348. Les séquences mémorielles (séquences de l'algèbre rythmique) sont sans cesse soumises à récaténation.
1349. La forme-poésie est un calcul des ombres.
1350. « Catégories grammaticales » de la poésie : adjectifs-propres, articles-propres, noms sur-propres.
1351. L'amors des Troubadours est un nom sur-propre. C'est un nom des noms. Il est définition de sa définition (pas-autre qu'elle).
1352. Le souvenir du passé ressemble à des photocopies successives d'une photographie.
1353. Photocopier plusieurs fois mon autoportrait au photomaton : effet d'indistinction et d'anonymat du souvenir et de la fonction successeur.
1354. Les nombres construits génétiquement s'affaiblissent, comme des images par la photocopie.
1355. Le successeur d'un nombre est un souvenir, une photocopie immédiate de ce nombre.
1356. Il y a des contraintes oulipiennes douces, molles, des contraintes partielles, de simples consignes.
1357. Le 'grand incendie de londres' est la composition du PROJET.
1358. Idée de contrainte : une campanologie littérale.
1359. La résistance historique à l'idée que 1 est un nombre, à l'assimilation du 2 aux autres nombres, du 3 même et du 4 n'est pas seulement un retard conceptuel, un primitivisme. Elle marque le fait qu'il s'agit d'autre chose que du nombre seul, tel que nous le comprenons aujourd'hui. Elle attire l'attention sur le problème du groupement (que « 1 » n'est pas un groupement, que les groupements naturels minimaux sont à deux ou trois événements). Elle pointe aussi la question de l'identité des singuliers génériques (le many-one problem).
1360. Oulipo : numérologie de l'immanence.
1361. Platitude du temps linéaire opposé au temps rythmique traditionnel.

1362. Les premières conceptions du nombre, dont les langues gardent trace, sont essentiellement rythmiques. Pendant longtemps les seuls nombres reconnus sont ceux qui nomment des groupements rythmiques élémentaires.

1363. Qu'un doigt « nomme » 1, et qu'ensuite de nouveau un homme « nomme » le 1 (à un autre niveau rythmique) est un fait à corréler à l'idée de temps cyclique.

1364. Le rythme invente le futur.

1365. Chaque vers un moment, chaque poème un moment, à des « étages » différents du temps.

1366. Chaque vers un instant, chaque poème fait de vers un moment.

1366 bis. Vers et sonnet sont, en un sens, incommensurables. Vers et syllabe métrique sont, en un sens, incommensurables.

1367. Une arithmétique métrique : ses nombres bâtis sur le 2 et le 3. Une arithmétique du pair et de l'impair (1 exclu) (see le « théorème » dit pythagoricien par Plutarque « prouvant » l'abomination du nombre 17, puisque 16 et 18 sont les seuls vrais nombres voisins tels que le périmètre d'un rectangle soit égal à la surface).

1368. Un scénario de naissance des nombres : par la comparaison des collections, à partir de la B-série, mais en tenant compte de la relation « peu-différent-de »

1369. Naissance du nombre : entre deux étages, le nombre des marches intermédiaires peut flotter.

1370. Naissance du nombre : la possession de quelques grands nombres antérieure à celle de certains plus petits : « 1000 » avant 17, par exemple. Mais en fait ne pas oublier qu'alors, en un sens, 1000 n'est pas entièrement distinct ; qu'il « est » 100, qui « est » 10 ; donc il « est » aussi 3.

1371. Toute durée intérieure doit être mesurée par la mémoire.

1372. Marx (d'après Zukofsky) : Time is « congealed labor ».

1373. Dans le modèle de Hamilton le temps passé est un imaginaire pur.

1374. L'axe complexe dans le temps hamiltonien se lit bien comme étant celui du temps intérieur ; un « nombre du temps » est alors une « rotation » qui exprime la remémoration du passé, considéré comme extérieur (l'axe « réel », ici, est bien nommé). L'opérateur i est le changement parfait du temps externe en temps interne par la mémoire.

1375. J'imagine un temps quaternionique et surtout un temps cayleyien (à « octaves »).

1376. *Remarque supprimée à la demande de son auteur.*

1377. (Brouwer, 1913) « The basal intuition of mathematics, in which the connected and the separate, the continuous and the discrete are united, gives rise immediately to the intuition of the linear continuum, i-e to the "between" which is not exhaustible by the intervention of new units and which therefore can never be thought of as a mere collection of unities. But the first connectedness, without which none has any sense, implies the assumption of associativity. » The creation of new two-onenesses, gives birth to rhythmical levels, et c'est leur « oubli » théorique, l'oubli du fait de leur « limited connectedness » qui crée le continu.

1378. Titre parodié de Dedekind : ce que sont les nombres et pourquoi il n'y en a pas tant que ça.

1379. La perte des <u>numeral classifiers</u> (see Tzeltal) appauvrit la possession intérieure du monde par la mémoire.

1380. When we calculate we can forget that we are remembering.

1381. Jurez de dire toute la vérité : je témoigne que 2+2 = 4.

1382. Projet mémoriel inspiré de Marigold Linton (et On Kawara ; see g. P too) : écrire des observations quotidiennes, par exemple pendant un an, ou plus (chaque observation satisfaisant à une contrainte formelle). Avec un an au moins de retard, reprendre chaque observation et noter ce qu'elle déclenche dans le souvenir (images-souvenir) (what constraints ? what observations ? natural kinds ?).

1383. Les expériences sur la subitisation sont trop pauvres. Il faudrait évidemment examiner comment les nombres proto-naturels sont subitisés. Je note que la « limite » de subitisation, 6, est celle de la base (premier niveau d'association) de la théorie 2-3. Une collection de 9 objets trois par trois aurait des avantages sur d'autres.

1384. La main témoigne de la naturalité de la théorie 2-3.

1385. Il y a une parenté entre la solmisation et la subitisation.

1386. La poésie est l'énigme de la langue et sa chute donne naissance aux mystères de la pensée.
1387. La poésie fut la première écriture intérieure : trace de la langue.
1388. Mister pi (Japan) mémorise les groupes de dix décimales de pi à l'aide d'environ-haikus.
1389. Se perd aussi la variété des mémoires procédurales (menuiserie).
1390. Nul n'a tenté de décrire précisément, étudier, classifier les différents effecteurs de mémoire.
1391. Par la poésie, on entend aussi le murmure de la langue.
1392. A book is made of past words and past thoughts. Toute lecture (et particulièrement la lecture médiévale) est un dialogue entre deux mémoires.
1393. On ne peut penser le présent que comme futur passé. Nous n'avons aucune idée du futur que comme mémoire fictivement translatée : c'est quand nous aurons la mémoire de « maintenant ».
1394. La seule création continue : le passé.
1395. Temps : « la route qui recule vers le futur ».
1396. Les arts de mémoire créaient un solide, une architecture dans le champ mnémonique. C'est un des liens du nombre pythagorique à la mémoire.
1397. Affirmer le maintien de la pertinence de la distinction entre poésie et prose implique qu'il y a lutte pour l'occupation du terrain. Cela influence directement la lecture, la réception.
1398. La prose française naît en accusant la poésie de mentir.
1399. (rem. 344) Il existe une version du roman (du cuento, de la nouvelle) qui joue à la véridicité. On y écrit comme si c'était vrai.
1400. Le roman (rem. 700) tente parfois d'imiter le conte, fait semblant d'inventer la A-série d'un temps. Mais il ne peut ainsi que « gêner » son lecteur, qui compare spontanément ce temps au temps ordinaire. Dans le conte, l'invention du temps est inséparable du conte lui-même. Le problème du temps ne se pose pas pour l'auditeur.
1401. La prose post-moderne prétend explicitement se substituer à la poésie. En ce sens-là elle a affaire à une sophistique. Le geste sophistique étant celui du coucou (mettre ses œufs dans le nid de la poésie).

1402. La poésie n'a pas de style.

1403. Décrire un poème : Je sais bien qu'un poème, chose de langue, comme tout ce que nous parlons ou écrivons, dit. Mais ce qu'il dit n'est pas ce qui le fait poème, n'est pas ce qu'il dit en tant qu'il est poème. De plus, en le décrivant, je ne dis pas ce qu'il dit, même au sens ordinaire. Décrire un arbre ne dit pas le sens de cet arbre, en tant qu'objet singulier du monde.

1404. J'ai désiré m'engager sur le réseau ferroviaire du passé avec la même confiance que mr Pickwick.

1405. Les souvenirs ne sont jamais des poèmes ; les poèmes ne sont jamais des souvenirs ; les souvenirs peuvent être origine, contingente, de poèmes (et le plus souvent agissent en eux plusieurs souvenirs coagulés) ; les poèmes (d'autres poèmes) peuvent être effecteurs (contingents) de souvenirs.

1406. 'gril' – Le figuier ne lutte pas contre les démons ; il est lui-même l'image de l'action démoniaque : l'enchevêtrement, la disjonction, le réel, le démon du réel en tant qu'il mélange, confond ; le réel infernal parce que « gouffre de la pluralité » (jean de Sponde) (« sale vie », dit Tzara dans L'homme approximatif, « sale vie mélangée à la mort »). Le rakki tai s'efforce de saisir les démons, en transposant l'enchevêtrement en entrelacement : c'est le principe de poétique qui est la contribution originale de l'art celte et qui est à l'œuvre dans le Lancelot en prose, de la manière la plus achevée. C'est donc un style central pour la prose de la mémoire.

1407. Mes démons je ne les connais pas. Personne ne connaît ses démons. Quand on a connu ses démons, on est mort.

1408. Rime dactylique, impossible en français (Sarrebrück, 15/06/94) Adams werden Hersiger/Nach Apfelsaft vom Mertsiger/.

1409. Titre : Poésie ? poésie.

1410. rem. 1286. Guitart, avec son idée de dire qui se tient, soutient la parole de Gertrude.

1411. La poésie dit invisiblement.

1412. ('gril' – rem. 1329, 1330) Dans le style de chaque moment de prose intervient le moment (externe) de sa composition. pour cette raison aussi, il ne peut être recommencé.

1413. Un poème est temporellement transparent.

1414. Vous voyez un fragment du passé avec les yeux du passé, mais vous en jugez avec ceux d'aujourd'hui, ou d'un autre passé, postérieur. Vous le regardez avec deux yeux, en somme, et vous louchez.

1415. Quand on cherche à se rappeler les premiers temps de son enfance, on est exposé à confondre ce qu'on en a appris d'autrui avec ses propres souvenirs.

1416. Les souvenirs de première enfance sont un musée de murmures. Moments revêtus de leurs circonstances évanouissantes et des sentiments qui les accompagnent.

1417. Toute image est du passé.

1418. Comme le monde du sceptique de Russell, l'univers qui contient une image du passé vient juste de naître, et il cessera avec elle, c'est-à-dire presque instantanément.

1419. L'image du passé, souvenir, n'a pas de durée. Elle vient au monde, elle devient monde, sans légende, sans mode d'emploi, sans explications. Elle implique beaucoup, mais n'offre aucune garantie, aucune justification de son existence. Dès qu'on s'arrête un peu sur elle, au lieu de l'accueillir sans hésitation, comme disant le vrai du passé, comme nous apportant un savoir sur le passé qui commanderait une croyance raisonnable en lui, et qu'on s'interroge sur cette non-durée du souvenir, on ne peut qu'être saisi de doute.

1420. Les mots de notre souvenir ajoutent à notre souvenir.

1421. Notre souvenir est-il autre chose que les mots de notre souvenir ?

1422. On ne peut pas, dit le sens commun, sortir de soi pour se voir soi-même. Mais on prétend se voir soi-même, au passé.

1423. On ne peut pas, dit-on, être et avoir été. Mais on ne peut, en aucun moment, ne pas être. Et on ne peut jamais avoir la preuve, intérieure, d'avoir été.

1424. La plupart d'entre nous, aspirant à l'immortalité dans les deux sens, s'efforcent, avec une touchante obstination, de placer le plus près possible de leur naissance l'instant de leur premier souvenir.

1425. Personne n'a de dernier souvenir.

1426. Y a-t-il un commencement à la mémoire ? un commencement absolu ? Peut-on dire, c'est alors que j'ai commencé à me souvenir, que j'ai su que je me souvenais ?

1427. La mémoire dort en nous. Qu'est-ce qui dort, quand on dort ?
1428. Qui dort, quand on dort ?
1429. Qu'est-ce qui se souvient, quand on se souvient ?
1430. Qu'est-ce qui se souvient, quand on ne se souvient pas ?
1431. Peut-on décrire une expérience de mémoire ? Qu'est-ce qui signe la mémoire dans une image du passé ? Un parfum ?
1432. Comment peut-on avoir un souvenir faux ? comment peut-on avoir un souvenir sans qu'il soit là, vraiment, indéniablement ? On peut avoir le souvenir de quelque chose qui fut, et on peut savoir que ce quelque chose fut autrement ; mais peut-on avoir le souvenir de quelque chose qui n'était pas ?
1433. Un événement du monde peut-il démentir l'événement du monde intérieur qu'est un souvenir ?
1434. Écrire un souvenir n'est pas se souvenir.
1435. Si ma mémoire me montre le passé, comment me montre-t-elle que c'est le passé ?
1436. GTM (murs du métro juin 94). Il y a un espoir terrible et profond en l'homme (Malraux).
1437. Nous voulons être témoins oculaires de notre passé.
1438. La mémoire ne saurait exister chez des êtres impassibles.
1439. La mémoire du passé n'en connaît plus les désirs.
1440. La réminiscence s'accompagne de reconnaissance, mais elle est précédée d'un oubli absolu. Le monde est notre distraction.
1441. La sempiternité est l'état solide du temps. La mémoire est l'état solide de l'être.
1442. Le rythme est la mesure de toute chose, non l'homme, non le dieu.
1443. Notre avant-mémoire, indéfinie, inaccessible.
1444. La pensée : ressouvenir, par recombinaison de souvenirs.
1445. La pensée est un produit de la mémoire.
1446. Les souvenirs sont seulement singuliers.
1447. Chaque souvenir est singulier.
1448. Les souvenirs sont aux objets ce que la couleur est au mur. Ils sont non les êtres mais les « étants » de la mémoire.
1449. La mémoire sépare les singuliers.

1450. La mémoire agit sur les formes.

1451. La singularité précaire des artefacts de la pensée est un montage matériel de formes préexistantes.

1452. La mémoire est l'entité collective de notre monde.

1453. La mémoire n'est pas une unité, n'est pas un tout, n'est pas un être. C'est un entrelacement de singuliers.

1454. La nature de la mémoire n'est pas dans les objets dont elle est mémoire. La nature de la mémoire est la mémoire.

1455. La mémoire n'est pas une abstraction. L'abstraction est indifférente à l'existence. La mémoire donne une chose soit comme existante au souvenir soit comme non existante.

1456. La mémoire contient la mémoire de ce qui n'est pas ; à la différence du souvenir ; voir une rose absente est une expérience de mémoire très forte. Elle donne l'évidence de la non-existence, qui est le sens de la singularité du passé. La mémoire du non-existant est un réel qui s'impose sous la forme du défaut.

1457. L'acte de mémoire est semblable à l'acte de tisser. La mémoire entrelace ce qui n'a pas d'enchaînement régulier dans le monde des singuliers externes : par juxtaposition, par imbrication, par combinaison.

1458. La mémoire est un montage.

1459. La mémoire est le sens du passé, naturel, immédiat. Le présent seul est hallucinatoire.

1460. La mémoire nous donne l'évidence du passé en tant que passé. Elle nous dit : cela fut.

1461. Il fait très beau donc il fait beau. S'il fait beau, il ne fait pas nécessairement très beau. Si je dis « il fait beau », dis-je potentiellement « il fait beau mais il ne fait pas très beau » ? Non. « Il fait beau » n'annonce aucune réticence. Vous n'attendez pas non plus : « il fait beau, il fait même très beau. » « Il fait beau » n'annonce aucune insistance. Mais si, ayant dit « il fait beau » j'ajoute cependant « il fait même très beau », je dis qu'en ayant dit « il fait beau » je n'ai pas été assez précis ; je n'ai pas assez affirmé la beauté du temps ; je n'ai pas assez affirmé qu'il faisait vraiment beau. Je dis qu'en ayant dit seulement « il fait beau », je n'ai pas envisagé qu'il pourrait se poser la question de savoir s'il faisait très beau, ou s'il ne faisait pas très beau. Pourquoi ne pas dire tout de suite : il fait même très beau ? Ça ne se dit pas. Ça ne se dit pas ? poème. Si je dis « il fait même très beau », « j'applique » « même » à l'énoncé « il fait très beau ». mais si j'ai dit, « il fait très beau », je n'ai dit en aucun cas qu'il fait beau mais pas très beau donc « même » est inapplicable après « il fait très beau ». Vraiment ? poème. « Et il faisait beau ? » Il faisait beau.

1462. L'opposition entre aède et rhapsode, du moins entre une « fonction aédique » d'improvisation orale et une « fonction rhapsodique » de mémorisation et restitution en « performance » peut être comparée à la distinction entre le troubadour et le joglar.

1463. Récitatif : L'hypothèse d'une prise en charge de la composante des hauteurs dans le récitatif de Rameau ; plus une marque de la distance au vers par l'harmonie. À la fois éloignement de la langue et soulignement plus poussé. La différence est là, avec Lully.

1464. maintenant : ce poème/sur cette page/est présent/tant/qu'il représente/à vos yeux/ces oreilles/à travers lesquelles/votre pensée/l'appréhende/tant/qu'il est présent//

1465. This is an iambic Pentameter.

1466. Vous lisez ici un alexandrin classique (see There was a young man of Milan/Whose poems they never would scan/When asked why it was/He said it's because/I always try to get as many words into the last/line as I possibly can/.)

1467. esthétique : se souvenir de ses brouillons (see Zeami : se souvenir de ses débuts).

1468. ce que dit ce poème – ceci qui fait que ceci qui fait que cela/que cela fait que ceci fait que ceci/ne cesse pas/mais aura été ceci et ceci et ceci/aura été ceci et ceci/et cela/ou ceci qui n'est plus ceci qui n'est plus ceci/ni cela qui fait que ceci ne fut que cela/ne fut/que cela/entre les doigts cesse entre les doigts qui cessent/d'être ceci ceci qui cessera/cesse/aura cessé/et cela.

1469. L'aletheia tomba des choses, devint leur ombre. La vérité de la poésie fut dans la poésie.

1470. Les philosophes, si jamais ils s'intéressent à la poésie, ne connaissent en règle générale qu'un poète. Ils ont « leur » poète. Deleuze-Guattari connaissent, apparemment, Henri Michaux. Heidegger avait phagocyté Hölderlin. Milner, dans « L'amour de la langue », s'intéresse à Bonnefoy (comme Renaud Camus). Certains Philosophes assignent à certains poètes des rôles : X est ceci, Y cela. Ils font même d'eux (ainsi Badiou de Mallarmé) des philosophes à part entière. Ils se comportent en cela comme le lecteur un peu paresseux. Cela ne tire pas à conséquence. Mais ce qui est tout à fait défendable chez un lecteur est plutôt abusif chez le philosophe. Il s'agit en fait d'une dénégation radicale de la poésie. La poésie n'a pas qu'un seul représentant. Il n'y a pas qu'un seul poète.

1471. L'associativité stricte, métronomique, est une marque du métrique pur, de la platitude métrique.

1472. Les intrications sont nécessaires pour établir des liens de mémoire entre deux moments métrico-rythmiques.

1473. L'intrication est la combinatoire de la mémoire.

1474. Il y a une limite aux nombres (pour la poésie) : au-delà de cette limite, les nombres ne sont plus distincts ! De même, il y a une limite à la profondeur admissible des intrications.

1475. L'intrication de groupements parenthésés s'accompagne de récaténations.

1476. Un groupement de longueur assez importante est plus ou moins métrique selon qu'il est plus ou moins divisible en cellules, groupements parenthésés observables comme équivalents (après récaténations convenables).

1477. La théorie platonicienne des Idées est un rêve de mnémoniste mégalomane.

1478. Dans la bibliothèque de nos images-mémoire y a-t-il de « bons voisins » ?

1479. La Nuit des chants des navahos comme théâtre de mémoire.

1480. (Cath. Kintzler) La construction par Rameau du concept de corps sonore qui se réfère au phénomène naturel de la résonance s'oppose aux théories monocordistes. Celles-ci s'appuient sur la production des sons engendrés par les différentes divisions d'une corde (il s'agit d'un pythagorisme, ultimately), font de la main de l'instrumentiste le producteur des sons étudiés. En revanche une théorie de la résonance part (ou croit partir ce qui ne change rien) d'un fait qu'elle considère comme objectif. Le corps sonore émet des vibrations indépendamment des manipulations humaines et ces vibrations vont en elles-mêmes constituer le matériau qui soutient l'élaboration de la musique. On a là un passage à l'extérieur exactement semblable à celui qui s'est passé trois siècles plus tôt pour la vue. Le mouvement mnémonique est le suivant : – ext. (bruits et sons du monde) – intérieur (mémoire) – ext. : sons instrumentaux ou vocaux (je laisse de côté le problème de leurs liens (je traite la voix comme instrument en nombres entiers, un instrument pythagorique)) – int. de nouveau par le jeu musical. Ce va-et-vient, dans la constitution du champ mnémonique dit « réel », devient un unique passage ext.-int. ; la « nature » est supposée agir directement.

1481. Les collections de « merveilles » : un sublime mémoriel.

1482. Les hiéroglyphes (dans leur interprétation allégorique depuis Horapallo à la Renaissance, avant leur déchiffrement), les emblèmes, les icônes représentent une condensation en une image de plusieurs données, par association ; ce sont des enfants de l'image-support d'éléments de mémoire dans les lieux du champ mnémonique. On est passé de là, par détachement, abstraction, à l'iconologie puis à la symbolique etc.

1483. Au lieu de se préoccuper seulement du passage, de considérer seulement les arts de mémoire comme les langes ayant servi à envelopper les sciences bébé (ou encore l'eau de leur bain), il vaudrait la peine de considérer ce qu'elles conservent des circonstances de leur naissance (réexamen de l'idée de musée, par exemple).

1484. Il y a un lien évident, une « ressemblance familiale » entre les mnémonistes « fous » du 19e et l'écriture sous contrainte.

1485. En particulier la ligne « glossaire j'y serre mes gloses » – rrose ssélavy. Cela se trouvait déjà en germe dans les préceptes gésualdiens. Tous « imitent » (mimesis élémentaire) le fonctionnement spontané de la translation des sens (au sens de cinq sens) (connexions latérales entre images-souvenirs appuyées sur la langue) dont le fonctionnement de la poésie témoigne (les « correspondances » baudelairiennes prises autrement ; le « stupéfiant image » ; Reverdy et Galaup de Chasteuil : jargon-jardin).

1486. Parallèle entre la situation de la mémoire individuelle (après destruction des « arts de mémoire ») et celle des savoirs non savants : l'exemple des restanques, la métaphore des restanques.

1487. vme : ce n'est pas un projet solipsiste comme « la recherche » (solipsisme biographique + mensonge) ou « ulysse » (forme dégradée de l'idée renaissance de la correspondance macrocosme-microcosme) et « finnegans wake » (solipsisme langagier, lexical).

1488. fw (Finnegans wake) est une escroquerie théorique : les langues ne sont saisies que par leur lexique. La syntaxe est d'une banalité anglaise écœurante.

1489. vme : ne prend pas le temps comme une durée (la « journée » de Joyce, les vies des romans dix-neuviémistes, ou les générations…) mais s'inscrit en un instant, lieu du temps où l'éternité pince la durée (Damascius, Kierkegaard). Cela fait un « monde » de différences avec les autres.

1490. vme : la contrainte est traitée avec scrupule et simultanément une totale « irresponsabilité ».

1491. vme : position de GP celle du « bricoleur » (see introduction du « cahier des charges ») mais voir aussi Merz.

1492. vme : le préambule sur l'art du puzzle ; c'est aussi évidemment quelque chose sur l'art du romancier. Il doit « puzzler » le lecteur (le rendre perplexe (quoique après coup) : esthétique de la perplexité)). Mais il ne peut le faire ni par le traitement mécanique (le découpage industriel), ni par le découpage au hasard. Le rôle de la contrainte (des contraintes) est de lui permettre de prendre la voie de la « mesure » (mezura) entre le métrique et le chaotique (la voie rythmique donc).

1493. vme : La voie des contraintes établit l'écran nécessaire entre la narration et la biographie.

1494. vme : L'art du puzzle, dans le préambule, est affirmé art d'artisan. Tel l'art du roman, l'art oulipien.

1495. vme (mais d'application plus générale) : que le roman doit pouvoir être lu par le lecteur sans préalable et à la vitesse de lecteur, qui ne saurait être la vitesse de lecture du critique ou du chercheur.

1496. vme (mais d'application plus vaste) : peut être lu à la fois savamment et innocemment.

1497. vme : Comme dans le cas du puzzle, est composé aussi pour un lecteur. Mais ce n'est pas un lecteur essentiellement savant, ni un lecteur essentiellement ignorant. La première position (possiblement celle de Joyce : (roman pour phds)) est celle du canonique avant-gardiste. La deuxième (see marguerite Duras) est celle du mépris (post-avant-gardiste).

1498. vme : Tout le monde ne peut pas lire. Il faut savoir lire, au sens ordinaire. Il est préférable d'avoir une certaine expérience de la lecture de romans. Il faut faire un effort (mais il sera récompensé) de pénétration. Mais il n'écarte que ceux qui ont une vision dégradée, démagogique, de la littérature.

1497a. J'apprends (à Châteauvallon) qu'un des « conseillers » pour la construction d'Euro-Disney est un distingué médiéviste américain, savant et passionné de « choses » médiévales. Ce qui prouve que ce n'est pas la quincaillerie, le « lexique » qui fait le « vrai » du passé. Ceci est à rapprocher de l'avion qui apparaît brusquement dans le film de(s) Straub, d'après l'Amérique de Kafka. C'est une image anachronique mais les acteurs parlent le texte et cette discrépance-là est soudain sans importance (souligne même l'authenticité artistique de la restitution).

1498a. vme : la vie de l'auteur intervient comme clinamen dans les contraintes.

1499. vme : le « biographique » n'est ni l'intention de l'œuvre ni la dissimulation (ou l'erreur) de l'œuvre, mais son accident.

1500. vme (suite rem. 1499) : Il en résulte qu'il n'est pas nécessaire de savoir « hors le livre » pour lire le livre.

1501. on rem. : après collation, reconstruction, reconstitution.

1502. on rem : titre d'une reconstitution – **Poésie,... : remarques**.

1503. (Fielding) On writing letters – :... an Exercise which, notwithstanding I have in my time printed a few Pages, I so much detest, that I believe it is not in the Power of three Persons to expose my epistolary Correspondence (to James Harris, sept. 1741, Tls 6 august 93).

1504. Lines – Dekker in *Satiromastix* 1601 – (the priest of Apollo (Ben Jonson) in the throes of meeting a deadline)) : « O me thy Priest inspire./For I to thee and thine immortal name,/ In – in – in golden tunes,/For I to thee and thine immortal name –/In – sacred raptures flowing, swimming, swimming :/ in sacred raptures swimming,/Immortal name, game, dame, tame, lame, lame, lame./»

1505. (Ben Jonson) on the letter Q (imported from France) « is a Letter we might very well spare in our *Alphabet*, if we would but use the serviceable *k.* as he should be, and restore him to the right of reputation he had with our Fore-fathers… for the *English-Saxons* know not this halting *Q.* with her waiting-woman *u.* after her. »

1506. La remarque décisive de Bishop Butler – everything is what it is and not another thing.

1507. Attaques contre la poésie : divers exemples :
– « les paysans et les ouvriers ne vous comprennent pas » (Maïakovski)
– « vos ouvrages ne se vendent pas » (Lautréamont)
– dérision : « le plan n'est qu'une forme de poésie » (Michel Rocard)
– pas la peine : « la poésie, c'est le coucher de soleil » (Greimas) ; « la poésie, c'est la chanson » (tous) ; « les affiches qui chantent tout haut/Voilà la poésie aujourd'hui… » (Apollinaire)
– l'argument de la vérité : « nul conte rimé n'est vrai » (préface à la chronique en prose du pseudo-turpin, fin 12e siècle)
– à quoi bon : « mon fils me demande : dois-je apprendre les mathématiques ?… » (Brecht)
– et tant d'autres, et tant d'autres.

1508. Un livre de poésie : ne peut pas avoir beaucoup de lecteurs immédiats. Il faut du temps pour avoir le temps de le lire. Chaque voix de poésie est particulière, ne peut pas être entièrement acceptable par beaucoup simultanément à moins a) d'être devenue voix d'un passé b) de l'être par contresens c) de l'être parce qu'elle transporte autre chose (ce qui ne peut pas être dit ailleurs, par interdiction). Il en résulterait que même si l'ensemble des livres de poésie faisait, globalement, bonne figure commerciale, chaque poète individuellement ne le pourrait et par conséquent la poésie resterait inadaptée aux conditions actuelles.

1509. La poésie, ce n'est rien, d'accord ; le reste est le non-rien qui est ce qui nous est offert par le monde (principe de réalité tout court, principe de réalité littéraire) ; la poésie, alors, peut être le non-non rien (on en sent la nécessité, étant donné ce qu'est le non-rien, ce monde, qui nous baigne).

1510. Les attaques énumérées contre la poésie tendent en fait à la même conclusion, celle de l'inexistence présente et future, annoncée comme norme : la poésie ne doit pas exister, n'existera pas. Mais dans ce cas (autre forme du non-non rien de la poésie), la poésie est un spectre.

1511. Il n'y a jamais de formes poétiques épuisées, il n'y a que des versions épuisées de formes.

1512. Si on ne limite pas la notion de métrique à celle d'un compte universellement banal (ce que la poésie traditionnelle n'a jamais fait), si on accepte de revoir la notion de forme exhibant à la fois mètre et rythme (en utilisant une idée du nombre moins pauvre que celle des instituts de sondage), on se rend compte qu'il y a beaucoup plus de métrique (au sens large) qu'il n'y paraît chez Du Bouchet ou Anne-Marie Albiach, par exemple.

1513. Dire « ligne » plutôt que « vers » ? Si la ligne est une unité identifiable (et donc totalement arbitraire par rapport à la transcription « normale » des langues), elle appartient au genre « vers ». Je veux bien qu'on la baptise autrement (dans Alexandre Dumas, le moine qui veut manger de la viande le vendredi dit à son rôti « je te baptise carpe »).

1514. On peut parfaitement être fétichiste du vers, être fétichiste du poème, être fétichiste du recueil, être fétichiste tout court ; je ne crois pas à la vertu des condamnations esthétiques-morales.

1515. Le parfum du passé révolu : message urgent – téléphoner à MARIGNAN 15-15.

1516. L'idée jakobsonienne de fonction poétique du langage n'a de sens que s'il y a poésie. S'il n'y a pas de poésie, il n'y a pas de potentialité poétique émergente de la prose ou du langage du tout. Tout revient en fait à la même question : doit-on envisager la disparition de la poésie ou pas ? La notion de rythme, si on la prend de manière moins élémentaire que dans l'acception commune (d'ailleurs contradictoire), n'a de sens que s'il y a différence maintenue : différence entre langue et prose, différence entre prose et poésie. Les supprimer, c'est supprimer la possibilité même de rythme.

1517. Les positions exclusives : toujours le vers d'un côté – plus de différence de l'autre, omettent un fait essentiel de la question de la poésie : la poésie du passé est aussi une poésie présente (pas d'aphasie de la lecture de poésie). Il y a un présent du passé de la poésie (je ne pense pas que les poèmes de Cavalcanti, Du Bellay, etc. etc., sont des poèmes inexistants, dépassés, illisibles aujourd'hui. De plus ils ne peuvent être vraiment lus que comme poèmes d'aujourd'hui), il y a un présent du présent de la poésie (ce qui s'écrit) et un présent du futur de la poésie (ce qui tente de s'établir comme voie parmi les mondes possibles non décidés de la poésie à venir).

1518. Il n'y a pas de rythme dans la prose. Dès qu'il y a rythme trouvé il est hors-prose, déjà pré-poésie. La prose ne peut donner qu'un pressentiment de rythme, une prénotion (au sens d'Épicure). Mais pas une prénotion de quelque chose qui serait déjà dans la langue ou la prose, plutôt une propriété de la langue (et de la langue aussi à travers la prose) qui peut devenir rythme par appropriation dans la poésie.

1519. (suite rem. 1518) (Mallarmé) La prose hérite, dissout, dissimule, dilue, falsifie, exalte (ça va dans tous les sens) ce qui est apparu antérieurement dans la poésie (la poésie est non seulement mémoire mais imagination (autre forme de mémoire) de la langue)).

1520. Ce qu'il y a de difficile dans la poésie aujourd'hui, c'est qu'il y ait encore de la poésie, et pas que telle poésie de tel poète est difficile.

1521. La manière dont Mallarmé a cherché (sans y parvenir) à sauver le vers traditionnel « échappé » de la main de Victor Hugo, l'intensité sémantique et syntaxique de ses constructions ont, entre autres, l'intention de charger une « moyenne étendue de mots » de telle sorte qu'elle en devienne mémorable et résiste à la dissolution qui menaçait l'ensemble du système poétique de sa langue, le français.

1522. Le mauvais démon, le démon oisif par excellence qui hante le romancier contemporain, l'habitude.

1523. L'écriture sous contrainte est à la fois traditionnelle et moderne, et échappe donc à l'opposition paresseuse que l'on fait généralement entre les deux.

1524. G.P. – Quel rôle jouait donc pour lui la contrainte ? c'était un *pharmakon*, un remède (remède et poison ; poison aussi !) à la mélancolie du roman qu'éprouve le romancier dans une époque où la répétitivité maniaque des schémas éprouvés depuis déjà au moins deux siècles engendre l'ennui profond, passion fondamentale du 20e siècle ; horreur et dégoût du « déjà-vu » caché, et mal caché sous les apparences d'une nouveauté factice. Il lui fallait absolument y échapper ; sinon se taire.

1525. L'art de la contrainte – L'intention didactique n'est jamais absente, puisqu'à toute nouveauté vraie dans les arts du langage il faut des lecteurs capables de la reconnaître, et de s'y sentir heureux.

1526. G.P. – Il y avait eu dans sa décision de devenir oulipien, au moins au début, une certaine influence du « Jeu des perles de verre » d'Hermann Hesse. Eh oui ! Mais il en vint à découvrir le visage dissimulé et moins amène de la métaphore ludique et gymnastique : la brusque contradiction ressentie, alors qu'il était engagé dans l'expérience d'écrire comme roman-feuilleton, « W », qui utilisait plus ou moins directement cette image mi-sportive mi-mystique, entre une représentation de la joie du sport et cette « joie par le labeur » mise en exergue sadique à la porte des camps nazis, fit qu'il n'ignora pas que son entreprise était non seulement paradoxale, mais était même hantée par le dérisoire. (Le roman habituel, le roman-aspirine peut parfaitement ne pas sentir cela.) Il s'était mis dans une position qui comme celle de l'équilibriste ou du logicien est difficile à soutenir avec une conviction constante.

1527. G. P (suite rem. 1526) – À de nombreux moments il voulut se débarrasser de la forme, chercher ce qu'il appelait des contraintes douces, écrire un poème sans contrainte autre que celle, particulièrement effrayante cependant, de ne pas en avoir, c'est-à-dire d'affronter le visage du blanc se présentant à lui dans le miroir d'une page.

1528. retp (recherche du temps perdu) – Il n'y a pas de temps perdu. On ne perd pas ce qu'on ne posséda jamais. On ne peut pas non plus le retrouver. Le souvenir ne nous offre pas le passé, mais une image momentanée du passé construite par le présent. Le titre, donc, est impropre, n'est pas le nom propre du livre qu'il prétend être, mais un masque.

1529. retp – Le titre de la première traduction anglaise, infidèle et shakespearien, était beaucoup plus modestement « conforme » sinon exact que celui de la nouvelle : « remembrance of things past », particulièrement dans le contexte du sonnet : « when to the sessions of sweet silent thought/I summon up remembrance of things past/ »).

1530. retp – On a voulu pour la nouvelle traduction en anglais un titre plus fidèle, et on a choisi, celui-ci, très laid : « In quest of lost time ». Un lecteur du *Times* faisait observer que, dans le contexte de l'anglais courant actuel, cela devait s'interpréter en quelque chose comme « enquête sur les heures de travail perdues pour cause d'absentéisme ».

1531. (suite rem. 1530) Voilà cependant qui s'applique assez bien au Narrateur.

1532. retp – (réf. de pages à l'éd. ancienne Pléiade, 195 ?) – (I, 24 – du côté de chez Swann) « … comme les bons poètes que la tyrannie de la rime force à trouver leurs plus grandes beautés », idée à la fois banale et fausse (d'une manière générale, il y a peu d'idées dans ce livre, et celles qu'on y trouve sont le plus souvent de mauvaise seconde main). Le fond, obscur et irréfléchi, de cette idée est le contre-pied de l'idée ancienne d'un rapport de substance entre la Beauté et la Vérité. On en trouve les prémices dans une des premières proses françaises, dans l'introduction à la « Chronique du Pseudo-Turpin » « Nul conte rimé n'est vrai ». D'où la « déduction » : la poésie (rimée) est mensonge, et c'est d'être mensonge qu'elle tire non la beauté mais ses beautés.

1533. retp – (suite 1532) (26-7 le dîner avec Swann et l'effort du narrateur enfant pour préparer la suite) Premier exemple, typique, de ce qui produit chez moi un difficilement suspensible « disbelief » : l'enfant (c'est un enfant), présenté comme se préoccupant de donner un baiser à sa mère, et se souvenant avec une telle exactitude de la conversation autour de lui. (Si ce n'est lui qui se souvient, qui est-ce ?... etc.) Ce n'est pas que cela soit invraisemblable qui me choque, mais que la narration ne prenne aucune distance, même légère, avec sa présentation de la scène comme ayant effectivement eu lieu.

1534. retp – (44, remarque préparatoire à la « madeleine » : « il en est ainsi de notre passé... »). Cette critique de la mémoire volontaire est parfaitement contradictoire avec ce qui suit. Car, contrairement à ce que la scène décrite laisse entendre, c'est à une recherche volontaire de souvenirs, puis à une construction parfaitement raisonnée de toute une longue « tranche de vie » passée que nous assistons, et assemblée comme un véritable décor de théâtre (comparaison plus exacte que celle des morceaux de papier japonais trempés dans l'eau d'un bol de la p. 47).

1535. retp – Dans son projet de film sur la « madeleine », le président Le Lionnais n'est pas fidèle à la lettre du roman (là très décevant, à la relecture), mais il l'est beaucoup plus au mécanisme réel de l'émergence des souvenirs, à partir de cet effecteur de mémoire qu'est le parfum-goût de la « cuillerée de thé où (s'était amolli) un morceau de madeleine ».

1536. retp – Ce qu'il y a de meilleur dans ce livre, c'est le comique, un comique toujours méchant, directement ou obliquement. Le reste est toujours en train de tomber dans la sentimentalité « camp », sans parler de son invraisemblable penchant à un horrible « poétique ».

1537. retp – Au-dessous de la « subtilité » suraffichée de l'analyse des tourments de l'amour (qui est d'ailleurs indéfiniment répétitive, et je veux parler là de la répétition dans la narration, pas dans les états sentimentaux eux-mêmes, qui mériteraient plus de variété, au moins de surface ; il s'agit d'un roman, pas d'un journal !) affleure une niaiserie qui fait par contraste apparaître la sensiblerie dickensienne comme un monument de complexité.

1538. retp – (p. 55 *sq.* – relisant) Que Françoise ne parle pas, là, comme elle parlera beaucoup plus tard. Elle n'a pas trouvé sa langue. Il y a là une maladresse paresseuse (s'il en est bien ainsi, mais je n'ai pas encore tout relu, et mon souvenir m'a peut-être fait oublier quelque remarque du narrateur indiquant un changement sur ce point chez son personnage avec le passage des années) assez significative de l'auteur. En fait, je soupçonne qu'elle est beaucoup plus générale que je ne le pensais initialement.

1539. C'est dans la langue que la fausseté d'un passé raconté se manifeste le plus nettement.

1540. retp – (85 – excursus sur le roman : « l'ingéniosité du premier romancier… »). On pourrait presque contredire point par point ce qu'il dit là et obtenir ainsi des maximes légèrement moins fausses. De plus ce qu'il fait, lui, est fort différent : d'une part il conserve (comment pourrait-il faire autrement) certains personnages réels, et c'est ceux-là qu'il observe avec toute la méchanceté aiguë dont il est capable, et il ne se cache absolument pas de nous les présenter comme des caricatures (M. de Norpois, par exemple – c'est ce qu'il réussit le mieux) ; d'autre part les personnages « importants » (signalés par la componction particulière du style qui accompagne leurs évolutions) sont toujours le même, sous quelque déguisement que ce soit, c'est-à-dire le narrateur lui-même et son double antagoniste, l'être aimé.

1541. retp – (130, Legrandin) On s'amuse assez à constater que les descriptions de nature prêtées à Legrandin, et voulues ridicules, le sont à peine plus que les siennes propres.

1542. retp – Le président fondateur de l'Oulipo avait donné à ses « mémoires » jamais achevés et jamais parus un titre, Le Disparate, que Marcel Bénabou, puriste, critiqua, disant (en accord avec tous les dictionnaires (?)) que le substantif « disparate » est, en français, au féminin. Je vois avec satisfaction (pour la mémoire du président) que Proust n'est pas de cet avis : p. 205 : « … une accumulation de redites et un disparate d'étrennes » ; 246 : « … un disparate bizarre avait existé entre les satisfactions qu'il accordait à l'un et à l'autre » ; p. 532 : « Songeons seulement aux choquants disparates que nous présenterait... tel horoscope... » (je remarque aussi, p. 195 : «... dans l'orbite particulier où elle se mouvait... »).

1543. retp – La méchanceté du narrateur est souvent sournoise. Pratiquement tout ce qu'il prête à son père comme opinions, actes et propos est médiocre.

1544. retp – Que Gilberte est sans doute un garçon : ses jeux (p. 395) : le jeu de barres était-il vraisemblable comme jeu de (petites) filles ; les billes (p. 402) ; il en est de même pour presque tous les personnages « féminins » notés comme objets de possibles désirs ; on peut toujours les « traduire » en garçons : (p. 716) une « pêcheuse à la ligne » ! ; la petite bande de « à l'ombre... » (p. 788), leur préférence des sandwichs sur les gâteaux (p. 904), le goût des calembours (p. 908).

1545. retp – L'affaire des meubles de la tante Léonie (p. 578) ; s'il s'agit d'une transposition d'un fait réel, concernant des meubles des parents, ce que nous enseignerait la lecture « biographique » de l'œuvre, c'est qu'elle est un affadissement, une dissimulation non pas audacieuse mais sournoise ; elle ne peut qu'abaisser notre estime pour le romancier, si nous y croyons.

1546. retp – (p. 864) La « tirade » d'Elstir : il pleut des vérités premières... ; cela est rapporté sans aucune ironie, il me semble.

1547. retp – La lecture « biographique » du roman ne peut que lui nuire. Mais peut-on s'en dispenser ? elle nous met en présence d'un moteur très évident de son imperfection : la dissimulation solipsiste.

1548. retp – Je dresse l'acte de mécontentement, par rapport à une attente plus haute. Cela n'empêche pas qu'on admire...

1549. retp – (p. 767) La scène « petite fripouille... » avec mr de Charlus. Les paroles ensuite attribuées au même, et que mes parents aimaient citer (ce qui en soi est tout un programme, comme on disait jadis) : « des sentiments trop naturels pour n'être pas sous-entendus » doivent se lire – dans un premier temps (qui est, comme le deuxième, interne au roman) non pas comme si elles visaient la protestation du narrateur « comment, Monsieur, je l'adore !... », mais ce qu'a dit juste avant mr de Charlus lui-même et, – dans un deuxième temps, (obscur à la surface romanesque comme le premier) comme étant des « sentiments trop naturels » du narrateur lui-même ; et par suite – (troisième temps) ceux du romancier (ce que, si on veut, la lecture biographique rend vraisemblable, mais on peut se dispenser, comme toujours, du 4e temps, cad de les prêter à monsieur Marcel P.).

1550. retp – (suite rem. 1549) Proust (auteur) s'identifie ici spontanément à mr de Charlus (see le texte, excellent, de je ne me souviens plus qui, montrant que, dans la fameuse scène entre Charlus et Jupien, la « physique » de la description, la topographie des lieux et la position des personnages prouvent que c'est le narrateur qui nécessairement se trouve à la place de Charlus (le narrateur, donc l'auteur, donc mr Proust, d'après le critique qui fait cette démonstration, mais bien entendu cela n'importe guère, il suffit qu'imaginairement et sans pouvoir le dissimuler totalement le romancier « soit » alors « madame Bovary », je veux dire Charlus)) ; mr de Charlus exprime les sentiments profonds du narrateur qui voudrait tant « se fiche (r) bien de sa vieille grand'mère » ; être, ô délices, une « petite fripouille ». N'est-ce pas ?

1551. retp – (tome II, p. 38) « cherchant à retrouver un vers de Phèdre … ce qu'il avait de trop … cette énormité … n'était qu'un seul pied ». C'est un phénomène de subitisation négative : on ne sait pas quel est le nombre exact, mais on sait très nettement qu'il est faux, même s'il ne l'est que d'extrêmement peu.

1552. Horreur délectable, affreuse joie de la mémoire.

1553. Chiswick Une photographie devant moi sur ma table montre les six carreaux allongés d'une fenêtre, ouverte sur un paysage de pelouse, gris d'arbres gris, presque noirs, lointains, de ciel blanc ; une photographie où le sens de ce qui est montré nécessite, pour être perçu, une connaissance extérieure, ici donnée par le titre : *Chiswick.* Le lieu d'où l'extérieur gris, noir et blanc du paysage est vu, est montré, la « douce distance anglaise » dont parlait Henry James est cette maison de campagne de Henry Boyle, troisième comte de Burlington, ouverte aujourd'hui aux visiteurs, modèle de la symétrie calme et de la tranquillité « palladienne » que le dix-huitième siècle adopta, s'enthousiasmant pour son austérité. Les fenêtres de la majestueuse façade regardent, elles, la « nature », le jardin dessiné par William Kent, tout en courbes ondoyantes, en savant hasard, en herbes sinueuses, conformément à l'axiome de ce génie du « jardin anglais », le créateur de Kew Gardens : « la nature abhorre la ligne droite ». Dans la fenêtre presque abstraite de la photographie, au milieu exact du bord supérieur du carreau central apparaît l'extrémité blanche d'un cordon : en le tirant, la grille géométrique des carreaux disparaîtrait et le jardin entrerait dans l'image, dans l'ordre apparemment impénétrable de l'architecture, avec tous les bouleversements possibles de l'air, l'imprécision hasardeuse des herbes et des arbres. Il suffirait d'un geste ; et la photographie montre cela.

1554. Erwin Panofsky : « Les antécédents idéologiques de la calandre Rolls-Royce ». Il exhibe deux « stratégies » à l'œuvre dans douze siècles d'art britannique (qui ne valent pas seulement pour l'architecture et les jardins, mais qu'on peut suivre aussi, comme il le fait un instant pour la poésie médiévale latine, dans la « construction » du vers) qui tour à tour coexistent, se combattent, s'éliminent, mais toujours ressuscitent : d'une part la stratégie « curviligne », l'exemple le plus excessif étant le vitrail est de Carlisle, « dont les courbes nécessitent l'intrication de deux cent soixante-trois cercles » donnant « l'impression d'un chaos ordonné, comparable aux "entrelacements étroitement imbriqués" de l'ornementation insulaire primitive ». C'est de manière tout à fait significative qu'il emploie ici pour décrire un motif du quatorzième siècle, des termes empruntés au célèbre Giraldus Cambrensis, et que celui-ci utilisait pour parler du manuscrit irlandais, chef-d'œuvre de l'art celte, le « Livre de Kells ». Cette « ligne » artistique, est celle de « l'entrelacement » (et on la trouve à l'œuvre ausi bien dans l'art des Troubadours que dans celui de la première grande prose de romans, celle du « Lancelot en prose »).

1555. (suite rem. 1554) – L'autre ligne, la ligne de l'ordre, de la symétrie, la ligne « grecque », est celle des inventeurs de la géométrie. Pour exemple de cette deuxième ligne, Panofsky offre une image aussi frappante, celle du chœur de la cathédrale de Gloucester, où se crée « une étendue de verre divisée par un système de coordonnées », anticipation en acte, géniale, du système cartésien de la représentation des plans ; c'est le fameux « style perpendiculaire » qui, dans cette analogie, mériterait le nom « d'orthogonal ».

1556. (suite rem. 1555) – Sublime et têtes coupées De manière implicite (c'est un élément essentiel de la stratégie de Panofsky dans le texte, de sa « vitesse » de parcours, procédant par sauts et ellipses) la « lutte » des deux lignes est mise en parallèle (virtuellement explicatif) avec une conception du sublime, pour lequel deux citations viennent en conflagration simultanée, l'une de l'an 1174, due à Gervaise de Cantorbery, décrivant la splendeur et simultanément l'horreur de l'incendie de la cathédrale de Winchester, l'autre de 1693, due à John Dennis traversant les Alpes et saisi à cette vue d'« Horreur délectable » d'« affreuse Joie » (« en même temps que j'étais infiniment heureux, je tremblais »). À peu près à la même époque, eut lieu le terrible et sublime « Grand Incendie de Londres », et Panofsky aurait pu trouver dans les descriptions de l'époque un écho parfait de la description de Gervaise de Cantorbery (un chaînon implicite dans la chaîne des « déductions » de son essai) : il s'agit de la destruction par le feu de la cathédrale de St Paul : « L'église, bien que bâtie de pierres seulement, bien que distante de toutes les maisons alentour, si majestueusement haute bien au-dessus de toutes les demeures de la ville, en peu de moments cède aux assauts violents des flammes dévastatrices ; étrangement elle s'enflamme par la tête ; le plomb devient liquide et ruisselle, comme de la neige devant les flammes du soleil. Les énormes poutres, les pierres massives, avec un bruit hideux, tombent sur le sol ; des murs se détachent de grandes écailles de pierre. »

1557. Panofsky (suite rem. 1556) – L'évocation du « sublime » et de sa permanence à travers les siècles est, en fait, la fin du texte proprement dit de Panofsky, et c'est dans la phrase qui suit que « par plaisanterie » il fait sortir, comme par magie, la « Silver Lady » de la Rolls. Or celle-ci, comme on le sait (comme le savent tous les admirateurs de cette prestigieuse splendeur mécanique), dans le mouvement de sa « silhouette Art Nouveau », voiles au vent « présente une tête petite, comme tranchée et portée au bout de la pique d'un long cou ». Il est difficile alors de ne pas évoquer cette caractéristique bien connue de l'art celte, de sa propension à faire surgir au bout des fils sublimes de ses entrelacements, l'horreur joyeuse et l'affreuse splendeur de têtes coupées. Le cordon banal de la fenêtre de Chiswick House, ainsi, commande l'ouverture d'une fenêtre « à guillotine » et on ne peut manquer de se souvenir d'une scène du plus étrange, du plus sublime, du plus « celte » des romans du graal où une demoiselle, la Demoiselle du Buisson Étroit, conçoit le projet terrible de faire subir au chevalier qu'elle aime, Gauvain, l'aventure de la décapitation : « Elle tira brusquement sur un cordon de soie qu'elle tenait dans sa main. Aussitôt avec un bruit de tonnerre et la vitesse de l'éclair une lame de guillotine en acier sortit d'une fente mécanique en haut du fénéstrel et obscurcit brusquement l'ouverture. "Comme j'ai hâte", dit la demoiselle avec un rire "de voir cette chère tête rouler dans le jardin". »

1558. Citation d'Hermogène, rythme : « Rhythm results from word order and cadence, although it is separated from them, just as the shape of a house or of a ship is created when stones or pieces of wood are put together in a certain way with certain restrictions placed on the construction, although the shape of the house or of the ship is quite different from the manner of putting the building materials together and the limitations on that. » Pour faire partie du « recueil d'intuitions sur la nature du rythme », en préface à un « de Vita Lussonica ».

1559. (Hintikka on Witt.) « obliquity » du montrer. Montrer c'est dire obliquement (see 'gril' : La Sieste).

1560. (Badiou) Il définit non le nombre mais un mètre : une théorie métrique du nombre. Le geste associatif est implicite dans la définition ordinale (parties des parties des parties).

1561. Je ne montre pas le monde, seulement le geste de le montrer. On ne montre pas ce qu'on ne peut dire ; on montre que c'est là, que c'est là absent ; ou que cela a été là.

1562. Que tous les noms sont non-vides et que le nom du vide est donc non-vide (witt → badiou !).
1563. Que le nombre est un nom propre, un désignateur rigide. Zéro nom propre du vide.
1564. Que la poésie compte, et compte par Nombres (les nombres de la TRAM) et non par quantité.
1565. Si les protons sont des nombres, les photons sont-ils des infiniment petits ?
1566. titre ? échanges du nombre ?
1567. Une image n'est pas sa propre image. Il n'y a pas d'images des images. Il n'y a que des pictions d'une image.
1568. Tout ce que je dis comporte, aussi, ce que je ne dis pas ; le montre.
1569. On peut dire ce que dit la fiction en le disant, c'est-à-dire en racontant.
1570. On peut raconter un roman, le résumer (c'est même un exercice nécessaire) ; pas un poème.
1571. Hypothèse de la littérature : la littérature sert à lire.
1572. La littérature donne de la lecture ; elle donne à lire pour lire ; pas pour exciter encourager, renverser le gouvernement, éduquer, informer, désespérer, réconforter, amuser, ennuyer (si elle fait tout ça c'est de surcroît, c'est en plus) ; simplement pour proposer de la lecture, dans les livres, principalement et essentiellement dans les livres, qui se portent comme des livres, s'ouvrent comme des livres, s'emportent dans les trains, les avions, les lits, l'herbe, à haute voix ou silencieusement, tout seul ou pas et quand je dis pas tout seul ça veut dire qu'un livre qui donne à lire doit être donné à d'autres, suggéré, recommandé à d'autres etc. (c'est ainsi qu'on lit à plusieurs).
1573. La poésie est difficile ; mais cette difficulté n'est pas dans le fait d'employer des mots inconnus des présentateurs de télévision, ou une syntaxe absente des journaux. Sa difficulté est une et indivisible ; elle tient à ce qu'elle est poésie. Ce qui rebute a priori, c'est la pensée qu'on peut employer un mode aussi peu ordinaire d'exercice de la fonction de langage. Ce qui peut réduire la difficulté de la poésie, c'est abandonner cette mauvaise raison de ne pas la lire et d'affronter ce refus

pour ce qu'il est, un abandon paresseux aux modes d'existence contemporains.

1574. Le constat de l'absence de la poésie est souvent fait, n'est plus à faire ; on pourrait même dire qu'il occupe plus de place dans les journaux que la poésie elle-même.

1575. Un poème –. J'ai lu dans le journal : la poésie est morte.

J'ai lu dans le journal : la poésie est morte.
J'ai refermé le journal.
Il ne m'a pas semblé très vivant.

1576. Hypothèse de l'art – L'œuvre d'art dit ce qu'elle dit en le montrant.

1577. Hypothèse de l'art – L'œuvre d'art dit ce qu'elle dit en montrant.

1578. Le scepticisme inévitable qu'engendre la distance infranchissable entre l'œuvre et les « discours critiques sur » nourrit souvent une position fidéiste.

1579. La référence égyptienne explicite chez Brancusi exhibe son intention de « sorpasso » clairement : il s'agit d'atteindre à l'infini à l'aide d'une géométrie qui est portée par la lumière, par opposition au monumental borné ; seule la lumière est porteuse d'infini (see le de luce de Grosseteste).

1580. Ce que Radu Varia, dans sa thèse, s'efforce de mettre en évidence, c'est le parallélisme de la démarche de Brancusi et de celle d'Eminescu : dans un cas donner à la langue qu'on invente et impose à une nation sa part linguistique universelle, l'appartenance à la romanité ; dans l'autre cas (et cette fois de manière en quelque sorte involontaire, comme imposée par la biographie) à la même nation inventer et donner sa part esthétique universelle, la « celtitude ».

1581. (Journal de Leiris 432-433) – Art d'écrire – je constate qu'assez souvent, quand je veux donner l'impression que la pensée, restée en suspens, est susceptible d'un prolongement – quand je veux, en somme, que la question reste ouverte – je termine ma phrase par un mot qui, dans la vérification, donnerait une rime féminine (ou qu'on pourrait (non orthographiquement mais phonétiquement) associer à une rime féminine)) (de ce point de vue un sonnet marotique à attaque féminine (ce fut la direction de l'évolution de la forme) est fermé et un sonnet « peletier » ouvert)).

1582. (Journal de Leiris p. 614 (→ 'Gril')) Un livre qui ne serait ni journal intime ni œuvre en forme, ni récit autobiographique ni œuvre d'imagination, ni prose ni poésie, mais tout cela à la fois. Livre conçu de manière à pouvoir constituer un tout autonome à quelque moment que (par la mort s'entend), il soit interrompu. Livre, donc, délibérément établi comme œuvre éventuellement posthume et perpétuel *work in progress.* (Dans la série : il y a toujours un plagiaire par anticipation ! moi qui croyais… car deux points de 'gril' sont là : le premier plus ou moins, le second absolument ! enfin, je peux dire : moi je le fais).

1583. Le journal du vieillard : X est mort/Y est mort/etc. (série des « journaux intimes » ou du journal intime :… demain mercredi, mais même si c'était vendredi ce ne serait pas un vendredi 13).

1584. Maniérisme versus baroque : dans un cas, image du champ mnémonique multi-dimensionnel, contrôlé par la forme et par la méditation. Exemple César de Nostredame. Dans l'autre le désordre de la projection externe des « arts de mémoire ».

1585. Les exemples sont rares d'une vraie « déduction méditative » : Cherbury, Herbert (l'autre), Greville.

F (1586-1902)

1586. Le baroque est un moment de dilapidation et d'effondrement formel.

1587. (old rem.) La pluralità (plurimembracion, elencazione, correlatio…) harmonise la syntaxe en vue de sa confrontation avec le vers, et le sonnet. C'est une caractéristique formelle essentielle du rvf, et ensuite du Pétrarquisme (mais, en ce qui concerne la rapportatio stricte, là seulement).

1588. (old rem.) Ce que Bembo retient du *Canzoniere* pour en faire un modèle, c'est un *trobar leu : suono*, *numero*, et *variazione.*

1589. (old rem.) Un des traits du néo-pétrarquisme maniériste (formel), c'est l'hyper-métricité des divisions plurimembres, conduisant même à l'effacement des étages de l'architecture du sonnet (ou à son déplacement vers une division épigrammatique molle (11+3) ou même plus stricte (couplet final).

1590. (old rem.) Les caractéristiques de la pluralità sont absentes des Troubadours (de Cavalcanti ? de Dante ?).

1591. (old rem.) On saisit dans le rvf une mise en mémoire de certains tics (sentis comme des tics par le regard rétrospectif) de la prose de narration contemporaine (les traits presque caricaturaux du redoublement – see début du Lancelot en prose ; see Monty Python).

1592. (old rem.) Le rvf est un chansonnier de Troubadours à lui tout seul (au moins en intention).

1593. (old rem.) Dans le rvf la forme sonnet devient définitivement forme autonome, perd à jamais son caractère de cobla (ce qu'annonce à la fois le dve et la vita nova) (see renga, puis le haiku).

1594. (old rem.) Bembo choisit pour modèle non les sonnets ou le sonnet de Pétrarque ? mais le rvf comme unité.

1595. (old rem.) Dans le rvf imprimé, le Pétrarque-livre, ce ne sont plus seulement les sonnets les plus fameux qui sont disponibles, à la copie ou à la mémoire, par le mode de circulation du manuscrit, mais l'œuvre entière, prise comme un tout.

1596. (old rem.) Le livre rend à la diffusion du rvf (surtout) un peu du caractère all-pervasive qu'avait le trobar (l'oral-aural allant plus vite que le main à main du manuscrit).

1597. (old rem.) Un chansonnier de Troubadours contenait une histoire de la forme-canso. Le rvf se présente comme une histoire individuelle.

1598. Cependant ce trait était en germe dans les « sections » individuelles des chansonniers (exemple Peire Vidal ou Raimon de Miraval) et cela avait « débordé » dans la prose des vidas. Mais Pétrarque élimine la prose. Les poèmes de nouveau parlent seuls, mais parlent maintenant d'une aventure singulière.

1599. L'aventure singulière « racontée » par le rvf est une aventure d'amors. Ce sont les « Regrets » qui rompront ce lien à l'origine (le trobar).

1600. (old rem.) Dans le rvf, une histoire individuelle, donc éternelle : l'Homme. (La forme-sonnet en est la marque.)

1601. (old rem.) Il n'y a pas chez les Troubadours, d'appel à l'éternité : ni tempus fugit ni (son corollaire) l'aere perennius.

1602. (old rem.) La plurimembracion pétrarquiste, surtout adjectivale ou substantivale : la synonymie (naturellement) mais mieux encore l'antonymie (elle procède de l'amors : c'est le « langage cuit » du non-re).

1603. (old rem.) Amors n'est pas un pluriel ; pas de polythéisme ; pas « amours ».

1604. (old rem.) Nerval néo-pétrarquiste ?

1605. (old rem.) La canso, pour la conception moderne de la poésie, est un commencement absolu. Il n'y en a pas d'autre. S'ensuit le paradoxe de tous les « styles nouveaux », compliqués de « vita nova » : dolce stil novo, Bembo, la Pléiade, etc. Rêves d'un recommencement, d'un retour à l'âge d'or. Pour les Troubadours il n'y avait pas d'Arcadie.

1606. (old rem.) Le thème des « nains sur les épaules des géants » est inconnu des Troubadours. Ils n'ont pas de modèles.

1607. (old rem.).La quantité importe. Un sonnet est toujours entouré d'autres sonnets. S'il y a 100 000 sonnets italiens, c'est autre chose que 50 000 sonnets français ; et surtout que 3 000 sonnets anglais.

1608. (old rem.) Un certain maximum de métricité étant atteint, un type d'excellence est atteint, aisément invisible si on ignore l'effet de masse (penser un nuage à la Benzécri, à des foyers ; le sospan fach dans un stade à Cardiff, une symphonie pour 100 000 exécutants (Estonie ?)).

1609. (old rem.) L'esthétique (tardive) de l'exception, en ignorant, ou en n'ayant délibérément qu'une vision dégradée du modèle, est amenée à surévaluer l'originalité d'une manière à la fois fantomatique (un rêve biographique), et formellement grossière.

1610. (old rem.) Le jeu de poésie viole, de fondation, le troisième principe milnérien des jeux de langage (non-répétition et binarité).

1611. La poésie n'est pas le mètre, qui est répétition, imposition d'une mêmeté sans frein, mais elle suppose, comme horizon au moins, un mètre.

1612. (old rem.) S'il y a du répétable, s'il y a mètre, virtuel ou non, le rythme est possible. Mais dans ces conditions seulement.

1613. (old rem.) Quand le rythme est possible, la mémoire l'est.

1614. (old rem.) La poésie est le lieu de mémoire de la composante rythmique de la langue.

1615. (old rem.) La prose, entre langue et poésie (Mallarmé).

1616. (old rem.) De la crise de vers procède, et nécessairement plus tard, crise de prose.

1617. (old rem.) Dans la langue les morceaux de langage cuit sont des violations du principe de non-répétition, peut-être de celui d'unité pointée ; mais l'épaisseur de la frontière entre intérieur et extérieur y est renforcée.

1618. (old rem.) Chaque « personne », dans sa propre langue a les trois conditions milnériennes en horreur : abîme, indispensable pourtant pour qu'il y ait des autres, à qui on puisse, dans une certaine mesure, parler.

1619. (old rem.) Ce n'est pas la langue de la poésie qui est écart, mais la poésie elle-même; et d'autant mieux, sans doute, que la langue, dans la poésie, est sans écart.

1620. (old rem.) Programme des poèmes « infinis » : échapper, par ruse, retarder la finitude des poèmes.

1621. (old rem.) Le poème : un point : cristal. La prose de durée finie : tache, fumée.

1622. (old rem.) Tout poème est unique, ne se multiplie pas, n'est pas bactérie, ne met pas un pied devant l'autre pour recommencer.

1623. (old rem.) Tout poème est seul.

1624. (old rem.) La forme-poésie cherche l'indéfinitude en cercles concentriques (strophes…).

1625. (old rem.) Une voie paradoxale contre la finitude : l'effacement, l'inachèvement, l'imperfection. L'esprit cherche sous la rature, imagine au-delà de la ruine, pense en arrière l'âge d'or, s'exaspère devant la scorie, s'arrête et repart, continue.

1626. (old rem.) La forme ultime de la voie de l'inachèvement est la ruine (« la destruction fut ma Béatrice »). Il n'y a pas de tabula rasa vraie. La ruine fait surgir l'indéfini du passé.

1627. (old rem.) Contre la finitude, la quantité pure : les 40 000 vers du chanteur tatar, les 36 heures de haiku de Saikaku.

1628. (old rem.) (suite rem. 1627) Mais aussi, dualement, faire converger le filtre vers l'autre extrême, le point (la pincée d'éternité qu'est l'instant) : approximation de l'infiniment petit (pour toutes fins pratiques) : le haiku, encore.

1629. (old rem.) Le tanka, le haiku tendent vers l'infini dans les deux sens : multiplication-concentration. Le sonnet fait de même, dans une certaine mesure.

1630. (old rem.) Une voie du poème infini est le changement de mains : renga.

1631. (old rem.) Une voie du poème infini est ce changement de mains particulier qu'est la tradition : un sonnet est toujours un chaînon dans un grand hypersonnet unique, en train de s'écrire depuis le commencement du sonnet.

1632. (old rem.) (Bruno) Le nombre est le lieu de l'entrebescar, la forme de l'entremesclar, de la coïncidence des contraires : le *monas* est *joi*.

1633. (old rem.) La mémoire, dans l'Iconologie de Cesare Ripa (1593), duale : « una donna con due faccie, vestita di Nero e che tenga nella man destra una penna e nella sinistra un libro. » La face plume, en mouvement, est le rythme. La mémoire est « sinistre ».

1634. (old rem.) La corrélation marque la dualité du continu/discontinu (du séparé/solidaire) : comme l'énumération, le parallélisme, la synalèphe...

1635. La mémoire, une dame en noir au parfum indéfinissable (see rem. 1633).

1636. (old rem.) Veniero condense l'essence du pétrarquisme dans la corrélation ternaire aux armes de l'amour.

1637. (old rem.) La recherche des formes rythmiques à partir d'un système de marques pondérées n'est pas une potion miracle. On se borne à chercher ce qui « va ensemble ». On examine des résultantes de forces (rythmiquement pertinentes). On est fondé alors à modifier, inverser même les marques. Cependant il n'est pas inutile de chercher des marques assez universelles, du moins valables pour une famille assez étendue de lectures rythmiques.

1638. (old rem.) Jodelle : le choc de la corrélation contre l'armature du sonnet. Le sens naît là.

1639. (old rem.) La dualité (syntaxique) corrélation/parallélisme est, dans la rime, supportée par le même élément.

1640. (old rem.) La corrélation rend explicite l'implicite du mètre.

1641. (old rem.) Morse-Hedlund (ou Thue-Morse) : un groupement qui n'est pas répété plus d'une fois ne crée qu'un mètre local.

1642. (old rem.) Disparition de la corrélation chez les baroques : la forme se dissimule (Marino, Gongora). L'échafaudage est enlevé.

1643. (old rem.) Bruno et le jeune Vésuve : mémoire <u>et</u> mélancolie.

1644. (old rem.) Corrélation : l'affichage donc la clarté de la forme chez les médiocres, mais une clarté seconde, moins transparente chez les plus grands. Il n'est pas question de corrélation seulement mais de la forme sonnet elle-même. On joue autre chose que la corrélation, avec les moyens de la corrélation : ce peut être le germe combinatoire (pré-oulipien) (Kuhlmann), ou l'éros mélancolique (Bruno).

1645. (old rem.) La corrélation exhibe le squelette du sonnet.

1646. (old rem.) Bruno – La fenêtre veuve : mémoire, par le corps de la femme comme souvenir brouillé du divin, entouré des oripeaux périssables du deuil ; see la vitre noire de Cherbury.

1647. (old rem.) Une supériorité de Jodelle sur les contemporains serait sa manière de traiter l'alexandrin qui tend à faire apparaître le modèle ternaire. Dans cet alexandrin-là comme dans le sonnet jouent simultanément le 3 et le 4. En plus, il a une prédilection certaine pour la corrélation ternaire.

1648. (old rem.) « Longue, orageuse et noire » : la corrélation comme allongement du vers, comme marque de l'immensité nuit ; see le vers de Jacques de Constans : « Je veux choisir la mort, la nuict, l'hiver, le noir » ; see le vers de Gongora : « en tierra, en humo, en polvo, en sombra, en nada » (l'éternité de la poussière, la déduction du néant par la synalèphe !) (dans un sonnet qui est en corrélation brouillée (trait baroque)).

1649. (old rem.) (suite rem. 1648) Le vers de Gongora a quinze syllabes de langue et chacun des cinq pieds iambiques est de figure pondérée 1-2-0, telle une syllabe métrique modèle.

1650. (old rem.) La corrélation accentue la fragmentation, la recomposition du monde après fragmentation (Llull) ; elle lutte contre la passion du continu, résiste à l'harmonie continue qui dominera la forme classique du vers ; fait coexister des contraires ; crée l'harmonie par changements de niveaux disharmoniques ; on monte dans les nombres (prénaturels) ; le baroque n'est que le moment transitoire vers la soumission au continu, vers la domination du continu, une préparation au classique.

1651. (old rem.) Le baroque donne un coup de gomme à l'art formel.

1652. (old rem.) La méditation emprunte à l'art de mémoire (see George Herbert : « something understood »).

1653. (old rem.) Lumière laconique de la mémoire : emblèmes, photographies, impresse.

1654. (old rem.) La méditation est la correction de la contemplation sous l'aiguillon de la mélancolie.

1655. (old rem.) Le sonnet baroque est lui-même ruine, ruine formelle. Ce n'est donc pas seulement qu'il y a des chouettes.

1656. (old rem.) Écho-sonnet : echo, in both Herbert's sonnets is a written interpretation of the sense, gives a mournful reading. L'écho révèle le sens, comme combinatoire d'éléments littéraux contenus dans ce qui a été dit (see Thurber ; see M.B.).

1657. (old rem.) La platitude a été apparemment tardive aussi dans le vian, aussi bien dans les tétramètres que dans les pentamètres. See Waller ? Faut-il donner la même interprétation : que le vers, maintenant, est fixé ?

1658. (old rem.) Chaque sonnet une impresa : saisir le monde en une image formelle (see Robert Klein).

1659. (old rem.) Dans « le bout, le port, le jour » les sons vocaliques rétablissent le continu dispersé par la corrélation : ou et or font our.

1660. (old rem.) Que tout sonnet (et à un moindre degré toute poésie métrique) est à la fois parallélisme et corrélation. Mais il s'agit des formes abstraites de constituants (qui « imitent » les constituants syntaxiques).

1661. (old rem.) La forme très particulière des sonnets des « fureurs héroïques » a quelque chose du sonnet anglais (Surrey) puisque les vers 9 et 13 y sont marqués parce qu'ils sont courts.

1662. (old rem.) Shadow-metre : dans le vian, le shadow-metre est trochaïque, les événements marqués sont à l'initiale des groupements. Peut-être en est-il de même dans le virus : la position 2 plus forte que la position 6. Mais est-ce bien un mètre qui va dans l'autre sens ?

1663. (old rem.) Chez Leibniz, l'art de mémoire a pour but le calcul, la combinatoire au sens moderne (Berge). Bruno (et Kuhlmann) lui donne l'écrit comme univers potentiel : combinatoire de la corrélation et du parallélisme, dont les axiomes sont les listes, les énumérations, les parcours de mots-images-emblèmes. La dualité du parallélisme et de la corrélation soutient le mouvement des permutations.

1664. (old rem.) Par la multiplication de ses prouesses, la mégalomanie de ses ambitions intellectuelles, l'art de mémoire lutte avec l'imprimerie, et en meurt.

1665. (old rem.) Métrique et mur : sur un mur, à la peinture rouge, dans la rue de Moussy, cet alexandrin : « Travailler, moi ?, jamais, avec Thermolactyl ».

1666. (old rem.) Programme des poèmes infinis – prévoir des algorithmes pour diriger l'évolution des formes rythmiques, des formules de rimes, des mètres, du vocabulaire… On pourrait alors deviner l'état du poème dans un avenir lointain.

1667. (old rem.) Naissance du mètre (trochaïque) – (Aubrey – short lives – Raleigh) : « He loved a wench well ; and one time getting up one of the Mayds of Honour up against a tree in a Wood ('twas his first Lady) who seemed at first boarding to be something fancifull of her Honour, and modest, she cryed, sweet Sir Walter, what do you me ask ? will you undoe me ? Nay ! sweet sir Walter, Sir Walter ! at last, as the danger and the pleasure at the same time grew higher, she cryed in the extasy, Swisser Swatter Swisser Swatter… »

1668. (old rem.) Dans le vian, le shadow-metre pourrait être un écho, plus faible, décalé, du mètre.

1669. (old rem.) Hypothèse : la platitude accompagne l'établissement du modèle du vers.

1670. (old rem.) Hypothèse – le sonnet fixe le vers (hendécasyllabe italien, alexandrin ?)

1671. (old rem.) Hypothèse – le sonnet arbitre la bataille de vers (décasyllabe versus alexandrin).

1672. (old rem.) Hypothèse duale (de la rem. 1671) – Le sonnet disparaît, plus ou moins complètement, la bataille finie.

1673. (old rem.) « A case can be made out for modernizing spelling, but the case for preserving the old spelling is far stronger. Its retention acts as a perpetual reminder to the modern reader to be alert to the differences in pronunciation and accentuation between an old and modern author, and its abandonment can mislead » (Helen Gardner, éd. of John Donne, the divine poems, 1952, p. xciv). Plus encore que le lexique, la ponctuation importe et c'est le rythme qui est surtout affecté (sans oublier sa composante visuelle).

1674. (old rem.) Hirsutes – une espèce : consonnes identiques – lac calme.

1675. (old rem.) L'hiatus le plus virulent est celui de deux voyelles identiques : nu ustensile.

1676. contrainte – un sonnet saturé d'hiatus virulents (rem. 1675).

1677. *Remarque supprimée.*

1678. (old rem.) Parmi les hiatus qu'interdit le vers, les hiatus virulents (rem. 1675) sont frappés d'une proscription supplémentaire : règle de non-bégaiement.

1679. (old rem.) Le principe « métaphysique » de l'analyse du vers : backwards. Ce qui compte d'abord, c'est où ça s'arrête. Avant que ça s'arrête, on ne peut pas savoir ce que c'est (quel mètre).

1680. (old rem.) S'il y a trame et dessin, le dessin est marqué comme beau ; le laid, ou l'indifférent (non marqué), la trame, est complémentaire du beau et n'est pas lui-même dessin. Le renversement moderniste inverse la trame et le dessin : est beau ce qui n'est pas dessin. Une conception plus « récursive » ferait apparaître dans la simultanéité, chacun comme le dessin de l'autre ou encore chacun comme la trame de l'autre, qui peut être le même, mais vu « au noir ».

1681. (old rem.) Certains « moyens » modernistes signalent l'interversion de la trame et du dessin : hasard, discontinuité, l'hétéroclite, le trivial, le désordonné,..., le collage, le cut-up.

1682. (old rem.) Un paradoxe de l'alexandrin, ce « mot » (phonologique) qui est aussi deux mots, a peut-être une fonction de mémoire, l'émergence dans la langue de la « conscience » du mot.

1683. (old rem.) Peletier du Mans : « l'air est le réservoir des mots ».

1684. (old rem.) Le vers iambique (vian, virus) a des points aveugles : certains mots ne peuvent pas y être placés. Cela justifie-t-il d'autres mètres ?

1685. (old rem.) Ne pas lire les poèmes comme s'ils étaient des Iago (« I am not what I am »). Fuir la Iago school of critics.

1686. (old rem.) Quand le sonnet parle « naturellement », il disparaît.

1687. (old rem.) Tout sonnet est une traduction.

1688. (old rem.) La forme Marot est combinatoirement compatible avec la forme italienne (cde), par une des flèches de passage du 3 au 2 (d = c).

1689. (old rem.) Pas de métaphore dans le trobar, rien que l'atressi : ce qui est amors est, seul.

1690. (old rem.) La métaphore est un atressi-valise.

1691. (old rem.) Maniérisme escargot.

1692. (old rem.) Le concetto est la métaphore du ragionar d'amore.

1693. (old rem.) Meraviglia : étonnement devant la conclusion du ragionar, si les étapes en sont omises (surprise d'un théorème inattendu).

1694. (old rem.) Baroque, fin de l'atressi en métaphore ?

1695. (old rem.) « L'honneur blond » de Papillon : du non non P (P = Pétrarque).

1696. (old rem.) Bruno fait du non non P (rem. 1695) à partir de Berni, de Folengo… Il veut que le lyrique « change de monde ». Telle est la démarche du « furieux ».

1697. (old rem.) Bruno est dans la ligne du trobar clus. Son trobar ric est la rapportatio.

1698. (old rem.) La portée de Veniero, de Groto, Bruno, excède la « locuzione artificiosa », parce que la rapportatio est d'abord une intervention dans la construction formelle du vers, du sonnet. Est-ce cela le maniérisme proper ?

1699. (old rem.) sur le non-re : les contradictions inhérentes à la théorie de l'amour et de ses formes poétiques (canso, puis sonnet) peuvent recevoir trois réponses : clus, leu, ric.

1700. (old rem.) Le trobar ric est le non non x du trobar leu (position dominante).

1701. (old rem.) Le mythe est l'atressi du pétrarquisme.

1702. (old rem.) Le sonnet caudato : tornada figée.

1703. (old rem.) Schlegel a-t-il été le premier à penser une « sonneticité » ?

1704. (old rem.) Le paradoxe du « parler pour tous en parlant comme tous » est que la singularité alors du lexique et des morceaux de langage cuit contemporain rend rapidement cette poésie hermétique.

1705. (old rem.) Le sonnet « abstrait-historique », i-e le sonnet comme forme, et comme forme-mémoire est présent comme ombre dans tous les sonnets, même les plus distants (il faut une chaîne, parfois).

1706. (old rem.) Le sonnet de Pétrarque étant pris comme mémoire concrète et ombre de tout sonnet, l'ensemble des sonnets tend vers la définition exploratoire d'un « sonnet abstrait virtuel ».

1707. (old rem.) Le sonnet de Pétrarque marque l'établissement final du sonnet comme forme, et comme forme-mémoire de la canso.

1708. (old rem.) La canso (à travers la canzone, la sextine) accompagne le sonnet jusqu'à sa première vague « hors dialecte », universalisante. À ce moment il se détache d'elle.

1709. (old rem.) Il y a 41 formules possibles sur 6 vers : palindrome en chiffres de 14 (see Bach, Bens).

1710. (old rem.) formule abstraite du sonnet : 2 au cube + deux fois trois **et** trois fois deux (avec les parenthésages convenables).

1711. (old rem.) Cino, chaînon indispensable – sa désignation par Dante comme héritier – l'armature du ragionar juridique qui « nourrit » le ragionar d'amore ultérieur – avec lui le sonnet se ferme, pour n'être plus cobla, qui suppose une autre cobla.

1712. (old rem.) Rien n'interdit que l'innovation de la formule abba dans les quatrains soit de Cavalcanti (ce pourrait être le deuxième Guittone).

1713. La description du champ des rimes du sonnet commencerait par l'énumération des formules possibles de tercets (les formules non estramps d'abord), présentées par ordre lexicographique. À savoir :

- 1 cccccc	- 2 ccccdd	- 3 cccdcd	- 4 cccddc.	5 cccddd
- 6 ccdccd	- 7 ccdcdc	- 8 ccdcdd	- 9 ccddcc	- 10 ccddcd
- 11 ccdddc	- 12 ccdddd	- 13 ccddee	- 14 ccdede	- 15 ccdeed
- 16 cdcccd	- 17 cdccdc	- 18 cdccdd	- 19 cdcdcc	- 20 cdcdcd
- 21 cdcddc	- 22 cdcddd	- 23 cdcdee	- 24 cdcede	- 25 cdceed
- 26 cddccc	- 27 cddccd	- 28 cddcdc	- 29 cddcdd	- 30 cddcee
- 31 cdddcc	- 32 cdddcd	- 33 cddddc	- 34 cddece	- 35 cddeec
- 36 cdecde	- 37 cdeced	- 38 cdedce	- 39 cdedec	- 40 cdeecd
- 41 cdeedc				

1714. On reconnaît deux formules « génératrices » : - cdecde (n° 36) (simplifiée en cde) - cdcdcd (n° 20, simplifiée en cd). La première est la formule du « 2 fois 3 », la seconde celle du « 3 fois 2 ».

1715. La formule cde s'accorde à la division strophique (au parenthésage formel). La formule cd le heurte (prédominance du 2 sur le 3). Dans la formule abstraite du sonnet le « et » (rem. 1710) indique une dépendance du second terme sur le premier.

1716. (rem. 1715). Pourtant, la formule cde n'est pas plus « naturelle » que l'autre, parce que la métricité stricte de la concordance entre frontière de groupement et frontière strophique est moins « rythmique » qu'une discordance. En revanche la formule cd, binaire, est moins « riche » que l'autre, ternaire. La présence des deux formules (longtemps de poids à peu près égal dans la tradition) signe un équilibre formel, une « mezura » de la forme-sonnet.

1717. L'engendrement des formules, à partir des deux formules sources cde et cd, peut se faire (d'une manière strictement combinatoire) à l'aide de deux familles de transformations : les permutations et les réductions (confusion de deux rimes).

1718. Il n'y a pas de réduction « naturelle » de la formule cde à la formule cd.

1719. L'indépendance des formules cde et cd est conséquence de l'indépendance des groupements générateurs dans la théorie 2-3.

1720. L'étude d'une tradition sévèrement formelle comme celle de la forme-sonnet doit se faire en confrontant les « raisons » combinatoires (rythmiques et mémorielles, mais « hors-temps ») au mouvement réel (dans le temps poétique des formes, leur histoire).

1721. À partir des formules-sources cde, cd, les mouvements possibles sont : – les transpositions (échange de deux rimes) – les permutations simples, la permutation circulaire et la permutation-miroir (retrogradatio). – les réductions ou confusions de rimes.

1722. On peut imaginer la hiérarchie suivante : – prédominance des transpositions (il n'y a que deux lettres à déplacer) – prédominance des transformations qui ne franchissent pas la frontière des tercets – domination des permutations sur les confusions de rimes.

1723. (old rem.) L'hétérométrie du sonnet italien semble absolument limitée au « caudato ». Il y a une grande exception (Bruno) et des essais sporadiques aux débuts (Monte Andrea).

1724. (old rem.) Dans le sonnet italien le vers majeur, l'hendécasyllabe, est obligatoire très avant dans le temps.

1725. (old rem.) Un sonnet est adossé à tous les sonnets.

1726. (old rem.) Sur un sonnet pèsent tous les sonnets.

1727. (old rem.) Un sonnet tient dans la page. La canso tenait dans une page de temps.

1728. (old rem.) Il n'y a pas de sonnet non écrit.

1729. (old rem.) Il n'y a pas d'alexandrin non écrit. La théorie du vers ne doit pas privilégier la linguistique de la parole.

1730. (old rem.) Un sonnet est fait pour être mémorisé.

1731. (old rem.) Un sonnet se taille une place dans la page.

1732. (old rem.) Un sonnet a les proportions d'une page.

1733. (old rem.) La trame horizontale-verticale du sonnet est affichée par la rapportatio.

1734. (old rem.) Les populations de sonnets ont leur génétique.

1735. (old rem.) Autour d'un sonnet sa « mesure » de blanc.

1736. (old rem.) « The fabrick of a sonnet, however adapted to the Italian language, has never succeeded in ours, which, having greater variety of termination, requires the rhymes to be often changed » (Samuel Johnson – The Lives of the English Poets, éd. 1825, p. 125). C'est l'interprétation « fonctionnelle ».

1737. (old rem.) Éloge du rythme « Many people take delight in the rubbing of their limbs, and the combing of their hair ; but these exercises would delight much more, if the servants at the baths, and the barbers, were so skilful in this art, that they could express any measures with their fingers. I remember that more than once I have fallen into the hands of men of this sort, who could imitate any measure of songs in combing the hair, so as to express very intelligibly iambics, trochees, dactuls,... from whence came to me no small delight. » (Samuel Johnson – The Lives of the English Poets, éd. 1825, p. 229 – trad. d'un passage d'Isaac Vossius, in le « De poematum Cantus et Viribus Rythmi », éd. Oxford 1673, p. 62.)

1738. (old rem.) « Milton himself, in a very polite court, has been compared to the rumbling of a wheelbarrow... » (Samuel Johnson – The Lives of the English Poets, éd. 1825, p. 241) see jugement du médiocre Michel Cournot sur Des Forêts, dans Le Monde.

1739. (old rem.) « "So, when the last and dreadful hour/This crumbling pageant shall devour,/The trumpet shall be heard on high,/The dead shall live, the living die/and Musick shall untune the Sky." The conclusion is striking, but I could wish the antithesis of Musick untuning had found some other place » (Samuel Johnson – The Lives of the English Poets, éd. 1825, p. 326 – on Dryden). Il ne peut s'empêcher d'admirer.

1740. (old rem.) « He delighted to tread upon the brink of meaning, where light and darkness begin to mingle; to approach the precipice of absurdity, and hover over the abyss of unideal vacancy. This inclination sometimes produced nonsense... and sometimes it issued in absurdities, of which, perhaps, he was not conscious: "Then we upon our orb's last verge shall go,/And see the ocean leaning on the sky;/" ... these lines have no meaning; but may we not say, in imitation of Cowley in another book, "tis so like sense, 'twill serve the turn as well?". I would favour a "natural phenomenon" explanation, for Dryden' use of the image and perhaps for Dr J's reluctant approval too, rather than any "musickal" one. » Heures à regarder la mer d'une hauteur, couché. Ces vers ont un sens, si on appréhende le monde convenablement. Cette position est fort improbable pour le docteur; mais l'image pourrait apparaître naturelle à un marin (see rem. 1739, p. 341, on Dryden).

1741. (old rem.) Trame et dessin: « Dryden remarks, that Milton has some flats among his elevations. This is only to say, that all the parts are not equal. In every work one part must be for the sake of the others; a Place must have passages; a poem must have transitions. It is no more to be required that it should always be blazing, than that the sun should always stand at noon. in a great work there is a vicissitude of luminous and opaque parts, as there is in the world a succession of days and nights » (see rem. 1739 – p. 138).

1742. (old rem.) « Translation, says Dryden, is not so loose as paraphrase, nor so close as metaphrase» (see rem. 1739, p. 309). Deux pôles.

1743. (old rem.) «It is a general rule in poetry, that all appropriated terms of art should be sunk in general expressions, because poetry is so to speak an universal language» (see rem. 1739, p. 329). See le piège du parler concrètement.

1744. (old rem.) Trame et dessin – «An imperial crown cannot be one continual diamond; the gems must be held by some less valuable material» (see rem. 1739, p. 325).

1745. (old rem.) Sonnet et photographie: un sonnet pétrarquiste est un contretype; déperdition de l'image.

1746. (old rem.) Quattrocento tardif et présecentisme: domination de la formule cd.

1747. (old rem.) Fureurs héroïques: blend du style élevé et du style humble <u>dans</u> la forme, par la greffe du caudato sur les tercets. I see no precedent.

1748. (old rem.) Les Siciliens sont élus créateurs du sonnet par le dolce stil novo (see Dante et le «notaro»).

1749. Titre d'un <u>cansoniere</u> (mot-valise de canso, canzone et sonnet): la Tabatière du Notaro.

1750. (old rem.) Le recul réflexif qui invente le sonnet comme forme montre que le sonnet est déjà, quand il naît forme mémoire de soi-même.

1751. (old rem.) Dante – Tout, dans sa trajectoire poétique, est compatible avec l'hypothèse d'une stratégie d'élimination des rivaux. La tactique de l'autocritique fictive a été payante.

1752. (old rem.) Vita nova – une ébauche du rvf: l'histoire individuelle poétique est mise à la place du «chansonnier» qui était histoire du trobar. Adopter la forme de la vida et des razos était une idée forte.

1753. (old rem.) Dante veut nous montrer qu'il a «eu très tôt l'idée de sa propre grandeur».

1754. Dante, face à ses rivaux, est fort de tout son passé: 1321-1994 (aujourd'hui).

1755. (old rem.) Dante tente de mettre le sonnet en position hiérarchique inférieure à la canzone (comme la cobla était subordonnée à la canso). Il espère par la canzone dépasser Cavalcanti qui n'en a composé qu'une (mais quelle!).

1756. (old rem.) L'invention de la forme terza rima (c'est une grande invention formelle, il faut le reconnaître) et le projet de la DC (la Divine Comédie est la Démocratie Chrétienne de la poésie) ont été la machine de guerre pour la solution finale du problème des rivaux. Rester le seul. (Il a presque réussi.)

1757. (old rem.) Dans le chansonnier des Troubadours (comme forme), il y a une forme poétique unique, la canso, et certains de ses reflets. Pétrarque fait jouer les formes les unes contre les autres.

1758. (old rem.) Il est vain de chercher la pensée d'un sonnet. Un sonnet n'est pas un lieu de pensée mais de mémoire-poésie.

1759. (old rem.) Le style « aspro », trobar ric, s'oppose au dolce stil novo ; trobar leu ; tentative de dépassement par la « rectitude », canzone morale : échec.

1760. (old rem.) Quand on lit une canzone, il faut tenir compte du fait que le sonnet a un plus long, plus riche, plus durable, plus universel après-passé que la canzone.

1761. (old rem.) La canzone, grand reptile du secondaire.

1762. (old rem.) La protection par la prose (Vita Nova) est-elle un signe d'incertitude, d'inquiétude, d'impasse ? Chez les Troubadours, c'est un effort de fixation, d'explication, de préservation, de saisie de l'ensemble de la tradition.

1763. (old rem.) Une faiblesse du pétrarquisme (et déjà chez Pétrarque lui-même) est la quasi-impossibilité d'un accord éthique entre le poème et le poète, parce que le poète est pris dans la morale chrétienne et la forme dont il hérite a une origine profane, profondément et irréductiblement profane. Le poète pétrarquiste est sensuellement gêné aux entournures.

1764. (old rem.) Dans la tradition française, c'est peut-être la poésie religieuse qui réussit le mieux le maniement de la forme-sonnet.

1765. (old rem.) Bembo n'aime pas le style « aspro ».

1766. (old rem.) Après Arnaut Daniel, Cavalcanti (la canzone doctrinale), c'est le Dante des « petrose » qui manifeste le mieux le style « aspro ». (C'est ce qu'il a fait de mieux.)

1767. (old rem.) Ligne du sonnet « hirsute » : Shakespeare, Donne, Greville, Jodelle…

1768. (old rem.) Qu'a fait de neuf Guillaume neuf ? L'amour serait non seulement une invention du douzième siècle, mais encore ce serait l'invention d'un seul.

1769. (old rem.) De quel Guillaume neuf s'agit-il dans l'histoire du trobar, dans son autobiographie ? d'un « Guillaume neuf », personnage d'un conte, que nous chantent les « chansonniers ». Il est père et mère du trobar. Il est père protecteur (c'est un grand seigneur), il est mère nourricière (toutes les cansos sont les filles des siennes).

1770. (old rem.) Dans le trobar l'âme-troubadour est devant dieu-amour en amante. soumise. ainsi dans la poésie latine religieuse avant Guillaume. ainsi après. ok. relation de bas en haut. transposée au registre d'amors.

1771. As-tu connu Guillaume neuf au galop/du temps qu'il était aux Croisades ?

1772. (old rem.) Le trobar ne renverse pas le langage mystique ou simplement catholique : la dame et l'amour seigneur (au féminin) sont mises en interchangeable position divine. Cela correspond-il à une position théologique hétérodoxe répertoriée ?

1773. Le trobar redouble les paradoxes de la théologie.

1774. (old rem.) Le paradoxe de la féminité de l'âme dans la théologie est certes déplacé vers le registre profane dans le trobar mais la situation est à la fois maintenue et simultanément symétrisée. Et tout cela est présenté comme invention d'un premier homme du trobar. C'est du pur concetto. C'est du wit. Si l'homme qui aime Dieu devient devant Dieu femme, et si l'objet aimé du trobar qui est femme, est placé en position de Dieu, c'est faire de Dieu une femme.

1775. (old rem.) Dieu a créé l'homme pour que son âme lui soit femme ; les troubadours le lui ont bien rendu.

1776. (old rem.) le midons reste, aujourd'hui encore, surprenant et inexpliqué. C'est un mot sexuellement valise.

1777. (old rem.) À la trinité structuraliste généalogiquement dirigée dieu-fils-saint esprit, les troubadours substituent un couple sexuellement contradictoire dont chaque terme est sexuellement divisé.

1778. (old rem.) Les troubadours jouent un jeu de contradictions sexuelles, une dialectique en somme ; mais c'est une dialectique sans résolution, sans harmonie finale ; à la Kierkegaard.

1779. (old rem.) Le paradoxe ultime du concetto-trobar est un « non non x » : l'idée de trobairitz. La comtesse de Die est femme, aimant un homme, mais se plaçant dans le trobar, en position de troubadour devant la dame (tout en maintenant, simultanément, la fiction d'une naturalité des rapports : « que je lui serve de coussin »). Trouble.

1780. (old rem.) La comtesse de Die n'est ni plus ni moins « fictive » que le comte de Poitiers (ou Arnaut Daniel, si ça se trouve).

1781. (old rem.) Chaque concetto est une version du « niens ».

1782. (old rem.) La dame-ange : conciliaire.

1783. (old rem.) Les formes rythmiques s'érodent : principe diachronique.

1784. (old rem.) Érosion rythmique, principe de diachronie esthétique : « comme tout art se confond par l'usage » (Scève) ; « crains qu'un jour un train ne t'émeuve/plus » – ce qui cessera d'émouvoir n'est pas seulement le train, mais l'enjambement.

1785. (old rem.) La rapportatio, chez César de Nostredame, comme chez La Boderie ou Bruno (de la causa…) est posée comme un donné du monde de la forme-sonnet, ajoute sens : c'est la voie de la potentialité.

1786. (old rem.) La seule formule italienne à cinq rimes qui permette l'alternance : edc.

1787. (old rem.) L'effet de charme de l'Olive vient aussi de la non-alternance (cela n'est pas usé, réapparaît comme neuf à l'oreille).

1788. (old rem.) « L'an se rajeunissait… » : le huitain est à rimes féminines ; ajoute à l'effet de nostalgie (passé formel de l'auteur).

1789. sonnet (formule) : à partir des deux formules sources, s0 = cde et s1 = cd, en admettant deux types de transformations, les confusions (c = d, d = e, c = e) et les transpositions, ainsi que les composées de ces deux types, toutes les formules peuvent être atteintes par deux flèches au plus, et l'intersection des deux images (formules transformées de s0 et s1 respectivement) est vide (see cahier, § 2100 pour le détail).

1790. Bien qu'alternante, la formule edc était improbable dans le champ du sonnet français, à cause de la distance des rimes c.

1791. (old rem.) La critique dite moderne, qu'elle soit structuraliste, sémiologique, textuelle ou intertextuelle, et j'en passe, n'a, de l'examen du « vitrail des relations », auquel elle s'est livrée avec un acharnement et une ingéniosité dignes, peut-être, d'un meilleur objet (à moins que son objet n'ait été, autre et plus banalement, d'être tout simplement utile à elle-même et à ses représentants), jamais mis en évidence dans un poème (ni dans un non-poème d'ailleurs) avec vraisemblance le moindre sens que n'importe qui ne puisse, innocemment, y découvrir par la seule lecture, et sans faire aucun usage de ses « méthodes ».

1792. (suite rem. 1791) sinon peut-être des « sens » (paragrammatiques par exemple) qui n'ont de rapport avec le lieu d'où ils sont supposés surgir, que ceux que peuvent entretenir entre elles « deux choses qui n'en ont par ailleurs aucun », comme dit excellemment l'honorable docteur Festus, héros de Rodolphe Töpffer.

1793. (old rem.) Hypothèse de la mémoire, déduction à partir de Cavalcanti : l'amour, de la langue vient susciter la poésie, naissant « in quelle parte dove sta memora/si formata come/diaffan da lome/ » (où la lumière de la langue, illuminée, en mémoire resplendit).

1794. (old rem.) La langue se fait dans la phrase mais, à travers le calculable syntaxique transparaît que « tout ne se peut dire », que la langue manque tout dire, c'est son « défaut ».

1795. Aucun singulier, aucun événement ne reste immobile, même en mémoire : hypothèse du changement.

1796. La langue manque tout dire par oubli.

1797. (old rem.) Le vers, lieu de mémoire de la langue, « rémunère le défaut des langues, complément supérieur ».

1798. (old rem.) « Le vers fonctionne comme syntaxème » (M. Deguy). Yes.

1799. (old rem.) Le vers est un lieu de mémoire où « cesse le calculable syntaxique » (Milner), un « point de cessation ». Mais si, de cela il ressort, comme le veut Milner, que « la poésie a affaire à la vérité », cette vérité est nombre (le vers, essentiellement est répétable, définit une mêmeté).

1800. (old rem.) La poésie mémorise la langue. Le mémorable de la langue est fait d'inscapes.

1801. Inscape : ce qu'il est impossible intérieurement d'évaporer de l'essence des singuliers pris dans le moment concret de leurs changements.

1802. L'instress du vers saisit l'inscape de la langue, « accentuant la diction ».

1803. (old rem.) Le mode propre d'existence du vers est, en une poésie d'une langue, en un moment, la manière dont se réalise la maxime de la mémoire en cette langue.

1804. (old rem.) Il n'y a pas de rythme(s) de la langue. Toute organisation rythmique se compare, se réfère, en appelle au mètre, « vaut en tant que vers rompu », est limite.

1805. (old rem.) La poésie, dit Zukofsky, est une intégrale : « borne inférieure la parole, borne supérieure la musique ». Le rythme est le mode de sommation.

1806. (old rem.) Qui se dit poète ? celui qui « au jardin de son sens la rime ente ».

1807. (old rem.) Poète est celui qui « au jardin de son sens le rythme ente » ; ente et hante.

1808. (old rem.) Une métaphore menuisière du vers (« Coup de dés ») : « durs os perdus entre les ais ».

1809. (old rem.) Le poète est celui qui occupe le lieu socialisé où se dit l'amour de la langue : la poésie.

1810. (old rem.) Dès le moment où a été par les Troubadours fait cette découverte que la poésie est amour de la langue, a été rendue possible (see les langues modernes) une conception du poète qui n'est plus l'idée ancienne du « maître de vérité », shaman, historien, savant, législateur, penseur ou pédagogue…

1811. (old rem.) Soit un poète, moi par exemple. Est né avec la tradition et la destruction de cette tradition ; avec l'illusion du vers libre comme dépassement de la tradition ; a découvert cette illusion comme telle. Et cependant « j'y suis. j'y suis toujours » (Rimbaud).

1812. (old rem.) La dérive du vers traditionnel, l'échec de sa « maintenance », l'échec de ses « rénovations », l'échec de la destruction par le vers libre, puis de la destruction du vers libre, l'« ère des variétés », l'épuisement des modes de dire la destruction de la tradition par des moyens mémorisant la tradition, ce que la mathématique du rythme permet de débusquer dans la poésie dite « moderne », tout cela mène à une crise ultime qui n'est plus seulement crise de vers : haine de la poésie ; tentation de nier la poésie, d'effacer la poésie.

1813. (old rem.) Le poète, a dit dédaigneusement le docteur Lacan quelque part, « est mangé de vers ». C'est vrai. Cependant il n'est pas le seul. Et lui le sait. Mais il a commis l'impardonnable. Il n'a pas préservé « l'antique manière de dire » que tout ne peut se dire. Pour cela il est sinon ostracisé, du moins réduit au silence, traité avec dérision. Et vous vous précipitez en aveugle vers les « métriques de substitution » : l'analyse, par exemple.

1814. Être poète, aujourd'hui, c'est une seule chose : continuer la poésie.

1815. L'abondance des monosyllabes sauve le vian.

1816. (rem. 1615) Langue et poésie font une deuité : entre les deux, les degrés de la prose.

1817. La page ne va pas à la plage.

1818. Si la poésie met la langue en mémoire, il lui faut, idéalement, le faire pour tous ses éléments ; mettre en évidence poétique tous les mots, toutes les constructions syntaxiques… Il lui faut refuser les exclusions (see : « j'ai mis un bonnet rouge au vieux dictionnaire – avec de lourds cheveux roulés dans des quittances » – a rose is a rose is a rose is a rose ; …). Il est clair que c'est une tâche impossible. Mais la poésie tend, devrait tendre à l'absorption universelle de la langue.

1819. Plaignons les mots qui n'ont pas trouvé place dans la poésie.

1820. La mémoire lexicale de la poésie laisse échapper énormément de mots. Souvent pour des raisons métriques.

1821. La mémoire syntaxique de la poésie laisse échapper bien des constructions. Souvent pour des raisons métriques.

1822. La poésie devrait s'efforcer de revenir sur les terrains de son règne ancien, perdus dans l'explosion des savoirs divisés (see le chemin familier du poisson combatif – see le temps de l'éclair).

1823. La poésie abandonne, par force, toute une partie du champ de la langue : elle s'en remet aux mémoires externes techniques, aux différents jeux de langage des différents savoirs. Mais elle ne peut pas les abandonner absolument, sans accentuer dangereusement son isolement dans le monde.

1824. La forme-liste est un moyen d'accomplir la mise en mémoire de la langue (see aussi Complément de noms).

1825. Les religions de l'écriture ont détourné la poésie.

1826. L'assimilation de la poésie à un artisanat, à une fabrication, du poète à un fabbro, à un obrador, attire l'attention sur un fait de la poésie, quand elle n'est pas détournée à d'autres fins : elle est innocente. Elle ne tue pas (Bertran de Born n'est pas un contre-exemple : ses poèmes portent la marque différentielle du sirventes).

1827. Un vers porte des traces des oublis de la langue.

1828. Je ne montre pas le monde, je fais seulement le geste de le montrer.

1829. On ne montre pas ce qu'on ne peut dire. On montre que c'est là. On montre que cela a été là.

1830. Si les protons garantissent les nombres (Lusson), les photons garantissent les infiniment petits.

1831. Une image n'est pas sa propre image. Il n'y a pas d'image des images, mais des pictions.

1832. Coleridge : imagination « hovering between images of fixed meaning ». Imagination, un mouvement de la mémoire entre pictions.

1833. La narration reconstituante du rêve est un modèle de la fiction du souvenir. Dans l'état de rêverie proche de l'endormissement léger (sieste), la faculté narrative est paresseuse, surprise : malgré de faibles efforts on se souvient alors comme on se souvient, c'est-à-dire sans explications.

1834. Un manifeste hyporéaliste (proche de l'infra-ordinaire perecien) : pas d'explications selon la vérité sociale ; descriptions et déductions combinatoires à partir des descriptions.

1835. L'hyporéalisme s'oppose au soap-opera qui est la version télévisuelle du réalisme : mimiques, musiques, prises de vue, paroles, tout y souligne.

1836. Un mètre est une localisation possible de la mémoire (d'après P truc L).

1837. (P. L.) L'enveloppe métrique est ce qu'on peut dire du rythme.

1838. (P.L.) L'enveloppe mathématique du nombre est ce qu'on peut dire de l'être.

1839. Compléments de noms (M.M.) est un poème oral « formulaïque ».

1840. On ne peut pas lire un poème une seule fois.

1841. Si la poésie est « maintenant », si un « maintenant » n'est approché que comme un de ses futurs antérieurs possibles, il faut réitérer la lecture d'un poème.

1842. L'extension nécessaire de la notion de nombre vaut pour – les séquences mémorielles dans la mémoire naturelle (que les « méthodes » « baconiennes » ou « cartésiennes » retrouvent en partie, par « réminiscence ») – les séquences déductives (stratégie privilégiée de la seconde forme-mémoire, celle de la mémoire-pensée) – les séquences rythmiques décisives dans la mémoire-poésie. Ce sont là plusieurs modalités de la mémoire, plusieurs spécialisations, spécifications, limitations (« couper » dans l'indéfini désordonné du champ mnémonique).

1843. La connexion historique entre arts de la mémoire et « méthode » (Ramus, Bacon ou Descartes – see Paolo Rossi) peut être complétée par l'examen d'un lien substantiel plus vaste (non seulement logique, mais rythme (musique, poésie), inconscient ?)).

1844. La mnémonique « informe » les découvertes de Bacon ou Descartes ; leurs théories, en retour, représentent une intuition de la logique de la mémoire elle-même : formes d'une mémoire de la mémoire.

1845. Pour l'amoureux, le corps aimé est lieux de mémoire.

1846. Les kabbalistes, ces vieux oulipiens pessimistes.

1847. Un vers est une phrase dans une langue agglutinante.

1848. Herbe, terre, soir, air, ombre, sable, ciel, or – c'est un alexandrin.

Terre, herbe, air, soir, sable, ombre, or, ciel – c'est un octosyllabe.

Un sonnet, donc, serait composé en de tels alexandrins. Des transpositions créeraient deux sonnets décasyllabiques, un a minore, un a majore. Enfin, on obtiendrait un sonnet final octosyllabique.

1849. Dire que la poésie est mémoire de la langue implique que la langue lui est antérieure. La poésie dit ce que la langue était. Les langues changent.

1850. Seul le mètre est calculable, et l'enveloppe métrique, à partir de laquelle on est tenté de voir le mètre comme un presque-mètre. Mais le rythme est, toujours, pas-mètre. On ne l'atteint pas.

1851. Pour toute propriété énoncée universelle de la poésie, il y a un contre-exemple.

1852. Poésie parce que mémoire, mémorable.

1853. Lacombe disait justement que Kripke tendait à considérer comme noms propres, comme désignateurs rigides, tous les substantifs. Il imite Gertrude Stein (a noun is the name of a thing).

1854. – Que dit ce poème ? – eh bien ça ! : et répéter le poème.

1855. La poésie n'est pas l'ensemble des jeux de poésie, mais la construction hypothétique faite de leurs ressemblances familiales.

1856. Un jeu de poésie est bien un jeu de langage (c'est pourquoi on peut se poser la question de son sens) ; mais il est aussi autre chose, poésie.

1857. Le sonnet et la photographie tiennent sur la page.

1858. Les sonnets de Simon Ogier sont des sonnets français composés en latin. La formule de rimes signe la langue.

1859. Je ne connais pas de canzone dont les stanze seraient des sonnets.

1860. Les réponses sur les mêmes rimes sont un écho de la tenso.

1861. fatrasies, etc. le « je ne sais quoi » est présent aussi bien dans les fatrasies d'Arras que chez Beaumanoir.

1862. Fatrasies, etc. Dans la rotrouenge de Richart comme dans les fatrasies de Beaumanoir, on voit le brusque passage de vers longs à vers courts, présent aussi dans la frottola et dans le « vers de nien ». Mais on voit surtout le passage de la même rime instantanément du mètre long au mètre court. Là est le nœud formel : l'attente de l'identité rime-mètre, immédiatement niée et de la manière la plus évidente.

1863. Fatrasie, etc. « Tels cuide veillier qui dort/en paradis/». Le proverbe est rendu bête par le deuxième vers, qui est aussi en contre-pied métrique. Autre exemple : « Tos jors est li soleils chaus/an plein aoust/» Où l'évidence sentencieuse est ridiculisée à l'aide de la métrique.

1864. La « resverie » est « singulars », la fatrasie « unisonans ».

1865. On devrait attribuer un poids aux vers de Dante : la longueur des critiques qui leur ont été consacrées.

1866. La poésie est le joi des langues.

1867. Les rimes sont des sons purs qui n'ont que leur propre sens.

1868. Les rimes sont les noms propres des sons d'une langue.

1869. Les oiseaux des troubadours parlent en rimes : c'est leur « lati ».

1870. Le vers, « conjointure » locale des poèmes.

1871. Mémoire et rythme se rencontrent sur les empiétements.

1872. Mémoire et rythme s'entrelacent dans les formules de rimes. L'entrelacement par les formules de rimes est le jeu de la mémoire et du rythme dans le trobar.

1873. Répétition : pour la mémoire répéter c'est affaiblir, c'est cesser de dire. Pour le rythme, c'est dire (« cela fait trois fois que je vous le dis »), puis affaiblir.

1874. La pensée se fait dans la mémoire par la langue, par la syntaxe (son squelette). La pensée se fait alors dans la phrase. La phrase est un chemin de la mémoire. La pensée est le chemin d'une mémoire à une monstration.

1875. Tout souvenir est une perte.

1876. Tout souvenir est d'avoir perdu.

1877. Le métronome (la formule n-unisonans) et la sirène (la formule n-singulars) sont tous deux préservés par le groupe Sn.

1878. L'essence du sonnet est maniériste.

1879. Un tercet de sonnet ne rime pas seul.

1880. L'acrostiche est orthogonal à l'anagramme, comme le parallélisme à la rapportatio (acrostiche vertical, anagrammatisme horizontal dans la page).

1881. Dans l'acrostiche, les positions sont rigides et l'axe est paradigmatique.

1882. La rime est l'axiome du calembour.

1883. L'acrostiche, comme la rime, se situe sur l'axe du calembour.

1884. L'anagramme, comme le nom, est sur l'axe du contrepet.

1885. L'axe de l'anagramme est syntagmatique.

1886. Robel a traduit la définition de la fonction poétique jakobsonienne en : projection de l'axe du calembour sur l'axe du contrepet. On pourrait varier en : projection de l'axe du parallélisme sur l'axe de la rapportatio. Ou encore : de l'acrostiche sur l'anagramme.

1887. (La Boderie) Les lettres sont les atomes du nom propre (tel que le prennent l'acrostiche ou l'anagramme), son sens est saisi dans le réseau formel du sonnet, sa lumière donnée par l'anagramme-prisme. (En Pierre Le Jumel la lumière remue).

1888. Dans l'acrostiche, ce n'est pas le « sens » du nom qui importe mais sa matière littérale visible. Dans l'anagramme, la permutation et la recomposition révèlent la vérité du nom, ses nombreux sens potentiels.

1889. (Larkin) – L'homme, on le sait, plutôt répugnant ; au mieux mesquin. Mais la poésie ne vaut pas mieux : triomphe de la mesquinerie formelle.

1890. La numérologie est le cratylisme de l'arithmétique.

1891. Un plagiaire par anticipation de Luc Étienne et sa passion décimale – The Decimal System as a Whole, by Dover Statter, 1856 (cité par Augustus de Morgan in A Budget of Paradoxes, 1872) – The proposition is to make everything decimal. The day, now 24 hours, is to be made 10 hours. The year is to have 10 months, Unusber, Duober… Fortunately there are ten Commandments, so there will be neither addition to, nor reduction from, the moral Law. But the twelve Apostles ! Even rejecting Judas there is a whole apostle of difficulty. These points the author does not touch.

1892. Loi de l'attraction universelle du doute – Theologiae Christianae Principia Mathematicae, Auctore Johanne Craig, London, 1699 (cité par Augustus de Morgan in A Budget of Paradoxes, 1872). He professed to calculate, on the hypothesis that suspicions against historical evidence increase with the square of the time, how long it will take the evidence of Christianity to die out. He finds, by formulae, that had it been oral only, it would have gone out A.D. 800, but by aid of written evidence, it will last till A.D.3170. At this period he places the Second Coming, which is « deferred » until the extinction of evidence, on the authority of the question « when the Son of Man cometh, shall he find faith on the earth ? ». L'affaire du reverend Anthony Freeman, licencié de l'église anglicane pour avoir affirmé l'inexistence de Dieu (see Sunday Times du 31/07/94) n'est-elle pas un signe ?

1893. (Warburg) La poésie (mythique) des Indiens comme confessions du mélancolique incurable, l'homme, disposées dans les archives des shamans.

1894. La poésie de la méditation est contemporaine de la naissance des sciences de la nature, de la chute des arts de mémoire, de leurs derniers feux.

1895. La forme-sonnet, dit-on, a un créateur. Mais dans quelle mesure fut-il vraiment un créateur ayant pouvoir sur sa créature ?

1896. La reproduction sexuelle des sonnets, c'est la lecture.

1897. L'effet Malherbe sur le sonnet : suppression du jeu par la règle. Un jeu codifié strictement, voilà qui peut détruire le jeu comme forme de vie.

1898. Le mode historique d'investigation (Warburg, Oakeshott) est indispensable au mode esthétique. Pourquoi ? restitution de la distance au contemporain. Sinon, on ne garde que les poèmes « confondus par l'usage ». See Baïf meteores 624 « L'acoustumance esteint des choses la grandeur ».

1899. Une règle absolue fige la forme (image du « pool » génétique).

1900. Entre règles plus ou moins respectées pour des phénomènes comparables le degré de vérification signale la forme. Il en est de même pour les changements de règles dans les moments d'établissement ou de destruction des formes.

1901. Le *concetto* est né de l'arbitraire des liens entre lieux et objets mémorisés dans l'art de mémoire.

1902. Le jugement esthétique ordinaire, spontané, du critique de la poésie du 16e, par exemple, pourrait être légitime, s'il était appuyé sur une participation effective à la poésie contemporaine ; Ce n'est presque jamais le cas.

G (1903-2219)

1903. L'ECOPROF (économie de profit) « ferme » les langues comme des puits de mine.

1904. Méditation digressive : étincelles de la disjonction ; wit ; épidémie de paradoxes. (Rosalie Colie).

1905. Sonnet – les violations d'alternance intra-strophiques ne sont pas équivalentes. Dans les quatrains, pourvu que la disposition soit ordinaire, il n'y a qu'une possibilité (quatrains entièrement masculins ou féminins). Mais dans les tercets les variations possibles sont nombreuses. Pour une attaque masculine (l'attaque féminine double le nombre des cas) on trouve (pour les principales formules) :
m – ccd/e'e'd ccd'/ e'e'e'. p – ccd/e'de'. ccd'/ e'd'e'
it1 – cd'e/cd'e cde'/ cde' b – cdc/e'de'cd'c/ed'e cd'c/e'd'e'
p2 – cdc/de'e'cd'c/d'e'e'. v – cdd/e'e' cd'd'/ cee

1906. Le livre fut la chance du sonnet.

1907. Un sonnet s'adosse à tous les sonnets.

1908. Sur un sonnet pèsent tous les sonnets.

1909. Un poème, cristal, est unique, ne se multiplie pas ; n'est pas bactérie ; ne met pas un pied devant l'autre pour recommencer ; est seul.

1910. Voie de l'effacement, de l'inachèvement, de l'imperfection : l'esprit cherche sous la rature, imagine au-delà ; devant la scorie s'arrête, s'agace.

1911. La stratégie des ruines : la ruine fait surgir la distance du passé.

1912. Principe diachronique d'abaissement des poids : les formes rythmiques tendent à s'éroder.

1913. (P.L., 1979) Un mètre est un rythme qui veut être clair.

1914. Le mètre est mémoire du rythme.

1915. L'histoire de l'alexandrin peut se lire comme affirmation progressive du segment vers aux dépens des sous-segments (hémistiches), donc à la descente, d'abord lente, puis rapide dans l'échelle des segmentations jusqu'à ce qu'on s'attaque à la possibilité même de l'existence de deux segments, détruisant ainsi le vers même.

1916. La prose à métrique héréditaire du premier Sollers passe du registre noble (*Nombres*) au registre « peuple » (*Lois*, *H*), c'est-à-dire du sur-Valéry au sous-Céline en s'y agglutinant de la vieille prosodie (le taratantara et l'élision notée du e, à la Rictus).

1917. La métrique dominante a toujours été accompagnée de son double à violations codées. Registre burlesque ; prosodie « peuple » (avec des variantes ludiques, satiriques, « priapiques »). Leur fonction est d'affirmer, par la mise à distance, le noble lyrisme.

1918. Sur l'élision rictusienne du **e** – La prise de distance (involontaire) de l'auteur avec sa propre intention affichée est marquée par le choix de l'écriture pseudo-médiévale de son prénom « Jehan ». Un e y est promu qui n'a aucune « réalité » phonique. Il est inséré de force (grâce au « h ») dans une écriture où il se trouve évidemment « mort » (« Jean ») et non latent, comme les « e » que la notation rictusienne élimine, en signalant cette élimination. Il est marque, désir, de sa propre noblesse.

1919. Sur l'élision rictusienne du **e** (autre remarque : rem. 1918) – Pourquoi noter qu'on ne prononce pas (ni ne compte) ce que de toute façon on ne prononce pas si on n'a pas envie de le prononcer, sinon pour marquer qu'on ne sait pas compter quand on est peuple ou encore qu'on ne possède pas la manière de compter, qu'on ne compte pas bien. Car le noter, c'est bien noter cela, même si on prétend revendiquer cette manière de prononcer et compter au nom du faux dilemme poésie populaire/poésie savante. Il s'agit d'une pure caricature populiste.

1920. Métrique intentionnelle et métrique héréditaire – Si on ne marque pas sa métrique, plus généralement sa prosodie, elle se marque pour vous. Un bel exemple est l'écriture automatique des surréalistes où ce ne sont pas les grands élans libérateurs d'une pensée enfin délivrée des contraintes de la raison qui apparaissent mais les automatismes les plus bêtes de la syntaxe et de la rhétorique littéraire héritée.

1921. Vers libre – Le trait formel, unique, que revendique, en principe, le vers libre, c'est d'aller à la ligne.

1922. Toutes les traditions réelles du vers libre à partir de ses deux premiers vrais exemples (dans les *Illuminations*) ne constituent qu'une sous-classe extrêmement réduite des « vers libres » possibles selon la définition donnée à la rem. 1921. La règle dominante du sous-modèle réel du vers libre est : coïncidence du vers et du syntagme.

1923. Les exceptions à la règle de la rem. 1922 sont très majoritairement des marquages de prosodie traditionnelle (isolement de vers classiques, brisure de vers classiques, parallélismes).

1924. L'assimilation dans le vers libre (français) du vers au syntagme est renforcée par rapport à la pratique de la fin de la tradition prosodique classique (1860-1910) (le vers libre est régressif).

1925. L'équation vers-syntagme est affirmée par l'indépendance syntaxique marquée du vers (tel est le rôle formel, historique, de *Lundi rue Christine*).

1926. La tradition poétique métrique rimée impose à un poème d'avoir au moins deux vers. Charles Cros : « Je suis un homme mort depuis plusieurs années/Mes os sont recouverts par les roses fanées// ». Ce distique peut servir d'illustration au moment de la chute des modes traditionnels du vers, de la crise de vers. (Ce n'est pas cela qu'il dit !)

1927. La destruction de l'obligation de rime permet le vers unique, permet le poème d'un seul alexandrin. Exemple emblématique, « Chantre » : « Et l'unique cordeau des trompettes marines ». (Ce vers peut servir pour allégoriser le vers.)

1928. La tentation de la séparation du mètre et de la rime fait apparaître comme possible le poème constitué d'un couple unique de mots-rimes. C'est le « dernier poème en vers réguliers » de Croniamantal dans « Le poète assassiné »/Luth/

Zut//, poème où l'intention « théorique » est présentée explicitement par l'annonce.

1929. À l'époque du vers libre, la prosodie traditionnelle, chassée du nombre (ordinaire) et de la rime, se réfugie massivement dans le vers libre même. Comment ?

– dans sa définition « réelle », par la coïncidence du vers et du syntagme, qui reproduit les modes les plus triviaux de la tradition classique

– par l'envahissement (ou la subsistance) des vieux mètres sous forme de « segments libres » (Éluard)

– par le renforcement de la visibilité d'autres traits qui accompagnaient la prosodie traditionnelle dans ses exemples les plus triviaux, les plus mécaniques : inversions dites stylistiques (méta-positions, surtout réduites au couple adj-N) ; pauvreté des constructions syntaxiques ; sélections lexicales limitatives ; fleurs de rhétorique ; marques typographiques, comme la majuscule en début de vers.

1930. Le geste avant-gardiste a toujours fait porter sa critique sur les formes les plus mécaniques de la tradition. Cela peut être efficace (caricature), mais porte en germe une impuissance proche.

1931. Le vers libre n'abandonne qu'une seule chose, la rime. La rime est une marque visible du vers compté, de la répétition numérique. Le vers libre n'est pas non rimé, il est anti-rimé. Mais ce faisant il marque sa dépendance par rapport au vers traditionnel.

1932. Roumanie (juillet 1994) : Ils remplacent la langue de bois par la langue de cierge (elles ne s'étaient d'ailleurs, semble-t-il, pas trop mal entendues).

1933. (Olivier Gillet : Dire langue de cire.) – Elle sert à bien boucher les oreilles, à assurer l'oubli.

1934. Les langues de cire sont des filles naturelles des langues de bois.

1935. La résistance de la prosodie traditionnelle au moment du vers libre est un trompe-l'œil. Elle est franchement minoritaire sous sa forme affichée (Valéry). Sous les espèces du « retour à » (Aragon), elle est un constat d'échec du vers librisme, mais ce n'est d'ailleurs pas un vrai retour puisqu'on ne « retrouve » que l'alexandrin d'Apollinaire, à peu de chose près.

1936. La prosodie traditionnelle à l'époque du vers libre transporte avec elle tous ses « refoulés » : césures épiques, lyriques, vieux décasyllabes (taratantaras, etc.).

1937. La règle de coïncidence du vers et du syntagme dans le vers libre s'établit très vite. Très vite les exceptions apparaissent, des archaïsmes, bons pour les « juvenilia » (*Mont de Piété* de Breton). Cette règle marque le classicisme du vers libre.

1938. Avec sa passion de la méta-position triviale (adjectif-nom), Char signe le déclin formel direct, interne, du vers libre. (La passion de la méta-position avait marqué l'apogée du vers classique : Racine.)

1939. L'histoire du vers libre résume, récapitule, d'une certaine manière, l'histoire de l'alexandrin.

1940. La fin de la tradition classique avait vu la réémergence d'une « seconde prosodie » (Banville…). À l'époque du vers libre la prosodie majeure se réfugie dans la prose (Breton…). À l'époque du déclin du vers libre standard, la seconde prosodie fait irruption dans la prose (Sollers).

1941. Le seul grand travail de prosodie à l'époque du vers libre (en dehors de quelques efforts d'Aragon pour adapter la rime aux nouvelles manipulations de la césure dans l'alexandrin arrêté, apollinarien) est celui de Queneau.

1942. Le caractère « tory » de la prosodie classique a été son impuissance à tirer les conséquences de l'évolution générale du dernier alexandrin vers le segment unique ou quasiment unique (avec segments internes très affaiblis) (le vers casse avant de suivre cette possible voie).

1943. Les poètes attachés à une prosodie traditionnelle évoluée ont été peu capables d'explorer d'autres modes de dénombrement (seul Queneau ; moi à sa suite, dans « Trente et un au cube », par exemple) ; Lionel Ray… ; de toute façon très tardivement).

1944. Le « Diable boiteux » de Sacha Guitry présente un savant mélange d'alexandrins stricts dissimulés à la diction, d'alexandrins cassés… En l'absence d'une mémorisation réelle de ce vers par l'auditoire, on perd tout cela, qui ne manque pas de pertinence formelle, et est assez bien adapté au « sujet » traité, Talleyrand.

1945. L'époque du vers libre a été « tourbillonnaire », marquée par l'impossibilité de l'établissement d'une nouvelle métrique à consensus large. Le vers libre standard, attaqué lui-même (Denis Roche), a laissé la place au **vli** (vers libre international), vers dominant de l'époque de l'ECOPROF. Mais il est lui-même en crise.

1946. Le **vli** convient bien à la l**angue de muesli**.

1947. Règle empirique : S'il y a métaposition dans le vers classique, la fin d'un des deux membres du syntagme disjoint doit coïncider avec la fin d'un des deux segments métriques (éventuellement les deux).

1948. Dans le vers classique, les seules métapositions autorisées marquent une fin de segment métrique.

1949. La fonction des règles gouvernant les phénomènes de détachement syntaxique au sens large (méta-positions, incises, enjambements...) dans l'alexandrin classique est de marquer la composition double, à la fois segmentale et bi-segmentale, du vers depuis l'instauration (Sébillet ?) des règles de césure.

1950. Le seul « progrès » majeur du vers libre standard : il est uni-segmental. Si on peut appeler cela progrès (il y a une réduction drastique de la complexité du vers, une diminution du nombre des niveaux d'organisation rythmique). C'est en lui que s'achève la trajectoire multi-séculaire du vers césuré, depuis la concaténation de segments initiale. C'est à cela que tendait l'alexandrin.

1951. L'alexandrin n'est jamais parvenu à l'uni-segmentation complète. C'est l'aboutissement de ce mouvement qui, peut-être, l'a « arrêté ».

1952. Le passage au vers unisegmenté à la fin de la tradition alexandrine est peut-être une des causes de la chute de la rime : la rime serait liée à l'existence bi-segmentale du vers (effet de désambiguïsation ?).

1953. L'hypothèse de la rem. 1952 pourrait servir pour l'analyse de l'octosyllabe médiéval (le couplet comme mètre).

1954. Il n'y a que peu de vers libres rimés. Le vers libre rimé produit un effet d'« incongruité monumentale », semble « pas sérieux », ludique.

1955. Un trait essentiel du vers libre standard est son unisegmentalité, marquée comme segment métrique continu (signalée par la non-ponctuation interne).

1956. Le vers libre standard a une ponctuation finale : l'aller à la ligne (c'est donc un blanc).

1957. Chantre, poème d'un vers unique, dit un son continu : le vers est un seul segment. Le vers doit être compris comme un segment unique (même s'il est par ailleurs un bon vieil alexandrin).

1958. La règle des méta-positions vaut-elle pour les incises ? (Vous qui déshéritant le fils de Claudius/Avez nommé César l'heureux Démétrius/(Britannicus, I, I, 16-17)). Est-ce une conséquence des règles d'enjambement ?

1959. Qu'est-ce qu'une poésie métrique ? C'est une pratique linguistique spécifique et non autonome dont la fonction est de fournir un modèle syntaxique standard élémentaire de la langue, modèle auquel on compare la syntaxe des autres pratiques (il sert à les « mesurer »), selon des règles de « traduction » qui font usage d'une distinction en niveaux d'organisation.

1960. Qu'est-ce que le vers libre standard ? C'est l'allégorie du segment métrique de la prosodie traditionnelle.

1961. La prosodie du vers libre standard reproduit, et de manière conservatrice, l'état des rapports de la prosodie classique avec la syntaxe (question de l'enjambement).

1962. Quel est le moment « classique » du vers libre ? Entre la publication d'Alcools (1911) et 1939 : il domine ; les torys (partisans de l'alexandrin) n'ont pas encore reçu le renfort de certains whigs repentis (le crève-cœur), et la variante rimée semble vaincue.

1963. Encore une définition : un vers libre standard est un segment métrique unique qui fonctionne comme un hémistiche de la métrique traditionnelle (indépendamment du compte).

1964. (rem. 1914) Le vers libre standard est une forme-mémoire de l'alexandrin.

1965. Le vers libre standard respecte, pour les parenthésages syntaxiques, les règles de conformité des parenthésages métriques et syntaxiques de l'alexandrin : aucune parenthèse ouverte à l'intérieur d'un vers (strictement) ne peut se fermer à l'intérieur d'un autre vers (enjambement déviant).

1966. Les fins de vers, dans la tradition du vers libre standard, obéissent à la loi des marques de césure de l'alexandrin ordinaire.

1967. Dans le vers libre standard, les enjambements ordinaires marquent des mètres classiques (alexandrins et quasi-alexandrins, octosyllabes, décasyllabes, heptasyllabes et hexasyllabes, mais principalement les deux premiers (la hiérarchie des vers classiques est respectée)).

1968. Les enjambements déviants du vers libre standard cassent des mètres classiques, cassent (ou marquent) des rimes, et même des couples de vers classiques rimés.

1969. Les longueurs des vers libres vont de 1 à x ? (x relativement petit : « La vicomtesse prit une pose ensorcelante et dit au sous-secrétaire d'état aux Beaux-Arts si/c'est cela que vous appelez la poésie/)... »)

1970. Il n'y a pas de vers libre standard de 0 positions (i-e 0 voyelle).

1971. Il y a peu de vers libres standards de plus d'une phrase.

1972. Le vers libre commun (standard) (le vers des surréalistes) est pratiquement sans invention formelle. Il montre seulement l'indépendance de la syntaxe par rapport à la vérité, à la vraisemblance, à la communicabilité des énoncés. Il est vrai que ce n'est pas rien (see Boileau).

1973. Le vers libre commun régresse par rapport à la période exploratoire qui le précède.

1974. L'alternance des rimes est une règle de désambiguïsation (dans les cas autres que les poèmes à rimes plates). On a en effet x1ax2b' ; comme les débuts de vers sont beaucoup plus nombreux en consonnes qu'en voyelles (ajoutons que les finales féminines élidables ne sont qu'une partie (pluriels)), les chances d'ambiguïté sont très faibles, dès la fin du deuxième vers (pourvu que soit proscrite la rime à l'hémistiche).

1975. Dans la critique du vers libre de Denis Roche il y a aussi la critique de son envahissement par l'alexandrin : proximité quantitative des douze positions.

1976. Une contrainte : composer un poème (sonnet en alexandrins) où aucune voyelle n'est notée. La lecture est un déchiffrement et son résultat serait ambigu.

1977. variante de la contrainte de la rem. 1976: partir d'un poème existant.

1978. Un vers libre très long tend à se rapprocher d'un paragraphe de prose. La différence, si elle demeure, est du côté de la continuité, les hémistiches de la poésie traditionnelle étant des segments continus. En ce sens, il y a toute une tradition du poème en prose qui n'est qu'une involution du vers libre, i-e du vers libre ambiguïsé par la suppression des pauses.

1979. La mise en prose d'un poème en vers libre et la mise en vers libre d'un poème en prose sont des opérations duales. Il y a en fait deux traditions hétérogènes : prose devenant poème, poème devenant prose.

1980. Malgré la grande variabilité, on constate que ceux qui n'utilisent pas, dans le vers libre, les alexandrins comme ions libres, se situent en dessus ou en dessous de la longueur 12 ; et assez nettement, par prudence.

1981. (rem. 1979) Les « petits poèmes en prose », « le génie du christianisme », les « chants de Maldoror » ou les « poésies » d'Isidore Ducasse sont de la « prose en poésie ». Il en est de même de Ponge (prose rhétorique, prose naturaliste). Il s'agit de prose empruntée à des modèles de prose. Au contraire, le poème en prose (proprement dit), dans la tradition des *Illuminations*, est de la poésie en vers libre à pauses annulées. See Reverdy.

1982. On trouve difficilement des alexandrins où un NP sujet est intérieur à un hémistiche et son verbe à l'intérieur (pas à la fin) d'un autre : « Vois, le soleil toujours poudroie à quelque trou » (Verlaine).

1983. La métrique est théorie de la syntaxe.

1984. Les violations de règles métriques (non explicites) ne se font pas n'importe comment. Elles visent un aspect de la métrique. Ainsi Denis Roche vise la poésie métrique traditionnelle mais attaque le vers libre commun. Racine, dans Les Plaideurs, utilise la règle d'enjambement (que ne respecte pas Ronsard) à des fins comiques. La violation a un effet polémique à l'égard d'un état dépassé de la métrique.

1985. (du Petit traité de versification de Romains et Chennevière 1923) : *La prononciation actuelle du peuple, à Paris, nous présente un fait qui mettrait dans un singulier embarras les partisans d'une prosodie purement phonétique. Le Parisien du peuple, qui supprime tant d'e muets là même où on s'y attendrait le moins, en ajoute, de son propre chef, à la fin de certains mots. Il n'est pas rare d'entendre dire « ce soire », « l'obuse », « un boche », avec un e final (oeu) sur lequel la voix insiste avec complaisance. Une tendance analogue amène d'ailleurs le Parisien à restituer, dans certains cas, une valeur insolite à l'e muet. « Je suis de la Plaine » (« chsui dla Plainoeu », avec un fort accent tonique sur Plai).* La « féminisation » d'au moins les « r » finaux s'est encore étendue, soixante-dix ans plus tard.

1986. La formule métrique de la *lira* de Garcilaso, 7 11 7 7 11, soit abaab, « ressemble » à l'hémistiche d'Arte Mayor. Est-ce une forme-mémoire ?

1987. Antérieurement aux antéfixes (?), Tibor Papp remarquait (en 1979) que les vers de Denis Roche occupaient grosso modo la même « étendue » typographique.

1988. Une forme forte de la règle de Métaposition dans l'alexandrin classique : le deuxième élément (qui est en premier dans l'ordre ordinaire) termine nécessairement un hémistiche.

1989. Dans l'agencement des règles de l'alexandrin classique, la règle d'enjambement s'appliquerait, dans le cas de méta-position avant permutation. La métaposition apparaîtrait dans ce cas comme une « transformation » métrique.

1990. Métapoèmes : description des procédures de composition de certains poèmes (see Lewis Carroll).

1991. La chaise est une critique de l'arbre plus intéressante que l'incendie de forêt.

1992. La matière de Bretagne est restée, en prose, et à partir du Lancelot productive jusqu'à l'avènement de l'imprimerie ; et ceci essentiellement par l'entrelacement des romans que réalisent les copistes et remanieurs. Il s'agit d'un hyper-entrelacement.

1993. La prose perd l'entrelacement en devenant imprimée.
1994. L'entrelacement est une stratégie esthétique de l'âge des arts de mémoire.
1995. La fonction poétique jakobsonienne n'est qu'un cas particulier d'une fonction rythmique très générale : projection de l'axe de la simultanéité sur l'axe de la succession.
1996. En musique la <u>suspension</u> projette l'axe harmonique sur l'axe des durées.
1997. La fonction rythmique ne projette pas seulement dans la succession une équivalence, une marque d'identification. Cela apparaît à l'évidence dans le cas de la rime, dans son évolution (proscription de la rime à l'identique, puis de la rime « grammaticale »…). On marque ce qui est identique mais aussi ce qui sera considéré comme différent. Mais on ne marque pas la différence de la manière bête, comme non-équivalence. La marque de différence est constitutive de celle d'équivalence, ce qui veut dire qu'elle est rarement stable.
1998. Toute séquence rythmique est au moins bidimensionnelle, une séquence guide étant en chaque position orthogonale à une séquence considérée (fil de chaîne et de trame ; harmonie/durée…).
1999. Il y a deux situations très différentes dans le cas de séquences rythmiques « orthogonales » (en simultanéité et en succession) : celui où les deux données qui fonctionnent sont toutes les deux rythmiques et le cas (timbres vocaliques, couleurs dans le tissage) où les deux données sont hétérogènes du point de vue rythmique, i-e l'une des deux n'est pas organisée rythmiquement du tout, par exemple. La règle de projection dans ce cas va s'en charger, c'est-à-dire donner une interprétation rythmique de quelque chose qui ne l'était pas. Dans le cas des couleurs, penser au prérythme physique du spectre ?
2000. La *canso* est la chambre où le troubadour rejoint la dame.
2001. L'*alba* est le rêve de la *canso*.
2002. Machinerie imbécile de Wagner : le *gilos* arrive vraiment pendant que l'orchestre mime le coït !
2003. L'ambiguïté secrète, presque haïssable, qui est en la langue et dans sa mémoire : poésie.

2004. La théorie syntaxique pourrait être soumise à des hypothèses voisines de celles de la Théorie du Rythme Abstrait, pour voir.

2005. Les composantes syntaxiques et rythmiques de la langue ont, en arrière, une composante combinatoire commune.

2006. Pensons qu'Alfred siffle son chien. Que dire de « son », cet anaphorisant léger. Sans faire intervenir une sémantique déformalisée dans l'histoire, imaginons une bi-structure syntaxique, la donnée habituelle additionnée d'une imbrication d'Alfred et du chien.

2007. Une structure syntaxique devrait être vue comme une poly-structure, la syntaxe habituelle jouant le rôle de mètre. Des marquages spéciaux permettent d'imposer ses structures moins marquées combinatoirement (les structures sont combinatoirement hiérarchisées), par exemple l'imbrication par l'anaphorisant « son » dans l'exemple de la rem. 2006.

2008. Dans l'alexandrin ordinaire, le trimètre, pour survivre doit être soutenu par de forts parallélismes grammaticaux ou phoniques. Il en est de même des organisations de type abab (a : 2 positions ; b : 4 positions), où des marques nettes empêcheront la « dégradation » naturelle du 4 en deux fois deux (avec réajustement de parenthèses).

2009. Dans l'exemple anaphorisant de la rem. 2006 on peut, par un contexte bien choisi, par une « histoire », semer le doute, détruire ou au moins affaiblir la certitude sur le correspondant de « son ». Une analyse syntaxique de phrase en contexte est potentiellement indéfinie. C'est la composante syntaxique instrumentale et historique qui tend à limiter cette capacité en figeant les interprétations.

2010. La syntaxe ordinaire est la métrique de la phrase.

2011. Poétiquement, la structure profonde de la phrase « la souris est mangée par le chat » est : « la souris mange le chat et le chat mange la souris ».

2012. Milner, en 1976, m'objectait que le vers suivant, pris dans le « Vers del juïse », l'un des tout premiers poèmes en alexandrins (vers 1160), « Un ange l'apporta de la terre d'Égypte » (orthographe modernisée), ne pouvait être considéré comme un alexandrin classique. C'est vrai. Mais la raison n'en est pas spécifiquement métrique. Elle tient à l'interdit pesant sur la juxtaposition des génitifs. La sur-juxtaposition des génitifs dont M.M. a fait le moteur de son grand poème est une forme de métrique anti-classique très différente de celle du vers libre. Elle utilise l'identification de la langue classique (pas seulement le vers) à un de ses traits normatifs. J'avais noté cependant : « À peine nous sortions des portes de Trézène » (Phèdre, V, 6).

2013. Les vers remarqués sont les vers très marqués.

2014. Il n'y a quasiment jamais eu de césure lyrique dans l'histoire de l'alexandrin avant la fin du 19e siècle. Si cela est vrai, cela veut dire que l'hypothèse d'aphasie des règles dans la période de la destruction doit s'entendre pour le vers césuré globalement (donc surtout le décasyllabe dans la période d'établissement des règles) plutôt que pour l'alexandrin seul.

2015. Vers interdits composés par Pierre Fabri : « Que diras tu de nouveau ? je di que/tout va si mal et si vous di que je/ay bien grant paour d'encor pire avoir se/Dieu tout puissant n'y remedie de/sa grace… » Le passage à l'explicite d'une règle de composition du vers permet un instant de montrer l'impossible en invitant à la violation.

2016. Pour Merlin la prédiction est une exécution de la partition de l'avenir.

2017. Dans les romans du graal, un épisode n'est que la manifestation corpusculaire de l'onde de l'aventure.

2018. On ne peut comprendre le A9 de Zukofsky si on oublie la tension entre l'endécasyllabe du modèle (Cavalcanti) et le pentamètre iambique ; la férocité du poème en devient invisible. La tension est restituée par la traduction d'Anne-Marie Albiach.

2019. Le plan d'eau du présent coupe la vie en deux moitiés, toujours égales, jusqu'à la fin.

2020. Lacan : son désir éperdu de mathématique à cause de son silence sans compréhension sur la poésie.

2021. Hugo, mammouth réconcilié.

2022. Igitur se prend pour Victor Hugo.

2023. Symétriques du distique de Croniamantal, les distiques holorimes « Gal, amant de la reine… » ou « dans ces meubles laqués… ».

2024. La fin historique du vers mange la langue.

2025. **'gril'** : un « jeu des perles de verre "autocritique" ».

2026. Le « monument en ce désert », c'est l'alexandrin de Hugo. On doit en connaître la construction pour en déduire, par comparaison, le mouvement de destruction.

2027. Le triangle de la modernité métrique, R.L.M. (Rimbaud, Lautréamont, Mallarmé) renvoie à un autre, d'importance au moins égale, le triangle H.B.N. (Hugo, Baudelaire, Nerval). Tout se passe entre les deux « faces » de ce prisme.

2028. Paradoxe des recherches de fondements : atteindre à la certitude par la pauvreté quasi absolue des notions, objets et hypothèses de départ ; commencer au plus près possible du rien (version extrême : Badiou).

2029. La mémoire commence avec le souvenir mutuel de deux instants.

2030. L'intention d'un poème, quand il y en a une, n'est pas le sens du poème, mais peut servir à sa description.

2031. ('gril') – L'axiome de véridicité annonce, prévoit, un effet de réel sur le lecteur.

2032. ('gril') – L'axiome chronologique d'écriture au présent de la composition produit, comme l'axiome de véridicité, un effet de réel, mais différent, et peu perceptible.

2033. Certains lecteurs concluent des axiomes de véridicité et de contemporanéité du 'grand incendie de londres', sans réfléchir, à une sorte de présent arrêté, figé, perpétuel de celui qui parle dans ce livre. Tel je dis que je suis à tel endroit du livre, tel je reste, tel je suis destiné par la prose à demeurer, parce qu'elle dit le vrai, et un vrai immuable. « Je sais que vous ne pouvez plus écrire de la poésie », me dit un jour quelqu'un, qui m'avait lu ainsi, et immobilisé.

2034. Dans la forme-roman, le temps du récit est abstrait du temps et n'a rien à voir avec celui où ordinairement nous nous trouvons. Or dans 'le grand incendie de londres' il y a interférence entre les deux. Une certaine confusion peut en résulter pour le lecteur (rem. 2033).

2035. 'le grand incendie de londres' est un roman à thèse : une thèse qui n'est jamais dite, qui ne sera jamais dite (rem. 404).

2036. La **manière** du 'gril' est médiévale en un sens (insertions) ; c'est un livre maniériste ; plutôt d'une manière noire, d'ailleurs.

2037. Le livre, une des branches du 'grand incendie de londres', s'il est publié, est fini ; ce qu'il raconte n'est pas fini ; le 'gril' peut, pourrait se poursuivre ; il n'est alors pas fini encore. S'il continue, il finira nécessairement ; je le dis ; je pose un axiome d'inachèvement prolongé ; qui ne signifie pas que le 'gril' est destiné à être inachevé ; il est au contraire (le seuil minimal étant atteint) destiné à être achevé ; mais cet achèvement est suspendu, est en suspension.

2038. Destinataires du 'gril' : j'écris ce livre contre la lecture-zapping. J'accepte que la lecture-zapping fasse refermer mon livre à cause de sa lenteur et pesanteur initiales. Aux lecteurs pressés le 'gril' dit : ce livre n'est pas pour vous.

2039. Les fausses pistes du 'gril' : le roman du roman impossible, du livre en train de s'écrire, du deuil. Je n'écris pas l'impossibilité d'écrire, aporie lassante de tant de têtes molles, interminablement écrite.

2040. D'un traité de mémoire : le 'gril' contient une hypothèse sous-jacente sur la mémoire ; une hypothèse, pas une théorie ; je ne recherche pas le temps perdu. Le temps n'est jamais perdu ; ou bien il est annihilé ou bien il est coprésent par la mémoire ; mais il ne se trouve ni ne se retrouve ; car l'acte de mémoire, le souvenir, le détruit ; il ne laisse le temps, le reste de temps que comme résidu et trace présente ; il transforme les images qui font les souvenirs en pictions oisives.

2041. Axiome allégorique : (rem. 272 *sq.*) le « Grand Incendie de Londres » initial procédait d'un rêve, était annoncé par un rêve (situation analogue à celle du « rêve de Scipion » ; ou des rêves médiévaux, rêve de Lancelot par exemple, rêve de Galehaut ; le rêve est prémonitoire). En un sens je peux dire que j'avais « mal lu » mon propre rêve. Le 'gril' actuel procède aussi du rêve ; il en résulte que c'est un livre allégorique. Pas de manière visible, bien sûr.

2042. 'gril' : remédier au défaut majeur du roman policier : la solution.

2043. Le roman prévu, le GRIL, n'aurait pas été un roman comme les autres, les « personnages » principaux étaient abstraits : poésie, mathématique… « allégorie », donc.

2044. Renoncer à GRIL, le nier, mais vouloir quand même dire ; c'était se placer dans un non-GRIL ; mais le 'gril' actuel est aussi la négation de ce non-GRIL tout en n'étant pas, et pour cause, GRIL : une spirale de doubles négations.

2045. 'gril' : quelle allégorie ? : de la destruction, of course. « La destruction fut ma Béatrice. »

2046. 'gril' – Il ne s'agit pas de retrouver le temps, mais de s'en débarrasser.

2047. À toute manière de dire, quelle qu'elle soit, le suivisme ôte toute tension. Il n'y a pas de disciples en poésie.

2048. En poésie, s'il y a des maîtres, des pères, des modèles, seuls comptent les fils désobéissants.

2049. Cependant (rem. 2048 ; 2047 (mais pas de contradiction)) il y a des maîtres en poésie, des pères et des modèles. On ne peut pas s'en passer.

2050. Avoir plusieurs modèles pour n'être pas victime consentante d'un seul.

2051. « This is not a poetry where nothing matters beyond words. » How very true. But nothing matters in poetry but the words you use.

2052. « L'ipersonetto » de Zanzotto (Il Galateo in Bosco, 1978), est « un componimento formato de 14 sonetti che tengono ognuno il posto di un verso in un sonetto ». Contrairement à ce que dit une étude américaine sur Zanzotto, il n'est pas l'inventeur de cette « idée ». En plus, si je ne m'abuse, l'hyper-sonnet n'est sonnet que de manière extrêmement floue, en tout cas plus floue que dans mes propres essais pourtant déjà bien peu rigoureux ; c'est beaucoup plus proche du premier exemple que je connaisse : Christina Rossetti.

2053. Le geste avant-gardiste : répétition de la destruction de la répétition de la tradition.

2054. Le **maniérisme**, vu positivement et trans-historiquement (ou plutôt répétitivement dans l'histoire ; valable pour plusieurs moments historiques), est un formalisme qui tente d'imposer une corrélation (la plus poussée possible) entre une intention de sens (qui peut d'ailleurs elle-même être formelle ; il y a un sens formel) et une procédure, des procédures de composition de poème (des algorithmes poétiques).

2055. L'Oulipo a une composante maniériste.

2056. Exemples de gestes maniéristes : l'anagramme chez La Boderie ; le sonnet permutationnel des saisons de Galaup ; la rapportatio des armes de l'amour chez Jodelle...

2057. Le **geste classique** est peut-être d'imposer le formel comme évidence indépendante du sens ; soit sans excuses, soit en invoquant un geste originel à retrouver et réitérer (Bembo).

2058. Le maniérisme peut être affiché, visible, invisible, caché. Il y a tout cela dans l'Oulipo.

2059. Le **geste baroque** est un geste de dissolution simultanée du classique et du maniérisme. Il vient après, donc, et suppose un ordre classique ou maniériste sous-jacent ; il a quelque ressemblance avec un des modes du geste **avant-gardiste**.

2060. Le rococo, geste décoratif.

2061. Les « principes de Roubaud », dans l'acception oulipienne, tendent à placer l'Oulipo dans le camp maniériste. Il n'est pas du tout clair qu'il en était déjà ainsi dans l'intention des fondateurs.

2062. Idea d'un sonetto – un sonnet de la méditation, une « elencazione » : mort. Un sonnet de monosyllabes (?), dont le dernier serait « mort », mais le mot « mort » serait omis (il serait le dernier mot-rime, en syllabe surnuméraire).

2063. Une langue sans poésie est une langue morte.

2064. La poésie est le patrimoine génétique des langues de l'humanité.

2065. Éros mélancolique du vers français : l'impair.

2066. La prose vaut en tant que vers confus.

2067. Entre vers et phrase il y a la différence du silence. Le silence, le blanc qui sépare un vers d'un autre vers est absent de la prose. Il est remplacé par le point.

2068. Entre le vers et la prose il y a le point.

2069. Les « cantigas de amigo » parallélistiques respectent minimalement un axiome de la rime : que les mots qui riment entre eux soient différents. Entre deux vers d'une « chanson » parallélistique ne change que cela : les mots-rimes.

(La théorie steinienne de la prose)

2070. La phrase idéale de la prose d'art est sans rythme ; plate rythmiquement ; non parenthésée, sans poids, sans accents. « A sentence is extraordinarily deprived of intervals one at a time » (Stein).

2071. Même composée de morceaux, même divisible, la phrase de la prose d'art (Lancelot) est virtuellement non ponctuée, n'est pas discrète, ne s'arrête pas. Les substantifs (« nouns ») doivent s'y faire aussi invisibles que possible.

2072. La théorie steinienne est une sémantique formelle de la phrase dans la prose d'art.

2073. L'unité de prose steinienne est la phrase.

2074. La phrase est un « équivalent » du vers (à la Stieglitz).

2075. La phrase est une unité minimale de prose terminée par un point.

2076. La phrase grammaticale, la phrase de langue n'est qu'une approximation d'une phrase de prose.

2077. La phrase de prose est un découpage dans la langue semblable à l'entre-deux-points des manuscrits médiévaux. Exemple : En la marche de Gaule et de la petite Bertaigne avoit ij Rois anchienement qui estoient freire germain. et avoient a femmes ij serours germaines. Li uns des ij Rois avoit non li Rois Bans de Benoich. Et li autres rois avoit non li roi Bohours de Gannes.

2078. L'ennemie principale, dans la phrase, est la virgule.... as she liked Harper very much and he had given her a delightful painting for a fan, she gave him two commas. It must however be added that on rereading the manuscript she took the commas out (sur « The Making of Americans »).

2079. L'argument principal contre la virgule est un argument de continuité : well at the most the comma is a poor period that is it lets you stop and take a breath but if you want to take a breath you ought to know yourself that you want to take a breath. It is not like stopping altogether which is what a period does stopping altogether has someting to do with going on.

2080. Il n'y a rien entre le mot et la phrase.

2081. La phrase est un segment continu qui se prolonge au-delà d'un arrêt marqué par un point. (La phrase n'a pas d'autonomie absolue. Le point n'est pas une discontinuité absolue.)

2082. Le substantif est ce qu'il y a de moins intéressant dans la phrase. october is a name. a noun is the name of anything. Un nom commun est le nom propre d'une chose.

2083. Contre l'accentuation du substantif dans la phrase : le noun est un fragment d'étendue, d'espace, il est fait de stretches, de nappes de temps ; il va d'un alors à un autre alors : what is a noun. A noun is made by streches. From then to then is a noun. Accorder de l'importance à un *noun* dans une phrase, c'est isoler cette étendue d'espace et temps au détriment des autres, c'est rompre l'unité de la phrase et le mouvement qui la parcourt. Là est le crime essentiel de l'accentuation du substantif.

2084. Dans la théorie steinienne, la différence entre poésie et prose est « sémantique », mais d'une sémantique formelle : verbe versus substantif.

2085. Verbs can change to look at themselves or to look like something else, they are, so to speak, on the move, and adverbs move with them. L'idéal étant la continuité, et le parcours ininterrompu du continu, le mouvement, puisque les verbes ne s'arrêtent pas, ils conviennent à la phrase.

2086. La faute des verbes, leur vertu : It is wonderful the number of mistakes a verb can make.

2087. Définition steinienne de la poésie : Poetry is concerned with using with wanting with denying with avoiding with replacing the noun.

2088. La poésie selon Gertrude Stein est ce qui permet la définition de la prose, comme n'étant pas elle, comme étant le « bord gauche » de la prose.

2089. Si le *noun* est nom propre d'une chose, d'un objet du monde, l'objet en devient une personne ; il est par la langue, par le *noun*, regardé en son intérieur, son individualité particulière et irréductible. Le *noun* désigne ce qui est le plus typique, le plus individuel dans l'objet, son essence individuelle. Pour la poésie, la personne est le *noun* ; l'objet dont l'essence importe à la poésie est le *noun*, chaque *noun* saisit l'essence d'un objet du monde : son intérieur, introublé par l'extérieur, par le reste du monde.

2090. L'intérieur de l'objet du monde est son inscape, l'objet même, et la poésie le saisit par son accent propre, son instress, son insistance à être, mise à jour par l'amour du nom, en supposant que le nom dit, désigne l'inscape de chaque chose. En poésie, l'inscape d'un objet est atteint à travers son nom, et le nuage de mots qui entourent le nom ; ils sont soudés (condensés) ensemble par la grammaire ; et son instress est exprimé par les qualités de ce nom, ou des nuages de mots qui l'entourent et sont entrelacés par le rythme en vers, qui nomment l'inscape et suscitent l'amour de la poésie pour lui.

2091. La phrase est, en elle-même, continue ; et, d'elle-même, se continue.

2092. Le seul arrêt de la phrase est l'arrêt axiomatique, le point, qui est l'annonce d'au moins une autre phrase.

2093. Le point est cet instant où la phrase brusquement se retourne sur elle-même, se résume et se dit d'un seul coup tout entière. A sentence is an interval in which there is a finally forward and back.

2094. A sentence should be thought of as having been told. La phrase n'est pas dite. Elle a été dite, elle a pu être dite. Il s'agit de la parole disant la phrase, non de la pensée qui serait dans la phrase.

2095. Axiome de la phrase steinienne : A sentence should never think.

2096. La phrase est le jumeau, la mémoire d'une phrase qui a été dite. La phrase qui a été dite contenait toute l'information nécessaire à une phrase dite ; mais la phrase de prose, sa mémoire, son double, sa jumelle, s'équilibre sans rien communiquer, sans rien annoncer, ou vouloir dire. Il n'y a pas de pensée dans la phrase, il n'y a que l'acte de dire, antérieur à la phrase prise en prose, lui donnant sa voix propre.

2097. Réalité du vers sur le papier : on ne peut pas en bouger les bords.

2098. Plus encore que l'« aller à la ligne », la discrétisation du mouvement marque le vers.

2099. Les blancs font partie du vers. Ils ne font pas, ou ne font que secondairement, partie de la prose.

2100. L'histoire formelle de la poésie est non seulement possible mais nécessaire. Elle suppose et soutient l'idée que la poésie existe encore, et existe comme activité autonome. Elle suppose et soutient l'idée que la poésie, art dont le matériau essentiel est la langue, n'est que cela : une activité autonome dans la langue. Et qu'elle est la seule à n'être que cela.

2101. Chaque poème est au bout d'une très longue histoire formelle.

2102. La poésie, examinée du point de vue formel est comme la dernière parole de Svevo. Un vrai poème formellement significatif est une dernière parole qui en contient d'innombrables autres (et en annonce qui vont venir plus tard, qui sont là au futur antérieur).

2103. Poésie et langue : dioscures.

2104. L'écriture sous contraintes est inévitable dès qu'on s'arrête pour se demander comment on emploie ses matériaux.

2105. Une prose est un parcours dans la ville d'une langue.

2106. La lecture biographique d'une œuvre est comme le Parthénon de Nashville.

2107. La poésie est résistance des langues à l'uniformisation généralisée.

(Rimbaud-Alain Borer : l'œuvre-vie)

2108. Si la vie est œuvre, pourquoi cette incomplétude ? Pourquoi pas l'acte de naissance, la première dent de lait, les premiers étrons du bébé Rimbaud… ?

2109. La critique borerienne des éditions antérieures, principalement celle de la Pléiade, qui reconstituent facticement des œuvres, est juste. Mais si on veut s'en tenir à ce que Rimbaud a fait effectivement, si on veut suivre ses « intentions », on ne devrait pas oublier ceci : la lettre contenant le poème n'est pas le poème.

2110. La notion même d'œuvre-vie est une négation de la poésie.

2111. Ce qu'a écrit Rimbaud vaut en ce que ses « écritures » sont poésie, tout le reste est « documentaire ».

2112. Le mérite ou le pas-mérite des poèmes en latin de Rimbaud est affaire d'érudit. Je n'ai pour ma part jamais mis un de ces poèmes en mémoire (et je doute qu'il se trouve beaucoup de lecteurs de Rimbaud pour l'avoir fait, même les plus fanatiques des rimbaldiens).

2113. L'entreprise « œuvre-vie » m'apparaît encore plus déformante que celle de Paterne.

2114. Les poèmes d'un poète sont sa vie, pas telle qu'elle peut intéresser ses proches, mais telle qu'elle peut intéresser les lecteurs de poésie.

2115. Si l'œuvre-vie comprend la vie, on s'étonnera, y rencontrant beaucoup Verlaine, de n'y voir pour ainsi dire jamais Verlaine poète, ni Cros, ni Nouveau qui sont, pour entendre la voix poétique de Rimbaud, plus significatifs que Verlaine. Mais on n'y entend pas non plus Corbière, ni Lautréamont, qu'il n'a pas connus « personnellement », ni Laforgue, ni Baudelaire, ni Mallarmé. Ni Banville. Voilà des « correspondants » directs ou indirects dont le « sens » pour la vie de l'œuvre est bien aussi important que des centaines de pages de lettres futiles.

2116. Quel est le sens de la démarche ? faire comme si le renoncement à la poésie était la poésie ; renversement qui va contre le sens même du geste.

2117. Le Rimbaud de l'œuvre-vie est au bout de la lecture surréaliste de son « geste ».

2118. Disons ceci : Rimbaud est un ouvrier du vers, un des plus remarquables du moment de la première modernité, un des paradigmes du geste moderniste (destruction de la tradition). Mais pas plus.

2119. Si toute tradition poétique est vouée à sombrer dans le ressassement et la répétition, le geste moderniste de destruction est encore plus vite répétitif, plus vite voué au ressassement.

2120. Il était indispensable que le geste moderniste ait eu lieu. Il aura lieu de nouveau ; mais autrement, pas comme psittacisme, pas fantomatiquement : lutte du même contre le même.

2121. Le geste moderniste n'a de sens que dans le moment de la destruction. Il est difficile de faire sauter deux fois la même maison.

2122. Il est vrai que la « Saison » est poésie engagée, didactique, est une étape importante dans la négation de l'activité de poésie.

2123. « Trouver le lieu et la formule » : pas besoin de louer un autobus et de partir au Harar. Ils sont là, dans les poèmes.

2124. La poésie est impossible, n'existe pas, est essentielle ; à la langue, à chacun.

2125. « Posséder la vérité dans une âme et dans un corps » : le souffle de la parole de poésie en poèmes, dans le corps des lettres, des mots et des vers.

2126. Un axiome : il y a <u>encore</u> de la poésie (rem. 51).

2127. La poésie n'existe pas sans support. Ce support comprend nécessairement de la langue. (Il n'y a pas de poésie dans les choses, ni dans le coucher de soleil ni dans la décharge publique.)

2128. Un jeu de poésie est toujours, quoi qu'il soit par ailleurs, un jeu de langue.

2129. Un jeu de poésie est dans la poésie, n'est jamais seulement un jeu de langue.

2130. La poésie se réduit à la langue comme le poisson à l'eau.

2131. Certains jeux de poésie appartiennent à des formes poétiques.

2132. Poésie, jeux de poésie, formes poétiques sont trois notions distinctes.

2133. Une forme poétique n'est jamais un jeu de poésie, mais une famille de jeux de poésie ayant entre eux une « ressemblance familiale ».

2134. Un jeu de poésie, comme tout jeu de langue, mais à sa manière, autonome et spécifique, est une « forme de vie ».

2135. Un jeu de poésie est un calcul au sens suivant : se mettre dans un jeu de poésie (comme compositeur de poèmes, comme lecteur de poèmes, comme critique de la poésie), c'est « suivre une règle », la règle propre du jeu de poésie en question.

2136. Le sens d'un jeu de poésie est dans sa règle et dans l'activité qui consiste à « suivre la règle ».

2137. Il n'y a pas de sens poétique en dehors, à côté, du jeu de poésie, de son « calcul ». Le « coucher de soleil » n'est pas le sens d'un poème qui parle du coucher de soleil.

2138. Le sens d'un poème n'est pas quelque chose qui accompagne le poème comme son fantôme, comme la statue d'un inexorable et impérieux commandeur.

2139. Dire que le jeu de poésie est un calcul ne veut pas dire qu'il existe une règle explicite et reconnue du compositeur comme du lecteur : le chat joue sans connaître les règles de son jeu.

2140. Le compositeur et le lecteur sont nécessaires au jeu de poésie. Il serait erroné de dire que composer suivant un jeu de poésie et lire (écouter) un poème composé suivant un jeu de poésie sont des activités essentiellement différentes : dans une partie de go, jouer et perdre ne sont pas des activités essentiellement différentes (see Witt.).

2141. Parmi les jeux de poésie, certains sont des jeux avec contrainte(s).

2142. Dans un jeu avec contrainte(s), la (les) règle(s) du « calcul » sont explicites.

2143. Une forme poétique met nécessairement en jeu, quoique non nécessairement seulement, des jeux avec contraintes.

2144. L'Oulipo invente (« crée », « trouve », « retrouve ») des jeux avec contraintes. Le jeu oulipien est un trobar et un retrobar.

2145. Si on prend au sérieux l'activité d'invention oulipienne des contraintes, il faut la considérer comme un « trobar ».

2146. Si la tâche de l'Oulipo est l'invention des contraintes, il n'est pas « déductivement » indispensable que les « oulipiens » composent suivant ces contraintes. Si on l'exige, il s'agira d'un axiome supplémentaire.

2147. C'est un fait (pragmatique) que les oulipiens composent suivant des contraintes oulipiennes. (Même le Président-fondateur ne peut pas être considéré comme un contre-exemple à cette affirmation.)

2148. L'invention de la contrainte est la définition d'un monde-possible de poésie. Il n'est pas « logiquement » nécessaire que ce monde-poésie soit le nôtre.

2149. Un jeu de poésie étant un jeu de langue, le monde-poésie créé par une contrainte n'est pas un monde-possible « actuel », au sens des « réalistes modaux » comme David Lewis. Il s'agit plutôt de ce que Lewis nomme des « ersatz-mondes-possibles », de la variété langagière.

2150. La situation particulière des mots dans un jeu de poésie indique que les mondes-possibles de poésie créés par une contrainte sont des mondes lagadoniens.

2151. Une des tâches du jeu avec contrainte oulipien est analogue à l'une des tâches du jeu de langage wittgensteinien : créer un monde possible de langue et le comparer avec le nôtre.

2152. Les « exercices » oulipiens d'exemplification d'une contrainte s'éloignent souvent des exigences de la rem. 2151. Leurs auteurs n'ont cherché qu'à survivre sans se noyer dans le lac de la contrainte.

2153. Une des tâches du jeu avec contrainte est de montrer « heuristiquement » l'impossibilité de l'existence d'un « sens poétique » en dehors des jeux de poésie.

2154. Le jeu oulipien créant un monde-poésie, la donnée de la contrainte fait apparaître comme « potentiels » les poèmes qui pourraient être composés suivant le jeu donné. Ces poèmes sont des modèles de la « logique » de la contrainte.

2155. Certains des mondes-poésie crées par une contrainte oulipienne sont des mondes partiellement dépeuplés : monde de « La disparition », monde de la « contrainte du prisonnier ». Le monde du « français sans e » ou celui du « français du prisonnier » sont cependant des mondes complets, consistants, mais ils apparaissent en même temps comme reconstruits de notre monde après des catastrophes, des déchirures.

2156. On remarquera que le « monde des a » (celui de « What a man ») par exemple est un trop petit monde pour apparaître autre qu'un monde de bande dessinée unidimensionnelle. Le monde de « La disparition » ou le « monde du prisonnier », en revanche, sont des mondes suffisamment riches, tout en portant en eux l'absence qui les suscite et les désigne. Une « fiction du prisonnier », allant au-delà des exemples didactiques, « ostensifs » qui limitent pour le moment la contrainte paraît potentiellement envisageable.

2157. Les jeux oulipiens ont, en poésie, une fonction stratégique : lutter contre la conception magique de la poésie.

2158. Un jeu sous contrainte, même oulipien, ne définit pas une forme poétique. Une forme poétique est une forme de vie.

Rien ne destine, a priori, une contrainte oulipienne à donner naissance à une forme de vie poétique viable.

2159. Un jeu oulipien est, potentiellement, le point de départ d'une forme poétique. Mais il n'est pas du pouvoir de l'Oulipo de faire qu'il en sera effectivement ainsi.

2160. Contrainte des lipossibles :

– essaim des femmes sans famille
essai des fées sans failles
sombres métaux calmés des mouches
sobres, étaux calés des souches

2161. (rem. 8 & 9) La poésie est le seul art de mémoire personnel (votre mémoire) et interpersonnel (toutes mémoires).

2162. (rem. 21) Chaque singulier est un souvenir.

2163. Dire qu'il n'y a pas de protons en dehors de notre appréhension ne veut pas dire qu'il n'y a rien là ; seulement que dans la notion de singulier proton on doit inclure notre appréhension (l'appréhension par nos instruments et notre lecture du monde).

2164. (rem. 32) La poésie ne reste innocente que si elle ne prétend pas dire le vrai, le beau, le bon…

2165. La poésie se montrera survivance à l'ECOPROF (vraiment ?).

2166. La poésie d'une langue fait le portrait de cette langue.

2167. Les poèmes sont les épitaphes des langues mortes.

2168. Axiome (hubris de la poésie) : la poésie crée, invente la langue. (Il n'y aurait pas de langue sans poésie, en ce sens que la langue, à son origine, ne naîtrait pas sans poésie.)

2169. (rem. 2168, variante). La langue n'est pas antérieure à la poésie.

2170. (rem. 2168, autre variante) Il y a poésie dès qu'il y a langue, mais il n'y a langue que dès qu'il y a poésie.

2171. La poésie code la langue. Cela veut dire que la poésie est aussi mémoire formelle de la langue.

2172. (Hypothèse pour lacaniens) la poésie concentre la lalangue.

2173. Le « néopythagorisme responsable » réclamé par P.L. suppose un conte, le conte de Pythagore.

2174. Selon le conte de Pythagore, il y a eu au moins deux « incarnations » de Pythagore, après Pythagore : Merlin et Pierre Lusson.

2175. Un poème qui dit de la pensée dit aussi le contraire, de façon plus ou moins visible ; dit aussi autre chose, de façon plus ou moins visible ; dit aussi la même pensée, mais de manière redondante ; dit encore la même pensée, mais par des moyens obliques, par des moyens formels. La seule exigence, c'est que le tout soit tenu (en un sens étendu de celui que donne Guittart à cette expression).

2176. « Le poète doit pouvoir tout dire, en toute liberté. Essayez donc un peu, mes amis, vous verrez que vous n'êtes pas libres » (d'après Desnos). C'est toujours vrai.

2177. (Variante de l'hypothèse : « La poésie ne dit rien »). La poésie dit tout.

2178. (rem. 78) À certains moments l'isolement formel de la poésie est minimal. Il peut même se réduire à : ceci est de la poésie.

2179. Pour la poésie, si elle dit tout, si elle peut tout dire, la langue n'est pas un instrument imparfait.

2180. Mallarmé semble bien considérer (au moins selon un versant de sa pensée, « optimiste ») la poésie comme instrument parfait de langue. C'est pourquoi elle « rémunère le défaut des langues ».

2181. Pour Mallarmé, les langues sont imparfaites, « imparfaites en cela que plusieurs ». Pourquoi la poésie, qui s'établit dans les langues, ne le serait-elle pas, a fortiori, elle aussi ? parce que chaque mot en poésie est un nom propre, un singulier de langue (c'est sa « pureté »). De poésie à poésie (par-dessus la frontière des dialectes), chaque mot est incomparable à chaque autre, chaque mot est parfait.

2182. La poésie peut tout dire.

2183. Dans l'hypothèse de la rem. 2177, le « dire » est un dire potentiel.

2184. Pour l'Oulipo, toute forme poétique est potentielle.

2185. Remarque sur ces remarques : chaque remarque est toujours implicitement interrogative. Chaque remarque doit être reçue comme entourée d'un doute : est-ce bien ainsi ?

2186. La langue ne « manque » jamais à la poésie. Elle peut manquer aux poètes, et les poètes manquer à la poésie. Les exemples ne manquent pas.

2187. (rem. 90) La poésie a besoin de tout le langage ordinaire (il ne doit pas lui être interdit : ni dans le vocabulaire, ni dans la syntaxe, ni dans les registres de langue : orale, écrite, populaire, savante...). Mais elle a aussi droit à toute la langue (pas d'interdit aristocratique, pas d'interdit populiste).

2188. Certaines contraintes oulipiennes (les différentes contraintes lipo-grammatiques par exemple) définissent un monde possible de poésie par absence, par mutilation, par suppression. Elles blessent la langue, qu'il importe de guérir. Peut-on envisager la situation « duale », celle d'un excès de langue, un monde-possible de poésie sous contrainte où interviendraient des signes hors-langue, devenant langue dans ce monde-là (see « signe d'appartenance », un exemple élémentaire, dans les « sonnets en prose »).

2189. (suite rem. 2188). Bien sûr, il y a un exemple élémentaire : le recours aux autres langues. Et un autre : l'état passé d'une langue.

2190. Doit-on considérer que le « Quichotte » de Pierre Ménard est écrit en français ?

2191. Dans la poésie de la méditation, la mémoire est sollicitée en tant que telle.

2192. La poésie (la littérature) tend à étendre la langue : néologismes, mots-valises... Elle anticipe (potentiellement au moins).

2193. Il y a toujours dans l'acte de mémoire un effort d'anticipation.

2194. Étant mémoire de la langue, la poésie est prémonitoire du futur de la langue.

2195. (rem. 104) C'est en étant œil-oreille que la poésie peut le mieux occuper toutes les dimensions (8 au moins) du champ mnémonique.

2196. Séparer les strophes d'un sonnet par des lignes de blanc, c'est mettre une couche d'air entre les étages d'un bâtiment.

2197. Les retraits initiaux des débuts de strophe, dans la présentation « Renaissance » du sonnet, ne marquent pas seulement leur existence autonome. Ils introduisent aussi une troisième dimension dans la page. Il faut les « lire » comme une « mise en perspective ». Dans un cas, il y a fuite vers l'avant, dans l'autre vers l'arrière.

2198. Dans un alexandrin, la parenthétisation métrique (qui assure la « correction » du vers) est toujours associée à des « récaténations » (changements de parenthèses). Les règles du mètre assurent la cohérence de ces récaténations. Un vers est d'autant plus « riche » rythmiquement que les récaténations qu'il permet sont plus nombreuses, et plus complexes.

2199. (rem. 107) La mémoire externe, trace pour l'œil de la poésie, n'est pas nécessairement composée des signes écrits de la langue.

2200. Certaines surcharges maniéristes (acrostiche, anagramme, *rapportatio* surtout) ou rococo (bouts-rimés) particulièrement dans la forme-sonnet (qui s'y prête) sont des balbutiements d'un mode de lecture qui cherche à apparaître explicitement et la lecture verticale, et la lecture de droite à gauche.

2201. Idée d'un poème visuel (un sonnet par exemple) – ligne de points (vers du sonnet), rejoints par des flèches (sens de lecture) pleines (la lecture « réelle »), surmontées de flèches « virtuelles » allant dans l'autre sens (« shadow-mètre »). Une flèche (dans une autre couleur ?) « joint » la fin d'un vers au début du vers suivant (le « saut » de l'œil). Des flèches verticales lient les positions métriques correspondantes vers à vers. Les débuts de strophe sont en retrait, les flèches qui lient les positions des premiers vers aux suivants immédiats sont donc inclinées (marquant la « troisième dimension », architecturale – rem. 2197). Enfin, une grande croix orientée de haut en bas signale (différentiellement) les deux axes obliques descendants de la lecture selon Hinostroza.

2202. Le sonnet décrit à la rem. 2201 est un sonnet abstrait. (Autre exemple : le sonnet en 0,1 : **La Vie**.)

2203. Une lecture (rem. 121) – annoncer : « le poème passera par les mots suivants » ou bien : le poème ne passera pas par les mots suivants.

2204. Dans « Autobiographie, chapitre dix » la « page de silence, poésie » est une invitation au lecteur de remplir de poésie (sollicitant sa mémoire) le temps passé sur cette page ; la « page de silence, prose » invite à penser à n'importe quel récit. (Ou le contraire.)

2205. (rem. 132) La pensée est une mise en mémoire des modes de la mémoire. Les logiques, l'armature des raisonnements mathématiques… sont des mises en mémoire formelle.

2206. Remarque sur les remarques. Plusieurs remarques, des faisceaux de remarques tournent autour de la même question. C'est parfois un recours à la méthode des approximations successives. Souvent, cela ne converge pas.

2207. Le langage est né dans le chant et la danse.

2208. Le langage est né en même temps que la poésie.

2209. Une lecture (rem. 2203) – Annoncer : « le poème passera par… » Mais il n'y passe pas directement ; seulement de manière implicite, allusive, citationnelle… Parfois, il passera ailleurs.

2210. La pensée a d'abord été pensée dans la poésie.

2211. La pensée a d'abord été pensée de la poésie.

2212. La pensée n'a pas oublié l'être mais la poésie.

2213. La pensée conceptuelle devait repousser la poésie. Mais elle n'a pas su oublier ce moment. Elle l'a perpétué. Elle continue encore aujourd'hui.

2214. Idée de Jeux Oulipiques, d'Oulipiades.

2215. Les poètes sont les bêmatistes de la langue. (Tu l'as déjà dit, J.R. !, ou presque.)

2216. La poésie est autobiographie de tout le monde.

2217. La poésie est autobiographie de personne.

2218. Non pas la langue, mais cette langue. Se méfier de l'universel.

2219. La poésie doit être faite par chacun, non par tous.

H (2220-2536)

2220. Stein (rem. 2094) plagie Diodore Cronos.

2221. (rem. 2095) La phrase steinienne copie la poésie.

2222. La prose steinienne vaut en tant que mimesis formelle de la poésie métrique.

2223. Un axiome (rem. 51, 2126) – Il y aura de la poésie.

2224. La langue parfois est océan, irrespirable pour les poètes qui ne sont pas des poissons.

2225. Il y a une forte ressemblance familiale entre tous les jeux oulipiens.

2226. Il y a une nette ressemblance entre les jeux à contraintes oulipiennes (quels qu'ils soient) et des jeux de poésie. Dans les textes en prose composés suivant des contraintes oulipiennes l'effet de la, des contrainte(s) rapproche le texte soit de la poésie, soit du conte. Il est rare que la prose elle-même en soit affectée. On pourrait y voir un effet de la résistance de la prose au formel.

2227. La prose est naturellement non formelle.

2228. L'hypothèse de la rem. 2227 est à rapprocher de celle qui suppose la non-existence d'un rythme de la prose.

2229. (rem. 2169, entre autres) Supposer la co-naissance de la langue et de la poésie est nier le conte de la naissance lexicale du langage.

2230. La poésie n'est intraduisible que si on exige de la traductibilité les propriétés qui valent pour le roman, le texte scientifique ou le mode d'emploi d'un appareil ménager.

2231 (rem. 2184) Le programme de l'Oulipo généralise une propriété implicite dans toute l'histoire de la poésie : les formes et les outils de la poésie ont toujours été « potentiels ».

2232. La langue s'use, c'est sûr. Mais une certaine accélération de cette usure résulte de l'ubiquité télévisuelle, ainsi que de la bêtise naturelle ou induite de ceux qui y parlent. Exemples : surréalisme, la vie mode d'emploi… – C'est comme ça – Qu'est-ce qui vous oblige à participer à cette dégradation ? – tout le monde le fait – ce n'est pas une réponse. « Tout le monde » était pétainiste en 1940…

2233. Le traitement télévisuel de la langue est du vandalisme langagier.

2234. Il faut être parcimonieux de ses mots, traiter la langue de muesli comme il fallait traiter la langue de bois.

2235. L'érosion accélérée de la langue a eu son anticipation dans les domaines « théoriques » et politiques dans les années soixante et soixante-dix : texte, jouissance, fascisme, etc.

2236. Certaines contraintes ne peuvent pas créer un monde-possible de poésie (de conte, de récit). Elles sont trop limitatives. Elles permettent tout au plus un petit village artificiel (exemple : contraintes des mots aux lettres dans l'ordre lexicographique). Elles posent un défi : réussir, malgré tout, à y faire vivre des récits, des poèmes.

2237. Les ressources limitées des contraintes dures appellent certains registres de langue : enfantin, pornographique, extravagant, parodique.

2238. Un poète ne s'autorise que de lui-même.

2239. (rem. 143) La ténacité de la poésie surprend.

2240. Jamais <u>le</u> poème, jamais <u>le</u> poète ; mais <u>la</u> poésie, oui. Seule la poésie justifie la non-indéfinition.

2241. La poésie est à la fois interpersonnelle <u>et</u> incommunicable.

2242. (rem. 164). C'est certainement faux.

2243. (rem. 168) C'est pourquoi l'humanisme peut être considéré comme adversaire de la poésie.

2244. Pétrarque bâtit le tombeau de la canso. Il marque aussi la fin d'un moment où la poésie est sans rival intellectuel.

2245. (rem. 2236) C'est l'exploit de <u>La disparition</u> : avoir fait vivre le « monde sans e ».

2246. (rem. 174). Les « big shoppers » et les « No problems » sont mes instruments d'aède (printemps 1994).

2247. (rem. 175) Peut-être faudrait-il dire que la poésie dit kekchose mais pas « quelque chose ». Désignons par **kekchose** cela que la poésie dit et qui ne peut se dire.

2248. (rem. 2247) Kekchose est l'ombre intérieure de la poésie prise dans les poèmes.

2249. (rem. 2247) Kekchose est un « je ne sais quoi ».

2250. (rem. 2247) No sai que s'es, no sai on,… sont des noms de kekchose.

2251. (rem. 2247) « Niens » est aussi nom de Kekchose, à condition que « tout » le soit aussi (rem. 2177).

2252. (rem. 176) Plutôt : la poésie n'est pas seulement absente de tout poème comme la fleur est « absente de tous bouquets ». Elle est aussi cette absence.

2253. Toute fleur est fleur. Aucune poésie n'est poésie. Mieux : toute rose est fleur. Aucun poème n'est poésie. Le plus qu'on peut dire d'un poème est qu'il touche à la poésie.

2254. (rem. 177) Mais les poètes ne sont pas des sophistes (au sens d'Aristote). Ils ne revendiquent pas le dire-rien. Seulement, ce qu'ils disent n'est pas tout ce qu'ils disent. Si ce qu'ils disent tient de la poésie, alors, aussi, ils ne disent rien.

2253 bis. (rem. 2237) Les contraintes très dures favorisent le recours aux langues étrangères (anglais principalement), au style télégraphique, aux ellipses, aux allusions.

2254 bis. « What a man » – Le jeu oral/écrit de la contrainte permet d'approcher sans l'atteindre la saturation sonore (oreille) tout en respectant la saturation littérale maximale (œil).

(du conte ; rem. 182)

2255. Que le conte dit vrai – Le conte dit toujours vrai. Ce que dit le conte est vrai parce que le conte le dit. Certains disent que le conte dit vrai parce que ce que dit le conte est vrai. D'autres que le conte ne dit pas le vrai parce que le vrai n'est pas un conte. Mais en réalité ce que dit le conte est vrai de ce que le conte dit que ce que dit le conte est vrai. Voilà pourquoi le conte dit vrai.

2256. 'gril' emprunte au conte (vu dans la perspective de la rem. 2255) une « position » de vérité. Plus spécifiquement : 'le grand incendie de londres' dit le vrai parce que ce que je raconte est vrai. Et ce que je raconte est vrai parce que 'le grand incendie de londres' dit que ce que je dis est vrai. Cette manière de faire est assez efficace. (Mais parmi les quelques personnes qui me connaissent un peu (ou me rencontrent) <u>et</u> qui ont lu les branches publiées, il y a toujours une certaine méfiance à cet égard, en même temps qu'une grande crédulité (à d'autres moments)).

2257. Ce que dit le conte est arrivé pendant que le disait le conte. C'est même arrivé pendant que le conte disait ce que disait le conte. Voilà pourquoi c'est si vrai.

2258. Dans le conte il y a deux contes : le conte que dit le conte et le conte de ce que dit le conte. Cela fait d'ailleurs beaucoup plus de deux contes.

2259. Tout conte, un conte, est aussi <u>le</u> conte.

2260. Le conte n'est pas la poésie.

2261. Un poème peut être un conte.

2262. Le conte a affaire à la vérité.

2263. La poésie n'a pas affaire à la vérité.

2264. Le vrai du conte est dans le conte. Dans quel conte ? eh bien, dans le conte, et dans le conte que rapporte le conte. Aussi le vrai du conte est-il le vrai du vrai.

2265. Le conte dit la redondance de la vérité.

2266. « Je dis la vérité » est un énoncé beaucoup plus paradoxal que celui du « menteur ».

2267. Quand le conte mentira, et il mentira un jour puisqu'il dit vrai, le conte sera fini.

2268. Dans tout conte il y a ce qu'il y a dans un conte, ce qui fait qu'un conte est un conte. On peut le définir comme étant ce qu'il y a dans ce conte-là et comme ce conte-là est un conte, il y a tout ça dans ce conte. Voilà ce qu'il y a dans un conte.

2269. <u>Quand on dit le conte</u> – Quand on dit un conte il faut dire le conte de façon à ce qu'il semble que c'est le conte qui dit le conte. Et c'est normal après tout puisque c'est bien le conte qui dit le conte.

2270. <u>Attention</u> – Attention ! un conte parfois demande de l'attention.

2271. Un conte donne parfois de fausses indications. Dans ce cas le conte dit que le conte donne là de fausses indications. Parfois.

2272. (du conte) Anticipations – Mais n'anticipons pas.

2273. Pour dire le conte : réclamez un verre de vin. S'il n'y a pas de vin, ou si vous ne buvez pas de vin, ne dites pas le conte. À moins que vous n'ayez envie de dire quand même le conte.

2274. Pour qui conte le conte ? Le conte conte pour vous ? Qui ça vous ? Ceux pour qui conte le conte. Si le conte conte pour vous, c'est que c'est vous.

2275. Le conte conte pour ceux qui ont plus ou moins de vingt ans, plus ou moins de soixante, qui ont dix-sept ans ou plus, trente et un ans ou moins, quarante et un ans ou plus, quatorze ans ou moins. C'est toujours le même conte. Mais ce ne sont pas les mêmes gens.

2276. Un poème n'est jamais deux fois le même.

2277. Un poème n'est pas le même pour deux personnes différentes.

2278. On n'entend jamais deux fois le même poème.

2279. Le conte est toujours le même.

2280. Ceux pour qui conte le conte, s'ils écoutent le conte, qu'ils en soient remerciés. Les remerciements sont dans le conte. Pour les entendre, il faut l'écouter.

2281. Il y eut un temps où le conte était partout. Tous y avaient accès. Où est ce temps ?

2282. Que le conte sait ce qu'il dit. Le conte sait ce qu'il dit. Non pas tant qu'en disant le conte, le conteur sache ce qu'il dit. Mais plutôt de ce que le savoir du conte se dit tout entier quand on le dit.

2283. Ce que le conte dit, vous le savez aussi. Sans doute ne savez-vous pas ce que vous savez tant que le conte ne vous l'a dit. Mais le conte, qui sait tout, et en particulier ce que vous savez vous le dira. Et alors vous le saurez.

2284. L'idée de l'anamnèse est empruntée, involontairement, au conte. Le conte est la première manifestation artistique de la fonction de récit.

2285. Les constructions et élucubrations de l'idée d'anamnèse ont eu besoin de contes.

2286. L'anamnèse (au sens des églises chrétiennes) est une technique, qui s'efforce de copier le conte.

2287. La Bible est encore imbibée de conte.

2288. L'ignorance du conte, elle est où ? Elle n'est pas dans ses silences car les silences sont pleins de savoir. Elle n'est pas quoi qu'on en dise dans vos oreilles, même quand vos oreilles sont pleines de savon. L'ignorance du conte est à sa sagesse comme la *chaîne* est à la *trame* dans le *bref*. Mais elle ne dessine rien.

2289. (Variante dite de l'Odyssée). L'ignorance du conte, elle est où ? Elle n'est pas quoi qu'on en dise dans vos oreilles, même quand vos oreilles sont pleines de cire.

2290. Que le conte dit ce qu'il faut. Si le conte disait plus qu'il ne dit, vous vous diriez : c'était donc ça ! Si le conte disait moins qu'il ne dit, vous n'écouteriez pas le conte. Mais le conte, qui sait ce qu'il fait, n'en dit ni trop ni trop peu. Le conte dit ce qu'il faut.

2291. Le conte répond – Quand on vous dit le conte, vous vous méfiez. Vous vous dites : qu'est-ce que c'est que ce conte qui parle comme si c'était lui qui racontait le conte ? On ne peut pas être le conte et dans le conte. Et le conte répond : ce que vous dites, est-ce vous qui le dites ?

2292. Le conte répond – Certains vous diront : le conte n'est rien. Ce qui compte c'est le conte qui est derrière le conte. Et le conte répond : c'est vrai. Mais le propre du conte, c'est que le conte qui est derrière le conte, c'est le conte.

2293. Le conte répond – C'est bon, dira-t-on, le conte est dit. Mais quand le conte est dit sait-on à la fin des fins ce que le conte a dit ? Et le conte répond : il n'y a qu'une chose certaine. C'est que le conte aura été dit.

2294. À quoi sert le conte ? En effet, à quoi ?

2295. Il y a plein d'énigmes dans le conte. La moindre des énigmes du conte n'est pas l'énigme de ce que sont les énigmes du conte.

2296. Le conte est sans mystère.

2297. Le conte est sans mystères.

2298. Vous qui voulez déchiffrer le conte, posez-vous d'abord la question : pourquoi voulez-vous déchiffrer le conte ?

2299. Le conte n'est pas la poésie.

2300. Le conte répond – Certains vous diront : le conte n'est rien.

Ce qui compte c'est ce que dit le conte. Et le conte répond : c'est vrai. Mais le propre du conte, c'est que ce que dit le conte, c'est le compte.

2301. Les mythes sont des contes mal entendus. Les mythologues sont des mal-entendants du conte.
2302. Les théologiens sont des voleurs de conte.
2303. Les philosophes sont des mal-entendants de poésie.
2304. Être est un conte.
2305. Le conte est toujours.
2306. L'enfance désire le conte.
2307. La perte du conte est une perte de désir, d'enfance, d'espoir.
2308. Le conte ne compte pas, mais racompte.
2309. Le vrai du conte n'est pas le vrai du compte.
2310. Le conte n'a pas le temps de compter.
2311. Le conte n'a que le temps de conter.
2312. Le conte a tout le temps de conter.
2313. Le calcul des propositions est né du conte.
2314. À l'âge du conte, les poètes étaient les compteurs.
2315. La pensée a cru au vrai hors du conte.
2316. La logique a cru au vrai dans le compte.
2317. Le conte n'épelle pas, n'énumère pas.
2318. Le conte n'est jamais fantastique, parce qu'il est vrai. Mais il peut être cruel.
2319. Les contraintes oulipiennes peuvent être mises au service du conte.
2320. Le vers est ennemi du conte (rem. 2308).
2321. L'idée de temps est née du conte autant que des changements du monde.
2322. La phrase steinienne approche la langue du conte (rem. 2070 *sq.*).
2323. Le conte est sans arrêts.
2324. (rem. 2309) Le vrai du conte n'est pas le vrai d'un compte.

2325. Le double de l'instant effraye la mémoire.
2326. Le temps qui donne un bord et une disposition aux images ne succombe à aucune répétition.
2327. Déplacer le temps n'est pas déplacer un corps : son ombre reste sans mouvement.

2328. Ne pas comparer le temps à du temps, la durée à une durée : le temps ne ressemble qu'au temps, la durée qu'à la durée.

2329. Chaque jour deux mondes se séparent : irréconciliables, mais de même signe.

2330. (rem. 2247) Il y a le « quelque chose » que dit un poème, le kekchose qu'il dit parce que poésie (la poésie rendue manifeste). Il y a le « quelque chose » qu'un poème dit à quelqu'un, qu'il ne dit qu'à ce quelqu'un, qui n'est pas dicible, étant une chaîne d'événements de mémoire individuelle, l'effet de kekchose.

2331. (rem. 200) Le rythme est sans mesure. La mesure de la poésie par le rythme manque, non seulement parce que ses instruments sont métriques, non rythmiques (ils ne peuvent pas l'être), mais parce que l'abord par la mesure est lui-même métrique. Cependant c'est la seule approche « positive » non vide.

2332. (rem. 205) Un ensemble de poèmes devrait être un livre, un constituant d'un livre. Un assemblage de plusieurs poèmes, un livre, doivent avoir une construction, un projet formel.

2333. On peut arriver à la poésie par la pensée. On peut y arriver sans pensée. Ni la pensée ni la non-pensée ne sont l'essentiel.

2334. L'effini, sa récurrence propre, « fermatienne », descendante, est adapté à un temps « allant-venant » (où le présent est futur antérieur en même temps que passé postérieur) ; l'infini ordinaire (dénombrable), la récurrence ordinaire, sont faits pour l'idée ordinaire du temps.

2335. (rem. 224, précision) Je ne considère pas un effini illimité, gouverné par l'et cetera, comme l'infini ordinaire, mais un effini s'achevant en anonymat, en indistinction, un effini indéfini (ni infini ni fini strict).

2336. Toute mémoire (chaque mémoire) est effinie indéfinie limitée. La mémoire est effinie indéfinie illimitée.

2337. La perte de poésie menace d'aphasie la langue.

2338. Tennyson (see Tennyson archives : brouillons, carnets) travaillait un peu comme Roussel (le Roussel révélé par la malle) (plaçant les rimes à l'avance, des lieux d'accents obligés ; et beaucoup de « tireurs à la ligne » métriques).

2339. (rem. 233) Il y a plusieurs modes de séparation parce qu'il y a plusieurs modes de totalisation : concaténations, intrications, empiétements…

2340. (rem. 221) Il n'y a pas que les propriétés « ordinaires », commutativité, associativité qui seraient atteintes ; il faudrait aussi limiter (avant indistinction (limite variable)) les transitivités, les superpositions (exemple générique du « très »).

2341. Pour la logique, comme pour la poésie, on ne manipule qu'une effinitude petite.

2342. La forme-sonnet ordinaire est surtout à deux dimensions (même si des traces, des potentialités d'autres dimensions y sont présentes). On définira des 1-sonnets : forme d'une seule « ligne » dont les « sections rimantes » d'un sonnet habituel, déverticalisées, donnent un exemple (see notation des mots-rimes dans LISSON).

2343. Le « poème » obtenu en dressant la liste des mots-rimes d'un sonnet (un 2-sonnet donc) (avec leur ponctuation de fin de vers) est un 1-sonnet, qui est le « bord » du 2-sonnet. On le notera d (S). Le bord d'un 1-sonnet est un point. On a donc d2 (S) = point.

2344. Un 3-sonnet (prenons une forme canonique du sonnet pétrarquiste à quatorze vers, pour fixer les idées) se présente (déployé sur les pages) comme une séquence de quatorze sonnets dont les bords (rem. 2343) « riment » entre eux suivant la formule abba abba cde cde ; autrement dit le premier et le quatrième sonnet de la séquence ont la même mélodie de rimes, etc. Ce n'est pas tout. Les premiers vers des quatorze sonnets composent un sonnet, qui est le bord du 3-sonnet.

2345. La couronne de sonnets est une forme légèrement affaiblie de la contrainte du 3-sonnet (rem. 2344).

2346. La notion de bord d'un sonnet de la rem. 2343 est abusive. Il s'agit d'un bord partiel (une arête), le bord droit blanc (comme on dit « bord de mer »). Les premiers et derniers vers, les sections commençantes sont d'autres bords partiels.

2347. Hypersonnet – un hypersonnet de dimension n, ou n-sonnet se définit de proche en proche. Le bord d'un n-sonnet est un (n-1)-sonnet.

2348. La forme du sonnet en bouts-rimés et la forme quenellienne de « réduction aux sections rimantes » (modifiée par une rotation de « pi sur deux ») sont « duales » l'une de l'autre.

2349. L'extension de la notion de bord d'un sonnet (ordinaire) à la totalité de ses 4 arêtes bute sur le problème du sens de lecture.

2350. On peut assez naturellement étendre la notion de bord d'un sonnet de deux manières : – premier vers suivi des sections rimantes – sections commençantes suivies du dernier vers.

2351. La deuxième solution de la rem. 2350 permettrait de disposer d'une notion de 1-sonnet nettement moins « rabougrie » que la solution « classique » (sections rimantes horizontalisées seulement) : on pourrait, en choisissant pour les sections commençantes non les premières syllabes mais les premiers mots, avoir une séquence de treize mots suivie d'un vers (alexandrin par exemple). En choisissant au contraire la voie des premières syllabes on aurait la forme suivante : un vers de 25 syllabes dont les 12 dernières composent un alexandrin.

2352. La deuxième hypothèse de la rem. 2351 a un inconvénient : la plupart des bords d'un sonnet (en ce sens) risquent de commencer par une suite de syllabes sans signification. (Dans la première hypothèse c'est une suite de mots, ce qui n'est pas beaucoup mieux.)

2353. Si la poésie est considérée simplement comme une région de la littérature elle en devient incompréhensible, ou négligeable. Pour ceux qui donnent de la littérature une définition ambitieuse (la « conscience réflexive » de la société chez Jean-Sol Partre, par exemple) la situation est pire. Il faut ou ignorer la poésie ou en condamner la plus grande part, comme excessivement « frivole ».

2354. Le « sens » des conditions de cohérence dans les <u>récaténations</u> (changements de parenthèses) est le suivant : s'assurer qu'on « reconnaît » les constructions parenthésées. Ce sont des conditions de maîtrise de la mémoire (rem. 231).

2355. (rem. 233) Il y a en fait deux gestes distincts de totalisation : une totalisation « annoncée » qui conduit à l'écriture symbolique **a…** et une totalisation après coup, récapitulative, mémorielle, qu'il faut noter… **a**. La première est la totalisation rythmique.

2356. La flèche rythme → mémoire est palindromique.

2357. Le fait que toutes les récaténations complexes d'associativité binaire (mais cela est vrai aussi pour le n-aire (voir thèse Bonnin)) soient réductibles à des « pentagones » et à des « carrés de naturalité » assure la cohérence, en quelque sorte, d'un seul coup. C'est la même « garantie » que celle qui assure la progression raisonnable de la suite des entiers dans l'arithmétique à la Peano.

2358. La fermeture du pentagone d'associativité implique que l'opération « **g** » qui gouverne l'association des gestes d'associativité est elle-même associative stricte (rem. 234, 235). Affaiblir cette condition, sans tomber dans une situation « chaotique » implique que **g** sera récaténée elle-même et fait apparaître une condition pentagonale du « second ordre ».

2359. (rem. 238). Le couple fusion/fission de Tennant convient pour les processus, le couple séparé/solidaire pour les états. La fusion est un autre nom de la totalisation, la fission de la séparation.

2360. Le plongement le plus simple du magma parenthésé dans un système à association cohérente où **a.a.. = aa…** (simple cas particulier de la rem. 2358) fait apparaître les entiers ordinaires dans un rôle qui ne leur est pas familier mais que je serais tenté de leur donner comme définition ; une définition bêmatiste : compteurs des pas de récaténation du rythme à la mémoire (ou du futur au passé, si on veut) (rem. 255).

2361. Tous les systèmes de numération des langues du monde construisent les nombres en employant plusieurs vitesses (see Hurford) (rem. 237).

2362. (rem. 246-248) Il y a plusieurs subitisations syntaxiques dans la langue (see règle empirique sur les superpositions déchiffrables de parenthèses – règle du 6, dite d'Ingve).

2363. (rem. 257) Cependant les entiers de tout le monde peuvent être entiers pour tout le monde, c'est clair. Ils ont une naturalité certaine, disons du second ordre (rem. 2360).

2364. Toute accumulation de <u>mêmetés</u> s'achève nécessairement, plus ou moins vite, en une <u>fusion</u>.

2365. L'arithmétique de l'infini actuel connaît une totalisation ultime : oméga.
2366. En fait, compte tenu de rem. 2355, il vaudrait mieux écrire **a.a..=...aa.**
2367. Le rêve du **'gril'** était d'abord le rêve du **GRIL** (rem. 260-265). Mais la place qu'il occupe est très différente.
2368. Le **'gril'** prend le rêve comme point-limite du filtre des souvenirs, du filtre de la mémoire telle qu'elle s'exerce pour rendre compte du **GRIL** et du **PROJET**.
2369. Mais « en réalité » le point-limite du filtre autobiographique n'est pas le rêve, mais la mort de J. René, n'est donc pas situé à la date du 5 décembre 1961 mais au 24 octobre de la même année. Le récit opère un déplacement volontaire (?).
2370. Le rêve ne laissait pas de trace écrite, visible, dans GRIL (ni a fortiori dans le PROJET). Le point-limite du filtre n'était pas exhibé. Mais tout le montrait, d'une manière indéchiffrable (sauf pour moi).
2371. Une contrainte invisible, indéchiffrable, fait pourtant <u>effet</u>.
2372. L'image du filtre, étant associée ('gril' MAT- r, 3) à celle du café-filtre, par association mémorielle (mathématiquement irresponsable mais contraignante pour le récit (biographiquement décisive aussi)), fait apparaître du noir, quelque chose noir.
2373. Raconter, « dire ce qui aurait pu être » (le **GRIL**, le **PROJET**) ('gril', fin de l'<u>avertissement</u> de la branche 1), l'une des deux « consignes » initiales de **'gril'** a tout de suite « suscité » le récit du rêve, et par conséquent imposé non seulement des choix d'événements mais, plus décisivement encore, un recouvrement narratif tout à fait particulier de la chronologie, autour d'un moment, celui du rêve (see les réflexions de D. Milo sur le « siècle » en histoire).
2374. En l'an Mil (see D. Milo) l'immense majorité des habitants des pays chrétiens ne sait pas qu'on est en l'an mille. De plus (et surtout selon moi) le nombre mille est trop grand pour ce monde-là. Il n'a aucun sens pour eux (see Tongas).
2375. Il ne faut pas confondre continuité avec indistinction.
2376. <u>Suite des nombres</u> : pas le « plus uno » mais le « encore plus grand ».

2377. La possibilité de discrétiser distinctement les grandes quantités de singuliers est une hypothèse invérifiable.

2378. On peut avoir le souvenir d'une année, pas d'un siècle.

2379. Les progrès de la « numeracy » (USA, 19e) ont été liés à la question : qui avait besoin de compter ?, et jusqu'où ?

2380. Oulipo – La méthode annoncée est axiomatique. Mais la pratique est expérimentale (au sens des sciences expérimentales).

2381. Mon « signe d'appartenance » était plus expérimental qu'oulipien (see remarque, à l'époque, de Fabienne Orsag).

2382. La méthode de l'Oulipo est expérimentale, comme le sont les mathématiques (selon Jean Bénabou).

2383. La mathématique est une science parfaitement expérimentale. Les conditions y sont toujours favorables à l'expérimentation. Les expérimentateurs n'ont à s'en prendre qu'à eux-mêmes en cas d'échec.

2384. (rem. 278). Ce rêve est toute mon autobiographie : en tant que point-limite du filtre de mémoire mis au centre de l'entreprise 'gril'. Mais il n'est pas au centre de mon autobiographie en vrai, hors prose. 'gril' est une autobiographie dont le centre est décalé.

2385. Tout récit, en finissant, déçoit ; parce qu'il finit.

2386. L'« idée » des « Mille et une nuits » : un remède à la déception du récit, sa fin (see Manuscrit trouvé à Saragosse ; see « ou popa bouila cobaka »…).

2387. Deux rêves du récit : ne pas finir, ne pas commencer.

2388. Pourquoi le conte ne craint-il pas de finir ? parce qu'on finira bien par s'endormir ?

2389. Pourquoi « Mille e tre » ? pour la même raison que « mille et une » : pour n'en pas finir.

2390. « Mille e tre », comme « Mille et une » = oméga plus un ; recommencement après l'infini. « Mille » est là comme « faisant fonction de » l'infini.

2391. Le roman traditionnel, comme la symphonie beethovenienne, ne se décide pas à finir.

2392. Idée de composition musicale : rien que des fins successives.

2393. Le roman lutte contre sa fin : je commence par la fin (see le « sonnet reversed », de Rupert Brooke).

2394. Déception des fins romanesques traditionnelles (see Belle Hortense).

2395. Mais, de toute façon, quelle que soit la ruse, le roman finit par finir (la couverture est là, qui en témoigne). D'où l'attraction pour l'inachevé : la fin est due à des causes extérieures au récit. Mais la stratégie de l'inachèvement volontaire est « self-defeating ».

2396. Variation « pratique » sur la fin romanesque : introduire la quatrième de couverture dans le texte, et l'occuper jusqu'en bas.

2397. (rem. 1625) Stratégie de l'inachèvement prolongé du récit : les « continuations » du Perceval de Chrétien de Troyes.

2398. Stratégie de l'inachèvement prolongé du récit : généralisation de la contrainte oulipienne du « tireur à la ligne » (la relation « entre »).

2399. La fin de 'gril' : avoir décidé, dès le début, que sa fin lui serait extérieure.

2400. Comme la fin de 'gril' sera hors-récit, il est impossible de prévoir ce qu'elle sera, intérieurement au récit. (La mort ne fait pas partie de la vie.)

2401. Dans tout récit, peu importe, au fond, que la manière de finir ait été prévue ou pas ; il finit. 'gril' n'échappe pas à cette contrainte. Mais la manière de décider la fin est, je crois, originale.

2402. La forme finale du projet du PROJET (1970) était oulipienne, puisque le modèle était mathématique (rem. 291).

2403. Commencement d'un poème : – Poème (c'est un poème), etc.

2404. La fin d'un récit est le suicide du récit. (Une fin volontaire.)

virus, vian, vip

2405. Je ne connais en fait aucun mètre réel à deux césures obligatoires.

2406. Le VIRUS est un bivers iambique fort.

2407. Le statut de l'affirmation « telle séquence de syllabes n'est pas iambique » n'est pas du tout le même que celui de « on ne dit pas telle phrase », ou de « en anglais, telle construction syntaxique n'est pas possible ». Un vers iambique est un vers qui a été effectivement écrit comme iambique. Non seulement il n'y a pas aujourd'hui de « native speaker » du VIAN, qu'on pourrait interroger, mais je doute fort qu'il y en ait jamais eu.

2408. VIRUS, stratégie d'établissement du modèle : l'iambicité se manifeste d'abord en fin de vers. La position 7 est en tout cas un 0. À partir de cette seule hypothèse, on peut reconstituer presque complètement le modèle.

2409. Dans le VIRUS (comme dans tout vers iambique), les événements postérieurs au dernier événement compté sont des 0.

2410. VIAN – Tout vian est faiblement compatible avec l'un des mètres iambiques de longueur 10.

2411. Le principe lussonien, **L**, définit un algorithme de parenthétisation de droite à gauche.

2412. La théorie **HK** du VIAN admet des séquences finales en position 8, 9, 10 de type 1-1-0 ; la théorie lussonienne du mètre (**principe L**) l'exclut.

2413. Le trimètre hugolien n'est pas attesté en tant que mètre autonome (à une exception près, tardive, mineure). Tous les trimètres sont présents dans un environnement d'alexandrins ordinaires.

2414. Le **principe L** (le parenthésage par les fins de groupements, identifiés par maxima de poids) affirme une dissymétrie essentielle entre début et fin de vers, au profit de la seconde.

2415. La théorie lussonienne admet pour le VIAN un parenthésage iambique faible (il est seulement possible de parenthéser iambiquement), pour le VIRUS un parenthésage iambique fort (le parenthésage iambique est obligatoire et le seul possible). Elle permet donc le traitement simultané des ressemblances (l'iambicité) et des différences (iambicité forte versus iambicité faible) entre VIAN et VIRUS. La théorie HK est nécessairement désarmée devant cette comparaison (traite les deux vers de la même façon).

2416. <u>VIAN : la règle SM</u>. – Un VIAN contient, pour chaque entier p pair jusqu'à 10 un segment métrique réalisé de longueur p.

2417. La règle SM implique l'iambicité faible du VIAN (rem. 2410).

2418. <u>Conséquences de la règle SM (rem. 2416) – Conséquence I</u> : un mot dissyllabique iambique n'est pas possible en positions 2n, 2n+1, pour n = 1, 2, 3, 4.

2419. Conséquences de la règle SM (rem. 2416) – Conséquence T : un mot dissyllabique trochaïque n'est pas possible en positions 2n-1, 2n, pour n = 2, 3, 4, 5. Or la conséquence T est empiriquement fausse (« les » sonnets ' de Shakespeare). Le défaut du modèle est l'absence de hiérarchie des parenthétisations.

2420. Le sonnet (élizabéthain) est forme privilégiée d'expérimentation de la métrique du VIAN.

2421. (rem. 2418) Il n'y a pas d'iambe à tête impaire dans le VIAN.

2422. VIAN – Il n'y a pas de parenthèse paire non protégée pour le marquage dual.

2423. VIAN – Il n'y a pas de stress minimum pair.

2424. VIAN, VIRUS – Le problème des pronoms est le problème métrique par excellence.

2425. Les choix métriques optionnels ont une vraisemblance plus faible que les autres dans un modèle de vers.

2426. Un marquage ad hoc, justifié sémantiquement, n'est pas autre chose qu'un écriteau mis sur une difficulté.

2427. Il est difficile de définir un marquage contrastif métrique selon des critères conséquents, s'éloignant de la simple commodité de scansion.

2427 bis. Hypothèse : le VIAN indique l'accent de l'anglais.

2428. Le VIAN interdit les anapestes dans la langue (hypothèse amusante).

2429. Le VIAN tend à iambiser la langue (hypothèse forte).

2430. Le choix « iambisant » et désambiguïsant (du point de vue accentuel) entre dactyles et anapestes remonte sans doute à Chaucer, mettant en mémoire, ainsi, le fait fondamental de l'accent saxon : prédominance du marquage initial (accent).

2431. VIAN – La nature phonologique des voyelles est largement déterminée par le vers.

2432. Défense de la ponctuation originale (et orthographe) par Helen Gardner : « A case can be made out for modernizing spelling, but the case for preserving the old spelling is far stronger. Its retention acts as a perpetual reminder to the modern reader to be alert to the difference in pronunciation and accentuation between an old and modern author, and its abandonment can mislead. »

2433. Le calembour est le retour d'un refoulé : la rime.

2434. L'almanach Vermot prospérait sur les ruines de la rime.

2435. L'idée d'hémistiche est présente aux débuts du VIAN (« early Tudor poets ») : (C. S. Lewis) « It seems to be certain, at any rate, that these poets regarded the line as two half-lines. A verse tract of Robert Crowley's (1550) so points them. Even after the decasyllabic has been mastered, Barnaby Googe prints it as two lines ; and Churchyard nearly always puts after the fourth syllable a comma which, since it ignores syntax, has to be regarded as a metrical point » (il vaudrait mieux dire qu'il s'agit d'une virgule métrique).

2436. La ponctuation moyenne dans les Sonnets de Sh. a un poids situé entre la virgule et le point-virgule (à peu près une virgule pour un vers, un point-virgule pour un couple de vers, un point pour un quatrain).

2437. La comparaison entre les poids de ponctuation, position par position, de l'édition Booth d'une part et de celle du quarto de l'autre confirme l'hypothèse du rôle métrique de la ponctuation dans les éditions d'époque (la position 4 est largement surmarquée dans le quarto).

2438. VIAN – <u>Quasi-règle des ponctuations</u>, **Lponct.** : Tous les extrema de ponctuation en position impaire sont protégés par une ponctuation paire de poids au moins égal.

2439. Dans le fonctionnement d'une césure, les frontières syntaxiques ont un rôle double : relatif et absolu.

2440. Pour quantifier des frontières métriques d'origine syntaxique il faut les équilibrer, les <u>balancer</u>, ce qui n'est pas le cas de l'analyse par profondeur des arbres syntaxiques.

2441. <u>Règle des césures absolues **Ac**</u> : Une césure est autorisée si la frontière syntaxique correspondante est manifestée par un syntagme (poids syntaxique 3 au moins).

2442. <u>Règle des césures enjambantes</u>, **Ec** : Un groupement syntaxique commençant à gauche d'une césure et strictement intérieur ne peut s'achever qu'avec le vers ou un autre vers ou césure.

2443. Une <u>césure stricte</u> satisfait aux règles A et E des césures.

2444. Règle de césure absolue faible, **A'c** : existence d'une frontière de catégorie syntaxique majeure.

2445. Une <u>césure faible</u> est une césure qui satisfait à Ac, ou à la conjonction de E et de A'c.

2446. Le VIAN connaît des césures strictes en position 5.

2447. VIP – le VIP est la variété du VIAN à 10 positions (pentamètre iambique).

2448. Règle VIP1 du pentamètre iambique : tout vip est faiblement compatible avec un mètre abstrait iambique de longueur 10.

2449. Un vers satisfaisant à la règle VIP1 satisfait au principe L de parenthésage et au principe HK du maximum.

2450. La règle VIP1 est à la fois trop faible et trop forte.

2451. Règle VIP2 du pentamètre iambique (règle des segments métriques) : Tout **vip** contient un segment métrique réalisé de longueur n pour toutes les valeurs paires de n.

2452. La règle VIP2 est une règle très forte. Elle représente le modèle intuitif plat du pentamètre iambique tel que l'offrent les exemples enchanteurs de la tradition : « The curfew tolls the knell of parting day » – « Excuse me will you pass the mustard, please » (avec un accent emphatique sur « will »).

2453. La règle des segments métriques implique la règle VIP1.

2454. La fin d'un premier « pied » peut être une voyelle féminine, puisqu'un segment métrique de longueur 1 est trop court pour la théorie lussonienne : « Weary with toil I haste me to my bed. » Ce vers traîne les pieds.

2455. La théorie lussonienne autorise, conséquence tordue, des débuts dactyliques : « Profitless usurer… ».

2456. La règle T (rem. 2419) est trop forte. La règle T'convient mieux. Règle **T'**: pas de trochée à tête impaire, sinon après une césure en position 4 ou 6.

2457. Règle des Dactyles, **D** : pas de dactyle en position impaire non initiale, sauf après césure (ce qui est encore initial). La règle D est conséquence de la règle des segments.

2458. Les iambes impairs apparaissent plus volontiers avant la fin de vers ou devant une césure 4 ou une césure 6 ou, plus rarement avant la position 8 d'un vip ponctué.

2459. Les iambes impairs ressemblent (sont en corrélation avec) aux trochées pairs (du point de vue de leur situation métrique).

2460. Les trochées pairs sont plus vraisemblables que les iambes impairs.

2461. Les prépositions iambiques qui ne créent que des segments métriques optionnels sont plus vraisemblables que les iambes impairs lexicaux, pour lesquels ces segments impairs sont obligatoires.

2462. Règle **I'**, duale de la règle **T'** (rem. 2456) : les seuls iambes impairs lexicaux possibles sont avant césure ou ponctuation.

2463. L'iambicité du vip dans le théâtre est plus décontractée que dans les sonnets.

2463 bis. Nouvelle forme de la Règle des Segments Métriques (règle SM), la **règle SM'**: Tout vip contient un segment métrique réalisé en position paire, sauf éventuellement après césure ou, plus exceptionnellement encore, avant.

2464. Il peut y avoir des segments métriques sdrucciolo (dactyliques) : « Nativity, once in the main of light » (Sh. 60,5). « After a thousand victories once foiled » (Sh. 25,10).

2465. Règle des hémistiches, **Lhem** : chaque hémistiche d'un vers césuré satisfait à la règle SM.

2466. La règle des hémistiches protège les césures 5.

2467. Pour qu'un « taratantara » soit possible dans un début de vers iambique, comme il l'est en fin de vers après césure d'un iambe mineur de type 4', il faut qu'il soit de la variété tarantatara, mais, plus précisément, un tarantarara.

2468. La fin d'un Vian est au moins un petit syntagme.

2469. La fin de vers satisfait à la règle d'enjambement.

2470. Le VIP a des affinités avec le décasyllabe lyrique des trouvères et avec l'hendécasyllabe de Pétrarque et des pétrarquistes.

2471. Le VIP (le VIAN) est le résultat d'un filtre iambique placé sur le décasyllabe roman.

2472. Le vers iambique réalise la fusion rythmique de la double origine de l'anglais.

2473. Il se peut que le VIAN fasse mieux que témoigner de l'origine double de l'anglais, qu'il ait contribué de manière décisive sinon à l'établissement, du moins à la fixation du système accentuel de la langue (hypothèse de mémoire).

2474. Écrits en 1830, les quelques textes de Galois sont géniaux ; ils n'apparaîtraient évidemment pas ainsi aujourd'hui. Écrits vers 1830 par un vieillard de 99 ans, ils n'auraient pas été moins géniaux. L'âge ne fait rien à l'affaire (mathématique). (L'âge ne fait rien à l'affaire (poétique), non plus (see Rimbaud))).

2475. La lettre à Auguste Chevalier occupe 7 pages dans la grande édition Bourgne-Azra de 1962 ; si on y ajoute les rares mémoires achevés, ça ne fait pas beaucoup de pages. Pour arriver à un gros volume, il faut ajouter les brouillons, les lettres, les bribes de calculs… Bien sûr, tout cela est intéressant. Mais il semble aussi que la postérité veuille annuler le plus possible le silence de Galois, rendre Galois bavard. Ce n'était pas son genre. Le parallèle avec Rimbaud s'impose. Chaque fois que paraît une nouvelle édition du Rimbaud de la Pléiade, le nombre de pages a considérablement augmenté. Proportionnellement, la place occupée par les poèmes diminue.

2476. L'édition Borer comme l'édition Pléiade rendent Rimbaud bavard.

2477. La réussite du « coup du silence » de Rimbaud se marque, en particulier, par l'énormité du poids de papier qui a été rempli à son sujet.

2478. Beaucoup de poètes ont-ils dit, paraphrasant P. L. à 23 ans (« à mon âge, Galois était déjà mort ») : « à mon âge, Rimbaud s'était déjà tu » ?

2479. Toute règle métrique, toute quasi-règle peut donner naissance, par généralisations, transpositions (de langue, d'éléments…), violations, à une ou plusieurs contraintes oulipiennes (see le travail J.J.-J.R. sur le placement des e muets dans l'alexandrin).

2480. **'gril'** – le rêve est le point-limite du filtre de mémoire qui sert de centre, de moteur à **'gril'**. Cet événement est un événement de <u>cette</u> fiction autobiographique. (Le caractère fictionnel vient de la décision (ou de la découverte par la narration plutôt) de ce caractère central.)) Il est déplacé et suscité (je le sais mais ne le dis pas dans 'gril') par rapport à l'événement central de l'autre fiction autobiographique, celle du « réel » (une mort).

2481. Si je compte, à la date du 17/08/94, le nombre des moments écrits de 'gril' par rapport au nombre de jours qui se sont écoulés depuis le début de la composition, le 11/06/85, et même en y ajoutant ce qui existe des <u>entre-deux-branches</u>, comme c'est peu ! Mais il ne suffit pas de constater que c'est peu. Il faut comprendre aussi que la conscience du caractère de plus en plus évident de la borne, terminus, mur final... ne semble avoir eu sinon aucun effet, du moins qu'un effet très faible sur ma faculté à poursuivre autrement que d'une manière gravement lacunaire. Entre les deux réactions possibles à ces constats périodiques (et qu'est-ce que je suis capable de faire mieux que des dénombrements, je me le demande ?) « Il reste de moins en moins de temps, je n'y arriverai pas, cessons définitivement de tergiverser » et « Il reste de moins en moins de temps, je n'y arriverai pas, à quoi bon continuer ? », j'oscille perpétuellement.

2482. Sans cesse, un effet de réel incontrôlable vient perturber la vision de l'autobiographe spontané (que nous sommes tous). Comme il se trouve aussi que cette vision est prise dans un mouvement déformant plus ou moins rapide et très peu conscient (telle une transmission dans la « civilisation orale » de soi-même à laquelle chacun de nous appartient (see l'histoire des généalogies nigériennes racontée par Jack Goody)), toutes les autobiographies apparaissent extrêmement éloignées du fonctionnement réel de la mémoire.

2483. Nos souvenirs, volontairement sollicités ou non, ont un grand pouvoir de conviction. Ils transportent avec eux leur incohérence, leur violence, leur terreur, leur sauvagerie même. L'autobiographie vraie, qui ne peut pas être le Journal, qui n'est aucune des formes attestées de ce qui est présenté sous ce nom, mais qui serait une transcription véridique (bien sûr lacunaire : cela va trop vite !) de ce qui se passe réellement si nous essayons de penser et raconter le passé au long de notre présent changeant, cette autobiographie-là, tentée, serait infiniment étrange.

2484. Nom provisoire de la forme d'autobiographie de la rem. 2483 : autobiographie en temps réel.

2485. L'autobiographie en temps réel a un pouvoir d'attraction dangereux sur la prose de 'gril' ; renforcée du fait que l'écriture de 'gril' est, elle aussi, en temps réel, au présent.

2486. (rem. 2480, suite) Or, le point de départ de 'gril' en tant que lignes qui s'écrivent, le début, l'<u>avertissement</u>, est lui aussi fiction autobiographique d'un ordre comparable (créant la description et non l'explication), elle aussi décentrée, décalée par rapport à un autre événement, une autre mort, celle d'Alix.

2487. Le lien entre les deux événements centraux (la mort de J. René, le rêve), l'un mis au centre causal de 'gril' et de l'ensemble PROJET-GRIL (dans des modalités certes fort éloignées) de mes deux autobiographies, celle qui est une composante de 'gril' d'une part, celle qui gouverne ma pensée consciente du passé, de l'autre, est pour moi clair (même si c'est illusoirement). Le lien entre les deux autres événements, l'impulsion de commencer 'gril' et la mort d'Alix, ne l'est pas.

2488. Il est vrai cependant que mon autofiction (mon autobiographie réfléchie, telle que je la vois aujourd'hui et telle que je pense qu'elle a été fixée voici plus de trente ans) (sans que je sois assuré, en fait, de sa stabilité, mais c'est un élément essentiel, constitutif de l'autofiction, que de la croire stable), mon autofiction donc établit une corrélation entre ces deux morts (elle est dite dans Quelque chose noir).

2489. Dans ces conditions, il existe peut-être une homologie entre les deux instants centraux de 'gril' : l'instant de l'impulsion de son commencement, l'instant du rêve (plutôt d'ailleurs celui de la narration du rêve).

2490. Cependant alors que je me souviens assez exactement des « bords » du rêve (sa date, ses circonstances physiques...), je ne retrouve rien du contexte de l'autre instant. Il s'est évaporé avec sa mise en mots.

2491. Plusieurs Rimbaud : – le « Jules Verne » (Bateau ivre) (mais aussi : « De vos forêts et de vos prés/Ô très paisibles photographes/La Flore est diverse à peu près/Comme des bouchons de carafes/»). – le « réaliste » (Au Cabaret-vert ; ironie métrique : « Au Cabaret-Vert je demandai des tartines/De beurre... »). – le « Baudelaire » (celui de « Avec de lourds cheveux roulés dans des quittances ») ; mais toujours en même temps « zutique » (comme Charles Cros : « Enclavé dans les rails, engraissé de scories/... ») Tous Rimbaud ironiques.

2492. Le Rimbaud « Papillon-Lasphrise » – Un sonnet de Papillon s'achève par le vers : « Maniant l'honneur blond de ton petit tonneau », juxtapose l'image noble et l'image triviale, rencontre qui n'est pas un mélange à des fins parodiques ou dérisoires de deux registres de langue (l'expression « l'honneur blond » reste troublante), mais est un rare état de poésie. Ce Rimbaud-là est dans Oraison du soir : « Doux comme le Seigneur du cèdre et des hysopes/Je pisse vers les cieux bruns, très haut et très loin/Avec l'assentiment des grands héliotropes/. »

2493. Il y a du Hugo là, celui de la transposition du Cantique des Cantiques dans La Fin de Satan.

2494. Il y a plusieurs Hugo chez Rimbaud.

2495. « Cieux bruns » : des cieux couleur de bière, en somme, par une de ces « déductions » dont la poésie est coutumière (see les « trente à quarante chopes » du premier tercet).

2496. La ligne de la *Saison* et des *Illuminations* a été beaucoup suivie, usée. Pas les « Derniers vers ».

2497. Après l'abandon du vers, Rimbaud est, déjà, sur la voie du silence ; quelles que soient ses vertus éthiques et journalistiques, elle ne représente pas une victoire poétique. En somme, dès la Saison, à la fois ça se déglingue et ça s'humanise salement. Et plus très génial.

2498. Ligne rimbaldienne précieuse, en ironie : « C'est trop beau ! trop ! gardons notre silence ! »

2499. « Mémoire » est le sommet absolu de Rimbaud.

2500. Au vers 6-7-8 de Mémoire, les éditeurs ont choisi la « leçon » «… Elle/Sombre, ayant le Ciel bleu pour ciel-de-lit, appelle/Pour rideaux l'ombre de la colline et de l'arche//. »Le manuscrit lit « avant ». « Ayant » est tarte. pourquoi refuser « avant » ? « avant » d'avoir le ciel bleu pour ciel-de-lit, on tire les rideaux ; mais peut-être suis-je idiot.

2501. Pourquoi « Mémoire » et les poèmes semblables ? : à cause de l'extrême intensité-véridicité « ostensive » d'un fragment quelconque, vu, vu très proche du monde : monde des espèces naturelles (« natural kinds ») ; ces choses du monde dont est fait, pour moi, le monde possible de la poésie.

2502. Contraster le Rimbaud de Mémoire et autres fragments du monde en ses espèces naturelles avec les vers attribués à Jean Racine et mis autrefois à Port-Royal, sur les lieux mêmes ; comble du quatrain « descriptif » tarte : « Que j'aime ces belles montagnes/Qui s'élevant jusques aux cieux/De leur diadème gracieux/Couronnent ces vertes campagnes//. »

2503. Force des évidences poétiques montrées : c'est cela ; c'est ainsi. Elles sont rares (Rimbaud et après (see Deguy) ; Hopkins)).

2504. Vérité de la « monstration » poétique : « œil d'eau morne ».

2505. Vérité de la « monstration » poétique (que le monde n'est pas beau) : « Sous l'affreuse crème,/près des bois flottants./»

2506. D'ailleurs, si quelque chose du monde est beau, ce n'est pas accessible : « Ni l'une/ni l'autre fleur » «… bras trop courts… » (Mémoire).

2507. D'ailleurs, si c'est beau et si par hasard c'est saisissable, ce n'est pas transmissible aux autres : « c'est trop beau ! trop ! gardons notre silence ! » (autre lecture ; see rem. 2498).

2508. Ironie de Rimbaud, en quel sens ? (Kierkegaard) : « L'ironie est la voie, comme le négatif : non pas la vérité, mais la voie… Dès que l'ironie intervient, elle indique le chemin, mais pas le chemin par lequel celui qui s'imagine avoir le résultat parvient à le posséder : elle indique le chemin par où le résultat nous quitte. »

2509. Selon l'ironie kierkegaardienne, les deux lectures de « c'est trop beau !… » (rem. 2507, 2498) s'accordent.

2510. Rimbaud : toujours le résultat poétique le quitte. Jusqu'au bout.

2511. C'est par l'ostension et l'ironie, toutes deux absolues, que Mémoire est sommet de la trajectoire poétique de Rimbaud.

2512. La mémoire, c'est dire : c'était cela, c'est cela ; et cela nous quitte.

2513. Nous vivons dans la mémoire ramiste ; mais la mémoire poétique (Rimbaud) est celle des « lieux arbitraires ».

2514. Mémoire, mémorable, par l'association des fragments de mémoire offrant l'évidence du monde en lieux arbitraires, au moyen du lieu arbitraire par excellence dans la langue, le vers.

2515. Mémoire est le poème où le vers de Rimbaud est le plus complexe, le plus novateur, presque sans descendants.

2516. Pourquoi le vers en poésie ? parce que arbitraire mais nécessaire dans la langue, il est le lieu par excellence de la mémoire, où la langue, le désir-être de la langue, retourne (versus), et répète.

2517. Le mètre est arbitraire mais pas immotivé.

2518. P.L. – « La symétrie est le même du différent ayant la mémoire de sa filiation. » Pas seulement la symétrie séquentielle.

2519. Le trobar met plusieurs grilles autour de l'amors : la cobla, chambre, laboratoire central ; la canso, constellation de coblas, le livre, qui délivre.

2520. Variations de la voie ironique : l'effacement, l'inachèvement ; l'imperfection.

2521. Variation centrale de la voie ironique : le résultat nous quitte ; détruire. « La destruction fut ma Béatrice. »

2522. Voie du prolongement potentiel : l'effini (see rem. 2335).

2523. Vers le rythme : Dès que les variations sont des variations réglées (enveloppe métrique), métriques elles-mêmes, si l'on veut, par un autre même (une autre mêmeté), ou le même (la même), il y a commencement d'effini.

2524. L'effini de la variation ne s'épuise pas presque d'un seul coup, comme le fait la répétition circulaire.

2525. Si la variation ne se révèle pas d'un seul coup, dans l'effini mesuré, à variation effinie elle-même mesurée, l'enveloppe métrique est au plus près du rythme.

2526. La variation effinie déplie le cercle en spirale : revêtements du temps.

2527. Tout poème : Il n'y a pas de point final, rien que des points intérieurs.

2528. Programme des proses et poèmes effinis (séquences de Morse-Hedlund ; contre le hasard) : le hasard a ce défaut, si on part d'un tout petit nombre d'éléments, qu'en toute séquence au hasard de dix mots, par exemple, tout mot sera tôt ou tard répété immédiatement et répété immédiatement aussi longuement qu'on veut ; et toute séquence de ces dix mots, quelle qu'elle soit, aussi longue qu'elle soit, sera elle aussi répétée un jour, et aussi longuement qu'on veut ; ces répétitions, seulement, puisque au hasard, ne seront jamais réglées, ni prévisibles. Mais précisément parce que tout texte explicite est fini, si le poème ou prose effini-indéfini doit se construire, la séquence au hasard doit être à l'avance choisie, et les répétitions chaotiques, au hasard, alors auront été prévues, seront devenues prévisibles, par simple mémoire ; on perd sur l'imprévision, sur la répétition on perd aussi ; cela dès que le prolongement est supposé non borné, indéfini, ce qui est le cas dans un tel programme ; le poème fini, la prose finie, ne risquent rien de tel, si on les considère comme début de texte indéfiniment prolongé. Mais ils apparaissent comme noyau d'une métrique, et on est ramené simplement à une répétition circulaire, ou cyclique. Les séquences de Morse-Hedlund, au contraire, permettent un véritable effini, parce qu'elles refusent toute espèce de répétition immédiate contiguë.

2529. Un chemin est contraint par le paysage.

2530. Les paysages s'ordonnent de la langue.

2531. Dans les paysages déductifs (topologie transposée), ouverts autour de points, le regard défriche les landes de mots, la main conduit chaque ligne noire jusqu'à son retour.

2532. En poésie, les contraintes sont l'élucidation d'un entrelacement.

2533. Les contraintes ruinent les énigmes.

2534. Photographie : the past performance of the sun.

2535. Le présent continu de Gertrude Stein est le présent de la composition.

2536. La prose-Stein est à la prose en général (selon elle) dans la même relation que la phylogenèse à l'ontogenèse.

I (2537-2853)

2537. Les entiers de tout le monde ont une naturalité anthropologique. Est-elle de nature historique ? (rem. 2363.)
2538. L'effini indéfini non infini est soumis non à la possibilité du « plus uno » (rem. 2376) mais à ceci : on peut toujours aller plus loin. Ce qui ne veut pas dire qu'on peut aller plus loin pas à pas. On est toujours confronté à l'indistinction.
2539. La théorie générale des mètres formule des règles d'enjambement, de césure… qui sont des règles purement abstraites.
2540. Je ne peux pas sortir du 'grand incendie de londres' pour le voir.
2541. (rem. 2490) Il est vrai que le rêve lui-même n'est plus réellement là, dans mon souvenir. Il est mêlé de son récit.
2542. La poésie combat l'automatisation dans la langue.
2543. Les mots saisis, avalés par la mueslilangue, perdent toute visibilité.

gertrude (see rem. 2070 à 2096)

2544. L'explication intérieure à la narration est le contraire de l'autobiographie.
2545. Gertrude oppose la période (« phrase » ; bad) à la phrase (« sentence » ; good), mais surtout au paragraphe (good).
2546. Le point d'interrogation : « The question mark is alright when it is all alone or when it is used as a brand of cattle or when it could be used in decoration but connected with writing it is completely entirely completely uninteresting. »

On pourrait décorer du point d'interrogation espagnol. En poésie.

2547. Pour un poème – Le troupeau d'Archimède, hommage à Gertrude Stein : un sonnet caudato inachevé (etc.) de points d'interrogation.

2548. Gertrude a une petite faiblesse pour les majuscules. Car elles ne substituent pas aux points. Elles s'ajoutent à eux, les réconfortent.

2549. Les majuscules sont aux points ce que le marquage initial est au marquage final.

2550. La majuscule steinienne est nostalgie de poésie. Dans son poème narratif de 1931 « A Narrative Poem Of Poetry », elle majuscule à tour de bras et ponctue de points partout (mémoire de la vieille prose anglaise) : « He knew that. Roses. Are. Roses. And. Roses. Are. White. And Roses. Are Rose. Colored. »

2551. Les majuscules sont nostalgiques comme les chevaux. « Slowly and inevitably just as with horses capitals will have gone away » (see poème de Reznikoff).

2552. Les vrais héros de la phrase steinienne sont les simples soldats de la grammaire, les petits mots, les mots outils : particules, articles, prépositions…

2553. Dans *Poetry and Grammar* un éloge mérité de la préposition qui « can live a long life being really nothing but absolutely nothing but mistaken ».

2554. La préposition steinienne est un hyperverbe (see rem. 2086).

2555. Un axiome de l'article steinien : « if a is an article an is a temporal wedding ». En épousant la voyelle ?

2556. Un axiome de l'article steinien : « yes is an article ».

2557. Axiome de la poésie (Stein) : la poésie s'occupe d'alphabets et d'anniversaires.

2558. La poésie sauve le « noun » (le substantif). Gertrude sauve la phrase.

2559. Phrases et titres – « What is the difference between a title and a sentence. They are all alike. » (Voix d'Alice, à l'intérieur de la prose) « What is the difference if they are all alike. » (« They » peut désigner « ils », « elles » ou « on ».)

2560. Phrases et titres – « Titles are made of sentences without interruption. »

2561. La phrase est un tout, est continue, est pleine comme un titre. Le titre contient quelque chose qui a affaire à la continuation : ce dont le titre est le titre. La phrase doit de même impliquer sa continuation, qui est le paragraphe : ce dont la phrase sera le titre.

2562. *Remarque supprimée.*

2563. Un titre, une phrase sont non fragmentés, non interrompus, parcourus toujours dans un seul sens ; en conséquence : « A sentence is not a ramification. »

2564. Il faut régler son sort au « ou bien, ou bien » (either or). La phrase s'en charge : « A sentence makes horses either. »

2565. « It is very difficult to think twice. This is very well done because it does not stop. » Ce qui est « very well done », c'est la phrase qui précède. Cette phrase est un axiome dont la conséquence est « it does not stop ». Gertrude est toujours particulièrement contente des phrases qui disent quelque chose de ce qu'elle cherche à dire de la phrase : « self-imbedding » théorique.

2566. Tentative de séparation solidaire : « A sentence is made to be divided into one two three six seven starting with one. Rain. » « A sentence divided into two. Pampas grass. A sentence divided into three. He is never to be allowed to continue to commence to prepare to wait. » Que « Rain. » constitue une « sentence divided in one », « Pampas grass. a sentence divided in two » is straightforward. La « solidarité » est également self-évidente. L'exemple de la séparation-fusion ternaire est plus complexe (et dans « Gertrude Stein Grammaticus » (1981 publié en 1983), je n'avais pas entièrement interprété l'exemple en termes de TRA (m, M))). Il y a distribution en trois virtuelle (pas ramification donc) : « to continue, to commence, to prepare ». Mais en même temps il y a consécution : « continuer à commencer à préparer ». La duplicité de l'exemple tient à la difficulté d'identifier la séparation si on ne la connaît pas à l'avance (ici on sait que le nombre de la division est 3), donc de s'arrêter sur ses articulations. Il ne s'agit pas d'une segmentation par pure concaténation (la séparation l'emporterait sur la totalisation) : les divisions (les phrases singulières de la division) sont soudées entre elles à distance, par une intrication.

2567. La phrase ternaire de la rem. 2566 est un exemple de « cascade », apparentée au Compléments de noms de M.M. et aux infinitifs d'Emmanuel Fournier (Croire devoir penser (où la même duplicité est présente)).

2568. Dans la phrase de la rem. 2566, si on ne sait pas qu'elle est voulue ternaire, on peut choisir de lire une (double) construction quaternaire. En fait l'ambiguïté demeure sur le choix des trois parmi les quatre.

2569. Contrainte : x à y à z à…

2570. Incommensurabilité des niveaux : « A sentence has nothing to do about words. » La phrase n'est pas ses mots, est plus que ses mots, est « infinie à la Véronèse » par rapport à ses mots.

2571. Chaque mot de la phrase steinienne est un infiniment petit par rapport à elle (see vers et positions).

2572. Un mot de phrase steinienne n'a pas de durée. « What is the difference between a sentence and words. A sentence has been ample. »

2573. La phrase steinienne réitère qu'elle a été.

2574. La phrase steinienne a une amplitude temporelle autant que spatiale.

2575. (rem. 2566) Comme on ne peut pas avoir « to wait to », la kyrielle ne pourrait pas se poursuivre.

2576. Une phrase est pleine, est une « scala fondamentale ». On ne peut rien y ajouter. « A noun should never be introduced in a sentence. »

2577. Évidences catégorielles (méthode axiomatique) – « A sentence is not a name of a thing, is not verb is not noun. »

2578. Il y a plusieurs sortes d'objets constituants de la géométrie axiomatique de la phrase comme artefact artistique (see Grundlagen, see Queneau-Hilbert).

2579. Le substantif trouble, déséquilibre : « A sentence is a mention of their seeing silk in paper. Anyone can see that a noun means disturbance. There can not be a noun in a sentence without there having been a disturbance in the meantime. A noun should not be in an undisturbed sentence. »

2580. Les noms communs sont les accidents de parcours de la phrase. Ce sont ses irsuta.

2581. Le nom propre a fortiori détruit l'équilibre de la phrase. « Remember a sentence should not have a name. » « A name is familiar. A sentence should not be familiar. » « If there is a name in a sentence a name which is familiar makes a data and therefore there is no equilibrium. »

2582. Ostranienie de la phrase steinienne.

2583. Une phrase n'est pas une banque de données.

2584. Défaut du nom commun : « A noun provokes questions. » Il impliquerait un point d'interrogation dans la phrase.

2585. Alice est le nom propre implicite du lecteur de la phrase steinienne. Il n'est pas « introduced » dans la phrase.

2586. (rem. 2095) « Can you think a sentence. » « A sentence thinks loudly. » Le bruit annule la pensée ; ou encore : si la phrase pense, il y a bruit, il y a « disturbance » ; alors, c'est une mauvaise phrase.

2587. La phrase ne pense pas, ou elle pense à rien ; mais la phrase n'est pas un « aboli bibelot d'inanité sonore ». « What is a sentence. With fill with fill will will will will with then. This is not a sentence. This is a song. »

2588. Mais après tout, pourquoi pas le chant ? Le chant fait de sons comme la phrase de mots ? « A sound is the name of the sense, which they have. A sentence is made not by sound. » La chose sens est en leur (à eux, elles) possession. Le son n'importe pas à la phrase. Il n'y a pas à dire ce qu'on possède, l'intérieur insulaire de la vie.

2589. Axiome – « Le son est le nom propre du sens. »

2590. L'exclusion du son est corollaire de la définition-stein de la poésie : caresser, adorer, détester le nom des choses, telle est la poésie, et le nom propre de ce qu'elle est, de son sens, le son.

2591. Penser une phrase – Volonté de penser une phrase, une phrase lue ou entendue ou méditée, ayant existé antérieurement à sa déposition dans le réservoir de toutes les phrases-stein, produites continûment et nocturnement dans leur (à eux, à elles) île, l'occurrence accidentelle dite précédant la phrase écrite et prenant sur elle tout le poids de toutes les intentions ordinaires et significations.

2592. Arbitraire de l'unité phrase « A sentence should be arbitrary. It should not please be better. » Phrase amorale.

2593. La phrase-stein, qui est un signe exclut l'intention, l'information, le sentiment : « When it is there it is out there. This is a sentiment not a sentence. »

2594. Arbitraire de la phrase : axiome de continuité, axiome d'erreur, ambiguïté, oblicité, ellipse.

2595. (rem. 2296, 2297) « You can see that a sentence has no mystery. » La phrase-stein n'est pas une chute.

2596. Le ton de la phrase est celui du conte.

2597. La phrase crée l'évidence non le mystère. Cette évidence est de même nature, arbitraire, mais nécessaire, que celle qui lie le titre et ce qu'il désigne. Cette évidence s'établit après, par la mémoire de la lecture.

2598. L'évidence de la phrase procède d'une reconnaissance puisque la phrase-stein est la jumelle de la phrase-Alice, la pré-phrase entendue, sortant de l'intérieur du souvenir, s'imposant comme la redécouverte de quelque chose qui, déjà, existait : dans ce lieu privilégié du monde, où sont les phrases, l'île de la vie d'un double, qui est elles.

2599. La phrase est biipsiste.

2600. Toute phrase-stein est d'amour.

2601. L'évidence des phrases-stein parvient, indirectement jusqu'à nous, portée par certaines d'entre elles, par aphorismes, par leur mimesis du langage cuit.

2602. Toute phrase-stein est le doppelgänger d'une phrase implicite, sous-entendue ; d'une phrase-toklas.

2603. L'éthique et esthétique de la phrase-stein sont amoureuses.

2604. L'équilibre péremptoire de la phrase s'impose à nous. On ne peut, devant les phrases, en vérité, douter. « Sentences are indubitable. »

2605. Si les phrases-stein présentent, si souvent, le caractère d'une énigme, ce n'est pas seulement qu'il nous manque cette mémoire qui trie l'évidence, et n'empêche pas tout à fait l'évidence de laisser sa trace en elles. L'énigme est en elles, par nature. « Hills are surrounded by their having their distance very near. »

2606. Il n'y a pas de pensée dans un chef-d'œuvre, dit Gertrude. Et « What is a sentence. A sentence is an imagined masterpiece. »

2607. La phrase parfaite comporte une question, une question introduite en une phrase qui est la question même de la phrase. « What is a sentence. »

2608. La phrase réponse qui vient après la phrase question est un exemple de phrase-stein, qui contient l'essence de toute phrase, l'intérieur de la phrase, l'inscape de la phrase.

2609. La ressemblance aphoristique est une fausse piste. La stratégie de l'aphorisme comporte l'introduction de mots, leur insistance, leurs majuscules implicites, leurs exclamations.

2610. La question « qu'est-ce qu'une phrase », insistante, accentuée (son instress) procède de l'accident d'une évidence quotidienne, irréductiblement particulière qui transporte le monde biipsiste dans la phrase même : « A sentence is an imagined frontispice. In looking up from her embroidery she looks at me. » Elle est là. Elle n'a pas besoin d'être soulignée d'un point d'interrogation.

2611. Les admirateurs de Finnegans Wake, de L.F. Céline… sont aujourd'hui les bien-pensants.

2612. Il est bon parfois d'avoir affaire à de la pensée ébouriffée.

2613. Je préfère presque toujours la pensée-hérisson.

2614. Le moment le plus approprié à la méditation est le matin, quand la terre de l'esprit est vide de tout sens.

2615. Préparation de la méditation – il faut, le soir qui la précède, avoir lu, ou relu, avoir écrit, ou récrit deux ou trois fois les fragments qui seront retenus pour la contemplation, les ayant divisés en autant de points ou lieux qu'il sera nécessaire pour que puisse émerger après la nuit la lumière particulière à cette méditation.

2616. Préparation d'une méditation – On sème les mots appropriés, mais les idées sont toujours noires, simples, pénibles.

2617. Méditation – Nous déterminons en nous-même quels préludes ou préambules sont nécessaires à la méditation ; distinguer précisément les mots et les images appelés par chaque point, par chaque lieu, et ceci de manière rapide, afin de ne pas affaiblir la soudaineté de la lumière, telle que nous désirerons la voir peser sur l'objet de la méditation.

2618. Préparation de la méditation – Allongé sur le lit, dans la nuit, arrangeant notre corps pour le sommeil, nous essayons de nous représenter par la pensée comment en ce moment du matin où, nous éveillant, chaque point de la méditation se présentera devant nous, s'étant travaillé et illuminé lui-même en notre sommeil, et comment se présenteront aussi à nous les mots composés et les images, les uns, les unes après les autres, alors, les mettre en l'ordre qui sera suivi pour les contempler.

2619. M'éveillant, dans l'avant-matin, l'obscurité encore entière, les moments de cette méditation se présentèrent ainsi que la nuit les avait prévus, chaque syllabe tombée d'un vers : page port son et vent fontaine horizon nuit pendule miroir arbre ciel étoile eau air jour et froid et fumée et signe doigt tête terre.

2620. début de la méditation – Au début, sourd, les mots se perdent, la lumière insuffisante ne conduit nulle part, chaque pensée est une ombre, chaque ombre est entre des nuages, il n'y a pas d'ordre.

extrême contemporain

2621. La poésie est contemporaine extrême.

2622. Question contemporaine : La poésie s'inscrit-elle encore dans l'univers matériel ?

2623. L'anachronisme de la poésie est radical. Entre la poésie et l'univers, nulle contemporanéité, semble-t-il, ne subsiste. Il en était autrement, nous dit-on, aux origines : Grèce, Troubadours, Shamans, Bible. Ne pas croire cela.

2624. La poésie est l'extrême-contemporain parce qu'elle pose le plus extrêmement aujourd'hui la question de la survie.

2625. Dans l'état présent du monde, le détournement final, économique et politique de l'axiome galiléen : « le monde est écrit en langue mathématique » propose à la poésie deux injonctions également basses : soit la séparation définitive des deux sphères, le rapport à l'univers étant désormais technique (y compris dans l'utilisation des discours qui « poétisent » tout : la philosophie, la publicité, les couchers de soleil (plus rarement les levers)) ; soit l'absorption de l'une en l'autre, enchantement de la totalité, comme dit Jean-Claude Milner : « là est la poésie maintenant » ; ou encore : « La poésie est vieille à l'âge de l'ordinateur. »

2626. Une réponse contemporaine : en langue mathématique, écrire non seulement le monde, mais aussi ce qui s'y écrit : la langue, la poésie. C'est une position de sceptique s'il en est, maniant à la fois la dérision, l'ironie, le jeu : Duchamp, Queneau, Perec, Calvino, entre autres. Cette proposition est inséparable de cette autre : écrire en poésie la langue mathématique qui écrit le monde.

2627. S'il est vrai que les propriétés du langage supposent des mondes possibles – s'il est vrai que le langage participe de l'ordre du monde –, chaque état de langue (qu'il soit approprié par la poésie, le roman, ou autres arts du langage) suppose qu'un parmi ces mondes est spécifié, à l'intérieur duquel s'établir – suppose de s'y établir dans la singularité.

2628. Comment construire l'extrême ? Il n'existe pas dans la langue – Il n'est aucunement définissable en comparaison (ce n'est ni le sublime ni l'intention obscure du corps) – Il reste identique à travers les mondes possibles de la nomination poétique.

2629. Si on veut y inclure le formel, on ne pourra se référer seulement à quelque chose qui fasse nombre – ni seulement à quelque chose qui soit limite, le rythme.

2630. Comment organiser l'itinéraire vers l'extrême ? Il y a une première décision (parmi quatre) : il n'est pas possible d'éviter d'être sur certains points en situation d'antinomie par rapport à la langue naturelle.

2631. Deuxième décision (de l'extrême) – l'extrême est un point de vue sur le contemporain, permettant d'y consentir, provisoirement. Ceci affirme simplement que les propriétés reconnaissables du contemporain des mondes ne sont pas des enregistrements purs du désir.

2632. Troisième décision de l'extrême – Il n'y a pas de point-limite à l'extrême, pas plus qu'il n'y a de retour (ce n'est ni une borne, ni un point à l'infini, c'est un point dans l'effini indifférencié).

2633. Quatrième décision de l'extrême : du point de vue empirique, la seule donnée est qu'« il y a du contemporain dans la langue », mais la question de la procédure d'accès demeure problématique.

2634. Une attitude décisivement non contemporaine : agir comme s'il était possible de poser des critères du contemporain. On ne peut accorder de sens à la question : « Comment, par quels moyens conceptuels ou formels, savoir qu'on a affaire au contemporain extrême » ?

2635. En effet : chaque instance du contemporain extrême doit se distinguer de toute autre.

2636. En effet encore (en compréhension) : il faudrait des propriétés communes, mais il ne peut pas ne pas y avoir plusieurs hypothèses explicatives, dès lors qu'on tente d'expliquer (nécessairement de manière extérieure), et ces hypothèses devraient être compatibles. On retrouve le paradoxe des indiscernables, nœud que seule une décision arbitraire (décision de groupe ou de gang) peut trancher sous un nom unique : le contemporain est là.

2637. Le contemporain ne se résume pas à une liste de propriétés.

2638. Le contemporain (extrême) n'est pas réaliste : on n'exigera pas de lui autant d'être qu'en a une langue naturelle.

2639. La seule matière empirique du contemporain est la langue (rem. 2637).

2640. Donner à l'extrême contemporain des propriétés définitoires et un statut de possible logique ferait de lui une conséquence particulière du simple contemporain, lui ferait perdre son statut de « hors présent ».

2641. Aucune nécessité de sens ne constitue l'extrême contemporain en un moment privilégié de l'histoire.

2642. (rem. 2637-2641) Les exigences précédentes sont niées aussi bien par la littérature de gare que par la littérature d'avant-garde (en tant que littérature d'avant-gare).

2643. Comment choisir entre le contemporain comme fiction et le contemporain comme réel. Les modernes hésitent.

2644. Comment ne pas attribuer de propriétés à un ensemble de textes dits contemporains, pour marquer en eux l'extrême (ou son absence). Cela ne peut se faire ni par induction ni parce que « c'est comme ça ». Il faut avoir recours à une décision de fondation : si, en effet, on trouvait des propriétés certaines indépendantes de toute induction, on retomberait dans l'aporie de la rem. 2640, sans même tenir compte des interrogations de l'incertitude. La décision de fondation de l'extrême contemporain est-elle alors autre chose que la réalité changée en son extrême par la fiction.

2645. Le lecteur de l'extrême contemporain est un aveugle-né.

2646. L'extrême contemporain : « On n'a pas besoin de connaître le plan de la maison pour avoir envie de sauter par la fenêtre. »

2647. L'extrême contemporain, poésie : Pas d'intuition instantanée d'une connivence entre l'auteur et le lecteur. Elle ferait de la poésie une sorte de « javanais » (ou de verlan).

2648. L'extrême contemporain : N'est pas la démarche cryptographique ou ses variantes de nombrement dans quelque arithmétique standard ou non. L'Oulipo n'est pas, en soi, contemporain extrême.

2649. Être contemporain (en littérature) n'est pas donné par la pure position.

2650. Les contemporains, se voulant extrêmes, se voudraient aussi sans origine, ou, plus exactement, d'une origine non accessible, séparés d'elle par une rupture de stabilité, une catastrophe en somme. Si on adopte cette position on va naturellement privilégier le désordre statistique (ou plutôt ses imitations paresseuses les plus grossières). Cette conception de la contemporanéité n'échappe pas à la pensée naïve de la littérature, se contentant de la traiter en antinomie, point par point. L'exigence communicantatoire, les systèmes de signaux, les tropes, ne sont pas loin.

2651. La poésie, si elle est contemporaine, l'est extrême.

2652. La contemporanéité de la poésie tient en quelques déclarations – déclaration de sa légitimité dans l'univers réel. – Déclaration du refus de non-dire (comme du dire n'importe quoi) (contre la stratégie new-yorkaise des *disconnected trivia*). – Déclaration du refus de l'indifférence à dire. – Déclaration d'amour et de droits, d'amour et détestation de la langue.

2653. L'extrémisme de la poésie est de ne jamais céder sur cela (rem. 2652).

2654. On n'assure nullement que la poésie « ne dit rien » en ne disant rien.

2655. On n'assure nullement que la poésie « dit tout » en disant tout.

2656. On n'assure nullement que la poésie pense en pensant en poésie.

2657. On n'assure nullement que la poésie « ne pense pas » en ne pensant rien.

2658. Il y a un lien de nature entre la dissolution des rapports privilégiés anciens qui existaient entre vers, prose et langue et l'angoisse qui s'est installée quant à la possibilité même d'écrire et surtout d'écrire de la poésie.

2659. La « haine de la poésie », l'interdiction de la poésie, qui est un des enjeux actuels de la littérature vient, d'une part, de l'angoisse née de l'effondrement d'un système de référence longtemps admis implicitement par tous, d'autre part de l'impossibilité, devenue manifeste, après plus d'un siècle d'efforts en ce sens, de lui en substituer un autre ayant le même statut d'universalité muette, c'est-à-dire dans lequel on se reconnaît sans savoir qu'on s'y reconnaît.

2660. Le **VIL** (Vers International Libre) fait aujourd'hui (1994) fonction de modèle implicitement adopté.

2661. Avant Crise de vers, le système du vers, et le fait qu'il fait le partage entre poésie et prose, n'est même pas discuté. « Les premiers principes sont hors de discussion » (Ducasse).

2662. Les poètes, comme dit Réda, « portent le chapeau » parce qu'ils n'ont pas empêché, ou sont même tenus pour responsables de la chute du système traditionnel (chute qui dépasse largement le problème, « technique », du seul alexandrin).

2663. La prose « lacanienne » (terriblement présente chez les lacaniens) est la recherche inconsciente d'une métrique de substitution.

2664. La référence mallarméenne, chez Lacan, le conduit à une grimace de vers. Sa prose tente de valoir « en tant que vers rompu ». Mais c'est un vers d'il y a bien longtemps. D'où son aspect étrangement désuet.

2665. Les mouvements dans la forme vers ne sont pas réversibles.

2666. C'est la marque d'une situation de « catastrophe généralisée » (tourbillon) que la difficulté à penser la situation du vers (de la poésie) en dehors des termes de regret, abîme, table rase.

2667. Le vers libre des objectivistes, de Pound, de Williams (après Whitman et Edgar Lee Masters) est à la source du VIL.

Mais il est d'abord vers fondateur d'une candidate langue : l'« american-english ».

2668. Le VIL, comme toutes les variantes de « vers libre », manifeste un affaiblissement général rythmique. Mais c'est peut-être une condition générale à l'établissement de métriques nouvelles : le minimum anodin où chacun peut se reconnaître et absorber du nouveau sans être choqué dès l'abord.

2669. Un des meilleurs VILs est celui de Jean Daive dans Sllt.

2670. Toute métrique est une juridiction.

2671. La traduction poétique participe de la mise en mémoire de la langue par la poésie ; par exemple par l'emprunt d'un système de vers d'une autre langue (hexamètre dactylique latin).

2672. La traduction métrique permet d'assurer une distance à la langue dans la langue.

2673. Traduction au sens large : autant à partir d'autres langues que d'autres moments de sa propre langue et d'autres états de langue, contemporains ou non (comptines, cris des rues, silences).

2674. Les Troubadours furent pour Pound une des régions du paradis perdu. Ils sont pour moi tout le paradis poétique perdu. Mais pour moi (comme auparavant pour Zukofsky), et à la différence de Pound, il s'agit d'un paradis formel.

2675. Pound était frappé de surdité et cécité formelle (partielle).

2676. Parce qu'il voit l'importance fondatrice du trobar, Pound est tenté de réhabiliter Cavalcanti (contre Pétrarque, mais pas, étrangement, contre Dante).

2677. Pound est un nostalgique. Il pense l'histoire de la poésie comme une chute, qu'il affronte par la destruction et la fragmentation (couleurs tombées du ciel). Il se voit, seul, devant le « désastre obscur ».

2678. L'amnésie n'a jamais été une bonne chose, même et surtout celle des révolutionnaires. La table rase n'est pas une arme efficace contre le poids du passé. Elle est pratiquement impossible à moins d'une tentative très radicale, une solution finale (la shoah, le génocide indien, Pol Pot...), dont la réussite n'est jamais assurée (il reste des fantômes, au moins).

2679. La stratégie de la table rase, en poésie, a des effets ironiques de retour, dont le « vers libre français standard » fut un cas typique.

2680. Queneau cherchait plutôt la contrainte invisible. Il avait la pudeur de la contrainte.

2681. Queneau nouveau Léonard (de Pise).

2682. Pour FLL, le nombre arithmétique était, en un sens, secondaire. Tout au plus était-il « remarquable ». Ses extensions transfinies de la Table de Queneleiev (see Troisième Manifeste) montrent une certaine impatience envers les axiomes de Peano : ça traîne. Il prévoit une transfinité de contraintes.

2683. Le projet de FLL était une transfinité de Ou-x-pos (x récursivement défini par enchâssement).

2684. Pour FLL la contrainte s'épuisait dans le geste de sa découverte, qui nécessite sa définition.

2685. Il n'est pas nécessaire alors qu'un seul texte soit écrit satisfaisant à une contrainte oulipiennement formulée.

2686. Quel est le statut d'une contrainte représentée, illustrée par 0 texte ? d'une contrainte ne pouvant pas être représentée par un seul texte ? Y a-t-il une potentialité de l'impossible ?

2687. L'hypothèse de Roubaud – L'Oulipo est un roman non écrit de Queneau.

2688. L'Oulipo est un groupe littéraire qui contient des non-littérateurs.

2689. Il y a un pôle quevalien de l'Oulipo.

2690. Le <u>quevalisme</u> : écrire un texte qui, devant être fidèle à une contrainte (définie de manière ambiguë, ou vague), est en fait écrit suivant une autre (qu'on devine), qu'il ne respecte pas.

2691. Les <u>contraintes canada-dry</u> (exemple : les fausses contrepèteries de Caradec) appartiennent au pôle quevalien, <u>troisième pôle</u> de l'Oulipo.

2692. Les trois pôles de l'Oulipo : le pôle quenellien (la contrainte et ses modèles) ; le pôle FLL (la contrainte seule) ; le pôle quevalien.

2693. L'existence de l'Oulipo (indiscutable) n'assure pas qu'il existe un auteur réellement oulipien. G.P. est celui qui s'en approche le mieux.

2694. La célèbre définition de l'auteur oulipien, « un oulipien est un rat qui construit le labyrinthe dont il se propose de sortir » suppose une idée particulière du monde dans lequel l'oulipien vit : que c'est un piège construit par un démon cruel et subtil.

2695. La liberté de l'auteur oulipien (plus généralement de celui qui écrit avec contraintes, mais dans le cas de l'oulipien il y a en plus la conscience de ce que telle est la situation) est atteinte en affrontant la contrainte librement choisie.

2696. L'oulipien-rat n'est pas le rat-Swift des dernières paroles de l'auteur de Gulliver : « I am dying like a poisoned rat in a hole. I am what I am. I am what I am ! » (see John Clare.)

2697. L'oulipien-rat est un rat mithridatisé dans une certaine mesure.

2698. Le sentiment d'être rat (« hypocrite rongeur, mon semblable, mon frère »), que rat est ce que nous sommes (de bien des manières) est la condition d'une libération de l'oulipien en tant qu'auteur.

2699. En tant qu'auteur seulement.

2700. L'idée d'une certaine libération par la contrainte ne peut en aucun cas être confondue avec l'idée stupide (des surréalistes, puis de Tel Quel (mais aussi de certains, à Change !)) que « l'écriture est révolutionnaire ».

2701. (rem. 2694, mais moins évident). L'auteur oulipien est celui qui essaye, aussi, de sortir du labyrinthe construit pour lui par Queneau et Le Lionnais.

2702. La stratégie de la contrainte quevalienne est une manière de se défendre du labyrinthe oulipien.

2703. Il est naturel qu'un des membres de l'Oulipo soit un spécialiste de la théorie mathématique des labyrinthes (Pierre Rosenstiehl).

2704. L'auteur oulipien doit être quelqu'un qui lit Alice in Wonderland, pendant qu'il écrit Alice et qu'il est Alice.

2705. L'auteur oulipien est en même temps quelqu'un qui n'est pas maître du jeu : le héros d'un des romans favoris du Fraisident-Pondateur, The Squares of The City de John Brunner.

2706. S'il est vrai, selon la métaphore galiléenne, que le monde est écrit par Dieu en langue mathématique, le monde oulipien est celui où on écrit l'écrit dans cette même langue. C'est dur.

2707. La ressemblance de la contrainte oulipienne avec la contrainte traditionnelle a été exagérément soulignée par les fondateurs (en partie pour des raisons circonstancielles, polémiques).

2708. Une contrainte traditionnelle (la tragédie classique, le sonnet, exemples favoris de Queneau) est très rarement susceptible d'une définition satisfaisant aux critères sévères de la formalisation oulipienne (en particulier stabilité, non-ambiguïté).

2709. La forme-sonnet ne peut pas être considérée comme une forme oulipienne.

2710. La contrainte oulipienne n'a pas vraiment démontré sa capacité à être ce que les grandes formes traditionnelles furent, une forme de vie transmissible.

2711. Une contrainte oulipienne est volontairement, et consciemment, oulipienne.

2712. Il n'y a donc en fait aucune œuvre oulipienne avant l'Oulipo. C'est le sens de la notion de plagiat par anticipation.

2713. L'Oulipo avance dans la direction du passé autant que dans celle du futur. Ce n'est pas un trait particulier à l'Oulipo. Mais il a dans l'Oulipo sa forme spécifique : le regard sur une œuvre écrite suivant une contrainte « plagiée » est nettement modifié par la reconnaissance du fait qu'elle est cela.

2714. Du point de vue de l'histoire littéraire oulipienne toute la littérature entre dans le champ de la potentialité.

2715. L'auteur oulipien ne travaille pas au hasard. Gouverner le hasard (S + 7) n'est pas être gouverné par le hasard.

2716. La contrainte S + 7 travaille sur une contingence, mais qui renvoie à une relation rigoureuse, celle des mots du dictionnaire.

2717. L'oulipien est un facteur – L'auteur oulipien est un fabricant, un artisan, un *faber*, un *fabbro*, un « facteur » selon la terminologie des (Grands) Rhétoriqueurs.

2718. L'idée du Chef-d'œuvre oulipien. – Comme le facteur de la Grande Rhétorique, la tâche de l'auteur oulipien est la fabrication d'un Chef-d'Œuvre, architecture de contraintes oulipiennes oulipiennement agencées. Vme est la seule œuvre oulipienne qui s'approche de cette idée.

2719. Principes de Roubaud, 1 – Un texte écrit suivant une contrainte parle de cette contrainte.
2720. Principes de Roubaud, 2 – Un texte écrit suivant une contrainte dont le modèle mathématique existe contient des conséquences (non triviales) de la théorie mathématique qui le crée.
2721. Principe canada-dry – Un texte a l'air écrit suivant une contrainte : il ressemble à un texte sous contrainte, il a la couleur (rhétorique) d'un texte avec contrainte. Mais il n'y a pas de contrainte.
2722. Principe de l'oulipien dit de Polya – Un texte est annoncé comme composé suivant une contrainte. Il s'efforce d'en respecter une autre, mais est écrit suivant une troisième.
2723. Principe schismatique – Une contrainte n'est pas oulipienne si elle ne possède pas au moins un modèle (un texte écrit suivant la contrainte).
2724. Principe ontologique – Une contrainte oulipienne conduit à de la littérature.
2725. Un modèle oulipien est toujours de la littérature. Il n'y a pas de raison que ce soit de la bonne littérature.
2726. Principe de Queval – Un texte est écrit suivant une contrainte mais, par modestie, l'auteur a si bien caché la contrainte qu'il n'est pas certain qu'on la découvre.
2727. Les principes des rem. 2719 à 2724 et § 2726 sont des principes parfois respectés par les textes et auteurs oulipiens.
2728. Idée de contrainte : choisir une contrainte a, qui a des effets sur le choix des mots possibles. La contrainte sera alors de n'employer que des mots qui ne satisfont pas à la contrainte a. Ce sera la contrainte non-a.
2729. Variante de l'idée de contrainte non-a : un texte qui ne satisfait pas à la contrainte a.
2730. Autre variante : la contrainte « contraire de a ». Ce qui est autorisé par la contrainte a est interdit par la contrainte « contraire de a ».
2731. Exemple de la contrainte de la rem. 2728, variante de la rem. 2730 – Le texte de J. J., « Les sept règles de Perec », satisfait à la contrainte « contraire de a » obtenue à partir de la contrainte du lipogramme en e (contrainte dite des

« revenentes »). Mais pour cela il faut définir la contrainte du lipogramme en e de la manière suivante : les seuls signes vocaliques autorisés sont a, i, o, u, y.

2732. La formulation de la contrainte du lipogramme en e de la rem. 2731 est « équivalente » à la définition usuelle en ce qui concerne les résultats, les modèles (les deux contraintes ont les mêmes modèles). Mais les seuls textes satisfaisant à la contrainte « contraire du ; lipogramme en e » sont les suivants : e, ee, eee…

2733. Contrainte des lipossibles : Deux textes a et b (sans tenir compte des accents, des ponctuations, des blancs (découpage en mots)) sont tels que b s'obtient de a par suppression d'une lettre. Exemple : a – Ce sont îles ainsi où paissent des ailes : plaintes, bruines, désir : oiseaux. b – ce sont les ans où passent de sales plantes brunes, des roseaux.

2734. Belle absente en lipossibles – chaque fragment du texte a est un lipossible du fragment correspondant du texte b. La suite des lettres manquantes compose le nom de la « belle absente ». (Si le fragment retenu est le mot, la contrainte est plus douce.)

2735. Comme la rime, mais différemment, la contrainte des lipossibles établit des parentés entre mots : ainsi, on pourrait dire, selon la médecine victorienne : l'onanisme crée le nanisme.

2736. Facilité paradoxale du e-lipossible.

2737. Les lipossibles itérés sont des boules de neige fondantes.

2738. La contrainte des anaérobies de Luc Étienne est cousine des lipossibles (lipossibles syllabiques).

2739. Exemple de modèle de la contrainte de la rem. 2730 : ajouter un e au texte de la Disparition.

2740. Une contrainte a étant donnée, une liste des mots (et formes de mots) satisfaisant à la contrainte établie, la contrainte non-a (au sens de la rem. 2728) utilise tous les autres mots.

2741. Un paradoxe de l'oulipisme – À partir de l'exemple de la contrainte non-a et de ses variantes, on vient aisément (?) à la proposition suivante : tout texte est oulipien. Comme on pressent par ailleurs que tel n'est pas le cas, la question se pose : comment sépare-t-on les textes bien oulipiens des autres, ces usurpateurs ?

2742. Variante de la contrainte « contraire de a », faire porter la contrainte sur chaque mot. Dans ce cas, pour la contrainte du lipogramme en e, le résultat est un texte où chaque mot contient un e.

2743. (rem. 2727) Peut-on dire que les « principes parfois respectés par les auteurs oulipiens » sont des métacontraintes ?

2744. <u>Contrainte « a ou b »</u>. Une contrainte a étant définie ainsi qu'une contrainte b, pour une contrainte « a ou b » par mots (il faut préciser), chaque mot d'un modèle de la contrainte satisfait à a ou à b (ou logique). Exemple : le vers « Le jour n'est pas plus pur que le fond de mon cœur » satisfait à la contrainte a ou b, où a est le lipogramme en e, b le lipogramme en a.

2745. La définition de la rem. 2744 (comme celles des rem. 2727 *sq.*, plus haut) fait partie de l'ébauche d'un « calcul des contraintes ».

(Pierrot mon ami)

2746. *Pierrot mon ami*, comme tous les romans de Queneau, est un roman philosophique. Il traite, comme les autres romans, du monde. Il fait, comme les autres romans, de la description littérale du monde, une lecture allégorique.

2747. C'est le seul roman de Queneau où sont mis explicitement en scène les lecteurs professionnels du sens du monde, les philosophes. Ils sont présents sous leur propre nom, le nom propre de leur tribu, Philosophie.

2748. Que font les philosophes ? Ils regardent le monde. Les Philosophes sont des voyeurs. Ils cherchent à voir ce que le souffle divin va leur révéler, l'Origine du monde, de la vie, l'énigme de la naissance, sa grotte velue, la caverne de l'oracle (c'est ainsi qu'ils comprennent le conte platonicien de la caverne, la caverne de l'oracle, « Le trou trophonien plein de mystère et d'ombre »). Ils n'y parviennent jamais ; D'où leur insistance, leur déception, leur fureur.

2749. Selon Éléazar de Worms, quand le nouveau-né ouvre les yeux sur ce monde, son ange gardien lui flanque une baffe, et il oublie tout ce qu'il savait du passé, du présent et du futur, qui n'était pas peu. Pourquoi ? parce que s'il voyait ce qui allait lui arriver, il refuserait de naître.

2750. Pierrot est un saint. Premièrement, il est myope. La myopie lui évite de succomber à la tentation. Deuxièmement, un des philosophes les plus proches de l'état de sainteté moderne, très respecté par Queneau, Baruch Spinoza était polisseur de lunettes.

2751. Pierrot est un saint (d'une sainteté sans ostentation, modeste). Cela se voit à la manière dont il traite le temps « Le temps passe de temps à autre, Pierrot ferme les yeux, et il saute comme ça dix minutes, un quart d'heure. »

2752. Valentin, le soldat Bru, est un apprenti-saint : il lui faut des exercices pour suivre le fil du temps.

2753. Pierrot est un saint : il est léger, ne pèse pas sur le monde, le monde ne pèse pas sur lui. Il atteint spontanément à une sorte d'invisibilité distraite.

2754. Plus proche encore de la sainteté est l'absence de pensée, la réticence à penser selon les modes habituels, si pauvres, c'est-à-dire entretenir la pensée de quelque chose. « Pierrot poursuivait sa route et ne pensait à rien, ce à quoi il parvenait avec assez de facilité, même sans le vouloir. »

2755. Il est saint donc distrait. Mais le mode de pensée du saint ne doit pas être confondu avec la rêverie : « – Monsieur a l'air rêveur, dit le veilleur de nuit. – C'est pas mon genre, dit Pierrot, mais ça m'arrive souvent de ne penser à rien. – C'est déjà mieux que de ne pas penser du tout, dit le veilleur de nuit. »

2756. Le saint ressemble aux chats, qui sont de grands spécialistes du « penser à rien ».

2757. La pensée de rien est favorisée par la contemplation, particulièrement celle du fleuve héraclitéen. D'où la parenté de Pierrot avec les pêcheurs. Mais sa contemplation du fleuve est désintéressée.

2758. Dans la contemplation du changement liquide, du flux qui infiniment approche le néant, le saint myope atteint à l'extase mystique. « Il n'y avait dans son esprit qu'une buée mentale, légère et presque lumineuse comme le brouillard d'un beau matin d'hiver. »

2759. Mais les miracles ? Qu'est-ce qu'un saint qui n'accomplit pas de miracles ? Qui vous dit que Pierrot n'est pas auteur de miracles ? « Il se rabattit sur un appareil à billes, mit vingt sous dans le monnayeur. Bientôt il y eut cercle autour de lui, et cercle admiratif. C'était merveille de voir les petites boules réussir les itinéraires maximum. »

2760. (rem. 362) Poems being moments of being and being being now, poems are moments of « now ». (« Thus » (!) is poetry « now »)).

2761. L'admiration des bien-pensants pour x (Joyce, Céline, Duras, Godard…) les fait ressembler à Françoise Rosay dans *Drôle de drame* : « Quand le mari est mort, la femme pleure, c'est une chose qui se fait ! »

2762. L'instant est une définition du temps.

2763. (rem. 389) Mais dans le cas de la poésie, on ne peut pas l'éviter : toute lecture d'un poème est déjà une relecture.

2764. (rem. 388, rem. 2762) L'instant (poésie) est une destruction du temps ; une description, un déplacement, une translation, une contrefaçon, un ressouvenir, une déploration, une translation, une contraction, une fabrication, une disposition, une distraction du temps ; un renoncement au temps.

2765. La préoccupation pour l'originalité littéraire s'apparente à la recherche de brevets.

2766. On Kawara (ou Opalka) : du land-art temporel. La différence avec l'art conceptuel est ainsi la durée.

2767. (rem. 2763) La première lecture d'un poème est une avant-lecture : anticipation de sa forme encore vide.

2768. Pour pré-lire un roman, il faut en savoir quelque chose : quatrième de couverture, résumé, ce que quelqu'un nous en a dit, rumeur, titre… Mis en présence d'un poème, en tenant compte de ses dimensions et de sa présentation spatiale, on possède déjà immédiatement beaucoup de lui.

2769. (rem. 411, 412) **'gril'** est localement compact (moments) et non compact (en chaque état, l'inachèvement) ; sera compact (axiome de la fin).

2770. Le mot « temps » est monosyllabique, pas le mot « instant ».

2771. Pas plus que la durée tout court, la durée poétique n'est bâtie d'instants solidaires. Mais la lecture rythmique a besoin de cette hypothèse (sans se limiter à un seul type de séparation d'instants-événements).

2772. La voie de la contrainte : l'extension délibérée (exagération) des situations de langue permises (génitifs, lipogrammes, etc.).

2773. (rem. 432) Un poème change si on change le format de sa mise sur page.

2774. Explorer la contrainte suivante : alternance de génitifs et d'autres constructions (x à y, x prep y...).

2775. contrainte : déjà explorer (ce qui n'a pas été fait) plusieurs autres constructions que les génitifs (il y a la construction subst + adj in morale élémentaire). Morale-élémentaire généralisée.

2776. (rem. 436) Exemple de représentation des nombres dans le champ mnémonique, avec accès par un parcours ; ils sont de plus en plus distants à la vue comme à la saisie séquentielle. Mais il ne s'agit pas, dans l'exemple de Hopkins, d'une image en ligne droite. Sa géométrie est plutôt tordue.

2777. (rem. 445) D'une manière générale, dans une application de S + 7, tenir compte du genre des substantifs.

2778. (rem. 446) Supposer l'associativité stricte, c'est nier toute totalisation. (Tout est séparé, rien n'est solidaire) (Hypothèse invraisemblable).

2779. (rem. 447) Le souvenir nous parle comme Iago : « what you remember, you remember » (Et nous avons déjà étranglé notre passé).

2780. Quelques auteurs valises (rem. 457) : Jacques Bense – Alban Bergman ou Alban Bergson.

2781. (rem. 467) La mêmeté (du rythme) suppose la différence dans le co-rythme, la mémoire ; et la différence des singuliers (dans le rythme) suppose la mêmeté, dans la mémoire.

2782. (rem. 469 correction)... et la langue.

2783. Je vois de moins en moins bien le rôle du « langage » dans la poésie.

2784. (rem. 470) Cet entrelacement (de la poésie et de la langue) est aussi le rythme. Et il y a entrelacement du rythme et de la mémoire.

2785. L'entrelacement n'est que ce qui se dégage, théoriquement, de l'*entremesclar* généralisé des singuliers.

2786. (rem. 473) Ombre, entrelacement du nom et du nombre.

2787. (rem. 475) Imprimer, présenter des vers sans leur distinction n'est pas seulement heurter des habitudes, c'est les mutiler, parce que le blanc du bord droit du vers fait partie du vers.

2788. L'ECOPROF tend à l'uniformisation des noms de nombre dans les langues (rem. 476).

2789. Les langues meurent en perdant la poésie ; mais aussi en perdant les nombres (la manière qui est la leur de nommer et faire vivre les nombres).

2790. (rem. 483) On pourrait imposer aux « entrées » de ce Journal la contrainte suivante : de consister en souvenirs à distance fixe du moment présent (une semaine, un mois, un an…).

2791. (rem. 484) Il n'y a aucune raison de supposer qu'une telle totalisation de la vie effectuée sur des mises en séquence certainement variables des singuliers séparés, les souvenirs, ne bouge pas avec le temps. « The life of wholeness » est une illusion d'autobiographe. Aucune vie n'est solidaire dans son ensemble.

2792. L'avantage (sic) de 'gril' est de me permettre de voir ce déplacement à l'œuvre, même dans la mise en œuvre de quelque chose qui est beaucoup plus extérieur, plus contrôlable mentalement, que la totalisation autobiographique (see la remarque terrible (pour Alix) de Philippe Roman presque la dernière « entrée » du Journal : « au moins cette photographie est utile pour s'orienter »)).

2793. (rem. 485) La durée est une unité informe.

2794. (rem. 486, an addition)… or fail.

2795. (on P. L.'s TRA (m, M)). Si on n'a pas les théories de tout le monde, tout le monde assure que vous n'avez que les théories de personne. C'est comme ça !

2796. Toutes les autobiographies sont rongées par le sens.

2797. (rem. 491) Et de même que nous sommes faits en grande partie de molécules d'eau, de même notre mémoire personnelle est à x pour cent (x très grand) « rapportée ».

2798. Là est la puissance de « je me souviens » (qui n'a en commun avec le « I remember » de Brainard que le nom (ce dont H.M. ne semble pas s'être rendu compte)), c'est qu'il se dirige à toute vitesse vers l'incompréhensible.

2799. « Je me souviens » est déjà, en de larges pans, incompréhensible à un moins de trente ans. Il sera, plus tard, appréhendable par une annotation. Mais le « parfum » inimitable de ce texte restera-t-il (see Cros « Les coquelicots noirs... ») ?

2800. La rhétorique ne connaît qu'un <u>formel séparé</u>.

2801. La poétique doit connaître le <u>formel solidaire</u>.

2802. (rem. 505) Il y a autant d'espèces de silences que de sortes de musiques.

2803. Le monde, tel que nous le pensons, n'est que « ce qui a été le cas » (rem. 510).

2804. (rem. 512) Idée de vitesse de récaténations.

2805. (rem. 514) Mais je doute que la « lumière » de la mémoire soit fermatienne.

2806. (rem. 518) La poésie est <u>là</u> avant d'être <u>ainsi</u>.

2807. (rem. 523-524) Dans l'édition originale des « cent mille milliards » la potentialité est définie par le geste de « feuilleter » le livre.

2808. Défense de l'Oulipo : « touche pas à mon potentiel ».

2809. (rem. 537) Nous raisonnons en pensant que nous pourrions toujours lire un sonnet de plus.

2810. (rem. 547) Avec cette réserve que peu de ces poèmes seraient des sonnets, à cause des rimes ! On pourrait définir des sous-familles, définissant chacune un mode d'extension de la forme-sonnet par dessaisissement de contraintes. C'est en fait ce que l'histoire de la forme nous propose.

2811. (rem. 551) Je commente : les souvenirs qui nous viennent « comme ça » sont rarement dans le bon ordre (autobiographique). Nous ne nous y attendions pas.

2812. (rem. 552) Mais c'est un modèle très pauvre de sonnets : il n'y reste que « 14 ».

2813. (suite rem. 2812) Il est vrai cependant que <u>tout sonnet anglais est un sonnet de Shakespeare</u>. Donc, ces sonnets des modernes (les américains, Tom Raworth…) qui n'ont que 14 comme règle, ont, en fait, l'ombre d'un sonnet shakespearien dans leur « background » irréfléchi.

2814. (rem. 564) Le nombre des singuliers de langue (un peu plus que les mots) excède notre énumération individuelle. Pour chacun, la langue est effinie.

2815. Le nombre des séquences singulières de langue est un effini du second ordre.

2816. Il n'est à la portée de personne de penser réellement la totalité de sa langue.

2817. (conte : germe) Ayant compté tous les nombres, il en conclut qu'il était Dieu.

2818. (conte : germe) Ayant compris que les nombres comptent les nombres, il comptait les nombres. Il vit qu'il y en avait trop.

2819. (variante) Il n'y en avait pas assez.

2820. Living by numbers – « Je compterai tout : les minutes, les jours, les feuilles. Ce sera cela, ma vie. » « Mais si tu te trompes dans tes comptes, comment recompteras-tu ? »

2821. Les grands nombres font un bruit blanc.

2822. Six variations sur un thème connu :

a – Elle écrivait des romans à deux xous.

b – « La belle Hélène » : une opérette de quat'xous.

c – catalogue de vente : 1 bijou : 1 xou – 1 roman : 2 xous – pas grand-chose : 3 xous – un opéra : 4 xous – un objet non identifié : 6 xous.

d – Le jugement de Pâris : Vénus : 3 xous ; Minerve : 3 xous ; Junon : 3 xous ; Hélène ?

e – The moon and six pence.

f – c'est écrit à la six quat'deux.

2823. Ayant compté jusqu'à un certain nombre, on pourra toujours compter plus loin. Soit. Mais que veut dire « toujours » ?

2824. (rem. 638) Pas nécessairement un changement dans ce singulier.

2825. (rem. 640) D'ailleurs c'est le cas.

2826. (rem. 649) (Version forte) : a été la condition.

2827. (rem. 656) FLL était hyper-conceptuel.

2828. (rem. 657) (la citation qui manque à cette remarque) – Aristote Rhet III, 5, 1407b 14 – sur Héraclite séparer correctement les mots d'Héraclite, ce n'est pas facile, puisqu'on ne voit pas avec quoi ils sont liés, avec ce qui suit ou avec ce qui précède.

2829. (suite rem. 657 et 2828). Tom Raworth est un exemple extrême de cette ligne héraclitéenne de poésie, favorisée par l'omission fréquente et naturelle des pronoms relatifs en anglais. On sait rarement si un vers, par sa fin s'attache à ce qui précède ou à ce qui suit.

2830. (suite rem. 2829) Contrairement à ce qu'on pourrait penser, la diction raworthienne (ultra-rapide mais restant toujours distinctement articulée), en ne laissant pas l'auditeur buter sur la difficulté (l'impossibilité même en fait) de décider entre les deux modes de rattachement, permet à la mémoire de l'auditeur de les accueillir toutes les deux, ce qui est sans doute le but cherché.

2831. (see rem. 658) Il y a dans la poésie un « discours du temps et de ses parties » et aussi « de la vitesse d'écoulement des phénomènes ».

2832. (rem. 665) Mais la musique n'est pas le seul discours du temps et de ses parties (see rem. 658).

2833. (rem. 668) La lumière est l'hypothèse du calcul des ombres.

2834. (rem. 670) Les grands nombres (proto-naturels autant que naturels) sont les ombres des petits (sous l'éclairage de la durée d'épellation).

2835. (rem. 672) **'gril'** est une lecture philonienne du PROJET, et de mon autobiographie.

2836. (rem. 675) Ce qui est jeté « entre » les nombres : l'oubli.

2837. Mémoire : donner un nom propre aux souvenirs.

2838. Les dates sont les noms propres des jours.

2839. (rem. 680) l'ECOPROF a besoin de la quotification du monde. C'est un des rôles du TONUTRIN. Et cela suppose la Xenomoney.

2840. Les « taux » sont la forme contemporaine de l'usure médiévale. Certaines dénonciations de l'ECOPROF (sous son visage Maastricht) ressemblent à la dénonciation par Pound de l'usure (Mussolini comme condottiere) (cela renaît dans l'Italie berlusconienne, dans l'ombre de laquelle se profile un nouveau mussolinisme, etc. (rem. de septembre 94)).

2841. (rem. 691) Elle n'est pas moins infiniment lente par rapport à la vue qui saisit <u>tout</u> le vers dans la ligne, en un « instant ».

2842. (rem. 695) C'est le biipsisme amoureux, vu de l'un (rem. 710).

2843. (rem. 697) Pas la perte de toute mémoire : d'un mode de la mémoire individuelle, celui du temps des « arts », de la poésie mémorisée ; c'est cette mémoire-là, précieuse, qui est menacée.

2844. (rem. 699) Cela ne va pas. Le conte n'est pas sophistique (ni le roman). Mais la sophistique qui est « coucou » de la poésie a aussi brigandé le conte (see rem. 700, too ; et 702).

2845. La poésie nous sussurcite la mémoire.

2846. (rem. 736, 737, 738) Distinguer donc, plus généralement, et d'une manière formelle, les mètres issus d'une traduction (exemples de base : Mètres anglo-normands, mètre du poème du Cid (,)) les mètres qui sont traduction d'un mètre (Virgile) ; les mètres obtenus par transposition dans un autre contexte (mètres littéraux, mètres de mots…).

2847. (rem. 739) Un troisième mode de la forme-mémoire.

2848. (rem. 749) Les contraintes numérologiques peuvent servir à créer du formel autobiographique, sans avoir à expliciter quoi que ce soit.

2849. Les livres de tout le monde, les livres de personne, les livres de plusieurs… : titres. (rem. 761)

2850. (rem. 765) Là est sa faiblesse formelle : un sonnet n'est pas seulement une succession de vers.

2851. (rem. 773) Un poème dit aussi « suis suis suis » et « je je je ». Moins « cela fait trois fois que je vous le dis » mais effectivement « trois fois ».

2852. (rem. 797) J'ai pensé que la poésie pouvait être un projet autobiographique. Cela a eu pas mal de conséquences de caractère strictement biographique, c'est-à-dire de peu d'intérêt pour la prose de 'gril'.

2853. (rem. 832) il y a des exemples potentiels de poésie : les contraintes oulipiennes en définissent.

J (2854-3170)

2854. La mémoire exige non seulement des images mais l'ombre de ces images. C'est elle qui nous donne le sentiment du passé.
2855. Le sentiment du passé est double. Quand il nous dit : c'était ainsi, il est à la fois reconnaissance : « c'était bien ainsi ! » et surprise : « c'était donc ainsi ! ».
2856. Le souvenir est un point d'exclamation du passé.
2857. Le souvenir d'un nombre n'est pas le souvenir de ce qu'il nombre. Les nombres ne sont pas des individus avec un nom.
2858. L'oubli est au commencement de la mémoire.
2859. Le nuage découvert par mon souvenir n'est pas la cause de mon souvenir.
2860. La mémoire, c'est savoir que l'on se souvient. Savoir que l'on se souvient c'est se rappeler que l'on se souvient.
2861. (rem. 839) Le langage cuit est souvent une ébauche d'organisation nombrée de la langue (en prenant « nombre » au sens de nombre protonaturel).
2862. (rem. 845) Si rapprochement il y a, il doit être d'une part strictement minimal, d'autre part marquer qu'il est rapprochement des formes anciennes.
2863. La mathématique travaille dans le solipsisme temporel. En est-il ainsi de toute science (rem. 848, 849) ?
2864. (rem. 857) see la variation Perec sur le « combat de Roland » : « C'est ainsi que Roland épousa madame Roland. »

2865. L'effinitude doit comporter ceci : que si un grand nombre est supposé « exister », 10 puissance 14 par exemple, cela ne veut pas dire qu'on a assuré aussi l'existence de tous ceux qui précèdent. Mais on peut construire tous les « petits nombres » qui sont dans le voisinage. par exemple, 1014 - 10 (et +10).

2866. Discrétisation : désolidarisation.

2867. (rem. 1420, 1421) Notre souvenir est sans aucun doute autre chose que les mots de notre souvenir. Mais quoi ?

2868. « I am I because my dog knows me » (G.S.). Je suis moi parce que Ophélie fait semblant de ne pas me reconnaître.

2869. Paquets de bitume des nuages laforguiens.

2870. (rem. 1471) Toute tentative de description formelle (du rythme par exemple) ne peut éviter de « tomber » dans le métrique.

2871. (rem. 1504) Il est presque arrivé à un pentamètre iambique monosyllabique.

2872. Bien des variations et innovations formelles naissent de la parodie.

2873. (rem. 1511, 1517) Toute forme poétique « épuisée » peut renaître. C'est la forme diachronique de l'hypothèse du « maintenant ».

2874. (rem. 1525) L'Oulipo ne peut pas échapper entièrement au devoir didactique. Mais il s'exerce sans doute mieux dans les lectures et la proposition d'œuvres que dans les « ateliers ».

2875. Oubli : tombe de pollen.

2876. mémoire : « ^^^^^^^^^^^^^ »

2877. mémoire : succession irréparable de renoncements.

2878. Mezura – La poésie est l'euthymie de la mémoire par la langue.

2879. Que Cavalcanti privilégie l'éros mélancolique n'est pas seulement un choix né d'une aventure personnelle, mais un signe de l'impossibilité de survie du trobar.

2880. La différence entre les idées de l'amour des Anciens, des philosophes, etc. et celles des Troubadours tient entièrement en un mot : poésie.

2881. Dante est un policier moral, un adepte de la tpc (theological political correctness).

2882. L'Oulipo est un artiste verbal, un artiste collectif. L'oulipisme est un métier d'art.

2883. (d'après P.L.) Le formel est toujours transmissible.

2884. (") Les contraintes formelles sont des contraintes internes à l'œuvre d'art.

2885. (") La numérologie excède le formel. Ses contraintes sont externes.

2886. (") La musique, c'est du nombre avec du son au bout.

2887. Un poème est toujours fabriqué pour deux : celui qui le compose et celui qui le lit et entend. Et peut-être le retient. Ce n'est pas à tel lecteur qu'il s'adresse mais à un œil-oreille flottant.

2888. Des configurations de langue, voilà ce qu'il y a sur la page, dans la voix, ce qui vous entre dans la tête, effectue votre mémoire. Rien d'autre.

2889. Sans la mémoire intérieure, sans la mémoire de poésie, la page est immobile et la voix éphémère.

2890. Poésie : le moment où le très-durable (dans votre mémoire, dans toute votre mémoire) pince l'éphémère quasi absolu.

2891. La contrainte aide à composer ; elle aide aussi à freiner les excès de la composition.

2892. Tout texte d'un poème, comme toute « performance » est, mais n'est qu'une partition. Mais l'instrumentiste n'est pas le poète, c'est vous.

2893. Pénétrer un poème, l'entendre, nécessite le geste de la main, le geste de la voix : recopier, apprendre, réciter.

2894. Si vous ne savez pas comment c'est fait, vous lisez, entendez n'importe quoi. Si vous savez comment c'est fait, vous pouvez oublier comment c'est fait. Mais vous l'avez su.

2895. Dans les « Je me souviens » il n'y a rien, je crois, de strictement privé. Mais ce n'est globalement compréhensible que pour quelqu'un de cette génération, de cet environnement. Cependant personne, sauf G.P. ne pouvait les comprendre tous. Il apparaissait entièrement, mais en creux.

2896. À un « je me souviens » il faudrait donc joindre un « qui se souvient de ? ».

2897. A very old man in the B.N. reading « Guerre totale à la vieillesse » and muttering.

2898. On a voulu faire passer pour du baroque ce qui n'était que du rococo (Sollers). Mais se dire « rococo » aurait été moins « porteur ».

2899. Séquence « l'alexandrin a encore frappé »/« À qui d'autres que vous, qui nous suivez de près/pouvait-on confier l'avenir de Renault ?/» (à l'arrière du bus 29, avenue de l'Opéra, le 25/11/94).

2900. La prosodie classique est morte au 19e, d'abord de sa pauvreté strophique.

2901. Le heurt des modèles de sonnet (italien, shakespearien, spensérien, « français » (dans une moindre mesure)), à l'époque du « Sonnet Revival » a mis en mouvement la forme, a provoqué une exploration désordonnée mais fascinante du champ des formules de rimes.

2902. Il avait pris un pseudonyme : Arcturus Rainbow.

2903. (rem. 2886) La poésie, c'est du nombre avec de la langue au bout.

2904. (variante rem. 2903) La poésie, c'est du nombre avec la langue au bout.

2905. Chez Dante, la « question de la langue » a pour motivation la « question de la poésie ».

2906. Le comment plutôt que le quoi. Le « quoi » d'un poème (s'il y a un « quoi » des poèmes, si on admet qu'un poème dit quelque chose et qu'on peut dire quelque chose de ce qu'un poème dit) passe, dans la perspective formelle à travers le « comment », s'y réfracte, y échappe, etc., en tous les cas mérite de lui être confronté.

2907. L'analogie, que propose Capel Lofft, entre la formule « classique » des quatrains d'un sonnet, abba abba, et la gamme musicale (ordinaire) contient quelque chose d'important : que la rime n'est pas seule, qu'elle est un processus autant qu'un événement.

2908. Tout poème qui mérite ce nom échappe, en quelque manière, au formel.

2909. Déplacer le précepte de l'Ancienne Médecine : « Il faut viser à une sorte de mesure. Or de mesure, nombre ou poids par référence à quoi on connaîtrait l'exacte vérité, on n'en saurait trouver aucune autre que la sensibilité de la langue. » Il s'agit, comme dans le contexte médical de départ, de la sensibilité individuelle (mémoire) à la poésie. (C'est la poésie qui vous « nourrit » de langue).

2910. La douleur, luzerne.

2911. La mémoire me propose indestructible.

2912. La mémoire est le sentiment d'être entier.

2913. Le principe de la mémoire : le sans-nom.

2914. L'oubli n'est pas le contraire de la mémoire, mais du souvenir.

2915. Le souvenir est plus ancien que la mémoire.

2916. La mémoire est la tension vers la continuité.

2917. La mémoire : tard-née.

2918. La mémoire est une *conjointure*, parce qu'elle est un récit.

2919. Ma mémoire est mon double. Mais « je » ne suis rien. Je ne suis en fait que mon double, qui me traîne avec lui, sans pouvoir rien sur moi.

2920. (rem. 2919) On n'est jamais biipsiste de soi.

2921. La mémoire sait qu'elle ne vaincra jamais la discontinuité essentielle : la douleur.

2922. Simonide : « J'ai les souvenirs dont je ne veux pas et je n'ai pas les souvenirs que je veux. » Donc, l'art de mémoire.

2923. La mémoire est infinie.

2924. La mémoire est la non-anamnèse.

2925. Ma mémoire seule assiste à ma mort.

2926. Être et n'être pas, telle est la réponse.

2927. (rem. 2865) Chaque très grand nombre constructible a un halo de nombres distincts (infiniment voisins de lui, pour toutes fins pratiques).

2928. (rem. 2542) La poésie met en scène les automates de sa langue.

2929. (rem. 2548) La narration télévisée accumule les majuscules.

2930. La poésie puise dans les nappes *phréastiques* des langues.

2931. Il n'y a de poésie qu'immédiate. C'est pourquoi, dès que présentée, elle ne peut déjà être appréhendée que par la mémoire.

2932. La poésie « sings of a semblance/of things related to equated values/ ».

2933. (rem. 2775) La morale-élémentaire généralisée tient compte de la constitution formelle stricte des groupements : « de but en blanc » (de X en Y) diffère irréductiblement de « de plus en plus » (de X en X).

2934. (rem. 2813) ou de Spenser, dans une moindre mesure.

2935. (rem. 2845) La poésie nous *surressuscite* la mémoire.

2936. Et Queneau traduisait Guénon !

2937. La forme privilégiée du verbe en poésie est l'infinitif, mais ce n'est pas un infinitif qui pense. C'est un infinitif de poésie, qu'il faudrait nommer un définitif.

2938. « Laure » est par excellence l'exemple du nom sur-propre.

2939. La *forma fondamentale* de la poésie : la liste.

2940. Un dictionnaire est un grand poème-liste, selon la sous-forme de la liste glosée.

2941. Avant d'honorer (ou de combattre) le « noun » les poètes lui adressent des épithètes.

2942. Le mot des origines est un monostiche.

2943. Dans les morales-élémentaires de Queneau, les segments subst + adj sont majusculés : ils en reçoivent un statut privilégié de sur-vers internes (sur-vers car Queneau généralement ne majuscule pas les vers).

2944. L'adjectif de poésie est un prénom (dans les morales-élémentaires, il est postposé, à la mode « scolaire-ancienne »).

2945. Donner un nom à une espèce de poèmes indique une intention de forme poétique.

2946. Pas de forme poétique sans nom de forme. Le nom prouve la forme (see la « preuve de l'existence de Dieu » : « s'il n'y avait pas de dieu, il n'y aurait pas de "nom de dieu !" »).

2947. Dans les morales-élémentaires, chaque « unité » (strophe ?) est un quatuor de bimots.

2948. « Il faut », dit Posidonius, « habiter à l'avance dans le malheur ». Il faut préméditer le souvenir du malheur.

2949. (rem. 2942) Sauf dans l'hypothèse où le lexique naît dans la poésie.

2950. (rem. 2240) Et peut-être même pas la langue (du moins dans le lien du langage et de la poésie).

2951. (rem. 2250, 2251) Le non-re est un **kekchose** essentiel de la poésie.

2952. (rem. 2334) Choisir le nombre effini plutôt que le nombre ordinaire tient à l'axiome du futur antérieur pour la poésie. Une propriété est atteinte par récurrence fermatienne, i-e descendante, donc en se plaçant « au futur » du compte.

2953. (rem. 2923) see rem. 2336.

2954. (rem. 2338) Un « tireur-à-la-ligne » de Pierre Lusson : (Hugo – Les Châtiments – l'Expiation) : Il neigeait. On était vaincu par sa conquête./Pour la première fois l'aigle baissait la tête./ Sombres jours ! L'empereur revenait lentement/Laissant derrière lui brûler Moscou fumant./Il neigeait. L'âpre hiver fondait en avalanche./Après la plaine blanche une autre plaine blanche./*Après la plaine blanche une autre plaine blanche/ Après la plaine blanche une autre plaine blanche/Après la plaine blanche une autre plaine blanche/Après la plaine blanche une autre plaine blanche/…*

2955. (rem. 2354) La condition de cohérence dans les récaténations (mais aussi la condition HK dans la métrique) est une condition de mémoire, analogue (ou cas particulier ?) à celle qui distingue l'*entrebescar* de l'*entremesclar*.

2956. L'arrêt de GRIL MAT a une cause lourde : la mort encore. Un effet de mort, différé.

2957. (rem. 2376) On aurait ainsi une autre variété d'infini potentiel : celui qui permet de compter toujours plus loin, mais pas un à un. Ce serait un infini à trous, pas les trous des infiniment petits proches non-standards, mais des plages d'entiers finis inaperçus.

2958. (rem. 2385) La poésie disparaît du champ, mais ne finit pas.

2959. (rem. 2389, 2390) Cantor est à la fois le Don Juan et la Shéhérazade du nombre.

2960. (rem. 2398) Brouwer engendre les nombres autres qu'entiers en « tireur-à-la-ligne ».

2961. (rem. 2403) Pourquoi pas le poème lui-même ?

Poème

C'est un poème, etc.

2962. (rem. 2488) Ce long silence (depuis juin 94), dû à une troisième mort ; sans surprise certes, mais.

2963. (rem. 2512) Et au présent notre double nous dit : cela aura été cela, cela aura été ainsi.

2964. (rem. 2527) Un poème étant un ouvert, n'atteignant nulle borne, nulle fin.

2965. (rem. 1911) Introduire le passé dans le paysage : pas comme ruine, mais comme forme-mémoire végétale (Japon).

2966. (rem. 1940) Cependant cette prosodie est bien peu inventive : recours aux « petits vers », à quelques variations strophiques moins élémentaires qu'il n'est d'usage en ce siècle…

2967. (rem. 1959) Le métromètre des « petits » (Valérie…) permet une vérification déjà sérieuse de cette hypothèse : en prenant les fins de vers, en établissant la fréquence des catégories majeures (dans Corneille-Racine) et en attribuant le même poids aux mots de même catégorie à l'intérieur du vers, on obtient une mélodie de poids lussonienne extrêmement proche de la mélodie attestée par le simple dénombrement.

2968. (rem. 1970) J'ai introduit des vers à 0-position (mais non à 0 signe) dans mezura.

2969. (rem. 1972) L'autonomie plutôt.

2970. (rem. 1987) On pourrait en déduire ceci : Denis ne veut pas que les Antéfixes soient considérés comme de la poésie. Si on admet cette affirmation (que je mets en doute) on peut les voir comme forme-mémoire de son renoncement à la poésie.

2971. (rem. 1990) cas particulier : les sonnets sur le sonnet.

2972. (rem. 2019) Notre double, notre mémoire, nous dit que nous sommes toujours au milieu exact de notre vie ; à chaque instant, jusqu'au dernier. Nous avons beau savoir le contraire.

2973. (rem. 2029) Quand la mémoire commence le présent devient double, puis triple.

2974. Notre double, notre mémoire, est par rapport à nous de deux côtés à la fois (futur (antérieur), passé (postérieur)).

2975. (rem. 2052) De toute façon, la *corona* de sonnets (dans sa version tardive) est déjà, en ce sens, un sonnet de sonnets.

2976. (rem. 2113) Et en plus c'est une lecture solennelle, une lecture « noble » d'une œuvre qui n'est certainement pas cela (ni la vie, d'ailleurs). Le titre devrait être : **O-Euvre Vïe** (et en 18 points relief ombré).

2977. (rem. 2156) Le « monde du prisonnier libéré » est un monde de degré deux, puisqu'il est erzatz-monde du « monde du prisonnier », qui lui-même l'est du monde de langue ordinaire.

2978. (rem. 2197) Dans des quatrains abba, les rimes b doivent être perçues « en arrière ». (La disposition « droite » les place « en avant ».)

2979. (rem. 2203) variante : le chemin du poème passera par les lieux suivants (ils peuvent être plus ou moins que des mots).

2980. (rem. 2206) sur les remarques : il y aura des contradictions. Je ne les gommerai pas (pas toutes).

2981. (rem. 1589) En ce sens Leporeo est un hyper-maniériste, un maniériste exacerbé.

2982. (rem. 1606) Rien ne les fait s'excuser, hésiter, protester…

2983. (rem. 2982) Mais ils prennent grand soin, et de manière formelle, de se séparer de la poésie épique, de toute narration.

2983 bis. La poésie a pour but votre mémoire.

2984. La mémoire pense le souvenir.

2985. Que dit ce poème ? – cela – Je supprime tout ce qui le fait reconnaître poème, tous les signes extérieurs de la poésie, que dit cet ex-poème, cette prosification, cette prose ? – cela, cela encore. Mais ce n'est plus un poème. – certes, la poésie a disparu. – Mais la poésie est-elle, alors, cela, ce qui la fait reconnaître poésie, les signes extérieurs de la poésie dans un poème, ce qu'on enlèverait pour « faire prose » ? – Non ; cela n'est rien non plus. Selon les mots de l'Ancienne Médecine, la poésie est l'âme, qui n'a pas de lieu dans le corps, mais qui ne peut pas en être séparée. Disons, nous, mémoire.

2986. La poésie est pour tous, aucun poème n'est pour tous.

2987. La poésie n'a jamais sa résidence dans la pensée de la poésie.

2988. La poésie n'a jamais sa résidence dans la pensée.

2989. La poésie ne dit pas qu'elle est poésie. La poésie dit.

2990. Un vers, un poème qui commencent (pour l'œil, pour l'oreille, pour le sens intérieur), pour être perçus, doivent être pré-médités.

2991. Mezura (d'un vers, d'un poème) C'est le rapport de l'élan à lui-même, la bonne tension (tonique), la force juste de l'impulsion. Alors seulement peut intervenir la norme, la moyenne de tous les élans, le mètre. Il faut se préparer mentalement à leur achèvement, au moment où ils seront propres à la mise en mémoire.

2992. Le geste poétique adéquat est à lui-même sa propre norme, c'est une norme en acte. Une tradition n'est pas autre chose qu'un recollement de normes locales (individuelles).

2993. Face à une norme figée, le geste de se placer hors-norme ne garantit pas la moindre adéquation d'un poème à sa propre norme, à son élan.

2994. Dans le pythagorisme responsable (la TRA (M, m)), tous les sens non vides de « mesure » doivent être pris en compte.

2995. Pour le *trobar* (et pour Cavalcanti encore), l'éros mélancolique est une chute, rend inaccessible le *hortus conclusus*, le jardin paradisiaque, le « plus petit territoire du monde » ; la merce de la dame est rédemption.

2996. Dans la transmission orale des formes poétiques, une simplification recouvre des complexités initiales ; il est rare qu'il y ait une simplicissimité de la version première.

2997. C'est souvent de l'extérieur d'une tradition que l'apparition interne d'une forme nouvelle saute aux yeux.

2998. Minturno, dans son *Arte poetica* de 1563, à propos des synalèphes : « Benchè l'una e l'altra vocale s'oda,... se ne faccia più d'une sillaba sulla misura del verso. » Il ne confond pas, comme tant de modernes, la diction et la mesure métrique. (La mesure de langue n'est pas la mesure du vers.)

2999. Le mètre français allonge la langue (privilégie la diérèse et la promotion du « e »). Le mètre italien la raccourcit (privilégie la synalèphe).

3000. Plus le temps passe (rem. 2999), plus l'écart s'accroît entre mètre et langue. Dans deux sens opposés (italien/français).

3001. L'hendécasyllabe italien est donc (rem. 2999) plus long, langagièrement, que le décasyllabe français. Il est très proche de l'alexandrin. Mais, l'alexandrin reste inexorablement plus long métriquement. Cette duplicité fait le charme de la métrique (see Nabokov in *Notes on prosody*: 1964 : The beauty of the English elision lies neither in the brutal elimination of a syllable by an apostrophe nor in the recognition of an added semeion by leaving the word typographically intact, but in the delicate sensation of something being physically preserved by the voice at the very instant that it is metaphysically denied by the meter).

3002. (rem. 3001) On peut faire la même remarque à propos du pentamètre iambique et de l'hendécasyllabe espagnol. C'est là un effet du rôle ubiquite du « e » en métrique française.

3003. (généralisation de la thèse de Léon Robel : un poème est l'ensemble de ses traductions) : un poème est l'ensemble de ses mises en mémoire, privées et publiques, internes et externes.

3004. L'exemple, assez invraisemblable à première vue, de Dante, dans le DVE, imaginant possible dans l'hendécasyllabe le placement de mots qui rendraient impossible toute césure montre ceci : Il est difficile de répondre à la question : qu'est-ce que vous faites ?

3005. (Canzoniere, 65,13) Che mesuratamente il mio cor arda – Un jeu de mots métrique sur la « mesure ».

3006. Axiome de la forme-sonnet : tous les sonnets sont clos, terminés par un point, de sens complet, lisibles seuls.

3007. Hypothèse de la poésie : Un poème est clos, terminé par l'équivalent métrique d'un point, de sens complet, lisible seul.

3008. (à propos de « pace non trovo… ») : toute la tension dont témoignait la « tenso de non-re » (fragilité du trobar, fragilité de l'amors devant l'éros mélancolique) finit par s'affadir en simple énumération de « contraires ». Un autre exemple est la ligne des sonnets « vita/morte ».

3009. Le champ des rimes s'établit entre deux pôles : métronomique et chromatique.

3010. (sur Tombeaux de Pétrarque, in « Dors »)

– i – il s'agit d'une neuvine, mais en un sens qui n'est pas immédiatement apparent ;

– ii – le poème contient, est construit à partir des 54 mots-rimes des neuf sextines de Pétrarque (dont une double) ;

– iii – les mots-rimes des sextines de Pétrarque sont pris dans l'ordre d'apparition dans le canzoniere. Dans le poème, les mots qui figurent dans le premier vers sont des mots de la première sextine, dans le second vers

de la seconde... Ce sont tous des mots de rang pair. Il y en a trois par vers. Dans chaque cobla apparaissent 27 mots-rimes, la moitié du total ;
– iv – le tableau des sextines sources, vers par vers et cobla par cobla (en exceptant la tornada) est un tableau de neuvine. Ce qui tourne, ce ne sont pas les mots-rimes seuls, mais les listes de mots-rimes des sextines du canzoniere ;
– v – Dans un vers, il n'y a que la moitié des 6 mots-rimes d'une sextine source. Leur ordre de présentation change de cobla en cobla. Les coblas I et II se répartissent les mots-rimes qu'elles emploient selon l'ordre de la sixième strophe d'une sextine générique, les coblas II et IV selon celui d'une cinquième strophe, etc. Comme il n'y a que 9 coblas on ne remonte pas jusqu'au début ;
– vi – Le 46e mot-rime, âme, manque. À sa place apparaissent des mots rimant avec lui : flamme, trame, rame. C'est un clinamen réglé (rem. 3011) ;
– vii – Dans l'envoi, le mot arme figure, qui est un « rappel » de la première sextine historique, celle d'Arnaut Daniel, où le mot âme figure parmi les mots-rimes ; car âme se dit « arma » en provençal ;
– viii – Il y a un autre clinamen : au vers 1 de la cobla II, on devrait avoir le n° 53 de la liste de Pétrarque, que la neuvine interprète en « pleurs ». Il est remplacé par un autre mot-rime, le mot fleurs, qui rime avec lui et est le n° 44 de Pétrarque ;
– ix – Or il en est de même au vers 7 de la cobla VIII. Mais on notera que 44 = 53-9. Le clinamen attire l'attention (?) sur le rôle du nombre 9.

3011. sur le clinamen : c'est une violation volontaire d'une contrainte. Mais :
i – de préférence elle intervient à des endroits où on pourrait s'en passer (see la disparition) ;
ii – une variante est la violation réglée de la contrainte : une famille de clinamens respecte une contrainte.

3012. (rem. 3011) Le clinamen ne saurait être involontaire. Il ne s'agirait pas alors de clinamen, mais d'erreur tout simplement.

3013. (rem. 3012) Bien des oulipiens réussissent à changer leurs erreurs en clinamens.

3014. (**'gril'**) Le présent n'a plus besoin d'excuses; les intentions, les axiomes n'ont plus besoin d'être rappelés (23/12/94).

3015. (rem. 3010, ix) Le mot fleurs est assez proche de pleurs. Le lien est d'un peu plus qu'une rime riche, c'est une rime riche presque étendue au mot entier, et où la consonne qui fait la différence est très « voisine » « phoniquement » de celle à laquelle elle est substituée.

3016. (rem. 3015) Le clinamen sert ici d'allusion « topique » – les « cent fleurs maoïstes » se sont changées en beaucoup plus de « cent pleurs ». Tombeaux de Pétrarque est donc un poème politique.

3017. (rem. 3015) On remarquera aussi une allusion (par anticipation, parce que je ne connaissais pas ce poème à l'époque) à un quatrain de Louis de Galaup de Chasteuil (celui qui clôt Soleil du Soleil) : Louis de Galaup de Chasteuil au passant – Chastueil vecquit et vit sans que tache le souille/Et tache dans le ciel d'estancher tes malheurs/Passant ne sois ingrat apreste à sa despouille/Des ecris non des cris, des **fleurs** et non des **pleurs**//

3018. (rem. 3010) Il y a hélas un clinamen encore : au vers 8 de la cobla 4 « vautrées au jour depuis l'aube couvre terre » on devrait avoir, selon la règle, non pas le mot terre mais le mot soleil. Je crains qu'il ne s'agisse ici d'une facilité métrique.

3019. (rem. 3010) x- La métrique est une métrique de vers à dix positions (un pseudo-décasyllabe) où les « e » sont comptés ou non, librement (see Trente et un au cube).

3020. Dans toutes les compilations de poèmes italiens prépétrarquiens des 13e, 14e et 15e siècles, nous dit Wilkins, « the canzoni are separated from the sonnets. Sestine are consistently treated as canzoni ». La persistance de la séparation montre un retard à la nomination, c'est-à-dire un retard à la compréhension formelle.

3021. (rem. 3020) La séparation du sonnet dans les recueils antérieurs au canzoniere montre que le sonnet est déjà forme autonome, qu'il n'est plus senti comme cobla de canso, ni comme canzone miniature.

3022. Le mélange des formes dans le *canzoniere* renforce l'hypothèse que le rvf est un « chansonnier » de Troubadours, mais individuel.

3023. (rem. 324) Dans la biographie, traitée aujourd'hui comme Trilleur, il s'agit de mettre le « sujet » de l'ouvrage (écrivain, homme politique…) dans la position du criminel dans le rompol ; comme on a rarement à sa disposition des crimes de sang, même imaginaires, à suggérer, on se contente du crime sexuel.

3024. (rem. 3023) Dans la biographie-trilleur une œuvre littéraire n'est qu'une « scène du crime » ; elle contient les indices qui permettront de montrer la culpabilité de l'auteur.

3025. (rem. 416) Rapprocher de : « soit un nombre quelconque : 17, par exemple » ; quand cela a été dit plusieurs fois...

3026. (rem. 467) Pour commencer la mémoire il faut percevoir qu'il y a des singuliers. Le premier acte de mémoire est la distinction.

3027. (rem. 499) On peut faire servir la rhétorique au formel, à condition de lui ôter toute prétention à dire le vrai d'un texte.

3028. (rem. 514) La mémoire de poésie est lumière jetée sur les souvenirs.

3029. Mémoire de poésie : lumière noire de la mémoire : diaphane de l'obscur, en nous.

3030. (rem. 533) Où luit la neige incertaine, le sable du souvenir. Le mot-clef est « incertaine ».

3031. Un poème proposé par la voix, tout autant qu'un poème proposé par la page, n'est qu'une ligne, qu'une surface (au mieux un objet en trois dimensions). Ce n'est qu'en entrant dans la mémoire intérieure de qui le reçoit et le fait sien qu'il accède à un nombre de dimensions respectable, qu'il devient vraiment un poème, et plus une partition, une simple exécution d'une partition.

3032. – Heine : Il était connu pour sa notoriété (d'après Althusser) – exemples : BHV…

3033. (= rem. 1503 !)- (Fielding) On writing letters – :… an Exercise which, notwithstanding I have in my time printed a few Pages, I so much detest, that I believe it is not in the Power of three Persons to expose my epistolary Correspondence (to James Harris, sept. 1741, Tls 6 august 93) – comme c'est bien vu ! Et comme je tiens à cet exemple !

3034. – Arrien : entretiens d'Épictète – Dès qu'il fait jour, je me remémore brièvement ce qu'il me faut dire dans mon corrigé de lecture (cours). Et puis aussitôt je me dis : « mais que m'importe comment un tel fera sa lecture commentée ? l'essentiel, c'est que je dorme. » Dormir, dormir dans les pierres !

3035. – Sextus Empiricus Adversus mathematicos X, 19 – Alors qu'il était tout jeune Épicure demanda au maître d'école qui lui corrigeait sa lecture du passage « Au début il y avait le Chaos » (Hésiode, Théogonie 116), d'où venait le Chaos, s'il existait en premier. Le maître répondit que ce n'était pas à lui de lui enseigner ces questions, mais à ceux qu'on appelle philosophes. Épicure dit alors : « C'est chez eux que je dois me rendre, si c'est eux qui connaissent la vérité des choses. » Au début, la poésie.

3036. – Plotin, Ennéades III 7,1, 7-16 – Quand nous essayons de nous pencher sur l'examen de ces problèmes (l'éternité et le temps) et de les cerner de près en quelque sorte, nous nous heurtons à nouveau dans notre réflexion à des difficultés. Nous prenons en effet les déclarations des Anciens sur ces sujets, lesquelles diffèrent les unes des autres, peut-être même aussi les interprétations différentes de ces mêmes déclarations, et nous en restons là, estimant suffisant, si jamais on nous interrogeait, de rapporter ces opinions des Anciens. Satisfaits, nous renonçons à pousser plus loin la recherche en ces matières. Il faut bien sûr considérer que parmi les bienheureux philosophes d'autrefois certains ont trouvé la vérité. Mais quels sont ceux qui l'ont atteinte le plus complètement et comment il nous serait possible à nous aussi de parvenir à la compréhension de ces questions, voilà ce qu'il convient d'examiner. Début d'un livre sur le temps ?

3037. – Porphyre, Vie de Plotin 8, 1-6 – Une fois qu'il avait écrit, Plotin ne supportait jamais de copier une seconde fois les lignes déjà écrites. Bien mieux, il ne supportait même pas de lire une seule fois, d'un bout à l'autre, ce qu'il avait écrit, parce que sa vue ne lui était pas d'un secours suffisant pour la lecture. Dans le tracé de ses lettres, il ne cherchait pas à bien écrire; il ne séparait pas clairement les syllabes et il n'avait nul souci de l'orthographe, mais s'attachait seulement au sens. Déjà, stratégie de 'gril'!

3038. – Ben Jonson – (he) consumed a whole night in lying looking to his great toe, about which he hath seen tartars & turks Romans and Carthaginians fight in his imaginations. D'autres interrogent le plafond.

3039. – Ben Jonson – « We owe no thanks to Rivers, that they carry our boats… For these are what they are necessarily. » We owe no thanks to life.

3040. (see déjà rem. 1505) – Ben Jonson – Q (imported from France) « is a Letter we might very well spare in our *Alphabet*, if we would but use the serviceable *k.* as he should be, and restore him to the right of reputation he had with our Fore-fathers… for the *English-Saxons* know not this halting *Q.* with her waiting-woman *u.* after her ». Voilà une belle position réformatrice dans l'orthographe. See Peletier du Mans, anticipation de la réhabilitation du « k » si médiéval : « keur ».

3041. Le « k » médiéval a été victime des « modernes » du 16e siècle.

3042. Lecture formelle de la fierté de Dante dans la première canzone de la VN : par sa « proximité » à la forme-sonnet (abbc abbc cdd cee) : élever le sonnet humble au statut de forme noble.

3043. Le <u>dolce stil novo</u> est moins universel, impersonnel que désincarné. Et ce n'est pas un progrès sur les troubadours.

3044. Quand la dame devient, chez Dante, la philosophie, c'est un cheminement poétique proprement catastrophique. Pétrarque aura fort à faire pour désembourber la poésie italienne.

3045. Piège de la pensée : ce n'est pas parce que c'est mieux pensé que c'est mieux poétiquement (see Dante).

3046. Pound, dans la préface à sa traduction de Cavalcanti, précurseur de la théorie du rythme (de P.L.).

3047. Pound (rem. 3046) : the rhythm of any poetic line corresponds to emotion… It is the poet's business that this correspondence be exact, i-e, that it be the emotion which surrounds the thought expressed. See P.L. : Pourquoi les nombres font-ils pleurer ?

3048. « L'absence de raison contre n'est pas une raison pour. » Variante de ce faux raisonnement (employée par Wilkins dans son texte sur l'origine du sonnet) : mon adversaire défend la proposition p, je défends non p. Mon adversaire emploie l'argument : y a pas de raison contre, donc c'est une raison pour p. Comme ce raisonnement n'en est pas un, il n'a pas fourni un argument contre non p ; j'en conclus que non p est renforcée.

3049. Croire qu'un poème, d'être sur la page, ne peut avoir que deux dimensions, c'est bien triste. Croire la même chose d'un poème, s'il est mis par « performance » dans l'espace sonore (aidé ou non d'accessoires acoustiques, électroniques...), c'est encore plus triste. Ou bien il s'agit de mauvais poèmes, ou bien il s'agit d'un accès de cécité, et symétriquement d'une surdité. C'est dans la tête que ça se passe ! C'est la mémoire qui ira chercher ce qu'il y a dessous, derrière, au-delà de la notation, au-delà de l'exécution. Sans elle, il ne se sera rien passé.

3050. Le corps est poreux à la mémoire de poésie.

3051. Transposer Galien (Des facultés naturelles II, 3) : « Un Praxitèle, un Phidias ou quelque autre statuaire se bornent à former la matière extérieure, celle qu'on peut toucher ; quant à la partie profonde, ils la laissent privée d'ornement, brute, non travaillée et ne s'en occupent même pas, incapables qu'ils sont d'y pénétrer, d'y descendre et de toucher toutes les parties de la matière. » La mémoire de poésie est ce qui descend au profond des langues. Elle est un médecin des langues.

3052. La poésie traditionnelle tardive (et par « tardive » il faut entendre aussi la poésie du vers-librisme jusqu'à Denis Roche) était rongée de vers.

3053. (rem. 3052) La prose contemporaine est rongée de poésie.

3054. (rem. 735) Sans un minimum de « théorie de départ » l'alexandrin « moyen » resterait flou.

3055. (rem. 657) Tout mot de poésie n'est pas à lire seulement « en suivant », mais en anticipation, en préméditation ; en s'accrochant autant à ce qui va venir qu'à ce qui est déjà venu jusqu'à l'œil.

3056. (rem. 729) La poésie ne dit rien. Un poème dit toujours quelque chose. Mais ce que dit un poème est hors-poésie. La poésie ne le dit pas, ne l'a pas dit.

3057. titre : hypothèse de la condensation ; ou : hypothèse de la concentration ; ou : hypothèse de la compactification ; ou : hypothèse du compact.

3058. (rem. 805) La poésie est séparable de la prose au sens formel ; pas au sens du formel descriptif, mais en tant que forme.

3059. (rem. 3058) Ok. so what is form ? – see TRA (m, M). – That's not enough – well… (see rem. 896) – facile !

3060. (rem. 863) La poésie est une science expérimentale.

3061. La POFORM est une science expérimentale.

3062. Les affirmations des rem. 3060 & 3061 sont à prendre « cum grano salis ». Par ailleurs la POFORM tend à être hypothético-déductive.

3063. Pour être moins impérialiste disons (rem. 3060) que la poésie, dans la visée oulipienne, est une science expérimentale.

3064. (rem. 952) La mémoire formelle est un objet cusain.

3065. La mémoire de poésie se « prouve » par un argument « anselmique ».

3066. (rem. 970) La Poform s'occupe des jeux formels de langue.

3067. Les images de mémoire impliquent toujours des images de langue (rem. 972) ; pas les images de souvenir.

3068. Je cherche (encore : rem. 986) un mot pour désigner la forme-mémoire interne de l'écrit. J'ai proposé éQrit. (? ; ça ne se « dit » pas) (« aural » n'est pas non plus, oralement, différent d'oral).

3069. (rem. 1013) Fiction : une langue connaîtrait le quatrième mode de construction des nombres : l'exponentielle itérée.

3070. (rem. 1020) La simultanéité d'appréhension des deux axes de lecture hinostrozienne de la page est un exemple de compactification-condensation par la mémoire de poésie.

3071. La mémoire-souvenir est faite d'images-langue et d'images-souvenir.

3072. (rem. 1047) L'image de la réalité virtuelle est appauvrissante.

3073. (rem. 1066) L'effet de poésie est la mémoire de poésie.

3074. (rem. 1085) Ajoutons à la liste de Nelson : while reading poetry. C'est certainement le meilleur exemple de « présence de l'infini ».

3075. Hypothèse de la poésie : la poésie ne fait pas partie de la littérature.

3076. Ce qui, dans la poésie, fait partie de la littérature c'est ce que dit la poésie, c'est-à-dire ce que disent les poèmes, quand on extrait d'eux ce qu'on déclare être par eux dit.

3077. (rem. 3075) Nommons cette hypothèse l'hypothèse verlainienne.

3078. À l'époque post-moderne, celle des têtes refaites, les poètes eux-mêmes sont défaitistes en ce qui concerne la poésie. Ils prennent des positions de dénégation, de survalorisation, d'excuse. They expostulate, or whimper, or play hide and seek with poetry.

3079. Être poète aujourd'hui c'est pouvoir dire : « pourquoi j'ai pas fait romancier ».

3080. Les hypothèses du poète comportent des caractéristiques éthiques : par exemple, défendre l'existence maintenue de la poésie.

3081. Les hypothèses du poète comportent des caractéristiques éthiques : par exemple, ne pas céder sur son propre jugement, qui partage le champ de la poésie : ceci n'est pas de la poésie ! ceci est de la poésie !

3082. Un homme sans mémoire (intérieure) ne saurait être un homme libre.

3083. L'idée de « lieux de mémoire » de « patrimoine » est associée à une conception « immobilière » de la mémoire. Ayant tous les lieux de mémoire qu'il faut, les visitant le dimanche, à l'occasion de telle exposition, on peut oublier tout ce dont il est question.

3084. La chanson est pour une double oreille (oreille à la langue, oreille à la musique).

3085. (rem. 3084) Mais la chanson n'est pas la poésie, parce qu'il y a la poésie. je prends « poésie » comme toujours dans ces remarques, au sens pseudo-simonidien que je lui ai donné : pour un œil-oreille. Avec forme-trace externe visuelle (écrite par exemple) et forme-trace sonore. Alors la chanson n'est pas poésie, est autre chose, est « forme chanson », au mieux (rarement).

3086. C'est ce que l'on constate aussi par la non-traductibilité de la chanson en poésie écrite (alors que le mouvement en sens inverse est possible ; il s'agit alors de poésie avec musique).

3087. (rem. 3085) La canso des Troubadours, la chanson des trouvères, sont à la fois, possiblement, des chansons au sens contemporain et des poèmes, parce qu'elles peuvent et doivent se concevoir en tant que poème écrit.

3088. (rem. 1200, 1201) La modalité absente est alors implicite.

3089. La poésie devient mémoire-poésie en chacun, suscite, effectue par des images-langue des images-souvenir et des images-pensée.

3090. La poésie est toujours effecteur de pensée.

3091. Il y a une erreur fréquente sur la poésie : ne lui reconnaître qu'un effet sensuel.

3092. (rem. 1228) Un poème peut n'être pas poème pour vous, s'il n'effectue aucune forme intérieure en vous.

3093. (rem. 1237) Dire quelque chose, c'est avoir dit quelque chose. Mais la poésie est « maintenant ».

3094. (rem. 1235) La poésie ne montre rien, sinon la langue, et jamais directement.

3095. La poésie ne tait rien.

3096. (rem. 1289) Si je paraphrase cette hypothèse, je ne trouve qu'elle, identiquement. Il n'y a pas de contradiction avec les autres hypothèses.

3097. Cependant le chaotique est un autre contraire du métronomique que le chromatique. Même en une seule dimension.

3098. (rem. 1510) Un spectre hante la littérature : celui de la poésie.

3099. L'Oulipo est-il destiné à durer éternellement ? certainement pas, en tant que groupe littéraire. Sans doute pas, en tant que mode historiquement déterminé de concevoir la littérature sous contraintes, les formes contraintes de la poésie, de la littérature. Mais la manière contrainte de composer durera, elle, il me semble, Très très longtemps (et dure depuis très très longtemps).

3100. La poésie contrainte est aussi ancienne que la poésie.

3101. Il y a une subitisation de l'« environ », de la quotification approchée. À travers elle se dessine le modèle de ces entiers qui deviennent de moins en moins « nets » et séparés à mesure qu'ils augmentent.

3102. (rem. 1572) Il s'agit de littérature dans la forme-livre.

3103. (rem. 1636) La corrélation ternaire sur les armes de l'amour est une contrainte-mémoire.

3104. (rem. 1683) See Rabelais : paroles gelées.

3105. (rem. 1779) Personne ne sait comment comprendre la Comtesse de Die.

3106. (rem. 1819) M.M., avec obstination, répare.

3107. (rem. 1849) Petit à petit je suis en train de passer de « le poème » à un poème, des poèmes, les poèmes,… de la langue à une langue, les langues ; et j'ai plus ou moins abandonné « langage ». (« Non pas un homme, mais cet homme ; se méfier de l'universel » – rem. 2218 ?). La poésie traite les langues singulièrement. Cela ne veut pas dire nier la faculté de langage. Mais la poétique, la poform n'est pas la linguistique.

3108. (rem. 1850) Qu'est-ce que le pas-pas-mètre, le pas-rythme ? L'indifférence ?

3109. (rem. 78) Quand c'est le vers, c'est le vers. Mais il y a bien d'autres moyens.

3110. (rem. 88) Mais la poésie n'est pas l'héritière privilégiée du conte : il y a le roman.

3111. (rem. 112) Mais il faut séparer la page superficielle de la forme-poésie écrite de la page interne de la forme-poésie dans la mémoire.

3112. Hypothèse : le nombre naquit du mètre.

3113. (rem. 164) Créoles, pidgins, stupid !

3114. (rem. 174) Et le « no problem » (rem. 2246) est plutôt mon instrument de rhapsode.

3115. (rem. 237) Les vitesses d'accès aux nombres qui dépendent des moyens techniques employés (langue, écriture, écriture spécialisée…) ont augmenté parallèlement à celles des déplacements de véhicules.

3116. (rem. 354) Remarque d'autant plus pertinente que je n'avance plus ! (26/12/94).

3117. (rem. 418) Ou presque : see Prouhet.

3118. (rem. 603) C'est un des idéaux de l'IVIMON.

3119. La chute du vers libre favorise la chute du tabou de la rime (1994).

3120. (rem. 2001) L'alba est le cauchemar de la canso.

3121. (rem. 2053) Le geste avant-gardiste : la compulsion de répétition du rêve de la destruction de la mécanique répétitive de la tradition.

3122. (rem. 2068) Dérober le signe typographique « point à mi-hauteur de ligne » des philologues dans la notation des mots provençaux entamés par la métrique : notation d'une condensation lexicale (dont le mot-valise est un cas particulier).

3123. (rem. 2087) Les verbes sont les irsuta de la phrase-stein. (rem. 2581) : il faut corriger, les noms communs sont les mots « grossiers » de la phrase (see distinction de Dante, in DVE : ils sont reburra, et in superfluam sonant).

3124. (rem. 2088, 2095) La phrase-stein, unité formelle de la prose d'art, est définie en opposition à la poésie, mais lui emprunte cependant certaines caractéristiques.

3125. (rem. 2108) « Les couches où s'étend l'or des déjections » (Cros – album zutique – « vieux-Coppée »). Comme la di-érèse est anoblissante.

3126. (rem. 2130) La poésie est dans sa langue comme le poisson quantique.

3127. (rem. 2142) En fait, tout ou seulement partie des règles d'un jeu avec contraintes est explicite. Rarement le tout.

3128. (rem. 2143) La poésie, chat de Schrödinger dans un monde sans langue.

3129. (rem. 2165) La poésie peut s'approprier le TONUTRIN, le faire servir à sa survie.

3130. La poésie est inconcevable dans l'IVIMON. Elle est inadmissible (see Denis Roche, of course).

3131. (rem. 2178) Poème : ceci est un poème.

3132. (rem. 2178) Poème : ceci n'est pas un poème.

3133. (rem. 3131, 3132) Entre ces deux poèmes, il n'y a aucune contradiction.

3134. (rem. 2201) variante du sonnet « visuel » : surcharger le sonnet en x de Georges Fourest.

3135. (rem. 3134) L'écrire en y pour éviter l'accusation de plagiat.
3136. (rem. 2226) Dans la prose, le formel se dilue, se noie, se brouille.
3137. Le Cahier des Charges de VME montre, paradoxalement, la résistance de la prose au formel. Il y a, dans VME, un énorme projet formel, et en même temps, une énorme résistance au projet formel (rem. 2227).
3138. (rem. 2248) La poésie disant kekchose apparaît pour cette raison à beaucoup, qui sentent confusément que kekchose n'est pas « quelque chose » qu'on pourrait dire, comme une activité absurde, et les poèmes comme fatrasies.
3139. (rem. 2306, 2307) Quand un enfant a cédé sur son désir du conte, il a grandi.
3140. (rem. 2362) Remarque, autrefois, de Maurice Gross : que la profondeur des parenthèses dans les Nouvelles Impressions d'Afrique était, comme dans la loi d'Ingve, de 6.
3141. (rem. 2397) La matière de Bretagne réussit la stratégie des « fins provisoires » parce qu'elle est composée par plusieurs, sur plusieurs générations, scribes (plusieurs copistes « variant »).
3142. L'Oulipo traite sa « matière », les contraintes, selon la stratégie médiévale : reprendre sans cesse, varier.
3143. La stratégie de la composition sous contraintes permet, dans une certaine mesure, le travail collectif de littérature.
3144. (rem. 2566) La phrase ternaire de Gertrude fut un bon point de départ pour le poème « An climatérique » du livre pour On Kawara.
3145. (rem. 2579) Généralisons : la poésie trouble la prose.
3146. (rem. 2609) L'aphorisme est le travestissement de la phrase de prose d'art.
3147. (rem. 2660) Composer en VIL (Vers International Libre) est une condition nécessaire pour être reconnu selon l'IVIMON.
3148. (rem. 2674) L'exemple du poème snieg, de Mandelstam, montre que le sens formel peut être, à la lettre, vital (ou mortel, d'ailleurs).
3149. (rem. 2682) Pour FLL le graal de l'oulipo était la solution du problème policier de la chambre close dans un espace à un nombre transfini de dimensions.

3150. (rem. 2691) La notion de contrainte canada-dry étant définie, les exemples apparaissent (Caradec).

3151. (rem. 2704) En espérant y apprendre à jouer aux échecs.

3152. (rem. 2705) Je soupçonne (après lecture des « mémoires » inachevés du maître) que le Fraisident-Pondateur aimait à imaginer les oulipiens dans la situation du héros de Brunner (see rem. 2701).

3153. (rem. 2714) D'où l'idée, chère à M.B., que l'histoire doit aussi entrer dans le champ de la potentialité.

3154. On peut faire subir à la forme morale-élémentaire un allongement semblable à celui du sonneto caudato : ajouter une couche de bimots. (Peut-être un petit vers, entre.)

3155. (rem. 2964) Les vers ont des bords, bord droit variable, bord gauche fixe (réglé, plutôt) en général. Mais un poème est sans bords.

3156. (rem. 1879) Le sonnet est imperméable à la formule ccc (de tercet).

3157. Dans la mémoire de poésie les mots se dissolvent, se déconcentrent, se décentrent, bifurquent sur leurs syllabes.

3158. (rem. 2984) La mémoire de poésie pense le souvenir des langues.

3159. Disons-le ainsi : trois formes-mémoire – mémoire de poésie, mémoire de souvenir, mémoire de pensée.

3160. (rem. 2925) Ma mémoire seule assiste à ma mort (Épicure).

3161. La mémoire de poésie saisit un poème d'un seul coup, sans sortir du présent, par une subitisation.

3162. Les nombres assurent la concentration, compactification, connexité de la mémoire de poésie.

3163. Les parcours de mémoire (séquences de souvenirs) rencontrent des pexa et des irsuta.

3164. La forme-poésie, pour moi, naît de la marche, principalement. Un certain ébranlement rythmique, résultant de l'alternance fatale de l'arsis et de la thesis, du lever-tomber du pied droit puis du pied gauche, et réciproquement, se transmet au cerveau, y suscite l'éveil des images de mémoire. Ensuite, parfois, viennent les images nécessaires de langue, la mémoire de poésie. Disons que j'imagine que cela pourrait se passer ainsi.

3165. (rem. 1280) L'amour de la langue est d'abord amour de la langue maternelle, et l'anté-bébé est sensible à la langue de sa mère, avant-naissance (see expériences à ce sujet).

3166. (rem. 1373) Le temps de la poésie est un temps imaginaire pur, orthogonal au temps conçu, dit temps réel.

3167. (rem. 3166) Le temps intérieur est quaternionique : il y a le temps dit réel, le temps conçu, et sur leurs trois axes orthogonaux des temps de mémoire, mémoire de poésie, mémoire de souvenir, mémoire de pensée.

3168. La mémoire de langue est présente selon des modalités distinctes sur les trois axes de mémoire (rem. 3167). C'est sur l'axe de la mémoire de poésie que la mémoire de langue est présente en tant que telle : de langue.

3169. (rem. 1478) Les poèmes sont les « bons voisins » dans la bibliothèque de Warburg de la mémoire.

3170. (rem. 1567, 1831) Une piction n'est que le bord d'une image (elle a une dimension en moins).

K (3171-3487)

3171. Si les langues sont « pas-toutes », la poésie est « toute ». Là est la « rémunération » mallarméenne. Mais c'est là une propriété de mémoire, une propriété privée.

3172. (rem. 2922) On dit que Simonide aurait dit cela. D'où, dirait-on,
– i- l'invention des arts de mémoire
– ii – voilà pourquoi « il fit poète ». Sans doute, mais attention : la poésie n'est pas pharmaceutique. La poésie, aussi, donne les souvenirs qu'on ne veut pas ; la poésie, aussi, ne donne pas les souvenirs qu'on veut. La poésie donne les souvenirs qu'elle donne, donne ceux qu'elle semble omettre, omet ceux qu'elle semble donner, omet ceux qu'elle omet. Mais ce qu'elle fait principalement c'est les mesurer les uns aux autres.

3173. La poésie ne dit rien, mais ne dit pas le rien.

3174. La poésie vient d'une mémoire de poésie (émettrice) jusqu'à un poème et va dans une mémoire de poésie (réceptrice). Les mémoires de départ et d'arrivée sont sans communication vraisemblable, autre que celle que véhicule le fonctionnement ordinaire du langage, qui est un aspect, nécessairement présent mais non essentiel, de l'effet de poésie.

3175. Dans un poème, cela qui provient d'une mémoire de poésie, par composition de langue, est en état de compression, de condensation, de compactification aussi extrême que possible.

3176. L'effet de poésie, dans une mémoire, peut être comparé à une explosion.
3177. Ce qui vient de votre mémoire, la poésie, va dans une autre mémoire, d'une manière imprévisible.
3178. Dans la poésie, vous ne commandez pas à ce que vous dites, non parce que vous ne savez pas ce que vous dites, mais parce que vous ne pouvez pas prévoir ce que sera l'effet de mémoire d'un poème dans une mémoire de poésie.
3179. L'effet de poésie est un effet par moments.
3180. La poésie, vue du côté de la composition, est une implosion.
3181. La condensation poétique de la mémoire est instantanée. Il ne s'agit pas d'un démêlement-entrelacement narratif.
3182. L'image des « cordes », des brins minuscules à beaucoup de dimensions enfermés dans de quasi-points ordinaires à 3 dimensions (une des propositions de la physique), est une comparaison vraisemblable pour la mise en réserve externe de la mémoire que constitue la poésie (cette composante de la poésie qui est mise dans un poème).
3183. L'Oulipo continue Vme (M.B.), le voyage d'hiver (J.R.), etc. ; écrit son « roman familial ».
3184. La poésie récuse le temps.
3185. « Ce qui est maintenant » dit Reid, « ne saurait être objet de mémoire ». Si la poésie est maintenant, si elle affecte la mémoire, elle ne peut pas en être l'objet. La mémoire ne prend pas la poésie comme son objet. La poésie <u>est</u> sa mémoire.
3186. La poésie a avec la langue un contrat de compactification.
3187. L'ironie est maniériste.
3188. La forme est l'ironie du sens.
3189. L'ironie est la *via negativa* du formel (dans l'art).
3190. La poésie est la voie, non le résultat (les poèmes). La poésie est l'ironie des poèmes : (<u>Kierkegaard</u> : « l'ironie est la voie, tout comme le négatif : non pas la vérité, mais la voie. Quiconque a un résultat comme tel ne le possède pas ; car il n'a pas le chemin… l'ironie… indique le chemin, mais non le chemin par lequel celui qui s'imagine avoir le résultat arrive à posséder ce dernier : elle indique le chemin par où le résultat nous quitte. »)
3191. À la différence de la récurrence ordinaire, la <u>récurrence</u>

prénaturelle (celle qui raisonne parmi les entiers prénaturels de la TRAM) oblige à refaire tous les pas, à repartir depuis le début.

3192. La poésie ne prend pas en charge ce que disent les poèmes.

3193. – Votre poème dit ça – Si vous voulez.

3194. Le futur, pour un gaucher, est-il encore « en avant » ?

3195. Variation sur la contrainte de « La Belle Absente » : enlever toutes les lettres du nom (ou du mot) puis les rétablir une à une (cumulativement ou pas).

3196. (rem. 3194) Qui compte « vers la gauche » ? (see Tennant)

3197. Dans l'Heroical Epistle de Donne, Sapho to Philenis, où « le pareil/s'appareille/au même/ » le sens obvie est surchargé d'un sens formel par la corrélation « Thou art not soft, and cleare, and strait, and faire,/As *Down*, as *Stars*, *Cedars*, and *Lillies* are,/But thy right hand, and cheek, and eye, only,/ Are like thy other hand, and cheek, and eye./ »

3198. L'intention ne doit envahir les poèmes que comme *via negativa*.

3199. Dans « Je me souviens », G.P. fait son auto-portrait à la lumière « infra-ordinaire », un portrait de l'artiste se souvenant. Et il y apparaît entièrement ressemblant, mais en creux.

3200. On distinguera trois états de mémoire, et non deux : à la distinction externe-interne, ajouter une séparation interne à l'interne ; entre les souvenirs proprement dits, ceux qui disent le passé, et les souvenirs conscients, qui ont déjà quitté leur passé d'origine. En eux, le sens strict du passé, le vrai passé interne, en fait, est absent. Ils sont tout prêts à devenir extérieurs. (On pourrait aussi considérer qu'ils sont dans une antichambre de l'extérieur, un passage obligé vers le monde, où ils peuvent être reconnus, fixés, dits.)

3201. (janvier 1995) Avec les années, l'Oulipo retrouve de plus en plus les destinations anciennes formelles (au sens d'occasions formelles) de la poésie : encomiastiques, escarnir e maldizer (pas assez), mariages, naissances… Il est passé de l'occasion strictement privée (premières « belles absentes ») à semi-privée (les épithalames de G.P.) à la circonstance publique, sur commande même (Tramway de Strasbourg). La composition sous contrainte (see Grands Rhétoriqueurs, Troubadours) se prête particulièrement bien à cette démarche.

3202. La théorie du rythme 2-3 est dans la main.

3203. Qu'est-ce qu'un entier naturel ? Une propriété des entiers protonaturels, i-e une relation entre entiers protonaturels (« tomber sous le concept d'entiers protonaturels équivalents par "changement de parenthèses" »).

3204. Les nombres protonaturels sont une propriété des collections de singuliers *qua* singuliers seulement (see Hurford, modifié pour cet usage).

3205. En poésie, les nombres relativement inaccessibles (comme disait Émile Borel) sont très petits, au sens usuel.

3206. Rythme et mémoire sont avant le nombre et la première notion de nombre est celle de nombre protonaturel : cette priorité d'antériorité est-elle à supposer anthropologiquement autant que conceptuellement ?

3207. Le temps impliqué par le nombre protonaturel est un temps oscillant autour du point virtuel du présent (vers le futur et retour, vers le passé et retour). Pour « ajouter 1 » il faut avoir en main (en mémoire) l'arbre précédent. Mais comme les arbres temporels associés aux nombres protonaturels sont hiérarchisés (idée de niveau de P.L.), on n'a jamais de mémorisation directe à faire excédant deux ou 3 pas.

3208. Le taratantara se compte sur deux mains.

3209. La remarque de Pound à propos de la difficulté d'interprétation de Donna me prega, What we need is not so much a commentator as a lexicon pointe un élément crucial de la « question du sens » en poésie. Il est clair que, ce qui pénètre dans la mémoire par la poésie étant porté par la langue, la force de cette irruption a certainement beaucoup à voir avec le rayonnement intellectuel de ces mots (entre autres caractéristiques). Prendre chaque mot dans sa « capsule » de pensée est une tâche utile de « lecture », pour aider la mémoire. Ce n'est cependant pas plus que cela. Et surtout (c'est ce qu'on peut faire dire à Pound) ne pas transformer ces données en pensée articulée, en seconde mémoire.

3210. (on rem.) Elles ne sont pas articulées, mais discontinues. Elles ne sont pas argumentées, mais assénées. Il faut les prendre singulièrement.

3211. Rien ne déplaît plus à l'ECOPROF que le fait suivant : le monde est incorrigiblement pluriel.

3212. Le baroque est une catégorie esthétique molle.

3213. Le Lacan des derniers jours était devenu semblable au paysan de Maupassant : « un p'tit bout d'ficelle, monsieur le juge ».

3214. La transmission d'un savoir est paraphrase (d'une technique, un montrer). La poésie se transmet par l'identique de langue.

3215. L'infini cantorien est un fini déguisé.

3216. Le premier infini cantorien (oméga) n'accède au non-archimédien (qui est la condition nécessaire d'un infini digne de ce nom), en quelque sorte, qu'au dernier moment.

3217. Maintenons que la mémoire est une pensée sans qualités.

3218. X prend Y pour Z est une proposition plus forte que X représente Y pour Z. X complote avec Y contre Z est le ressort caché des deux précédentes propositions.

3219. Chez l'homme, la mémoire a sécrété la pensée.

remarques de P truc L reprises et reformulées

3220. D'une figure métrique (formule de rimes) par exemple, une transformation (par exemple une permutation) peut créer une nouvelle figure identifiable comme étant métrique. mais le cas le plus intéressant est celui où ce n'est pas le cas.

3221. Une transformation (rythmique) qui « efface » le mètre fait apparaître du rythme.

3222. Une transformation rythmique met le feu rythmique dans le mètre.

3223. Entre les transformations qui détruisent la visibilité du mètre, il faut distinguer – celles pour lesquelles le mètre source est facilement récupérable, – difficilement mais possiblement récupérable, – pratiquement irrécupérable.

3224. La frontière entre les trois catégories bouge ; elle bouge dans le temps. Certaines dispositions de rimes (par exemple, dans les tercets du sonnet) qui sont rythmiques quand elles apparaissent, deviennent métriques à leur tour.

3225. Si les nombres font pleurer, c'est parfois que derrière des arrangements rythmiques on pressent des mètres déjà perdus, et on est transpercé de nostalgie.

3226. Quand une disposition transformée d'un mètre est formulée pour la première fois, elle n'est pas comprise : tout ce qui est nouveau est d'abord entendu comme du bruit.

3227. Le mètre a pour but de naturaliser le rythme.

3228. Dans certaines pratiques rythmiques le background métrique, réel, est invisible et il faut donner le temps à l'esprit de le percevoir (plus ou moins sans s'en rendre compte) (cela est normal dans bien des musiques traditionnelles complexes) (mais aussi chez Bach).

3229. Dans Trente et un au cube (comme d'ailleurs dans Tombeaux de Pétrarque), la difficulté d'identification ne concerne pas un rythme mais tout simplement un mètre qui met du temps à s'établir, mais il est aussi peu saisissable qu'un rythme non métrique parce qu'il est proche mais différent d'un mètre très connu (dont l'ombre interfère) (il s'agit d'une autre manière de compter les « e »). (À la lecture orale, si elle est poursuivie, la difficulté tend à diminuer à mesure que le mètre s'établit dans la mémoire des auditeurs).

3230. Chez les marinistes comme chez les pré-bambistes la forme sonnet est devenue transparente. il ne s'y passe plus rien ; d'où le choix de la disposition (formule de rime des tercets) la plus simple, cdcdcd.

3231. Ceux qu'on appelle baroques sont en connivence profonde avec les classiques, du côté de la forme.

3232. Que la sextine ne peut pas bouger ; que la canzone ne peut que bouger ; que le sonnet bouge et ne bouge pas en même temps.

3233. Le Champ Royal est un exemple hallucinant de stabilité à la fois formelle et sémantique.

3234. Si les conditions formelles d'une poésie sont molles et floues (par exemple celles du vers libre standard ou du vli), alors les individualités poétiques émergent difficilement. Tous les surréalistes sont en fait interchangeables, dès qu'on cherche un peu sous leur violente variabilité de surface. Après quelque temps le sentiment de déjà-vu, d'air de famille vague, domine. Il en va tout différemment du sonnet, par exemple. Là le sentiment premier, superficiel, est celui de la ressemblance. Ensuite on se rend compte de la profonde variabilité réelle.

Mais il faut pénétrer vraiment la forme. (Un autre exemple, encore plus net, est celui du tanka.)

3235. La poésie fait l'éloge de la langue.

3236. La poésie ne fait pas l'éloge d'elle-même.

3237. La poésie fait l'éloge défensif de la langue, à contre-cours de son aphasie, de son agonie.

3238. La poésie fait l'éloge agressif de la langue, à contre-cours de son atonie.

3239. Il n'y a pas de relation indéfiniment transitive. La transitivité, comme les nombres, devient rapidement vague par itération.

3240. Je peux dire qu'un poème n'a pas de sens. C'est un principe d'économie de lecture. Mais je peux aussi bien dire qu'il a trop de sens. C'est le potlatch de la lecture.

3241. D'une langue vient un mètre (au sens large) ; d'un mètre, une forme de poésie souple ; puis rigide ; puis ornée ; puis décomposée ; d'une forme décomposée et d'une langue vient un mètre (au sens large) etc. ← rem. 3232.

3242. S'il est vrai que la littérature est la forme moderne de la seconde sophistique, si on admet que sa forme majeure est le roman, alors il y a la poésie d'un côté, et de l'autre le reste : « et tout le reste est littérature ».

3243. Le conte improvise le temps.

3244. Le roman fut le sophiste (le coucou) du conte. L'historien en fut le philosophe (l'assassin).

3245. La première sophistique fut le coucou dans le nid de la poésie. La seconde sophistique fut le coucou dans le nid du conte.

3246. Le conte est la langue parlée de la mémoire.

3247. Un conte des origines – Le premier conteur fut un « improvisatore ». Pas le premier poète.

3248. L'entrebescar est le *kairos* du trobar.

3249. Socrate : Qu'est-ce que la poésie ? – Théétète : de ça et de ça et de ça. – Socrate : la question n'est pas p'tit Théétète de quelles choses la poésie est ni combien de la poésie il y a, la question est, « qu'est-ce que la poésie ? ». – Th : la poésie.

3250. ← rem. 3281 – Du provençal et contre le mètre épique, la canso ; du français et contre le mètre épique, le décasyllabe lyrique ; du décasyllabe lyrique la chanson des Trouvères ;

de la chanson la ballade; de la ballade le chant royal, puis le chant royal à formule fixe et à ligne palinodique imposée.

3251. (Julien Blaine) La ligne d'horizon est une conjonction de coordination.

3252. En poésie, le « et » est une ligne d'horizon, entre deux mondes possibles.

3253. Ce n'est pas seulement que le français médiéval est maigre (dans son orthographe comme dans sa substance sonore), c'est-à-dire amaigri par rapport au latin, c'est que sa syntaxe l'est aussi. La tendance au redoublement par quasi-synonymie « rémunère » ce défaut de la langue.

3253 bis. Quand la langue se remplume, le décasyllabe devient trop maigre.

3254. Les contraintes oulipiennes comme les « lipossibles » ou les anaérobies de Luc Étienne sont des cures d'amaigrissement des textes.

3255. Vus de loin (la distance de l'ignorance ou de la lassitude), tous les alexandrins, tous les sonnets se ressemblent. C'est le syndrome chinois.

3256. Oulipo : il faudrait aussi définir une contrainte suivant une autre contrainte. exemple (d'après l'Atlas de littérature potentielle et le petit robert) – *Bouleversement de nénuphar*. Il s'agit d'une pogne dont le premier versement est fait d'une motion d'une leucite, le second d'une motion de deux leucites, etc., le nième versement comprend donc n leucites.

3257. Des noms de poètes peuvent représenter la poésie, être des noms propres de la poésie. Ils peuvent faire fonction de noms de la poésie. Mais il est indispensable qu'ils soient plusieurs. La plupart des philosophes, si jamais ils se préoccupent de la poésie, ne connaissent qu'un seul poète (ils en changent parfois, selon la mode). Ne connaître qu'un seul poète, c'est ne rien connaître de la poésie.

3258. Une forme-mémoire de poésie doit, au moins, dupliquer des traits dominants de cette forme.

3259. Une forme-mémoire, comme la mémoire elle-même, est un double : il y a une forme mémorisante et une forme mémorisée.

3260. Une forme mémoire d'une forme souple est une forme fixe.

3261. Une forme-mémoire interne à une forme a des chances d'être une forme rigide (sextine).

3262. La méthode axiomatique oulipienne appliquée aux formes rigides (ou fixes) tend à les dérigidifier (resp. assouplir), à les remettre en mouvement.

3263. Pour qu'une forme-poésie existe il faut qu'elle ait un nom.

3264. La découverte d'un plagiat par anticipation peut créer une forme nouvelle dans le passé.

3265. La sextine d'Arnaut Daniel n'est pas dans la forme-sextine mais dans la forme-canso. La forme-sextine naît beaucoup plus tard. Alors, la « sextine » d'Arnaut Daniel devient une sextine.

3266. C'est un bon exemple du problème de la constitution d'un événement historique (Le problème d'Oakeshott) : quand la « sextine » est composée, c'est une canso exceptionnelle. Quand Dante et Pétrarque ont écrit, c'est une sextine.

3267. La forme-sextine a pu naître, aussi, parce qu'elle était trop courte pour être une canzone. La translation de la canso vers la canzone avait changé les conditions d'existence du poème « sextine ». Son immobilité formelle a assuré son avènement en tant que forme.

3268. Les bibliothèques invisibles de Braffort sont des bibliothèques d'amateur, des bibliothèques intimes ; mais il faut aussi définir des bibliothèques extimes, des principes oulipiens de reclassement des bibliothèques existantes.

3269. Thèse de Warburg-Braffort : le « bon voisin » d'un livre est celui qui lui tient compagnie dans une bibliothèque braffortienne.

3270. À l'appui de la thèse steinienne (le titre d'un livre est le nom propre du livre), la convention typographique : un titre ne s'achève par aucun signe de ponctuation. (Il y a très peu d'exceptions.)

3271. Il faut distinguer les G.T.S ; (Grosses Têtes Souples) des G.T.M. (grandes Têtes Molles). Sollers (ou Kouchner) n'est pas une GTM, comme Edgar Morin ou Attali ; mais bel et bien une GTS.

3272. Le Cri de Merlin est au Chant des Sirènes ce que la réponse au Sphinx est au silence de Perceval.

3273. Être un poète approximatif.

3274. « C'est surréaliste ! », ou, comment donner un sens trivial aux mots de la tribu.

3275. La philosophie oublie la poésie, selon deux stratégies antagonistes : omettre qu'il y a langue – s'arrêter à ce qu'il y a langue (d'où deux stratégies : stratégie du coucou et stratégie de l'assassin).

3276. Il se pourrait que ces deux oublis (rem. 3275) n'atteignent pas la poésie seule, mais soient des défauts philosophiques en eux-mêmes.

3277. On ne peut penser qu'en retard sur la langue ; qu'en oubli de la mémoire par conséquent.

3278. La pensée est en retard de mémoire.

3279. L'illusion de penser avant la langue vient de ce qu'on pense au futur antérieur.

3280. L'illusion de penser hors la langue vient de l'illusion subliminale d'avoir pensé avant la langue.

3281. L'oulipo participe à la reconquête du territoire de la langue par la poésie.

3282. Quoi ! parce que nous avions eu Breton, il a fallu que nous ayons Breton-le-petit ?

3283. Ces Rimbaud qui pour Harar ont le mont Ararat.

3284. Le « stupéfiant image » n'a pas produit de bien stupéfiantes images.

3285. Queneau : la gnose et le gnéséda.

3286. Je défendrai pour la poésie la position suivante (posture du poète) : un intuitionnisme appuyé non sur l'intuition abstraite ou pré-linguistique du temps (l'illusion de Brouwer) mais sur l'intuition du temps de la langue. Ce qui se passe est dans la relation « entre » ; l'entre les mots.

3287. Poésie, étant morte, j'étant mort. Le bel horizon.

3288. (P truc L – contre la poésie). Les poèmes sont les camps de concentration des mots.

3289. Tant qu'il est présent dans une mémoire, un poème est inachevé.

3290. Le soleil ne rayonnerait pas s'il était seul dans l'espace. Un atome n'émet de lumière que pour un autre atome. Un poème n'illumine que pour une mémoire.

3291. La mémoire est corps diaphane pour la poésie.

3292. Le discret est la pensée mathématique de l'éphémère. Le continu est la pensée mathématique de l'éternel.

3293. La poésie ne dit pas. Elle vous dit.

3294. Il ne viendrait à personne l'idée de dire que les langues disent la vérité. Pourquoi la poésie devrait-elle traîner ce boulet ?

3295. Le premier acte de mémoire : l'appréhension de la réminiscence d'un changement **et** d'une mêmeté.

3296. Brouwer voulait mettre la mathématique hors-langue. Ce n'est pas possible. Mais il a identifié une distinction bien réelle : la mathématique dite, écrite, posée est un objet de langue, mais c'est un objet externe. La pensée mathématique est encore un objet de langue, mais intérieur. La langue y a d'abord passé par la mémoire. De là vient l'effet de réel des objets mathématiques, auquel les mathématiciens sont si sensibles.

3297. La suite-K est entièrement prédéterminée par la nécessité de s'engendrer elle-même en écho. Elle se crée à mesure en proférant son propre passé. On peut la choisir comme une représentation allégorique de l'effet de poésie.

3298. La suite-K est poursuivie de son écho, qui s'éloigne d'elle peu à peu. La poésie, ainsi, est poursuivie par la mémoire.

3299. Le jeu de langage des catégories ne s'est pas imposé comme s'imposa le langage ensembliste. Le milieu mathématique n'a pas fait cet effort, n'a pas pensé qu'il était nécessaire. Pourtant les catégories n'ont pas été éliminées entièrement, malgré le dédain affiché. Mais on les utilise généralement comme dirait P.L. « à cinq pour cent de leur capacité ». Parfois quelqu'un vient et dit : « tu vois, il y a des catégories là-dedans » (exemple typique : Girard). Si on regarde, on voit que l'utilisation est purement cosmétique, gougnafière en plus. Cela fait penser à cette histoire de 1944, juste après la Libération. Un petit garçon rentre chez lui et dit à sa mère : « Il y avait des soldats américains. Ils m'ont parlé et j'ai tout compris ! » « Et qu'est-ce qu'ils ont dit ? » « Ils ont dit *yes*, et tout le reste en français. »

3300. (rem. 3258-3262) L'avenir d'une forme rigide est la forme dégénérée (exemple : le bout-rimé dans la forme-sonnet française au 17e siècle).

3301. On lutte contre la rigidité de la forme par l'ornementation.

3302. On peut régénérer la forme rigide dégénérée par la surornementation (oulipo, et autres).

3303. Il faut distinguer les G.T.M. (Grandes Têtes Molles) (Edgar Morin, etc., rem. 3271) des G.T.P.C. (Grosse Tête Petit Cul/ quand il pète on le voit plus/) (Sollers, etc.).

3304. Le continu est un coup de pinceau conceptuel sur la discontinuité irrémédiable des singuliers. Mais cette peinture elle-même se craquelle, et il faut recommencer. Il n'y a pas un continu mais des continus superposés, chacun d'eux discontinu en dessous du suivant.

3305. La poésie n'est pas une pensée. La poésie comme la pensée, est mémoire. Mais d'une manière radicalement autre.

3306. Badiou (in Barca!, 3) nomme six « antiphilosophes de fort calibre: Pascal, Rousseau, Kierkegaard, Nietzsche, Wittgenstein, Lacan ». Mais il en oublie un septième: Monsieur Aa.

3307. On se réveille; on « se souvient » d'un rêve; c'est-à-dire qu'on rétablit en pensée automatiquement la distance temporelle de notre présent éveillé aux souvenirs qui se pressent. Cette distance est assurée par la fonction de narration, qui aussitôt « situe » l'émergence des images-souvenirs quelque part dans un passé effectif récent, celui de notre sommeil. Elle met un semblant de succession, d'ordre séquentiel dans ces images. On a rêvé (see Ambrose Bierce).

3308. Au réveil, on retrouve sa langue. C'est alors qu'on croit avoir rêvé.

3309. La poésie compactifie la langue comme la mémoire le passé.

3310. (d'après Saint Bernard) Pour la mémoire Dieu est la continuation de l'éternité.

3311. La poésie ne nomme pas les choses. Elle nomme la mémoire des choses.

3312. La mémoire des choses, dans la poésie, excède les choses.

3313. La poésie nomme bien un silence; mais quel silence? le silence du passé.

3314. Je pense que la poésie n'est pas une pensée. Mais je pense que la poésie peut être pensée.

3315. La pensée que la poésie est une pensée est une réduction philosophique.

3316. La philosophie a toujours eu du mal à penser la poésie. Elle ne veut pas se souvenir de ses origines.

3317. La poésie n'invente pas. Elle se souvient.

3318. Si la poésie invente, ce n'est qu'au sens où Merlin prédit : elle se sera souvenue. Alors on pourra dire : elle a inventé ceci.

3319. Les poètes, comme chacun, héritent d'une langue. Tous les noms y sont. Les poètes n'ont pas en charge la nomination.

3320. L'idée que la poésie a en charge la nomination, même si elle est condensée de la manière la plus extrême (chez Gertrude Stein ; ou chez Badiou : des Noms-de l'être), est esclave de l'idée magique de la poésie.

3321. *Remarque supprimée.*

3322. Les poètes n'inventent pas de noms, mais des configurations de noms. D'elles sans doute, ensuite, apparaîtront de nouveaux noms. Mais ces noms seront pris par la langue ; ou encore par la pensée.

3323. L'in (dé) fini caché, muet, dans le (dé) fini.

3324. Nombres-intérim.

3325. Lumière de mémoire : Soleil du soleil illuminant la forêt des forêts.

3326. Les mots des poèmes : ils ont beau renvoyer (dans Donna me prega, par exemple) à toute une configuration de pensée complexe, on ne peut faire qu'ils ne soient là que seuls. Le commentaire, la paraphrase, peuvent servir, si on veut, à empêcher notre perception mémorielle de s'égarer excessivement, ils ne peuvent pas se substituer à l'action de la langue, *simpliciter*.

3327. La poésie, vestige aussi des langues.

3328. Toute forme est « entre ».

3329. (rem. 3328) : on peut énumérer, si on veut : entre futur et passé, entre les entiers, entre les singuliers, entre le formel et l'informe.

3330. La force de la poésie est d'être formellement entre.

3331. Que dit le coucher de soleil ? rien. Dire que le coucher de soleil est poésie, c'est reconnaître que la poésie ne dit rien. Mais c'est confondre la poésie avec son effet intérieur. Erreur symétrique de celle qui ne voit la poésie que sur la page, dans la voix : dehors.

3332. Le lecteur de poésie est solipsiste. Il n'y a qu'un monde possible, celui où il est seul, en possession d'une langue. Mais le compositeur de poésie, doit-il l'être ? on hésitera à répondre.

3333. La poésie, c'est quoi ? ce que font les poètes.

3334. La langue de bois se changeait volontiers en langue de bûcher.

3335. La poésie ne pose aucune question, ne répond à aucune. La poésie est dans les poèmes qui ne connaissent les questions que comme signes typographiques ou montées de la voix.

3336. La poésie est morte : « longtemps, longtemps, longtemps après que leurs chansons ont disparu/Les poètes traîn't encor' dans les rues/» ?

3337. La mémoire préserve. Elle conserve, elle met en conserve, en confitures, en monuments, le passé. La poésie préserve la langue. Met en conserve, en confitures, en monuments, le passé d'une langue.

3338. Par chaque usage de la langue, pas seulement l'usage-prose, je fais ma langue mienne (et j'essaye de ne pas la perdre, ce qui n'est pas si facile). Mais dans le cas de la poésie cette appropriation est le tout de son effet. Elle a cette fonction : faire que l'être de ma langue est en moi.

3339. Aujourd'hui, la poésie manque et le paysage de la langue est dépeuplé.

3340. À chaque instant notre mémoire se souvient de ce qu'aura été le présent quand on le contemplera depuis un des futurs possibles. La mémoire ne travaille pas seulement au passé, mais au futur antérieur.

3341. La poésie est plagiaire par anticipation d'un état futur d'elle-même, et de la langue.

3342. La poésie, qui est généralement simple, est également généralement complexe. Comme disait autrefois le Docteur Festus, ce qu'elle a de complexe change beaucoup ce qu'elle a de simple. Généralement encore, sa simplicité tend à masquer sa complexité ; et réciproquement. C'est un phénomène fréquent. Si nous examinons, par exemple, un ouvrage de prose assez connu, Finnegans Wake, de monsieur Joyce, une complexité apparente (fort appréciée des amateurs), essentiellement d'ordre lexical, y dissimule une grande simplicité syntaxique, pour ne pas dire un simplisme, une trivialité.

3343. Le moment surréaliste est le moment classique du modernisme. D'où une certaine splendeur versaillaise de ses productions ; mais aussi une tendance à la rigidité, à l'intolérance, un effort constant à l'hégémonie, à l'élimination de tout ce qui lui résiste. Il a le côté meute de loups de bien des avant-gardes ; pas seulement littéraires ; et pas seulement artistiques.

3344. Un poème a deux états internes et deux états externes.

3345. Les deux formes externes d'un poème : forme écrite, forme orale. Toutes les deux sont immobiles (la forme orale comme la forme écrite) et constituent la partition. Il y a bien sûr plusieurs exécutions possibles de la forme orale, des performances ; et aussi plusieurs exécutions possibles de la forme écrite, des performances écrites. La partition est le couple de ces deux formes externes d'un poème. Pour moi, elles existent toujours toutes les deux (l'une peut être virtuelle seulement). De plus, les deux formes entretiennent toujours des rapports conflictuels. Et c'est bien (cet antagonisme fait partie de la composante rythmique de la poésie).

3346. Les deux formes internes d'un poème : forme éQrite (éQrit : terme inventé pour les besoins de la cause ; oralement homonyme d'écrit – c'est exprès) ; forme aurale (aural : dans le même rapport d'homonymie sonore avec oral qu'éQrit avec écrit). Internes à quoi ? à celui qui reçoit la poésie. La définition d'un poème par un quatuor de formes inclut le lecteur.

3347. Les formes externes d'un poème sont interpersonnelles. Elles sont communicables pratiquement à tous ceux qui parlent et lisent la langue dans laquelle ce poème est composé. Les formes internes sont personnelles ; elles sont dans une tête de lecteur-auditeur ; essentiellement incommunicables d'une tête à l'autre ; elles sont toujours en mouvement dans les mémoires : mouvement d'images, de pensées. La forme externe écrite est oisive, pas la page mentale intérieure qu'est la forme éQrite.

3348. Il n'y a pas de poème sans lecture. Et dans la lecture intérieure, comme dans la donnée extérieure, les deux formes, éQrite et aurale se heurtent, s'affrontent…

3349. On ne peut pas réduire un poème à sa forme externe. Tant qu'un poème n'entre pas dans une tête, il n'existe pas.

3350. Le fait qu'il y ait une différence irréductible entre les lectures intérieures d'un poème dans les têtes variables qui s'en emparent fait partie de la constitution même de ce poème en tant qu'objet de langue. C'est une banalité de dire qu'il y a toujours des différences dans la manière de recevoir et interpréter un énoncé quelconque de langue, d'une tête à l'autre. Mais dans les manières de dire autres que la poésie, le sens doit être considéré comme public, idéalement transmissible : ce qui n'est pas transmissible ne fait pas partie du sens. Dans le cas de la poésie, c'est exactement le contraire. (Ce qui ne veut pas dire que les poèmes ne contiennent pas un sens transmissible ; s'il est là, il est là en plus.)

3351. La poésie ne se réduit pas au vers qui lui-même ne se réduit pas au vers compté et rimé ; le compte lui-même ne se réduit pas au compte arithmétique banal. La poésie est constituée d'événements singuliers de langue, distincts et ordonnés en séquences hiérarchisées, les poèmes.

3352. Il y a des vers de toutes sortes, pas seulement sous forme écrite. S'il y a vers, la performance de poésie peut les marquer, ne pas les marquer, les marquer différemment. Plus généralement, les événements singuliers constituant la poésie ont des figures différentes dans chacune des quatre formes (voir question précédente) qui la manifestent.

3353. La poésie est toujours performance, réelle ou virtuelle.

3354. La performance est l'ensemble des réalisations de la forme orale. C'est un objet formel, plus abstrait mais aussi plus riche (puisqu'il met en jeu les quatre aspects de la poésie), inscrit directement dans la durée.

3355. Une hypothèse historique de la poésie – La chute du vers (la crise de vers) a été une condition de la découverte de l'inconscient.

3356. Dans la poésie traditionnelle, il y avait une manière réglée (le vers) de dire que tout ne peut pas se dire.

3357. La crise de vers diagnostiquée par Mallarmé a marqué l'effondrement d'un état des choses dans la langue : la séparation réglée entre son emploi ordinaire et son emploi en poésie.

3358. L'analyse (freudienne) est une métrique de substitution. Dans la crise de vers affleure, commence à apparaître quelque chose qu'on pouvait se dispenser de considérer antérieurement. Dont on pouvait antérieurement se dispenser de se préoccuper. C'est-à-dire de répondre à la question (énoncé que paraphrasa Milner) : qu'est-ce qui se passe qui fait que tout ne peut pas se dire ?

3359. Parmi les différents modèles de langue (jeu de langue des sciences, des organisations politiques...) qui héritent de fonctions que la poésie versifiée (et même la poésie tout court, malgré les efforts méritoires des surréalistes) n'est plus à même de jouer, le discours analytique joue un rôle privilégié. Il est non seulement une métrique de substitution, mais une métrique de substitution de l'effet de poésie dans les têtes.

3360. L'effondrement du vers traditionnel amène un divorce – ceci est bien connu – entre la poésie et une partie de son public. Le divorce entre la poésie et son auditoire a en partie son origine là.

3361. La forme poétique n'exclut certainement pas l'informel. Elle ne disparaît pas sous lui.

3362. Les pseudo-axiomes « le roman pense », « le roman est paraphrasable » : il est indispensable à une bonne lecture des romans de les prendre au sérieux. C'est pourquoi les lectures critiques, les recommandations de bouche à oreille, les résumés, les imitations, les parodies, les mises en parallèle, et j'en passe, sont indispensables à la vie de la forme-roman. Il est indispensable, pour la lecture d'un roman, de se demander ce qui s'y passe, ce que cela raconte, ce que cela dit ; c'est bien ainsi que le roman existe réellement entre ses lecteurs.

3363. L'idée sous-jacente à la découverte de la poésie hors-poésie est une idée de la poésie qui la confond avec un sentiment vague, mou, hébété, informel, tellement universel et dilué qu'il en devient à peu près vide ; en outre il est généralement si noble et si élevé qu'il vous fait fondre en larmes. On reconnaît volontiers la poésie dans le coucher de soleil, moins dans la décharge publique. Hans Arp a très bien exprimé cette définition du sentiment poétique qui est l'axiome de la présence ubiquite de la poésie : « Le citron même tombe à genoux devant la beauté de la nature. »

3364. Une stratégie de la langue-muesli (GLAM) : la dilution, la dissolution des spécificités. Le dicton de Barthes, « la syntaxe est fasciste », est un bon exemple.

3365. Un <u>élément de mémoire</u> est le couple d'un objet dit « un » et d'un même de l'un.

3366. Il n'y a pas de mêmeté possible sans un objet-mémorisant et un objet-mémorisé.

3367. Quel est votre impressionniste préféré ? Oh, Monet, Monet, Money.

3368. Le roman est une marchandise moderne parce que sa lecture est peu renouvelable. Il lui faut un lecteur qui relit peu. Qui n'a pas besoin de relire pour comprendre. Il faut au roman contemporain sans cesse de nouveaux lecteurs pour qu'il ne soit pas retiré de la vente.

3369. Aujourd'hui un poète est encore moins utile à l'État qu'un bon joueur de n'importe quoi.

3370. J'est un autre.

3371. Muesli-langue (GLAM), quelques qualificatifs : limp, flabby, dull, wooly, vague, imprecise, underhanded, shifty, bland, hypocritical at all times…

3372. Le romancier serait-il quelqu'un qui n'écrit pas délibérément quelque chose de faux par rapport à ce qu'il veut dire ?

3373. (Gérard Macé) « j'avais peut-être le projet d'écrire avant même d'apprendre à lire ; peut-être ai-je appris à lire dans ce but. »

3374. La poésie dit quoi ? nada. Fait quoi ? mémoire.

3375. Toutes les définitions substantielles de la poésie ont des contre-exemples, appellent le contre-exemple, l'exigent (offrent des consignes pour une composition).

3376. L'idée-nobel de la poésie met celle-ci dans le zoo mondial.

3377. La posture traditionaliste des poètes, autant que la posture avant-gardiste, est psittaciste. Les modalités changent. C'est le syndrome « accent circonflexe ».

3378. Pour Barbey d'Aurevilly les « enjambements » de Mallarmé, dans l'alexandrin, étaient comparables à des attentats aux mœurs. Pour des yeux plus récents, le vers du Denis Roche énergumène était quasiment pornographique. Mais pour les surréalistes, sans qu'ils le disent jamais, les coupures non classiques dans l'énoncé à la fin du vers ne sont pas admissibles (ils ne les pratiquent pas). Aragon s'en sert pour un effet comique (c'est la stratégie des Plaideurs (madame la comtesse/de Pimbêche...)) : « La vicomtesse prit une pose ensorcelante et dit au sous-secrétaire d'état aux Beaux-Arts si/c'est cela que vous appelez la poésie/ ».

3379. La peinture ne rencontre pas les mêmes obstacles que la poésie à être objet-marchandise. Alors : À bas Gutenberg ?

3380. L'invention de la photographie n'a pas ruiné la peinture. L'invention de l'imprimerie a, dans la longue durée, atteint la poésie. Alors : Gutenberg prématuré ?

3381. Un poème est un objet. Mais un objet en grande partie abstrait. Une œuvre d'art « conceptuelle » ?

3382. On parle de la poésie en langue-muesli (GLAM). La version nobel est la version tory-wet, ou « liberal », au sens parlementaire anglais.

3383. Il y a des positions de poète qui sont des anti-postures.

3384. Il est entendu qu'il n'y a pas de définition possible de la poésie. Mais cela ne dispense pas de proposer des définitions de la poésie. Pour voir où ça coince. C'est une tâche essentielle de la poétique.

3385. On constate que les emplois du mot poésie hors-poésie sont le plus souvent dans une tonalité de muesli-langue (GLAM), vague, effusion, infini, spiritualité molle (le coucher de soleil, pas la décharge publique). Bien sûr, pourquoi pas ? mais pourquoi ne pas dire « J'étais à Capri. Ah !, la grammaire de ce coucher de soleil ! ah l'équation différentielle (ou aux dérivées partielles) de ce coucher de soleil sur la mer ! »

3386. Il ne faut pas refuser le coucher de soleil comme poésie seulement parce que ce n'est pas de la poésie, mais parce que cet emploi marque indirectement une conception bête de la poésie.

3387. La traduction-GLAM tend à trivialiser la poésie dans la langue d'arrivée.

3388. L'idée communicatoire de la poésie est une idée-GLAM.

3389. Pour beaucoup la poésie est communicantatoire.

3390. La langue de bois est née dans la grande Russie, dans les grandes forêts de la Grande Russie ; c'est une invention Grand-Russe. Pour la langue-muesli il fallait (faudrait) un terme multinational.

3391. Michèle Métail m'a reproché le choix de muesli. J'aime le muesli m'a-t-elle dit. Moi itou. Et j'aime le bois.

3392. De la forme et du contenu en poésie : il n'y a pas de contenu ; ou si vous voulez il y a tous les contenus que vous voudrez. Dans un même poème, même. Et la forme ? il y a toujours forme. De la forme on peut parler : décrire, comparer, contraster, etc.

3393. La position de poète nomade est aussi ancienne que la poésie.

3394. « Nommer, toujours nommer », dit Reznikoff. La première forme poétique est la liste.

3395. Et l'émo-otion, dans tout ça ? – Réponse de Reznikoff : – « La poésie présente l'objet afin de susciter l'émotion. Elle doit être très précise sur l'objet et réticente sur l'émotion. »

3396. Testimony est le manifeste de l'objectivisme radical.

3397. La rhétorique est souvent le déguisement d'une morale conventionnelle, sinon régressive ; voir par exemple Ponge.

3398. Le gimmick – Qu'est-ce qui permet à Reznikoff, dans Testimony, d'échapper aux pièges de l'insistance, du sentimentalisme, de la propagande, du moralisme ? C'est le choix formel : travailler à l'intérieur de morceaux de langue préexistants, composés selon des critères stricts : les comptes-rendus de témoignages de justice. La langue des témoins s'exprimant en présence de la loi. Là est le truc, la trouvaille, la stratégie, l'invention, le trobar. C'est le sérieux avec lequel Reznikoff a respecté sa contrainte qui signe l'objectivisme radical.

3399. Objectivisme radical – choix d'un modèle à fantaisie restreinte – stratégie de la transposition ou du prélèvement – style « des choses comme elles sont ».

3400. Le Parti pris des choses, de Ponge, imite (ne prélève pas directement, il me semble) les rédactions d'école primaire de la troisième république. Le fait de ne pas passer au vers, et de ne pas se soumettre à une contrainte de précision facilite l'anthropomorphisme moralisé de ces textes.

3401. L'Oppen tardif et le Rakosi tardif sont pris dans la tendance anglo-saxonne à la leçon morale. S'ils sont encore objectivistes (Testimony servant de paradigme), c'est dans un objectivisme dilué.

3402. Ne pas voir que les poèmes de Flowers (Zukofsky) sont dans une même ligne que ceux de Testimony, c'est ne pas saisir ce qu'il y a de plus original dans la tentative objectiviste ; c'est confondre les poèmes avec le message supposé présent dans les poèmes. Un trait de cécité formelle peu excusable même si universellement répandu.

3403. L'objectivisme radical peut entraîner des difficultés de compréhension immédiate. Le monde tel qu'il se présente à nous, si on cherche à l'appréhender poétiquement sans le sentimentaliser, l'interpréter moralement, sans le commenter a fortement tendance à l'hermétisme, la lacune, à l'ellipse.

3404. Le conte est l'art de mémoire des événements. La poésie l'art de mémoire des singuliers.

3405. Le conte se place dans le temps (dans une espèce du temps).

3406. La condition de possibilité du conte est l'erreur dans la mémoire des événements.

3407. L'oubli est le « double bind » de la mémoire.

3408. (rem. 3323) Pas d'infini : de l'indéfini. Mais le fini ? le fini est le défini.

3409. Il y eut la « voie française » vers la langue de bois.

3410. La condamnation de la poésie engagée par Péret fait aujourd'hui partie de la « Vulgate » des pensées sur la poésie.

3411. La répétition à l'identique perpétuée ne crée pas l'infini mais la confusion.

3412. (rem. 3274) C'est la langue-muesli (GLAM) qui donne un sens plus vil aux mots de la tribu. N'est-ce pas, parfois, délibéré ?

3413. La poésie est un Art de mémoire préfabriqué.

3414. L'Art de Mémoire poésie s'installe dans les têtes avec les poèmes : il y dispose ses lieux, ses images…

3415. L'efficacité d'un Art de mémoire poésie dépend d'une part de la plus ou moins grande consistance du jeu, en tant que fabrication ; de l'autre de la capacité de reconnaissance, du côté de la réception.

3416. La poésie est un art de mémoire destiné à la prise de possession par chacun de sa propre langue, non comme moyen de communication ou de pensée seulement mais comme forme de vie.

3417. On peut vivre sa langue de manière purement instrumentale, mais on y perd.

3418. Il y a en chacun un besoin de poésie, peut-être, parce qu'il y a en chacun une attraction pour l'appréhension langagière du monde, d'où la force de la tendance à voir de la poésie partout.
La chute de poésie met chacun à côté de sa langue.

3419. Les romanciers tendent à s'offrir comme artistes de remplacement des poètes (Flaubert). Leur obstination est touchante. Je ne vois pas la poésie dans la prose : seulement de l'après-poésie (chute de poésie), ou de l'avant-poésie (préparation à la poésie).

3420. Toutes formes sont nombres ?

3421. Dante est la continuation de Simon de Montfort par d'autres moyens.

3422. Joyce est la continuation de Flaubert par d'autres moyens.

3423. La quête du graal est interdite dans cet immeuble.

3424. Les voyageurs sont invités à ne pas laisser leurs enfants et leurs vieux parents sans surveillance. Ils pourraient être détruits par les services de sécurité.

3425. La POFORM est méditation sur quelques mots : poésie, mémoire, nombre, temps, forme, rythme, temps, et cetera. Elle doit les contempler dans leur acception ordinaire et leur donner un sens formel, technique ; confronter les deux.

3426. La forme est une configuration de singuliers.

3427. Il y a la forme abstraite et il y a sa présentation (comparer au groupe abstrait et à sa présentation comme groupe de permutations).

3428. (rem. 2484, 2485) L'autobiographie en temps réel serait distincte du journal comme le continu du discret.

3429. Un mètre établit un état de droit dans une société civile de poésie.

3430. (rem. 3067) Ne pas omettre la mémoire des procédures du corps.

3431. (rem. 3159) Ajouter aux trois modes la mémoire des algorithmes de la vie animale.

3432. Parmi les algorithmes du corps, de la vie pratique, les gestes usuels, certains ont eu besoin de la langue pour s'établir (conduite automobile), d'autres pas : la marche.

3433. La muesli-langue (GLAM) est un obstacle majeur à ce que s'entende « the voice of poetry in the conversation of mankind ».

3434. Les trois mousquetaires, ECOPROF, IVIMON et TONUTRIN sont quatre ; le quatrième est Lord REHERDROPRO (Régime Héréditaire du Droit de Propriété).

3435. La muesli-langue (GLAM) est un mode d'emploi des langues qui convient aux quatre mousquetaires ; mais ce n'est pas ainsi qu'ils s'expriment. Ils emploient la langue beaucoup plus sèchement (0,1 ; rapports financiers, etc.), beaucoup plus efficacement. La muesli-langue (GLAM) est un effet de double langage. (La langue de bois l'était aussi, on suppose ; mais ce n'est pas absolument sûr ; certains parlaient en langue de bois et croyaient parler comme ils voulaient parler.)

3436. En première approximation, on pourrait dire que la langue adéquate aux quatre mousquetaires est la langue de la xenomoney.

3437. Le ou les marchés parlent la langue de la xenomoney.

3438. La variante « Politically Correct » de gouvernement(s) (elle n'est pas spécialement « de droite ») de la muesli-langue est assez exactement une couverture de la langue de xenomoney ; c'est une langue de contortionnistes.

3439. (rem. 427) « Dieu que ne suis-je assise à l'ombre, Des Forêts ! »

3440. Contraintes de prélèvements : les haïkaïsations de Queneau, les boules de neige mallarméennes de Mitsou Ronat, les haikus de Cage pris dans le Journal de Thoreau ; et maintenant les 191 haikus de Michelle Grangaud, prélevés chacun dans un sonnet des Regrets.

3441. (rem. 3440) Autres exemples : le Clear the Range de Ted Berrigan (à partir d'un western) ; les Radio(s) de Ronald Johnson pris lettre à lettre dans la succession de Paradise Lost de Milton (comme le titre l'indique) ; divers exemples dans Autobiographie, chapitre 10.

3442. (suite) Il y a une distinction à faire entre prélèvements et effacements. L'exemple de Ted est un effacement (comme, peut-être, les haïkaïsations de Queneau) ; et les textes anaérobies de Luc Étienne sont de ce type.

3443. (suite) La contrainte des lipossibles joue sur les deux. Un texte s'obtient par effacement réglé dans l'autre (ou prélèvement ?).

3444. Michèle Métail, après lecture de l'avalanche à boules de neige fondantes de Ian Monk, à l'oulipo de nov. 95, remarque que c'est un vrai texte en une variante de cette contrainte, pas un simple exercice, et que l'oulipo n'a jamais été capable de faire autre chose que des amusettes avec les boules de neige. C'est vrai. Cela veut dire que la contrainte n'a pas été prise au sérieux. Pour réussir dans une contrainte (oulipienne ou pas), il faut y croire.

3445. Qu'une contrainte soit traitée sérieusement et elle se révélera productrice, non seulement de textes ayant de l'intérêt, mais d'autres contraintes.

3446. Il y a une éthique de la contrainte.

3447. L'opération duale du prélèvement (rem. 3440) et de l'effacement est l'amplification, l'augmentation : le tireur à la ligne, la traduction du Cimetière marin en alexandrins par le colonel. La contrainte des lipossibles peut se voir des deux points de vue.

3449. La POFORM construit un grand gros graphe (G.G.G.) aux sommets étiquetés par quelques mots : poésie, mémoire, nombre, et cetera. Il n'y en a pas beaucoup plus d'une vingtaine au total, à première vue. Mais il y a beaucoup de flèches (un hypergraphe donc) et beaucoup de chemins. On ne peut envisager une déduction unique à partir de la notion de singulier, par exemple.

3450. L.G., dans une lettre sur mon « ménage », m'écrit : « ça avait d'abord l'air si simple qu'on se disait Roubaud il devient dingo depuis qu'il est grand-père… l'impression que je franchissais une série de portes ouvertes… » Bien. Avec plusieurs des propositions que je place on peut être d'accord assez aisément (pas toutes il me semble) ; mais ce qui n'est pas si simple que cela en a l'air, c'est de les articuler. Ce qui ne va pas de soi, ce sont les flèches déductives (pseudo-déductives, si vous voulez) dans le G.G.G de la rem. 3449.

3451. L'idée-Nobel de la poésie (see attendus du jury à propos de Seamus Heaney) : la poésie est une décoration morale ; les poètes constituent une o.n.g. de la littérature. Son expression est un bon exemple de langue-muesli.

3452. C'est un trait de la langue-muesli de ne pas se reconnaître comme telle.

3453. Un poème qui n'est pas dans une mémoire au moins n'est rien.

3454. Pas besoin d'avoir écrit un roman pour lire un roman. Mais pour la poésie, on ne saurait trop recommander de s'y exercer avant de lire.

3455. « Vous écrivez pour les autres poètes. » Tant mieux. Plus il y a de poètes mieux la poésie se porte. (Ce qui ne veut pas dire que les poètes, eux, se portent bien.)

3456. On peut comparer le désir de poésie au désir érotique : l'un et l'autre se passent dans les têtes. La poésie qu'on n'aime pas apparaît pornographique. En ce sens toute poésie est pornographique.

3457. Un poème a quelque chose à voir avec un tableau. On ne peut pas paraphraser le tableau non plus. C'est un objet, si on veut. Mais c'est un objet d'un type fort différent, car il ne s'identifie à aucune de ses manifestations matérielles qui ne sont (comme j'ai dit) que des partitions. Un poème n'est jamais enfermé dans un livre, dans une lecture à haute voix. Il est, aussi, l'absent de toutes les pages.

3458. La séparation des poèmes d'avec les tableaux ne tient pas seulement à la reproductibilité mécanique ; mais aussi à leur « abstraction ». Ils sont en cela proches de la musique.

3459. Plusieurs artistes contemporains cherchent (sans le savoir) à transposer la propriété des poèmes qu'expriment les remarques précédentes.

3460. La poésie se reconnaît à une décision.

3461. Qu'il soit nécessaire de décider que quelque chose est poésie est un trait du moment contemporain. Il n'y a plus d'évidence.

3462. Il y a deux affirmations duales, qui se soutiennent l'une l'autre : – la poésie est ailleurs – ce n'est pas de la poésie, c'est autre chose.

3463. « On vient de loin », disait Paul Vaillant-Couturier. Et on est arrivé où ?

3464. En présentant les peupliers de Monet en séquence constituée ou reconstituée pour l'exposition de Londres, on créait *un* tableau en un sens autre que le sens courant. On peut douter que Monet l'ait vu ainsi. On peut même douter que les responsables de l'exposition l'aient voulu ainsi. Pourtant c'est ainsi.

3465. Un poème est un monochrome sans couleur.

3466. (rem. 3460) Un exemple emblématique : le triangle de Pierre Garnier (au-dessous, il écrit : poème).

3467. Affirmer « il y a de la poésie ! », est-ce une injonction éthique ?

3468. Nous conservons, de l'enfance, de la prise de possession de notre langue maternelle, profondément établie en nous, l'idée qu'il n'y a qu'une langue, la nôtre. Nous sommes comme les policiers chinois de l'anecdote de Schuldt ; toute autre langue est pour nous l'autre langue, *la* langue étrangère. Exactement comme s'il n'y en avait qu'une.

3469. L'idée qu'il n'y a qu'une langue est celle qui soutient la poésie (dans cette langue). Pour la poésie il n'y a qu'une seule langue.

3470. La poésie ne connaît que *la* langue où elle dit.

3471. La langue où est la poésie n'est pas la langue, l'objet langue du linguiste. C'est en somme une personne ; pour moi elle est *ma* langue.

3472. Il s'ensuit que tout autre usage de langue est hors-poésie, est senti comme un seul usage. La non-poésie est *la* langue étrangère dans *ma* langue.

3473. L'idée de la poésie comme étant en un sens toute la langue est le rêve de la « rémunération » mallarméenne (rem. 3171).

3474. Par sa poésie une langue atteint, au moins fantasmatiquement, à la totalité.

3475. Qu'il n'en soit pas ainsi dans le réel est source du profond désenchantement sous-jacent à toute poésie, accompagnant sa jubilation, son « joi ».

3476. La poésie, s'affirmant toute la langue et n'étant pas toute la langue, touche la mélancolie.
3477. La poésie ne peut éviter d'avouer que tout ne se peut dire.
3478. Que tout ne se peut dire, et doit être dit, est l'origine du vers.
3479. Revendiquer un caractère ineffable de la poésie est l'équivalent de la posture nationaliste. (La deuxième anecdote de Schuldt, celle du « cootow ».)
3480. La question de la langue est au cœur de la question de la poésie.
3481. La thèse de l'impossibilité de la traduction naît de l'idée que la poésie est toute la langue.
3482. La thèse de la nécessité de la traduction tient compte de ce que la poésie n'est pas toute la langue.
3483. En reconnaissant l'existence de la poésie, on reconnaît son unité et l'existence simultanée de la non-poésie. On reconnaît la séparation tranchée entre les deux. On ne reconnaît pas sans mal qu'elle ne peut l'être. On ne reconnaît pas volontiers que l'appartenance d'une configuration de langue à la poésie ne saurait être certaine. D'où la virulence des jugements du type : « ce n'est pas de la poésie ! »
3484. Quand le vers est « touché », on voit que tout ne se peut dire. Et on peut le dire (Freud).
3485. Chaque hypothèse de la poésie n'est rien seule. Chacune vaut pour toute la poésie, mais vaut aussi au-delà. L'hypothèse générale de la poésie est qu'elle satisfait à cet ensemble d'hypothèses.
3486. Il est clair que l'ensemble d'hypothèses de la poésie que j'ai énoncé est incomplet. De plus elles ne sont pas indépendantes. Le système des pseudo-axiomes n'est ni complet ni minimal.
3487. À la division du travail intellectuel correspond la division du travail artistique. Dans le trobar, par exemple, poésie et musique ne sont pas séparées. C'est après coup, aujourd'hui, que je peux dire : une canso est poésie. Aujourd'hui que je peux dire, et dis : une chanson n'est pas de la poésie.

L (3488-3804)

3488. D'un poème on peut faire une chanson, d'une chanson on peut faire un poème. La chanson faite poème n'est plus une chanson, le poème fait chanson n'est plus un poème.
3489. À chacun la poésie offre de le guérir de Babel.
3490. Le kekchose qui vient au bout de la proposition « la poésie dit » (une des hypothèses de la poésie) n'est pas la langue, n'est pas une, cette langue mais un mode d'existence d'une langue comme toute.
3491. Les deux contes que j'ai contés, le conte de la mémoire et le conte du nombre (L'Invention du fils de Leoprépès et L'invention du fils de Mnésarque), servent de fondation à une exploration de l'idée de poésie-mémoire et de poésie-rythme.
3492. L'idée de poésie est rétroactive.
3493. La conviction poétique : il n'y a qu'une langue, c'est donc qu'elle est parfaite.
3494. Le sentiment de l'imperfection de la langue nourrit l'idée que la poésie est trahison.
3495. L'œuvre de Rimbaud, plus que toute autre, a souffert de falsuffocations.
3496. Deux voix de poésie sont incommensurables.
3497. Entre poésie et prose, un critère de partition : le mémorable. Ce n'est pas qu'un critère pragmatique.
3498. Il y a vingt-cinq ans Denis Roche disait : « la poésie est inadmissible ; d'ailleurs elle n'existe pas. » Aujourd'hui, Emmanuel

Hocquard dit à peu près : « la poésie est trop admissible ; et elle existe trop. »

3499. Qui ne connaît qu'un poète ne connaît rien à la poésie.

3500. Qui ne lit qu'un poète n'en lit aucun.

3501. Qui n'a retenu qu'une seule ligne de poésie n'en connaît aucune.

3502. Chaque unité poétique posée (en mémoire externe), que ce soit un poème ou un vers ou autre chose, n'est qu'une histoire figée de cette même unité.

3503. Hypothèse première de la poésie : est la poésie.

3504. Première contre-hypothèse de la poésie : n'est-pas la poésie ?

3505. La mémoire extérieure est faite de traces. La mémoire intérieure est faite du souvenir de la persistance des traces.

3506. La métaphore, dit-on, camion pour effectuer le transfert des significations.

3507. Entre la séquence des entiers surnaturels (peignés) et les différentes versions logiques, mathématiques, anthropologiques et autres des nombres naturels, il faut placer des multiséquences de nombres génétiques superposées (reliées par parenthétisations) (c'est la notion de niveau de PtrucL), on peut en outre supposer des formes fondamentales à la Véronèse (le concept brouwerien de « entre »). C'est ce qu'il faut pour voir le monde (physique), le nôtre, la poésie. C'est ce qui gouverne le temps.

3508. Cérémonies, performances : manger la poule au pot tous les dimanches sur le pont Sully – Improviser selon la contrainte du prisonnier dans la rue Carcel.

3509. Tout ce qu'on a des cmmp c'est une « feasible description ».

3510. Une tâche de l'ALAMO aurait été : donner les premières pages d'un des grands livres décrits par le conte des cmmp.

3511. Les nombres effectivement construits par les ordinateurs sont très loin d'être génétiques (même s'ils peuvent être « traduits » génétiquement).

3512. Il est clair, dit Rohit Parikh, que l'usage sans restrictions de l'exponentiation ne peut pas avoir de sens concret. Il s'ensuit (par Yvon Gauthier) que l'usage sans restrictions de l'implication ne peut avoir de sens concret.

3513. Il faut supposer, selon les individus, les collections d'individus, les langues, les modes d'investigation du phénomène de comptage (calculatrices ou pas) selon les modes de la nomination, de l'écriture, de la diction, de la description, de la construction, etc., selon les époques, différentes séquences d'entiers naturels.

3514. La position lussonienne sur la question du nombre n'est pas réaliste, n'est pas formaliste, n'est pas intuitionniste, n'est pas ultra-intuitionniste, n'est pas ultra-ultra-intuitionniste, mais tout cela simultanément, ou plus exactement une mise en relation de qualification des unes par rapport aux autres.

3515. « Dans l'ultra-intuitionnisme », dit James Gleiser, « la description d'un processus, la composante intentionnelle d'un processus et l'effectuation d'un processus jouent des rôles explicites et distincts. Par exemple, une séparation est faite entre un processus fini qui est terminé et un processus dont il a seulement été prouvé qu'il se terminera ». On se rappelle Diodore Cronos : le mobile ne bouge pas. Il a bougé.

3516. C'est exactement ce qui se passe quand on parcourt le vers, alexandrin par exemple. Rien que du point de vue du compte, les différents aspects du processus doivent être considérés.

3517. Dans le vers il y a incertitude, tant qu'il n'est pas achevé, sur ce qui se sera passé, quand le processus aura été terminé (incertitude sur le compte, par exemple). Dans le vers libre la part d'incertitude dans la prévision est évidemment plus grande que dans le vers régulier. Mais elle est en même temps de l'ordre du vague (relatif). Elle porte bien moins sur le nombre (sauf sur la proximité plus ou moins grande avec une mesure traditionnelle).

3518. Il y a incertitude beaucoup plus grande (donc effet plus fort) si on ne sait pas exactement comment c'est compté, tout en sachant ou sentant que c'est compté (problème de l'effet-contrainte, plus généralement).

3519. L'idée de temps de l'intuitionnisme est l'idée classique. L'idée ultra-intuitionniste est plus raffinée. Mais aucune n'approche le temps lussonien qui est vert (vert véronèse).

3520. Jean Queval fut un ultra-intuitionniste de l'alexandrin.

3521. Pour la Tra ($\dot{m}$, M) il n'y a pas de nombre (même mathématique) sans rythme. Le nombre naturel (dans ses différentes apparences) n'est qu'une abstraction simplificatrice, aplatissante, appauvrissante.

3522. Pour Nelson (formaliste qui se veut responsable) la vitesse de l'exponentielle est comparable à celle d'un vaisseau stellaire de science-fiction : elle excède la vitesse de la lumière du formalisme.

3523. Pierre Lusson ou Le neveu de Speusippe (le petit-neveu de Platon).

3524. Traduits en termes d'entiers pré-surnaturels (ne tenant pas compte de la théorie 2-3, ni des intrications), les reproches faits aux grands nombres, à leur accélération, et surtout les reproches de Nelson à l'exponentielle signifient qu'il est difficile de descendre (ou de monter) de plusieurs niveaux rythmiques (de grimper à sa guise dans les arbres de nombres), et surtout dans plusieurs dimensions.

3525. Se souvenir, c'est prévoir le passé (Pythagore, Merlin).

3526. Pythagore, daimon, ni vraiment homme, ni vraiment dieu ; d'une troisième espèce, d'une ésospèce, l'espèce des êtres de fable.

3527. Un poème est image mobile de la poésie.

3528. Un poème est et n'est pas poésie.

3529. Un poème est un point où la poésie pince une langue.

3530. Si un poème est une forme, c'est une forme en changement.

3531. Ne pas voir qu'un poème n'est pas seulement ce que quelqu'un a mis dans une page (ou proféré de sa bouche) mène à la posture du homard.

3532. Les lois du changement changent-elles ?

3533. Les lois du mouvement bougent-elles ?

3533 bis. Les lois de X ne sont qu'un bord de X ; son d2 est nul, c'est-à-dire qu'il est rigide : les mots sont des propriétés des objets. Les lois du mot des constantes, leur changement est nul.

3534. La philosophie, naissant contre la poésie, fait appel au verbe grec « être » ; à cause de son usage « veridical », il est du côté de la science. Il faut dire ce qui est. Il faut dire que. Il faut dire ce que.

3535. Un souvenir peut-il être souvenir de lui-même ?

3536. Comme ce n'est pas le cas, tout souvenir extrait de la mémoire devient externe.

3537. Les purs Objets-Meinongiens sont des « objets-qui-changent ».

3538. La forme-poésie est-elle poétique ?

3539. De la proposition « un poème dit ceci », il ne résulte pas que la poésie dit cela que dit ce poème.

3540. De la proposition que les poèmes disent quelque chose, il ne résulte pas que la poésie dit ce que disent les poèmes.

3541. De ce que la poésie ne dit pas quelque chose il ne résulte pas que la poésie dit.

3542. De l'hypothèse que la poésie dit, et que la poésie dit kekchose, et que la poésie dit dans les poèmes, il ne résulte pas que les poèmes disent kekchose.

3543. De la proposition que la poésie est, il ne résulte pas que la poésie est ceci. La poésie est un objet archi-meinongien.

3544. De la proposition que la poésie serait ceci, il ne résulterait pas que la poésie est.

3545. De la proposition que la poésie est dans les poèmes, il ne résulte pas que la poésie est.

3546. La poésie, objet hyper-meinongien, est ; mais elle n'a pas d'être.

3547. La poésie, comme objet archi-meinongien, subsiste et ne subsiste pas.

3548. La poésie, comme objet archi-meinongien, persiste et ne persiste pas.

3549. Hypothèse de la poésie : la poésie est.

3550. L'hypothèse que la poésie est signifie que la poésie est un objet (meinongien (et même archi-meinongien)).

3551. La poésie est un objet-qui-change.

3552. La poésie n'est pas quelque chose. La poésie est *kekchose*.

3553. Le « maintenant » de la poésie, NUN, penché du côté du passé est UN ; penché du côté du futur est NU.

3554. La supposition que les nombres ont une réalité diminuante avec leur taille interdit l'argument du Troisième Homme. Il n'y a pas de régression à l'infini en général (mais il peut y avoir cercle) (see la discussion de Jean Bénabou sur « très ». la suite des « très » cumulatifs est rapidement stationnaire).

3555. Le UN speusippien (ou du « neveu de Speusippe ») est LE singulier, le Principe de Singularité, qui préside à la discrétisation partielle du monde ; C'est le Principe de Séparation de la TRA (m, M) mais inséparable cependant du Principe de Solidarité, qui dit que le monde n'est pas discret.

3556. (rem. 3552) La poésie est un objet quasi-meinongien. Elle a plusieurs composantes. Une de ces composantes est un « aware » : un « monde qui pourrait exister » (arubeki sekai), aperçu dans les poèmes tels qu'ils sont.

3557. Les ressemblances sont fragiles.

3558. Nuages : ciel plein de remarques.

3559. La tentation de ne voir la forme-poésie que comme un objet meinongien « Aussersein », n'ayant que du « Sosein » doit être repoussée. C'est la tentation de l'ineffable.

3560. Toutes les « hypothèses », tous les « pseudo-axiomes », « néo-axiomes » de la poésie (et des autres termes entrelacés) que je formule ne sont que des saisies partielles de son (de leur) Sosein (être-ainsi).

3561. La précédente (rem. 3549) « hypothèse de la poésie » rend compte d'un aspect de son néo-meinongisme.

3562. La forme-poésie pour la poétique (formelle) : un jeu de langue de nombres (rythme et mémoire) ; une forme de vie de nombres ; un entrelacement de familles de nombres par ressemblance familiale.

3563. Le nombre est le nom de la dualité (par adjonction) rythme-mémoire.

3564. Identifier un poème (et le réduire) à une de ses modalités persistantes (écrite par exemple), c'est le confondre avec une « signification ».

3565. Les objets meinongiens sont des **oobjums**.

3566. La poétique formelle (**poform**) s'occupe des formes dans les arts du langage, principalement de la forme-poésie ; principalement du côté où on peut attraper (grasp) les formes : le nombre.

3567. Je peux dire (et dis) : toutes choses sont formes ; donc toutes formes sont nombres ; donc tous nombres sont rythme et tous nombres sont mémoire ; ce sont des affirmations et déductions avec déperdition (perte de pertinence, de « réalité », de « vérité »...) ; mais elles « tiennent » quand même.

3568. Le système des hypothèses de la poésie (et autres termes associés) est à prendre aussi comme un tout solidaire et une architecture de propositions singulières qui, elles-mêmes…

3569. Dire que la mémoire d'un poème, qui est ce poème en chacun, est essentiellement non transmissible ne veut pas dire qu'on ne peut pas l'influencer par l'explication, par l'intimidation, par la comparaison, par la performance de lecture, par ceci ou cela.

3570. « je je suis suis le le roi roi des montagnes » (Desnos), comme illustration de la thèse 5 de PtrucL dans son fragment (modestes propositions…) : La répétition stricte d'un fragment de matériau est possible même… si c'est un impossible de langue.

3571. J'ai laissé tomber dans la thèse 5 ci-dessus la parenthèse (et surtout si) qui est a) fausse b) trace résiduelle d'une théorie de la poésie comme écart.

3572. Toujours dans le même fragment, Ptruc L introduit la notion de pratique esthétique comme mise à disposition du matériau. Fort bien. Il s'agit pour moi de la mise en forme. (Et il ne faut pas abandonner le mot, au contraire.) Allant en sens inverse, l'analyse formelle tend à mettre en évidence la mise en forme. Mais pas plus. La forme excède la mise en forme ; excède la mise à disposition.

3573. Désaccord (très modéré) avec Ptruc L dans ses fragments visés par les remarques précédentes : le nombre n'est pas le rythme abstrait ; ne pas oublier la mémoire abstraite. Réécrire la Thèse 2 (« le matériau de la poésie est la langue + rythme, celui de la musique est "le son" + rythme ») en remplaçant rythme par nombre (rythme et mémoire).

3574. La Thèse 2 et ses commentaires amènent à se reposer une vieille question de la « théorie » abandonnée plus ou moins depuis les origines (1967) : un parallélisme est fait entre « langue » et « son ». Même en admettant qu'il s'agit du « son musical » et pas du « son acoustique », le statut de cet objet me semble le faire apparaître comme encore plus meinongien que la langue elle-même. Je proposerai de nouveau (après 30 ans !) la thèse : le son (musical) est mémoire (non langagière, sonore) de la langue.

3575. (sur le commentaire de la Thèse 2 de PtrucL) : l'intervention du rythme ne me semble pas nécessairement un acte volontaire. Ne pas oublier la tradition.

3576. La poétique formelle étudie, de la forme, la disposition.

3577. (rem. 3574). Il est clair qu'il faut « réduire » cette hypothèse qui risquerait de nous diriger vers les caractéristiques « nationales » des musiques ; faire d'un système de sons musicaux une mémoire plus générale (famille de langues ? ; propriétés du langage ? ; faits diachroniques massifs ?).

3578. La forme-canso est une anticipation de la forme-sonnet. Mais il s'ensuit que la forme-sonnet devient une anticipation d'un état de la forme-canso postérieur à elle. L'examen de la disposition dans la forme-canso change de par l'existence de la forme-sonnet (see fragm. de PtrucL ou Couteau de Lichtenberg).

3579. Accepter les objets meinongiens implique de renoncer à confondre tous les ensembles vides (see Free Logic ; et catégories bien sûr).

3580. Le cadre le plus général de l'arithmétique surnaturelle (dans sa partie sans « trous ») est celui d'un magma à associativité relative portant non seulement sur les opérations, mais aussi sur les variables.

3581. La mise en disposition des langues pour la poésie s'effectue dans la bouche et l'oreille, dans l'œil et la main (extérieur/intérieur).

3582. La délinguistisation du latin dans la musique médiévale rend compte, tient compte, met en mémoire l'irruption des langues romanes.

3583. Un roman est d'abord cet objet matériel dans la bibliothèque, chez le libraire, sur la table, devant mes yeux, dans mes mains. Je peux, je dois le voir, le toucher. C'est un objet qui a de l'existence.

3584. Il faut voir un roman comme un <u>objet</u>, un singulier du monde, existant et persistant (subsistant) ; tels une chaise, une table, un bock de bière ; tel un chat (une chatte) ; ou un nombre.

3585. L'objet-roman, envisagé dans sa généralité, a une composante fortement matérielle, celle d'un être imprimé, mais aussi une composante hors-être, une composante d'inexistence. La forme-roman, comme beaucoup de formes, peut accueillir l'équivalent du cercle carré, du cheval ailé, de la montagne d'or, de la chimère ou du nombre cardinal transfini fortement inaccessible.

3586. avant-roman du lecteur : tout roman vient à nous, comme la comtesse de Tripoli à Jaufré Rudel, accompagné d'une rumeur. Sans rumeur, pas de lecture.

3587. Le lecteur cherche les snarks de roman.

3588. L'Homme à la Cloche, le Père Noël de la narration (Father Christmas Carroll) : le romancier.

3589. Personnage : ce peut être un signe de ponctuation ; ou un fauteuil de jardin.

3590. Le temps essentiel du roman est le temps de sa lecture.

3591. Le temps de tout récit, romanesque ou pas, est un temps branchu, légèrement ou épaissement réversible ; à chaque instant ce qui se passe est à saisir au futur antérieur (tenant compte des histoires d'univers du futur du roman) et, bien entendu, au futur antérieur du passé (les histoires d'univers de récit déjà écoulées mais qui ne l'étaient pas encore).

3592. La forme-roman est la manifestation romanesque du temps.

3593. Pour chaque lecteur, en chaque roman son graal.

3594. Principe de l'Idée Hermogénienne de Vitesse (pour le roman) : aller plus vite que le lecteur.

3595. Il y a une et une seule lecture d'un roman : la première. Toute autre lecture est ancillaire.

3596. Un roman est écrit pour être lu une fois.

3597. Un roman relu est ralenti.

3598. Lire un roman, c'est persuader un autre lecteur de lire ce roman. La forme-roman est une forme prosélyte.

3599. La forme-roman est une forme proliférante.

3600. La forme-roman s'adresse aux happy many et non aux happy few.

3601. Qui n'a lu qu'un roman n'en a lu aucun.

3602. Le roman du lecteur se lit au présent.

3603. Le lecteur lit. Il ne se borne pas à avoir lu. Avoir lu c'est cesser de lire.

3603 bis. Lire seulement quelques grands romans, c'est ne pas lire.

3604. Symétriquement, ne lire que des romans qui sont considérés comme autres que les grands romans, ne lire que des romans qui sont considérés comme appartenant à des espèces à l'intérieur desquelles on ne rencontre pas les grands exemples de la forme-roman (ne lire que des romans policiers, que des romans de Science-fiction, que des romans de gare, etc.), c'est tout autant ne pas lire.

3605. Tout exemplaire de la forme-roman se constitue pour le lecteur, antérieurement à la lecture proprement dite, d'un « avant-roman ».

3606. Un roman est porté vers le lecteur par une rumeur.

3607. Sans la rumeur des lecteurs le roman meurt.

3608. Le but d'un roman est de susciter sa lecture.

3609. La transmission de lecture s'effectue dans la nouveauté. C'est maintenant qu'il faut lire, que je te recommande de lire ; maintenant que tu vas lire. C'est pourquoi la lecture de roman est une première lecture.

3610. Un roman n'est lent que par rapport, vite que par rapport. Il y a allure attendue et allure surprise. Seule la perception d'une adéquation satisfaisante entre les deux mobiles (le mobile racontant et le mobile lisant) peut être mise au compte (favorable) d'un roman.

3611. Toute lecture ultérieure ralentit (effet négatif, si on compte la vitesse comme une qualité) ; mais surtout, parce qu'elle ralentit, rompt l'équilibre entre roman et lecteur s'il avait été atteint (et il est rare qu'elle le répare, s'il n'était pas perçu bon au premier moment ; car dans ce cas il y a très peu de chances qu'il y ait relecture, n'est-ce pas ?).

3612. Le lecteur de romans a un besoin impérieux de nouveaux romans. La forme-roman a un besoin impérieux de nouveaux lecteurs. La forme-roman est boulimique, prosélyte, impérialiste, proliférante.

3613. Le temps de la lecture de roman est sévèrement ordinaire, séquentiel, linéaire. Rien ne fera que l'immense majorité des lectures de l'immense majorité des romans ne soit ainsi, de la première à la dernière page, en suivant ; on peut le regretter (ce n'est pas mon cas), mais il n'y a pas grand-chose à y faire. Et pourquoi n'en serait-il pas ainsi ? je ne vois pas de faiblesse de la forme dans cette contrainte.

3614. C'est dans la perception des rapports, antagonistes ou pas, entre les temps du récit et le temps, unique et universel, de lecture, que se joue le jeu du temps romanesque.

3615. Le temps de la lecture de roman est, pour toutes fins pratiques, continu, comme son espace ; et il en sera ainsi tant que le roman sera un objet, un objet-livre (de ce qui se passera si on en sort, je n'ai, pas plus que quiconque, rien de pertinent à dire).

3616. La compulsion d'ubiquité et d'instantanéité du marché, appliquée au roman, agit pour effacer ou au moins minimiser les obstacles qui pourraient la contrarier. Idéalement pour un marché du roman, il ne devrait n'y avoir qu'un seul roman à la fois en vente. Et cet unique roman serait lu par tous au même moment.

3617. Du point de vue du marché du roman, les langues sont non seulement « imparfaites en cela que plusieurs », mais tout simplement scandaleuses dans leur diversité. Il serait bon qu'il n'y en ait qu'une. Et s'il doit n'y avoir qu'une langue, cette langue devrait être l'*Englé*. (Cette langue idéale, dans la perspective de l'ECOPROF, ne saurait être l'anglais d'Angleterre, ni l'American-English, ni aucune autre des variétés de cet idiome effectivement parlées sur la terre comme aux cieux (dans les avions) mais quelque chose de plus contrôlé, limité et communicable)). Le roman unique, lisible en la durée minimale et avec l'effort de pénétration le plus faible, serait écrit en Englé.

3618. Formes-poésie : nuages.

3619. La photographie, en assurant, sans cesse meilleure, la photocopie du monde en ses espèces naturelles, nous a apparemment dispensés de l'effort de le décrire, vu et souvenu. Nous possédons la description du monde par la photographie, comme les étudiants possèdent leur cours dès qu'ils en ont la photocopie. Après Ruskin, qui a encore fait effort de description des nuages ?

3620. Qu'est-ce que la poésie ? avant toute autre affirmation, répondre par une liste.

3621. En présence de toute instance de la forme-poésie, un poème, se pose la question : est-ce bien un exemple de la forme ? Il ne faut pas oublier cette question, quand on étudie le poème, quand on étudie la forme. Mais cette question se pose pour toute forme.

3622. Si tel poème est poésie, peut-on dire qu'il est exemple standard de la forme-poésie ? On le fait implicitement ; et on se heurte, implicitement aussi, au problème du « troisième homme ».

3623. La poésie est objet-qui-change ; comme objet-qui-change, objet de Lichtenberg.

3624. La forme-poésie étant objet de Lichtenberg (objet L. au sens de Lusson) n'est pas un objet meinongien mais néo-meinongien. Elle a une composante qui « est » et une composante qui « n'est pas ».

3625. D'ailleurs c'est le cas de toute forme.

3626. Toutes les formes sont, plus ou moins évidemment, nuages.

3627. Qu'il y a un objet-poésie creuse un champ dans le territoire des langues. Le labourage minimal consiste à poser simplement un piquet : ici poésie. C'est faire d'un poème une décision de poésie.

3628. Toutes les formes ont simultanément de l'être et du non-être. Cela vient de leur inscription dans le temps, cela tient au caractère d'augmentation indéfinie en principe de leurs déterminations.

3629. Les déterminations d'une forme tendent à augmenter indéfiniment (donc à devenir confuses, comme les nombres), mais aussi à diminuer (devenant plus claires, mais différemment).

3630. Affirmer : la poésie est, est une prise de position dans le champ des luttes contemporaines à l'intérieur des arts du langage (dans le champ des luttes contemporaines tout simplement d'ailleurs (sans exagérer toutefois l'importance du champ de l'art)).

3631. Pour pouvoir parler de la forme-poésie, il faut poser : ceci, ceci, ceci… est poésie ; i-e ceci, ceci, ceci… est un poème. Mais aussi : ceci ne l'est pas.

3632. Le nuage pose la question de l'objet, et de la forme : qu'est-ce qu'<u>un</u> nuage ? qu'est-ce qu'<u>une</u> forme de nuages ?

3633. La forme-soleil « est » le changement que le soleil induit dans l'œil du chat. « Tout » le soleil s'en déduit (see Apollinaire, Musil).

3634. La poésie est mémoire d'une langue qui n'est plus ; d'une langue qui n'est pas encore (et ne sera sans doute pas).

3635. À certains moments (dans l'histoire) la poésie « est » comme une chaise ; à d'autres comme un nuage.

3636. Refuser la part meinongienne de la poésie est la tentation de toutes les théories positives explicatoires. Refuser sa part d'être (est, est ainsi...) est la tentation des discours de l'ineffable.

3637. Deux discours de la poésie : « la poésie, ce n'est jamais que... » ; « La poésie, ah ! ».

3638. Pour toute définition de la poésie, il y a des contre-exemples (dans les poèmes) ; telle fut, plus ou moins, il y a plus de trente ans, une de mes premières « remarques ». Autrement dit, les deux questions : qu'est-ce que la poésie ? et qu'est-ce qui est de la poésie ? ne se recouvrent pas exactement. Il faut refuser de répondre : ceci est (ou n'est pas) de la poésie parce que ; sauf en relativisant la réponse ainsi : d'une part je reconnais à la poésie telles déterminations ; d'autre part je reconnais face aux poèmes telle position.

3639. La critique de l'infini implique la destruction d'un argument tel que celui du « troisième homme » (plus généralement, d'une bonne partie des « régressions à l'infini » non circulaires (Mc Taggart ?)).

3640. La <u>poform</u> travaille dans l'<u>effable</u>, pas dans l'ineffable.

3641. Sur l'échelle des objets ordonnés selon leur intensité de permanence, la poésie est du côté du nuage, le nombre (l'entier petit) du côté de la chaise.

3642. (rem. 3639) – En fait je crois que l'argument de Mc Taggart échappe à cette critique.

3643. Les observations ruskiniennes dans « of Cloud beauty » (qui sont aussi conseils et recommandations aux peintres) sont comparables aux lectures savantes des textes (poèmes, romans). Mais une peinture ou un dessin de nuages est un récit du ciel, à prendre d'une saisie unique.

3644. Toute image, devenant <u>piction</u>, vieillit.

3645. Peut-on refaire de pictions des images ? par la répétition ? Mais tant d'images ne sont-elles pas devenues pictions, par la répétition massive (les Impressionnistes) ?

3646. Les <u>Dix Styles</u> de Kamo no Chomei ou d'un autre peuvent être transposés dans le domaine de l'art, excèdent le médium du langage. Seul le « style de Chomei », « des vieilles paroles en des temps nouveaux » fait explicitement référence à la langue. (Mais la transposition n'est pas difficile à faire.)

3647. Le Style du Double a pour mission de saisir l'« amor de lonh ».

3648. À la différence de la piction oisive, une image est une tentative de restitution.

3649. Plus encore qu'une distinction philosophique, la séparation, l'opposition image/piction, est à comprendre comme ligne de démarcation esthétique/éthique.

3650. Tableau : un visage de femme, une photographie, énormément réduite pour que tiennent 1003 exemplaires sur la surface constitutive. Titre : qu'il l'aime.

3651. Pour restituer une image à partir d'une piction, Anne Deguelle se limite à une juxtaposition photographique de deux exemplaires d'une même piction dérivée d'une image (pas forcément d'une image (des pictions techniques de lampes, par exemple)) ; une démarche de « piction au carré », en somme. Pourquoi deux seulement ? parce que la répétition de la répétition ramènerait dans le domaine des pictions ?

3652. La stratégie de photocopie de photographies repose sur l'axiome implicite : le carré d'une piction est une image.

3653. La piction est le résultat d'un traitement particulier de l'image, qui la rend impropre à la mise en mouvement de la mémoire. Appelons-le <u>traitement pictif</u>.

3654. (Anne Deguelle) : deux photographies ordinaires d'un immeuble ordinaire. Ce sont deux exemplaires (identiques) de la même piction. Or le regard <u>voit</u> les deux pictions différentes ; pourquoi ? Parce que le regard est nécessairement narratif, dès le moment qu'il saisit qu'il est en présence de deux singuliers distincts. (Il faut pour cela que les deux pictions soient de taille suffisante pour exclure la perception du « double » comme singulier unique.)

3655. Si je dis, par abus de langage, d'une peinture, d'une photographie, qu'elle est image et non piction, c'est un jugement esthétique. Une image suscite une image (au sens propre, interne) ; pas une piction. (Dans le cas d'une « image de langue », il n'y a pas de confusion possible.)

3656. Traiter le temps comme une lumière : retour à l'envoyeur.

3657. Peut-on nier une piction ? non. Une image ? oui ; nier qu'elle soit une image.

3658. Transposer, comme dans GRIL, les dix styles de Kamo no Chomei ou d'un autre est un acte de sémantique formelle largement arbitraire. Pourtant, chacun des styles ainsi conçus peut servir de guide (pas du tout trivial) à la lecture des textes, comme à la composition (et plus généralement être étendu en dehors des arts du langage). Il y a là une leçon de sémantique formelle. Il y a là l'ébauche d'une théorie abstraite des styles ; à la différence des mètres et rythmes, ils n'ont aucune « naturalité ».

3659. (rem. 3658) Cela ne signifie pas qu'il n'est pas possible d'attribuer à tel style des caractéristiques formelles, qui lui donneront « du nombre », du « rythme ». Cela est évident dans le cas du style du double. Il en résultera d'excellentes maximes de lecture, d'excellentes contraintes de composition. Pas plus.

3660. L'exemple des Dix Styles peut servir à la critique de grandes machines théoriques, maniérisme, baroque, rococo, ou même classicisme, romantisme, surréalisme, etc.

3661. L'invention puis la transposition de la catégorie du « baroque » de la peinture à la littérature, puis d'un siècle à d'autres, n'est pas plus fondée que celle des Dix Styles.

3662. Il n'y a pas une lecture rythmique d'un poème, un squelette rythmique, une forme-nombres dans une forme-poème quelconque. Toute lecture, tout squelette dépend essentiellement des phénomènes qui auront été choisis pour être nombrés.

3663. Ce dont manque (encore !) la théorie des lectures rythmiques, c'est de quelques théorèmes (mathématiques) de convergence (ou non-convergence) des formes-nombres obtenues quand on inverse les marquages, quand on modifie leurs poids relatifs.

3664. La théorie des lectures rythmiques s'efforce de donner une piction d'une forme-poème (pour rester ici dans la forme-poésie) sous le vêtement d'une forme-nombres (dont le squelette rythmique est une espèce). La lecture rythmique proprement dite est le déchiffrement de l'image (la forme-poème) à partir de la piction.

3665. Le style du double est une tentative de maîtrise du démon de l'amour de loin. Il est, si on le décrit ainsi, une modalité du rakki tai.

3666. Dans le cas de la canso (quand on dispose de la musique), la lecture rythmique approche, si elle est bien conduite, évidemment quelque chose qui excède son arbitraire habituel : la convenance, qui harmonise (ou pas) les trois ordres formels : celui du poème, celui du métrico-rythmique (vers et rimes), celui de la musique.

3667. Les lectures rythmiques des sonnets rapportés disposent, comme dans le cas de la canso, de trois ordres formels : celui de la forme-sonnet, celui de la langue dans la forme-poème (où intervient tout ce qui est transporté par la langue, « du côté de la forme » comme « du côté du sens »), celui de la *rapportatio* elle-même.

3668. Un trait qui pourrait servir à une redéfinition du style (au sens des Dix Styles) maniériste (en poésie) serait celui-ci : la présence d'un troisième ordre.

3669. En première approximation le style classique et le style baroque seraient deux modalités non du refus du formel, mais du renvoi du formel en arrière des poèmes. Le style classique repose sur deux refus : – celui d'une distinction entre la forme-nombre d'un poème et celle de tous les poèmes – celui d'une émergence de singularité dans la confrontation formelle entre les deux ordres, l'ordre de la forme-nombre et celui de la forme-dite, par coïncidence. Autrement dit par une convenance transparente. Le style baroque repose aussi sur deux refus ; ce sont les mêmes que celui du style classique ; à ceci près que l'émergence d'une singularité rythmique significative y est cette fois rendue impossible par une discrépance. Il s'agit d'une convenance brouillée.

3670. La présence d'un troisième ordre formel dans les poèmes maniéristes apparaît à tout le monde (anagrammes, corrélation, acrostiche, échos, etc.), à ceci près qu'il n'est pas vu qu'il y a un lien (de nature rythmique) avec les deux autres.

3671. On ne voit pas non plus (toujours) que le troisième ordre formel maniériste peut être d'ordre sémantique (wit, witz, pointe…).

3672. (rem. 3671) Cette hypothèse (c'est une hypothèse de définition) amènerait à disposer autrement qu'il est habituel les frontières entre les trois styles « classiques » (pour la poésie de la Renaissance et au-delà) : classique, baroque, maniériste.

3673. Dans le cas de la canso, nous avions (P truc L, Gérard Le Vot et moi) fait apparaître essentiellement deux couples de possibilités : – a – ou bien la convenance était forte, et le squelette rythmique riche fournisseur de commentaires (déchiffrement d'une image propre de l'*amors*), ou bien elle était faible – b – ou bien la convenance était nette, accusée, avec les mêmes conséquences pour la forme-nombre et son commentaire ; ou bien elle était vague, molle. Mais le paysage d'ensemble est sans aucun doute plus complexement contrasté.

3674. Pour le compositeur, le choix d'une feuille de styles est un guide des égarés.

3675. Exemple de sonnet « classique », au sens des styles que je propose (rem. 3669) : le sonnet 9 des Regrets, de Du Bellay (France, mère des arts…). La lecture rythmique est sourde, en ce sens qu'elle n'éloigne guère de celle des autres poèmes du livre, plus généralement de ceux de Ronsard (forme typique du sonnet français classique). Mais en même temps elle est emblématique de la caractéristique d'ensemble des Regrets, de leur singularité : le déplacement des armes de l'amour vers les armes de la vie (la première « autobiographie »). En effet, ce qui émerge singulièrement est, comme on aurait pu s'y attendre, la di-syllabe métrique, rythmique et phonique, « France ».

3676. On assemble le squelette rythmique d'un poème par une accumulation de matériaux de toutes sortes, bricolés, en apparence hétéroclites : des remarques, en somme.

3677. « Cueillez dès aujourd'hui les "Rosebud" de la vie » (Citizen Ronsard).

3678. Les Dix Styles ont des noms ; et découpent le spectre des effets de prose (ou de poésie), comme les langues le font avec les couleurs (théorie de Berlin-Kay).

3679. Une forme à la fois burlesque, sanglante, tragique de la démarche des Dix Styles : le maoïsme.

3680. Il est tentant d'écrire les « moments of non-being » dans le Style des choses comme elles sont.

3681. Les choses dites dans le Style des choses comme elles sont doivent-elles être « drab » ?

3682. L'image emblématique du yoen (Style du charme éthéré) est le kagero (rivière d'air chaud montant contre la vitre de l'air froid).

3683. La parole emblématique du Style du « muss es sein » est : « mehr Licht ! ».

3684. La relation d'identité vue dans le Style du Double.

3685. À l'aide d'une lecture rythmique d'une canso, quand manque la musique, on pourrait choisir un contrafactum musical pour satisfaire à une contrainte de convenance entre les trois composantes de la forme (mais on pourrait aussi bien choisir de contredire la convenance, non de la renforcer).

3686. L'idée de la chaconne abstraite généralisée, que nous avions eue au début (1967) était une ébauche (en même temps qu'autre chose, esthétiquement plus riche, quoique plus obscur) de la notion de forme-rythme.

3687. Manquent encore les lectures rythmiques de textes oulipiens.

3688. La prose n'a pas de forme rythmique ; à la rigueur de la pré-forme ; des mélanges de pré-formes rythmiques. Il n'y a pas, en principe, de lecture rythmique de prose possible.

3689. Pour qu'il y ait rythme il faut au moins deux ordres suffisamment hétérogènes de mise en disposition.

3690. La présence des contraintes permet la lecture rythmique des textes oulipiens.

3691. Dans tout poème (toute forme-poème) il y a deux ordres de mise en disposition.

3692. Le sentiment de la parenté entre textes oulipiens et poèmes vient de la présence, dans les deux cas, de deux ordres distincts de mise en disposition.

3693. Dans tout texte oulipien, ou presque, il y a forme-nombres.

3694. on rem. – Ces remarques sont mon journal intime.

3695. La forme-nombres de la forme-liste est la plus élémentaire : celle des nombres entiers.

3696. Les nombres naissent de listes : il y a ça et ça et ça.
3697. Le modèle de toute quantification, et son moteur, est l'ECOPROF.
3698. Historiquement, les progrès de la domination de l'ECOPROF (et de ses acolytes) accompagnent le développement de la maîtrise de la « numérosité » (l'équivalent de l'alphabétisation). Et ce sont les USA qui sont à la pointe de ce « progrès »-là.
3699. Travailler en copiant (avec déplacements, transformations, déformations) est une stratégie efficace d'introduction d'un ordre supplémentaire de mise en disposition.
3700. Imaginer la conjonction, comme mise en disposition rythmique, de plusieurs contraintes simultanées.
3701. Les principes oulipiens dits « de Roubaud » dans la composition sous contraintes ont pour effet de réduire l'indépendance du texte par rapport à la contrainte, donc d'affermir la convenance.
3702. Les sonnets du « noir » de Cherbury : du Style *yugen*, par concetto de via negativa.
3703. La poésie ne s'écarte pas de la langue ; elle écarte la perte de langue.
3704. La forme-poésie n'est jamais avare de silence.
3705. Une approximation du kekchose que dit la poésie : la convenance entre les ordres de mise en disposition de la langue.
3706. Hypothèse de la poésie, numéro x : La poésie est mémoire de la langue par convenance rythmique entre deux ordres au moins de mise en disposition.
3707. On explorera une famille d'hypothèses de la poésie, prenant la forme générale : la poésie est mémoire de la langue par...
3708. Mais une langue elle-même n'est-elle pas une mise en disposition de l'ordre (et du désordre) du monde ?
3709. on rem. : techniques ; interrogatives ; spéculatives ; formulaïques, ruminatives, correctives ; méditatives ; anamnésiques ; automatiques.
3710. on rem. : pas d'aphorismes ; pas de maximes ; pas de vérités.
3711. (rem. 3680, 3681) : Dans lequel des Dix styles les « moments of being » ? Virginia et STW oscillent entre yoen, mono no aware et sabi.

3712. Le partage en dix styles évoque la démarche des physiognomonistes, etc. Ne pas l'oublier ! (On croit être Mendeleieff et on n'est que Lavater.)

3713. Les lectures rythmiques doivent être précédées d'une exploration warburgienne.

3714. Changer de feuilles de style, passer des Dix Styles de Chomei à ceux de Teika ou à ceux de Tadamine serait comme déplacer la frontière des siècles dans la chronologie historique.

3715. Les images dans nos têtes sont le produit d'une installation par la mémoire.

3716. La stratégie des installations artistiques est un moyen pour lutter contre la déperdition contemporaine d'images.

3717. En poésie, les pages sont des mises en disposition du matériau de langue.

3718. Un poème a besoin d'une installation dans la page et d'une installation interne.

3719. Les moments de 'gril' sont des exercices dans les dix styles.

3720. Les réécritures (emprunts, copies, traductions internes ou externes) peuvent être des traductions de styles.

3721. Les réécritures peuvent être des variations dans le même style.

3722. Les réécritures peuvent être des commentaires de tel style.

3723. « La description est un acte passionné. »

3724. Pour penser la poésie, il faut prendre le point de vue de la composition.

3725. L'idée de composition poétique comprend la lecture.

3726. Sans mémoire, pas de pensée ; encore moins la pensée de la pensée. Les deux formes premières sont la mémoire et la mémoire de la mémoire. Je dis bien formes.

3727. Parmi tous les noms, la poésie en est un ; il est un nom simple.

3728. L'hypothèse première de la poésie pourrait se dire : la poésie est un singulier, et son nom est simple.

3729. La poétique ne peut être que descriptive.

3730. Un poème ne peut être que contemporain.

3731. La tâche du poète est de lutter contre ce qui œuvre à la cessation de la poésie. Comment ? par la poésie.

3732. Les poèmes sont les lieux de la poésie.

3733. Il faudrait donner à chaque poème une page entière, c'est-à-dire une feuille, pas seulement une face. De l'autre côté, dans le blanc, son ombre.

3734. Sous un ciel poreux, des souvenirs sans contradiction.

3735. Hypothèse de la poétique : composer sous contrainte se peut en toute langue.

Constable

3736. C'est la « composition » des ciels qui dit le temps. Les nuages ont la charge du temps. Le paysage au sol marque la permanence. Mais c'est une permanence caduque. Car simultanément le ciel perpétuellement changeant a un large degré de permanence, puisque les « châteaux » de nuages, comme dit Shelley, sont sans cesse reconstruits. Et le pourrissement végétal, les ruines des habitations, etc., marquent au contraire l'irrémédiablement passé dans le paysage au sol. Permanence et changement échangent leurs propriétés (c'est cela le rapport passé-présent, temps-durée) ; et pour les faire sentir de la manière la plus efficace il faut que le ciel soit aussi exact que le reste du paysage.

3737. Constable's paradox : the ever-present in perpetual change : clouds (see Damascius selon Simplicius).

3738. Constable's Sky Studies : Une condensation du changement des nuages ; pas un instant du ciel, en fait. Much different from photography. Mémoire, et non souvenir.

3739. His paintings are his life (see Zuk).

3740. « The complementary aspects of conventional landscape painting which C. wanted to suppress : one was the imitation of landscapes painted by earlier artists, the other the telling of a story, the allegorizing or otherwise tarting up the landscape. » But this in order to tell another story : the (natural) history of the weather. The story of time through the changes in the forms of clouds. A composition in time.

3741. « Constable often shows the weather before and after in a single canvas. » This is out of the reach of photography except by implication, imagination, deduction (Stieglitz's equivalents) ; if not attempted nor obtained a photography is oisive, is piction.

3742. « C's celebrated spontaneity was by no means the same thing as instantaneity. » This is indeed the main point of his composition of cloud studies.
3743. After his Cloud Studies, il peut, il doit revenir à la Stour. « something understood ».
3744. John Berger : « The light in a Constable masterpiece is like water dripping off the gunwale of a boat as it drives through the sea. » Il fait de la lumière le signe de l'impermanence – see le poème du Manyoshu : « à quoi comparer… »
3745. Howard's classification of the « modifications » of clouds fut pour Constable sa « prose du Code Civil ».
3746. Constable est plus près de Stendhal que des Impressionnistes.
3747. Chaque objet, of course, doit avoir sa propre singularité, son inscape et son instress. Mais Constable ne recherche guère les singuliers ; il vise un inscape général, un instress du temps saisi dans les changements constants du ciel.
3748. La quête de la central form est en fait la quête du temps, en tant que permanence du changement. La forme centrale est la projection du monde quadri-dimensionnel (at least) sur la toile bi-dimensionnelle et qui sera saisie dans l'instant de la vision, avec la mémoire et la réflexion (understanding) pour seuls outils de restitution excédant le simple sensuel. Mais en fait toute forme est ainsi.
3749. Rien n'est plus proche d'un monde possible qu'un monde qui a été.

3750. La poésie est n'ombres.
3751. Le monde est menacé de talibanisme généralisé.
3752. Le nombre est la composante spatiale du rythme.
3753. Dans le « roman » médiéval, en rimes plates, le rythme est presque entièrement absorbé par le mètre.
3754. Les « romans » de Chrétien de Troyes sont des romans.
3755. La Divine Comédie est un roman.
3756. La Divine Comédie est un roman métrique.
3757. Le genre de la Divine Comédie est la version médiévale de la SF.
3758. Dante est l'Asimov du trecento.
3759. La poésie ne produit pas le récit.

3760. Entre La Chanson de Roland et le Conte du Graal a eu lieu le trobar.

3761. L'intention du passage à la prose est de fonder le récit sur la A-série historique.

3762. Dans leur moment même, la Divine Comédie comme le Roman de la Rose sont réactionnaires formellement, passéistes, rétrogrades par rapport au Lancelot en prose. En maintenant les signes extérieurs de la poésie, le vers essentiellement, ils s'efforcent de ressembler au conte, donc d'être vrais en étant seulement.

3763. C'est un trait (peut-être une faiblesse) de la littérature italienne, d'avoir choisi la Divine Comédie comme modèle, plutôt que de s'en tenir au couple Boccace/Pétrarque. Ainsi Boiardo, l'Arioste, Le Tasse composent leurs romans en vers, à la différence de Malory, de l'auteur de l'Amadis, finalement de Cervantès.

3764. La prose est complémentaire du vers, le conte de la poésie.

3765. La poésie donne raison, en ce qui la concerne, à Mc Taggart.

3766. La poésie s'empare de la langue comme si le temps était irréel.

3767. « Je » est un nom du NUN mobile.

3768. Les A-séries vers/prose divergent violemment de langue à langue (au moins à l'époque médiévale).

3769. (rem. 400) J'opposerai maintenant plutôt poésie à conte (d'où au roman, entre autres) et prose à vers (pris en un sens large ; et avec frontières mouvantes).

3770. (rem. 2013) Il vient un moment où les vers remarqués sont les vers peu marqués.

3771. (rem. 2144) Le *retrobar* de l'oulipo est d'invention rétrospective.

3772. (rem. 2156) Le « monde du a » de la contrainte du prisonnier (What a man) invite à une traduction dans le « monde sans a », une transposition lipogrammatique en cette lettre.

3773. L'axiome de la rem. 2223 est plus une exhortation, un exorcisme, qu'une affirmation qu'il serait possible d'argumenter de façon convaincante. En fait, aujourd'hui, je n'y crois pas. Du moins, je ne crois plus qu'il y aura de la poésie au sens où j'ai pensé cette notion.

3774. Hypothèses du temps : dualité de la A-série et de la B-série (temps augustinien versus temps aristotélicien, puis temps newtonien (et Kant) ; temps selon Zwart)). Ensuite vient l'exigence du rythme, sans lequel le temps reste incompréhensible : inscape et instress des singuliers.

3775. (rem. 2954) La version du buveur : « après la bière blanche une autre bière blanche… »

3776. (rem. 3044) Le traitement par Dante du trobar est castrastrophique.

3777. (rem. 3141) C'est le roman qui doit être fait par tous (plusieurs), pas la poésie.

3778. Le roman est l'invention de Merlin.

3779. Les poètes habitent, les prosateurs déménagent.

3780. Against biography : si le poète dit « je », c'est un « je » à côté de soi.

3781. Le « je » de la poésie n'est qu'un point d'entrée dans un poème.

3782. « Je », en poésie, est impersonnel ; « je » de tout le monde ; de personne.

3783. Gouttes de pluie : chronomes.

3784. (rem. 3774) Hypothèses du temps : il n'y a pas que la dualité « A-série, B-série ». Il y a plusieurs dispositions du temps : individuel, collectif (historique ?), terrestre, cosmologique… Elles définissent des temps locaux.

3785. Que le recollement des temps locaux en un temps unique soit possible n'est pas certain.

3786. Les unités de mesure du temps définissent une famille de temps locaux, voisinages du « je ».

3787. Le filtre des voisinages du « je » n'a pas nécessairement de limite. Il y a des « je » vides, des « je » doubles, des « je » exorbités.

3788. Les « nous (we) », les « ils (they) » des « poèmes internationaux » sont des « je » hypocrites.

3789. À chaque espèce du temps la « forma fondamentale » d'un rythme.

3790. Le conte n'a qu'un temps : le sien.

3791. Le roman se débat dans la multiplicité des temps.

3792. Les temps locaux de la mesure physique ne sont pas les mêmes que ceux de la mesure langagière.

3793. Temps de l'ECOPROF : haché menu.
3794. Temps gouverné par la xenomoney.
3795. L'instress du temps de l'ECOPROF est la xenomoney.
3796. Instants toujours quaternioniques : t, du temps externe, it, du présent interne, jt, du passé intérieur, kt, du futur intérieur. Ceci, en première approximation.
3797. Dire que le temps est le domaine du récit, parler d'un « temps du récit », compte tenu des remarques précédentes, sont des manières de parler au mieux vagues, au pire vides.
3798. Les temps lointains sont métriques.
3799. Deux tentations romanesques : commensurer tous les temps ; les désaccorder.
3800. (rem. 3789) Dans un temps-jours, une minute est un jour.
3801. Si le monde continue à avancer dans le sens de la domination de l'ECOPROF (et de ses compagnons), il n'y aura plus de place pour la poésie telle que j'en ai poursuivi l'idée.
3802. Je pense que le monde va persister sur la voie de la domination de l'ECOPROF, et qu'il n'y aura plus de place pour la poésie telle que j'en ai poursuivi l'idée.
3803. L'idée de poésie que j'ai poursuivie dans ces remarques est condamnée.
3804. Il est peu agréable d'en venir à constater qu'on a consacré son existence à une activité en voie de disparition. C'est pourtant ce qui m'arrive.

New Remarks – M (3805-4121)

3805. Rêve : être à soi seul toute l'avant-garde (Rêve de Breton, de Sollers, de Debord, etc.).
3806. La forme d'expression de ce rêve qui fut celle de Breton (et des autres) est la forme naïve, grossière. La forme la plus élégante fut celle de Duchamp.
3807. Sollers fut Breton-le-petit, les Situationnistes des petits-bretons.
3808. Les situs furent les Abellio de la Révolution.
3809. Situationnisme : une pataphysique involontaire.
3810. L'idée de la Société du Spectacle n'a été qu'une resucée de l'Ère des Variétés de Hesse.
3811. Situs : styli(s) tes « à la mode ».
3812. Un peu d'analysis situ s'imposerait.
3813. Comme disait St Thomas de la nonne en lévitation : Debord manqua un peu trop de modestie.
3814. Tout comme Kristeva, Vaneigem croit qu'il y a une « langue poétique ». Mais il en déduit une idée différemment imbécile de la poésie.
3815. Le projet-valise de Duchamp 1938 (« an album of approximately all the things I have produced » (Lettre à Katherine Dreier de 1935)) l'apparente à Warburg. Mais c'est un projet d'auto-Mnémosyne.
3816. Avec l'invention des Ou-x-pos F.L.L. outduchamped Duchamp.
3817. FLL fut un Duchamp-Douanier Rousseau.
3818. F.L.L. = François le Duchampi.

3819. Que les readymades sont des readymades-in-France, plus exactement in French.
3820. Ces remarques (3815-3819) sont des improperisations de Duchamp.
3821. « Duchamp » contre les pompiers : l'abstract expressionism.
3822. Duchamp n'est pas un artiste ; n'est pas un non-artiste ; n'est pas un anti-artiste. Duchamp est un non-non-artiste.
3823. Ce que fait Duchamp est *relevant* ; ce n'est jamais du *ex falso quodlibet*.
3824. L'art de Duchamp est plutôt une cosa tilleul-menthale.
3825. Duchamp procède d'Alphonse Allais.
3826. Readymades incompréhensibles hors de Rrose Sélavy (œuvres).
3827. Rrose Sélavy (dits) : des readymades de langue.
3828. La création majeure de FLL : l'**Oupoumpo**. Par oupoumpos entendons (métaphoriquement et métaeuphoriquement) la « limite inductive » (en un sens purement métaphorique) des ou-ou-...-x-...-po, pour tous les « x » (supposés munis de transformations adéquates d'un x vers un autre).
3829. « Duchamp » contre les pompopulpiers : Warhol, for instance.
3830. Par « Duchamp » entendons une certaine abstraction-modélisation du Marcel Duchamp bien connu, plutôt éloignée de celle qui prévaut dans le marché et la pensée de l'art contemporain.
3831. Notons ce que nous notons « Duchamp » par DuDuchamp (comme on dit la Lalangue).
3832. (rem. 3825, 3828) DuDuchamp annonciateur de l'Oupoumpo.
3833. L'oupoumpisme implique un oulipisme radical.
3834. L'Oupoumpo relativise la part de naïveté dans la conception native de l'oulipo (peut-être influencée par le mot « littérature »).
3835. FLL croyait dur comme fer à l'idée la plus convenue de la littérature. Mais l'idée oupoumpienne est en contradiction absolue avec cette croyance. FLL s'en tira par l'abstention.
3836. Le projet situ était purement lexicographique.
3837. Debord-Finnegans Wake même combat : words ! words ! words !
3838. Les situs parlèrent de poésie ; mais leur forme était une forme-prose désuète.

3839. De l'assassinat considéré comme un art oulipien : la mort de Marcel Duchamp.

3840. L'idée du readymade fut une anticipation de la potentialité.

3841. (rem. 3840) Au moins dans la restriction de l'Oupoumpo à une chimère de l'Oulipo et de l'Oupeinpo.

3842. Les **cmmp** (Cent mille milliards…) version désacralisée et humble du Livre de Mallarmé. (La dimension parodique pas vraiment absente.)

3843. Les **cmmp** sont au Livre mallarméen ce que les « Fondements de la littérature selon David Hilbert » sont (ou est) au (x) « Grundlagen der Geometrie ».

3844. Pour le Livre des cmmp le metteur en scène est informaticien.

3845. Les « boîtes » de Duchamp visent à la reproductibilité. Mais ce n'est pas la reproductibilité mécanique pensée par Benjamin. Il s'agit d'une reproductibilité de luxe.

3846. La « constitution » de l'Oulipo ressemble aux généalogies des sociétés de culture orale (see exemple cité par Jack Goody in « The Domestication of the Savage Mind »). Mais elle n'est pas non écrite. Elle est plutôt écrite variablement.

3847. À ce qu'on dit Breton, Debord écrivent, et superbement. C'est bien là le drame.

3848. Il est difficile d'ignorer le fait que Bataille, Caillois écrivent, et pataudement. C'est bien là le drame.

3849. La matière de Bretagne invente le personnage construit par approximations successives : Perceval, Lancelot, Bohort, Galaad.

3850. Stratégie d'insertions de personnages existant antérieurement dans une séquence convergeant vers une perfection.

3851. Tout personnage conséquent du Lancelot-Vulgate est tantôt quêteur, tantôt quêté. Un personnage qui se respecte est à la fois sujet et objet.

3852. Pouvoir d'attraction de la narration pseudo-axiomatique : polar, trilleur.

3853. La vérité d'un personnage est obtenue par l'existence d'une stratégie gagnante dans le jeu sémantique narratif entre auteur et lecteur. (Mais je ne dis pas « gagnante pour l'auteur ».)

3854. La tentation biographique du roman (et de la lecture critique du roman) : un système pseudo-axiomatique tout trouvé.

3855. Dans les romans du graal une épée est tout autant un être narratif que Lancelot.

3856. Le Conte est tout autant un être narratif que le conteur.

3857. Un héros est un élément maximal dans un ensemble ordonné de personnages (Gauvain, Lancelot, Galaad).

3858. Un anti-héros est un élément maximal dans un ensemble ordonné de personnages (pour l'ordre inverse de l'ordre habituel) (« Brun sans pitié »).

3859. L'anti-héros du feuilleton : Rocambole, Fantômas.

3860. Le non-héros n'est pas l'anti-héros, ni celui qui n'est pas ou peu un héros. Il est plutôt un élément minimal selon l'ordre choisi.

3861. Dans le Quichotte, le regard louche : car Don Quichotte est héros en étant non-héros. Et ça, c'est vraiment neuf absolument.

3862. Au regard du pas-héros, le héros est perfection ; donc admirable, horrible, insupportable ; ou ridicule.

3863. Au regard du pas-héros, le non-héros est surtout ridicule. S'il apparaît admirable, le non-héros est en voie d'héroïsation.

3864. Au regard du pas-héros, l'anti-héros est normalement horrible, mais parfait. Quand il devient admirable, l'anti-héros est en voie d'héroïsation.

3865. Merlin est un personnage qui échappe. (rem. 3856 et *sq.*).

3866. Le personnage axiomatique par excellence, aux axiomes (certains en tout cas) persistants depuis le passé du conte (celte), est Gauvain. Pour cette raison, il sert de mesure-standard, de mètre (pour ne pas employer le mot « étalon »).

3867. Le Cri de Merlin fait naître le Conte.

3868. Le Conte du Brait (cri) ne peut pas être écrit. Il serait le Conte du Conte.

3869. Pour lire les personnages du conte, il faut une unité de mesure, et un ordre (l'ordre de perfection). D'un conte à un autre, parce que les contes lisent les contes, il peut y avoir changement d'unité, et d'ordre.

3870. (rem. 3864) Merlin échappe parce qu'il est aussi un ni-héros, ni-pas-héros, ni non-héros, ni anti-héros.

3871. (rem. 3864) Merlin échappe à l'ordre parce qu'il est comme les fées.

3872. Le Cri de Merlin s'apparente au cri de mort de l'animal dans le conte hégélien de la naissance du langage.

3873. Merlin meurt quand il cesse d'être enfant (version molle de la lecture de l'enserrement).

3874. Le travestissement, la chute du personnage axiomatique est le personnage allégorique (Dante, Roman de la Rose).

3875. L'Oulipo constitue une république indépendante au sein de la République des Lettres : l'Oulipadiana (territoire où coule l'Oulip**ô**).

3876. Si l'Oulipo, comme les autres groupes, tendait au Livre (hypothèse de Vincent Kaufmann), ce serait vers un Livre potentiel.

3877. Les romans du Graal, dans leurs différentes variantes, réécritures, réfections, tendent vers un Livre, le Livre du Graal. Mais contrairement à leurs annonces, ils ne l'achèvent jamais. Ils n'en écrivent jamais que des branches.

3878. Grands morceaux rassemblés en Tout.

3879. Il y a eu fin (provisoire) des avant-gardes. Mais il n'y a pas eu fin de l'Oulipo. Ergo (?) : l'Oulipo n'est pas d'avant-garde.

3880 Le « réalisme magique » sud-américain (Cent ans de solitude, for instance) ; ou du sub-continent indien (Rushdie…) ; mais aussi la sorcière de Marie Ndiaye ou le « nétun » de l'héroïne des Grandes Blondes représentent divers moyens de lutter contre l'essoufflement de la fiction contemporaine, dans une direction autre que celle du simple Baedeker ou Guide Bleu. On se rapproche ainsi un peu de la narration médiévale. Encore un effort, camarades, frères et sœurs de combat (romanesque) et d'espérance (de lisibilité).

3881. Hortense (branche quatre : Lady Hortense) : polar sous laquoïde.

3882. Dans Un homme regarde une femme, P.F. (de l'Oulipo) ne raconte pas exactement une contrainte impossible, mais plutôt l'idée d'une contrainte d'ouphopo, ou une journée de tournage oucinépotique.

3883. Certaines contraintes oulipiennes non explicitées font ressembler un texte à un texte composé selon une contrainte canada-dry. Du canada dry de canada dry, en somme.

3884. Après l'oulipien-rat, l'oulipien-taupe. Un soir d'été brûlant et sec en east-Anglia, un automobiliste arrêté en sueur sur le bord d'une petite route vit avec stupeur de l'asphalte mou, noir et gluant se soulever et sortir une taupe. L'auteur oulipien, ainsi, est une taupe qui choisit d'émerger non de la terre meuble du champ mais de la route goudronnée par la contrainte.

3885. La littérature, sous le drapeau oulipien, est républicaine (rem. 3875). Devant la contrainte, tous sont libres et égaux en droit.

3886. Les nombres de Queneau sont (potentiellement) oulibiographiques.

3887. La famille des nombres de Queneau est liée à la famille oulipienne.

3888. Les livres de M.B. explorent la « potentialité de l'inexistant » (expression de J.L., de l'Oulipo).

3889. Un personnage des romans de la Matière de Bretagne est un objet narratif animé par les aventures.

3890. Dans la composition sous contraintes figurent l'allusion à la contrainte autant que le conte de la contrainte.

3891. Qu'est-ce qui accélère la « quijotización » de Sancho ? la Commedia.

3892. Proses pleines de décoraisons.

3893. Je restais, romancier, tout-puissant encore, tant que je ne racontais pas.

3894. L'Oupoumpo cherche à apprivoiser l'ivresse du toujours-à-faire.

3895. Le rêve du toujours-à-faire a pour réveil le préférer-ne-pas (bartlebien).

3896. L'énigme, selon Aristote, est « conjonction des opposés ». Le mystère défait ce lien, le met en doute. La devinette, le puzzle, le nient.

3897. Il y a pensée dès qu'apparaît le souvenir de s'être souvenu. Mais la mémoire est plus que cela : car elle pense la pensée. Elle est la souveraineté intérieure (Aristote-Agamben), que sans cesse ruine l'oubli.

3898. L'auteur parfaitement heureux est un Walter Mitty.

3899. Le Grand Verre est avant tout un language-game.

3900. Sur la tombe de Duchamp : « D'ailleurs, c'est toujours les autres qui meurent. » Le mot important est « d'ailleurs ».

3901. Aux néo-duchamps on dira : du champ ! du champ !
3902. (rem. 3822) Ajoutons :… n'est pas un peintre.
3903. Form is a modification of. Of What? of any x; any poumpoum.
3904. La forme-poésie modification d'une langue dans un poème.
3905. Poèmes en vil (Vers International Libre) : l'informe fixe.
3906. La poésie aussi, « béquille pour le souvenir » (Beuys) ; s'offre pour réparer votre mémoire.
3907. Les poèmes sont les indices du crime de la poésie.
3908. La poésie présente sa composante « meinongienne » sous forme d'indices dans les poèmes ; « traces du rien dont sa main les a faits » (Zacharie de Vitré).
3909. Hazlitt on Turner : « Pictures of nothing and very like. » Poetry, too.
3910. – C'est une chose indicible que la poésie – mais faites donc, faites donc.
3911. Il n'y a pas d'amour muet.
3912. Le plaisir (interprétation milnérienne), et dans toutes versions antiques, est la réponse philosophique à la poésie entendue comme amour de la langue (réponse anticipée, puisque la version simonidienne (mon interprétation) n'établit pas ce lien)).
3913. Le **joi** est de ce monde, est le **joi**, est naturel.
3914. (rem. 3868) Or, il n'y a pas de méta-Conte.
3915. Merlin est le baron d'un conte de chat perché (« L'enfant dans l'arbre »).
3916. Le poème de Saigyô

puisque je pense
que le réel
n'est réel en rien
comment croirais-je
que les rêves sont rêves

n'est pas la proposition banale : les rêves (yume) ont plus de réalité que le réel mais plutôt ceci : le rêve (comme je crois) est au rêve (comme on pense) comme le réel (comme je pense) est au réel (comme on croit). Le réel (comme je crois) n'est pas le réel (comme on pense). Donc le rêve (comme je crois) est un contraire du rêve (comme on pense). Mais un contraire du rêve (comme on pense) est le réel (comme on croit) ; et le réel (comme je pense) n'est rien. Donc le rêve n'est rien. Le rêve, aussi, n'est rien.

3917. (rem. 3916) Cette lecture (l'autre, la banale, que le rêve est le vrai du réel, est également possible) dépend de considérations de style. La version banale est celle qu'on trouve dans bien des tankas, avec des mots extrêmement proches. Le changement de quelques syllabes d'un poème à l'autre fait partie de la stratégie de progression dans l'art du tanka. Un tanka modifié, nouveau, constitue une critique du tanka antérieur ; mais surtout indique un style. Ici le yûgen ; plus exactement une version du yûgen contre une autre.

3918. Définition sceptique de ce qu'on appelle rêve
i – événement instantané (quasi-, ou, -pour toutes fins pratiques)
ii – produit pendant le moment du réveil (à la frontière de l'éveil réel et constant)
iii – composé d'images-souvenirs organisées en séquences-vidéos instables
iv – portant la signature d'un auteur qui est « rêveur du Passé », ayant donc la marque d'un « moi » considéré comme appartenant au passé, et présent dans le rêve
v – parvenant très difficilement au statut d'images-mémoire
vi – s'effaçant plus ou moins vite, généralement très vite, par le récit, par la notation orale ou écrite
vii – les images-souvenirs du rêve sont non accompagnées, ne sont pas sous la direction du metteur en scène de l'existence du rêveur, le « je » (rem. 3307).

3919. Objection à la définition sceptique du rêve (rem. 3918) : le rêve est senti, avec conviction, comme s'étant produit dans un passé proche, qui est celui du sommeil.

3920. Réponse à l'objection contre la définition sceptique du rêve (rem. 3918) : les images-rêve ont l'apparence du souvenir ; mais seulement l'apparence ; comme elles ne peuvent être identifiées par l'éveillé comme étant souvenirs réels, en tant que souvenirs elles sont souvenirs impossibles ; il faut donc les placer quelque part : la seule solution raisonnable est de les situer dans le sommeil.

3921. Ne pas oublier que c'est exactement ce qu'on fait avec les images-souvenirs ordinaires : on les place (plus ou moins aisément) dans l'espace-temps propre à soi.

3922. Les images-rêve, images-souvenirs qui sont le matériau des séquences dont est construit ce qu'on appelle rêve, sont des images d'éveil (ou images-réveil). Elles s'apparentent fortement aux images-souvenirs de l'endormissement, celles qui sont de l'autre côté de la frontière (épaisse) du sommeil. Il ne vient à personne l'idée de baptiser rêve des séquences de telles images (souvent aussi illogiques, etc., que les autres). Pourquoi ? parce qu'il n'y a pas de lieu où le sujet supposé savoir le passé (« moi », vous) pourrait placer le moment de leur production.

3923. Images-mémoire : images-souvenirs stabilisées et situées dans le passé (de manière correcte ou pas, peu importe).

3924. Nos images-souvenirs sont une imagination de notre passé.

3925. On time : Deux cercles de temps sont semblables mais non identiques.

3926. Le temps circulaire (jours, saisons, etc.), temps-1, combiné au temps horizontal (durée), le temps-2, crée la spirale temporelle.

3927. Le <u>temps vertical</u> de Snaith est le temps de l'éternité visitant le temps courant qui est combinaison des autres temps.

3928. Le temps circulaire n'est pas « un » mais produit par une famille de cercles.

3929. Les roues de temps-1 roulant sur le chemin du temps -2.

3930. Roues à aubes sur la rivière du temps.

3931. Le présent du récit pour traduire le « maintenant » de la visitation par YHWH.

3932. see Damascius selon Simplicius pour le « nun » : l'instant, le maintenant est un point où l'éternité pince l'éphémère pur.

3933. Le temps « pythagorique » dit « oriental » (version nulle, « kukiste »), envisage le temps circulaire et le temps horizontal comme finis se répétant.

3934. <u>Temps et rêve</u> – Le <u>point</u> du rêve est celui du « maintenant » de l'éveil.

3935. Temps divin – Comme le metteur en scène de soi ne sait où situer ce qu'il appelle rêve dans le temps dit réel, il peut céder à la tentation, naturellement très forte, de le considérer comme une manifestation privilégiée du « temps vertical », du « temps divin », comme un point (privilégié) où l'éternité pince l'éphémère pur.

3936. « Je cherche l'éternel et l'éphémère » (Perec) : je rêve.

3937. Rêve et futur : l'impossibilité où se trouve le « moi » (metteur en scène du passé, de l'existence) de situer les images-éveil (le rêve) dans le réel révolu peut s'interpréter comme suit : il s'agit d'une mémoire du futur. C'est le rêve prémonitoire.

3938. Explication des rêves : les images-rêve sont inaccessibles à ma mémoire parce qu'elles proviennent d'un autre moment du temps cyclique.

3939. d'où l'avertissement : « il est impossible, même pour un saint, de rêver d'avant sa naissance. »

3940. Explication des rêves : le rêve ne vient pas de mon propre passé, mais m'est imposé de l'extérieur : démon, divinité.

3941. Toutes ces explications du rêve (rem. 3935, rem. 3936, rem. 3938) sont naturelles si on admet la définition proposée par le sceptique du rêve (rem. 3916).

3942. Duchamp travaille dans les arts du langage.

3943. Mr T. (le biographe de Duchamp) ne sait pas que Duchamp fait partie de l'Oulipo. Il ne peut pas comprendre Duchamp.

3944. Le mouvement dans les images (cinéma) ne garantit pas qu'on échappera à la piction.

3945. Je ne vois pas ce que pourrait être une « logique du rêve » : Freud décrit des mécanismes du rêve, pas une logique.

3946. Le cinéma surréaliste, voulant manifester le rêve, a produit les mêmes banalités que l'écriture automatique.

3947. The etymological fallacy : L'idée qu'en revenant à la racine (de préférence grecque ou hébraïque) d'un mot, on attrapera son sens vrai dénaturé par le changement linguistique qui est nécessairement une déperdition, une érosion, une décadence. Elle repose sur l'hypothèse naïve que le sens sagement accompagne la variation sonore-écrite des vocables (exemples : Chouraki, Meschonnic, des penseurs (passim ; philosophes au sens de l'opinion)).

3948. (rem. 3916, 3917) Une lecture du poème de Saigyô : Le rêve/dis-tu/est illusoire// Ton réel/dis-je/est l'illusoire// Le rêve/dites-vous/est réel///

3949. (rem. 3948) Une lecture du poème de Saigyô : Le rêve/dis-tu/est illusoire// Ton réel/dis-je/est l'illusoire// Le rêve/dites-vous/est le réel///

3950. (rem. 3916) Autre lecture : Le rêve/dit-on/n'est pas réel// Votre réel/dis-je/ne l'est pas// Le rêve/dis-je/n'est pas votre réel// le rêve/dis-je/est le pas-pas-réel///

3951. Le Conte n'a pas de personnages mais des protagonistes (see thèse Bruno Cany).

3952. (rem. 3900) parce que l'épitaphe doit dire le style de l'épitaphé.

3953. C'est aussi le rôle des « dernières paroles », des « derniers moments ».

3954. Ainsi (rem. 3839) le rire de Duchamp lisant Allais juste avant de mourir.

3955. L'autobiographie doit avoir un style : il devrait être le style de la vie qu'elle raconte. La biographie devrait saisir ce style.

3956. Par exemple (rem. 3954) mettre en valeur les traits caractéristiques (stylistiquement) des « derniers moments ».

3957. Les « vies » à l'ancienne ne manquaient pas de le faire, en vue de marquer un style moral (ou un anti-style) (see vie d'Hermogène).

3958. (à partir de g.g.g.) Desargues compose en style projectif : que son style est la domination dans sa pensée mathématique d'une géométrie projective potentielle, qui viendra après.

3959. La potentialité qui commande un style une fois réalisé menace l'académisme.

3960. Un style est l'annonce d'une forme (qui ne viendra peut-être pas).

3961. L'Oulipo travaille dans le style de la contrainte.

3962. Style et mémoire (toujours rem. 3958) – L'identification d'un style ne peut se faire vraiment qu'après coup ; un style est le vêtement dont le passé pare une configuration (artistique, par exemple) individuelle ou collective. – Style euclidien (copié par Spinoza, Wittgenstein) – style analytique (Descartes) – style projectif (Desargues) – style vectoriel

(Möbius, Hamilton, Grassmann) – style axiomatique (Hilbert) – style bourbakiste (tout le monde, ou presque, depuis).

3963. (rem. 3650) autre titre : Don Juan.

3964. (rem. 3778) avant Cervantès, par conséquent.

3965. Il n'y a pas, dans ces conditions, un inventeur de la forme-roman.

3966. (rem. 3183) La suite des aventures d'Hugo Vernier confirme : un « roman familial » de l'Oulipo.

3967. (rem. 3199) Mais jms est une via negativa de l'autobiographie.

3968. (rem. 3254) ou les avions.

3969. (rem. 3270) But I : Mathématique : ; et Poésie :

3970. Style peyarot en poésie ? Corbière semble le plus proche.

3971. Rime – « La fille de Minos et de Pasiphaé ». Voilà un alexandrin remarquable. D'avoir été remarqué. Mais pourquoi ? le vers précédent : « Depuis que sur ces bords les Dieux ont envoyé ». Voilà une rime bien remarquable. Je n'en connais pas d'autre exemple. Pour la normaliser, comme Quicherat (« l'*é* lui-même, quand il est détaché et forme à lui seul un son, peut rimer avec un *é* isolé de la même manière »), il faut couper « envoy-é », avec un hiatus marqué, ce qui me paraît bizarre ; à mon oreille d'aujourd'hui, en tout cas.

3972. À en juger par sa pratique de la rime, La Fontaine est une invention de la Troisième République. C'est Hugo Vernier qui a écrit les Fables.

3973. La Fontaine vieillissant se convertit (enfin presque) à la platitude (enfin presque), à la moindre séparation des rimes (enfin presque), aux modes conventionnels de leur soutien (presque).

3974. (rem. 3973) Poème pour métriciens.

3975. Vernier in Hortense ?

3976. Lady Hortense, first sentence : « Je pris la parole en ces termes :… »

3977. (rem. 1499 ; vme) mais pas des accidents chaotiques ; réglés par une nécessité d'origine biographique, souvent consciente sous la forme numérologique.

3978. (rem. 3959) La tentative de formulation d'une définition contraignante de la notion de contrainte a pour moteur la tentation de l'académisme.

3979. contrainte de diction : dire suivant un mètre, et non suivant le mètre d'un poème (ou la diction ordinaire d'une prose). « de-main/dès-l'aube à-l'heure/où-blan/chit-la/cam-pagne/» (mais il n'est pas obligatoire de retomber sur ses pieds à la fin des vers ; il vaut mieux pas, même).

3980. contrainte de composition : composer en vue de la contrainte de diction précédente : un double jeu.

3981. grandes familles de contraintes en voie de développement : contraintes de performance (comment lire : see rem. 2203 ; (les baobabs ont cet aspect) ; et ci-dessus)) ; contraintes sur les protocoles de la composition (poèmes de métro).

3982. L'Oulipo fait rire : c'est le blason de la phobie de la contrainte.

3983. (rem. 2712) see définition de l'événement historique chez Oakeshott.

3984. Les citations de (ou les allusions à) Philip Larkin tendent à remplacer les citations de Shakespeare chez les journalistes anglais (littéraires ; mais pas seulement). Elles ont un avantage : affirmer le goût pour la démagogie populiste et la passion de la mesquinerie formelle du citateur. Un exemple (TLS January 14 – 2000) « Philip Larkin said that when he first read the dedication to Ezra Pound at the beginning of The Waste Land – "il miglior fabbro" – he assumed it meant it's better to be published by Faber. »

3985. Hypothèse de l'origine de la prose (complément à L'invention du fils de Leoprépès) : la prose naît philosophique parce que la poésie, à cause des contraintes métriques, ne peut pas dire le vrai.

3986. Le conte de Powell : Ce que ce conte était destiné à marquer, c'est qu'avec Homère on a un exemple de la tendance bien connue ailleurs de donner à des œuvres dont l'origine réelle est inaccessible un créateur plus ou moins légendaire (même s'il s'agit d'un personnage historique) (see Guillaume IX).

3987. Empruntons à Bruno C. la désignation d'une distinction : on réserverait vocal pour la composition et oral pour la transmission.

3988. La composition aédique, si on admet les hypothèses de Parry-Lord et de leurs adeptes, comporte une part (variable) de composition vocale au présent ; une autre part (qui peut être considérable) de matière mémorisée (les vers ou portions de vers (hémistiches dans la Chanson de Roland for instance) dits formules)) ; et une troisième part qui est partie « originale », partie « de mémoire », les vers ou segments métriques ou seulement expressions « formulaires » (« formulaic ») (qui ressemblent aux formules, qui sont déductibles des formules stricto sensu par des transformations simples (substitution de mots, de constructions, de noms propres) dans des fragments mémorisés, en respectant l'organisation métrique (ou assonances))) qui sont composables dans l'instant. La première part, selon la distinction faite (rem. 3947), est vocale, la deuxième orale et la troisième est orale-vocale.

3989. Est-ce vraiment un homme archaïque que nous découvrons dans les poèmes homériques ou a-t-on tout simplement affaire à un effet de genre, l'effet du conte, dont l'épopée est un sous-genre ?

3990. La chute des arts de mémoire, accompagnée, accompagnant la disparition du mode manuscrit de la poésie, a rompu l'équilibre entre œil et oreille, entre intérieur et extérieur.

3991. Welle schwappen – Wappen schwellen (les vagues clapotent – les étendards gonflent) (Benjamin, 1931) : principe de « Les satrapes de Sparte ».

3992. Images-souvenirs : les almanachs du colporteur d'identité, la mémoire.

3993. On pourrait être tenté de dire : plus une traduction est littérale, moins elle est fidèle.

3994. Mais la fidélité n'est pas nécessairement l'idéal de la traduction de poésie. Une traduction, comme un amoureux, doit être constante plus que fidèle ; constante : fidèle aux contraintes qu'elle s'est données ; une contrainte peut parfois être la littéralité. Et même une littéralité extrême.

3995. Syndrome du traducteur : être inspiré par son texte ; il s'ensuit que toute autre traduction devrait être exactement la même que la sienne. Tel est le sens de la légende de la Septante : les traducteurs alexandrins de la Bible parviennent tous indépendamment à la même version en grec à partir de l'hébreu.

3396. *Remarque supprimée.*

3997. « Les langues imparfaites en cela que plusieurs », nous dit-il :

peut-être, mais il faudrait plutôt dire : les langues moins imparfaites en cela que plusieurs.

3998. Qu'il n'y ait plus qu'une seule langue conduirait à une imperfection maximale ; la domination d'une langue conduit à sa chute ; exemple : le latin ; aujourd'hui peut-être déjà, l'anglais : chute dans « l'anglais macdo ».

3999. Hypothèse optimiste : La chute du latin donna naissance aux langues romanes ; la chute de l'anglais donnerait naissance à d'autres langues.

4000. Préserver la « diversité génétique » des langues.

4001. Hypothèse des poèmes : les *formes externes* d'un poème (orale, écrite) appartiennent généralement à une langue, celle du compositeur du poème (nombreuses restrictions sur cette affirmation toutefois) ; mais les *formes internes* (aurale, éQrite) appartiennent au lecteur-auditeur-mémorisateur d'un poème ; elles ne sont en principe pas restreintes à une seule langue ; il faudrait même dire : elles ne doivent pas être limitées à une seule langue.

4002. Un poème a une existence (la quadruple forme), potentiellement, en toute langue.

4003. Toute langue est capable de poésie. Tout poème est capable de toute langue.

4004. Hypothèse des poèmes : les formes d'un poème bougent. Il n'y a donc pas de forme fixe et définitive d'un poème quel qu'il soit.

4005. La variabilité des formes externes d'un poème est grande : disposition sur la page, performance orale, bougé de l'orthographe, de la typographie.

4006. La variabilité des formes externes d'un poème doit inclure celle des langues dans lesquelles il est transporté. Les traductions d'un poème font partie de l'objet-poème, au sens large.

4007. La variabilité des formes internes d'un poème est plus grande encore que celle des formes externes : beaucoup de lecteurs, d'auditeurs, de lectures-performances, de lectures critiques, de traductions.

4008. Les changements dans un poème, dans chacune de ses quatre formes, sont des cas particuliers d'une notion générale de traduction. La traduction (de poésie) au sens ordinaire est un cas particulier de la traduction généralisée. Il est impossible d'aborder sérieusement, techniquement, le problème des contraintes à envisager pour la traduction de langue à langue, si on ne tient pas compte de l'inévitable traduction interne que subit chaque poème, dans chacune de ses formes, dans toute son existence (tant qu'il n'est pas mort : mort en langue morte, mort d'être immobilisé dans l'une de ses formes externes ; mort, surtout, de n'être plus dans aucune tête).

4009. Toute lecture est un cas particulier de traduction généralisée.

4010. **Hypothèse Lusson-Robel : un poème est le faisceau associé au préfaisceau de toutes ses traductions internes et externes.**

4011. L'hypothèse de la rem. 4010 constitue une approximation d'une définition formalisable de la forme d'un poème.

4012. Les passages d'un état à un autre du quatuor de formes d'un poème, les « morphismes » de transition-traduction, sont de nature rythmique au sens étendu de la **TRA (m, M) (Théorie du Rythme Abstrait (« métaphysique », Mathématisé))** de Pierre Lusson.

4013. Corollaire en théorie de la traduction : Chacun des états de traduction d'un poème doit être un poème (un sous-poème du poème dont la traduction fait partie comme état particulier, mais aussi poème en son nom propre).

4014. Corollaire : on en déduit une règle absolue pour l'évaluation d'une traduction au sens ordinaire : un poème traduit doit être un poème dans la langue d'arrivée.

4015. Quels que soient par ailleurs les rapports, de trace décelable, qu'il entretient avec sa forme dans la langue de départ.

4016. Ceci rend inexcusables une bonne partie des traductions, de toute sorte, pas seulement universitaires. (Il est facile, et démagogique, d'accuser les « traductions de professeurs » ; elles ont souvent l'avantage de restituer des composantes du poème que les traductions, dites « poétiques », négligent comme méprisables.)

4017. Cas particulier spécialement indéfendable : les traductions « à la Meschonnic » qui exhibent sous prétexte de fidélité à l'archaïcité d'un texte initial (qohelet par exemple) tous les tics de la vieillerie poétique « milieu du vingtième siècle » (un « Éluard » de pacotille).

4018. L'insecte, le « cordonnier » qui « tricote » sur l'eau, avançant en zigzag est une bonne métaphore des poèmes, qui « pince » la surface des événements du monde ; ou, mieux, la surface plane de la rivière, la mémoire.

4019. (Ruhlen, trad. fr., p 182) « Les langues ne font pas l'amour » ; si, par la poésie.

4020. Installation ? présentation.

4021. L'installation est à la présentation ce que la peinture est au tableau.

4022. Troisième terme de l'hypothèse de l'objet d'art : la « contraption » (Auden).

4023. L'hypothèse des poèmes (le quatuor de formes) les inscrit naturellement dans le cadre de la conception contemporaine de l'objet d'art.

4024. Variante de la boule de neige : chaque vers est évalué non en nombre de lettres, mais en « gematria ». D'où la contrainte : le poids d'un vers est supérieur à celui du vers précédent. See Pili.

4025. L'Éducation sentimentale fait apparaître la construction narrative de La légende des siècles terriblement enfantine. La stratégie implicite des Poésies de Mallarmé, dont le moteur est la forme-sonnet, fait apparaître l'ambition de Flaubert, de substituer la prose de roman à la poésie, sur tous terrains, pour le moins naïve.

4026. Il est vrai que l'absence d'une désignation du type « poésie » ou « poèmes » sur une couverture de livre qui contient ce que je nommerais « poésie » ou « poèmes » n'est pas le plus souvent une prise de position réfléchie sur la question du genre, mais soumission à l'air du temps (c'est comme ça qu'on fait), ou crainte du ridicule (moi, poète ? vous n'y pensez pas). Mais, d'un autre côté, il faut bien dire que la plupart des ouvrages qui continuent à présenter des titres soulignés de ce ruban ne sont pas bien exaltants.

4027. (4024 ←) la « fameuse » boule de neige de Jacques Bens n'est pas conforme à la contrainte de « gematria » à partir du neuvième vers : à (1), la (13), mer (36), nous (69), avons

(71), trempé (77), crûment (94), quelques (117), gentilles (103), allemandes (85), stupidement (146), bouleversées (147)

4028. Un dictionnaire est la description d'un monde possible de langue.

4029. Le dictionnaire met fin au poème épique.

4030. Une remarque ne dit pas la vérité. La vérité n'est pas faite de remarques.

4031. (3955 ←) Mais sans s'y soumettre. Une biographie ne doit pas être l'autobiographie du biographe.

4032. gematria : le jour vaut la nuit.

4033. Les seuls sonnets, ou presque, lus aujourd'hui en France, et lus sous l'appellation contrôlée de sonnets, sont les sonnets de Shakespeare. Mais sont-ils vraiment traités comme des sonnets ?

4034. À Stockholm, d'après le Dagens Nyheter du 01/06/00, Hélène Cixous aurait dit : « Les grands philosophes sont aussi des poètes. » Je propose de modifier la proposition-Cixous en : « Les grands philosophes sont aussi de petits poètes. »

4035. (Autre version de la proposition-Cixous améliorée (rem. 4034)) : Les petits poètes sont souvent de grands philosophes (exemples nombreux : Christian Bobin, Charles Juliet…).

4036. Je me propose de renommer ce que j'ai appelé, faute de mieux, Langue Muesli. Ce sera la Grosse LAngue Molle, ou GLAM.

4037. Slogan : Parlez GLAM et vous serez glamour.

4038. Parenté évidente entre la boule de neige et le tireur à la ligne. Mais la boule de neige est pur accroissement, le tireur à la ligne exploite la relation « entre ». Une boule de neige de phrases, de mots ou de syllabes pourrait progresser ainsi.

4039. Sur les couvertures de livres il est de bon ton pour certains de ne pas inscrire « poésie » ou « poèmes ». Nommons cette disposition d'esprit Syndrome Françoise-Rosay : « Quand le mari meurt la femme pleure, c'est une chose qui se fait ! »

4040. Alexandrins de journal : Je passe mon diplôme aux quatre coins du monde (titre de Libération 27/05) – Ces barres qu'on abat pour sauver la banlieue (même source).

4041. Décasyllabe de journal (classique) : Le livre noir des paradis fiscaux. (Le Monde 27/05).

4042. <u>Variante du monostiche paysager de Jacques Jouet</u> : Boustrophédon. Exemple :

Je regarde à ma gauche je regarde   je regarde devant
moi je regarde   je regarde à ma droite je vous regarde.
je regarde à ma droite je regarde devant moi   je regarde
à ma gauche   regarde

4043. <u>variante du monostiche paysager</u> : parcours de droite à gauche. Exemple :

Cœur mon de fond le que pur plus pas n'est jour le

4044. <u>Hypothèse d'E.H</u>. (Emmanuel Hocquard, Stockholm 01/06/00) : « je » est toujours à la troisième personne.

4045. <u>Une définition de la littéralité</u> (Emmanuel Hocquard, Stockholm 01/06/00) : Répétition d'un fragment de langue.

4046. (rem. 4045) La littéralité hocquardienne est une variante de la snark-approach to truth (cela fait trois fois que je vous le dis et ce que je vous dis trois fois est vrai).

4047. Certains noms de lettres étaient féminins (petit Robert, 1970) mais ne le sont plus (Petit Larousse compact, 2000). Une contrainte possible : n'utiliser comme consonnes que les **f, h, l et m**. (<u>contrainte de Pascale Monnier</u>).

4048. « Everything in the future is a wave, everything in the past is a particle. »

4049. (rem. 4048) <u>variante stricte</u> : seul le « e » muet est autorisé !

4050. Poème emplissant la main mnémonique du « Rosetum ».

4051. Traductions, lectures (in both senses), performances… sont des moments dans la vie d'un poème. Bad translations, bad readings… are bad moments in its life.

4052. **GLAM** (rem. 4036) : les gestes-tics de guillemets autour des mots.

4053. Un poème où pour chaque mot donner un copyright qui se réfère à un poème où ce mot figure.

4054. Version éric satie du « je » est un autre : je m'appelle erik satie comme tout le monde.

4055. « To be and not to be » (Drummond de Andrade).

4056. To be → not to be.

4057. To be ↔ not to be.

4058. To be or not not to be (Hamlet-Brouwer).

4059. Me coucher de bonne heure ou ne pas me coucher de bonne heure, telle fut, longtemps, la question.

4060. « Colorless green ideas sleep furiously » est un vian : retour du « sens » ?

4061. R. Mutt : Mutter ?

4062. Œil : « avion » d'oreille.

4063. On pourrait, pour « nos arrière-neveux », afin de leur procurer un bien nécessaire ombrage, définir les conditions d'un art de mémoire (il ferait grand usage de la poésie) (rem. 1388).

4064. La déduction est la mémoire de l'induction.

4065. Je pense parce que je me souviens.

4066. Je pense depuis que je me souviens.

4067. Le bonheur est une idée vaine en Europe.

4068. Nuages, objets sdf.

4069. Planètes, installations dans les cadres du ciel, maries-louises cachant le vide qui mange les étoiles.

4070. (rem. 4050) Partout « je me souviens ». Titre : « Mémoire » ou « L'Art de mémoire ».

4071. Duchamp, interview de 1965 in Fin n° 6, juin 2000 : « tous ces ready-mades, en somme, sont assez différents l'un de l'autre… tellement différents qu'il n'y a pas, si vous voulez… un air de famille entre eux… ». Well ! Je dirais, au contraire qu'il y a un air de famille extrêmement accusé : c'est la famille « ready-made ». Il y a plus de ressemblance entre eux qu'entre deux tableaux de plate peinture, même du même peintre, même du même « sujet » par le même peintre.

4072. (**gril-war**) Deux possibilités pour la version longue : a – l'écran, avec des liens hypertextes, bien sûr ; b – pages ordinaires avec décrochements de profondeur croissante. Je tiens à l'hypothèse b – parce qu'elle oblige à lire. Dans la première hypothèse, on peut s'en dispenser.

4073. (suite) L'hypothèse b – est peut-être même à envisager pour les liens transversaux (d'un point à un autre du texte).

4074. Les idées reçues sont saluées par des « aGLAMations ».

4075. Frege : « Y a-t-il des hommes indéterminés ? »

4076. L'alexandrin a encore frappé (libération du 12/04/2000 ;

à propos de viols) : « La justice au secours des victimes de l'ombre. »

4077. Ronsard, premier livre des amours, sonnet Lxxxvii – La rime **a** des quatrains : armée/renommée, vallée/allée. Elle est très faible. Doit-on dire que la formule est alors abba a'bba'. Je ne pense pas (du moins on peut défendre l'idée que non). L'insertion dans le sonnet renforce la « mêmeté » (Ptruc L) (see aussi La Fontaine).

4078. (suite) De plus la rime **b** est marquée : pris (verbe)/entrepris, épris/pris (subst).

4079. (autre exemple, plus sévère encore – sonnet cxii, rime b) : tué/mué, deslié/oublié.

4080. (situation symétrique in sonnet cxlvi, rime b) songer/ronger, estranger/danger. Ici les quatrains sont différenciés par une marque additionnelle (on/on versus an/an) mais la formule est quand même la formule habituelle.

4081. Duchamp : le titre est le nom propre de l'œuvre d'art. See remarque sur Laforgue.

4082. Duchamp : la part non caduque de son œuvre est l'anticipation de l'oulipo. D. est un PL (agiaire) (par) ANT (icipation) de l'Oulipo.

4083. Ready-made : genre littéraire.

4084. Tous les mots sont des ready-mades.

4085. Langage cuit dans le faitout.

4086. Duchamp croyait dur comme fer à l'idée la plus convenue de l'art et de la littérature. Croire que ce qu'il fait est de l'anti-art ou de l'anti-littérature est un contresens. Il continue l'art et la littérature par d'autres, nouveaux moyens.

4087. Kyrielle dessinant <u>alpha</u> : **alpha-bet – bétyle (pierre levée) – hylozoïste – hystérique – ricotta – Thalès – lessive – ivresse – ressaut – sofa – phalène** (grand papillon géomètre).

4088. Kyrielle en deux et plus de dimensions.

4089. « Sois sage ô ma douleur et tiens-toi plus tranquille, émile. » La rime en écho (à prénoms) est une contrainte duale du « bou'd'ficelle » (comment vas-tu-yau de poêle).

4090. (3976) <u>Lady Hortense</u>, first sentence : « Je prends la parole en ces termes :... »

4091. Le tout-fait dans le fait-tout (ou faitout ; mot daté 1900 par le p. robert, 1970).

4092. Un plagiaire par anticipation de l'oulipo est un PLANTeur.

4093. Duchamp (duduchamp) met la littérature (plus exactement la littérature sous contrainte), au-dessus de l'art. Il soumet l'art à la littérature.

4094. MD : un peu dandy, un peu farce (dandy-Dandin).

4095. MD : préfiguration de FLL.

4096. Dans la situation de tradition, un mètre, une forme poétique sont des ready-mades de poésie.

4097. Tradition du jeu de mots invisible, exemple : « tu me publies ? – pas moi » – je m'édite – tu m'édites – tu m'édith – piaf – moineau – moi, no –

4098. (note de 1913 in Boîte blanche : « peut-on faire des œuvres qui ne soient pas d'art ? ») encore l'idée « bateau » de l'art.

4099. readymade : raie des vierges, i-e l'objet qui n'est pas encore une œuvre.

4100. André Gervais, classant les readymades, distingue « titrés » et « sans titre ». Mais ils sont toujours titrés, par leur nom générique. S'il y a un titre spécifique explicite, readymade est alors le sous-titre. Le titre peut être indirect (cas du porte-bouteilles ou hérisson). C'est ce qui se passe avec le sonnet ; avec toute forme poétique.

4101. Définition du readymade par MD, mai 1960 : Un ready-made : d'abord, c'est le mot que j'ai pris pour désigner une œuvre d'art qui n'en est pas une, autrement dit qui n'est pas une œuvre faite à la main, faite par la main de l'artiste. C'est une œuvre d'art qui devient œuvre d'art par le fait que je la déclare ou que l'artiste la déclare œuvre d'art sans qu'il y ait aucune participation de la main de l'artiste en question pour la faire. – This is not true. La main de l'artiste est dans le titre, dans la signature ; elle est partout. Le reste, l'objet, a le même statut que la couleur dans la peinture de chevalet.

4102. Déf. du readymade d'oct. 63 :… not the act of an artist, but of a non-artist, an artisan if you want. Certainly not a non-artist. « Artisan », of course, see Oulipo.

4103. Les torche-culs de Gargantua sont-ils des readymades ?

4104. (4101) D'ailleurs le titre est décrit par Duchamp comme une « couleur invisible ».

4105. Une photographie est un readymade d'un morceau de monde : la main de l'artiste est décisivement impliquée dans le choix du morceau.

4106. La démarche duchampienne est une réaction tardive de l'art à l'invention de la photographie.

4107. Le moment de la prise d'objet qui va faire un readymade est une illumination. Devenu œuvre d'art littéraire, il s'accompagne d'une ombre portée par cette illumination. Cette ombre l'accompagne au cours de sa vie d'œuvre. Des photographies peuvent la saisir en un de ses états (see note de la Boîte verte).

4108. D'un tableau quelconque, « de plate peinture » for instance, faire l'album, par exemple photographies à des dates successives (y compris de ses environs) (aussi descriptions, « provenances », manifestations publiques, kidnappings, etc.). Cela une œuvre, dont ce qu'on appelle tableau, immobilisé et réifié une fois pour toutes (oisif en somme), n'est que le projet. Nommer une telle œuvre tableau vivant ? Ou ce serait seulement sa « vida » ?

4109. Le « Readymade Réciproque » (égale) Se servir d'un Rembrandt comme planche à repasser de la Boîte verte (readymade latent dans la classification d'André Gervais) comme moment dans une vie imaginaire de ce tableau (rem. 4108).

4110. Quand, du premier readymade reconnu tel après coup, la roue de bicyclette sur tabouret, Duchamp dit, longtemps après, « je ne voulais pas en faire une œuvre » ou encore « je ne l'appelais pas une "œuvre d'art" », il montre seulement qu'il conserve peut-être toujours l'idée reçue de l'art.

4111. La ressemblance familiale des readymades duchampiens : ce sont des artefacts matériels.

4112. (généralisation d'une remarque de H.P. Roché) Les readymades sont des objets de méditation.

4112 bis. Extension du domaine de l'Oulipo : les readymades, par exemple. Comment ? En considérant que les readymades sont de la langue laputienne.

4113. Extension du domaine de l'Oulipo : Les contraintes

oulipiennes s'exercent, essentiellement, et non plus exclusivement, en langue.

4114. Les esquisses, ébauches, travaux préparatoires d'un tableau « appartiennent » évidemment au tableau vivant défini en rem. 4108. Cela implique que considérer un tableau comme fixé une fois pour toutes est plus ou moins le considérer comme mort.

4115. La distinction entre tableau et tableau vivant complète celle entre image et piction, détournée de Wittgenstein.

4116. La vie réelle d'un tableau n'est pas un tableau vivant : elle n'a pas été construite en œuvre (différence entre « vie » et « vida »).

4117. Que serait la mort d'un tableau vivant ? La disparition du tableau ? Sa destruction ?

4118. Le chef-d'œuvre inconnu de Balzac est la fiction d'un tableau vivant en mon sens.

4119. Le tableau vivant, en tant que type d'œuvre, se place « entre » le tableau au sens ordinaire et la vie du tableau proprement dite.

4120. Faire le même « pas », à partir d'un poème au sens ordinaire.

4121. *Remarque supprimée.*

REM-N (4122-4438)

4122. Quand Duchamp travaille pour le surréalisme, dans les années trente à cinquante, il est nul. Pourquoi ? Parce qu'il prend des œuvres, comme les ready-mades, qui n'ont rien à voir avec le surréalisme et en fait de l'art surréaliste. Le geste qui transformait l'objet non artistique en art devient un geste qui banalise le geste qui inventait le ready-made.

4123. Un poème-titre, traduit de Louis Zukofsky par Marcel Duchamp.

<u>Poem beginning</u>*

4124. L'effet de médiocrité (4122) est accentué par l'incompréhension véritablement bovine de Breton. Pour lui, Duchamp ne fonctionne que comme réclame (pub).

4125. ready-once-made.

4126. rm (ready-made) = photo en dimension 3.

4127. Le « millimètre final », la signature.

4128. qui dit duchamp dit ready-made ; réciproquement qui dit ready-made dit duchamp. Y a-t-il d'autres rm que de duchamp ?

4129. En droit, tout rm est de duchamp.

4130. Duchamp s'est approprié le monde manufacturé, en tant que composé d'œuvres d'art.

4131. La polémique à propos de l'autorisation massive de répliques de rm par duchamp est comique. Mais sa réponse, ou son refus de réponse, comique aussi. En fait, il n'a pas su ou pas voulu répondre sérieusement. Duchamp devait répliquer ses rm. Sinon, ils cessaient (avec le temps (4125)) de conserver leur propriété distinctive, qui est contradictoire.

4132. Soit petit-a un objet du monde manufacturé. Soit rm (petit-a) son ready-made, c'est-à-dire « petit-a + authentificateur ». rm (petit-a) est une œuvre d'art. Mais, selon Duchamp c'est, aussi, une non-œuvre d'art. Si non-art, on peut la ready-madiser. On réplique. Et c'est alors une réplique, rm (rm (petit-a)) qui devient œuvre. L'opérateur rm peut être appliqué plusieurs fois. Le rm doit être répliqué. Sinon, il n'est plus qu'une œuvre d'art.

4133. Avant d'être réplique, un rm doit être dupliqué : c'est sa propriété de non-œuvre d'art qui le veut. Une duplique authentifiée devient une réplique.

4134. La réplique, qui provient du traitement ready-made lui-même comme objet manufacturé par l'intermédiaire des dupliques (qui devraient être nombreuses), n'est pas le contrafactum, qui est une nouvelle version du ready-made.

4135. Le rm témoigne d'une haine de la photographie.

4136. Nul ready-made n'est plat.

4137. Je parcours la liste des ready-mades. Je n'y vois ni tapuscrit ni imprimé.

4138. Je suis celui.

4139. Je suis celui qui pense donc celui que je pense.

4140. (en collaboration avec m-l) Je pense donc je suis un autre. Je pense donc je suis le ténébreux, le veuf, l'inconsolé. Je pense donc je suis madame Bovary. Je pense donc je préférerais ne pas. Je pense donc je suis ou je ne suis pas. Je pense, donc je suis toi, hypocrite lecteur, mon semblable, mon frère.

4141. j'apelle (sic) ça ready-made.

4142. Pourtant rien de plus « manuel » que la signature. C'est là tout le contraire de « se couper les mains ». C'est le minimum absolu de ce qu'on peut garder, et en cela Duchamp prouve qu'il ne peut pas « ôter ses mains ».

4143. Dans l'inframince passe la langue.

4144. L'explosion du jeu de mots a suivi l'implosion de la rime.

4145. Projet d'art de mémoire : faire de tous les objets du monde des rm. Les titrer, les signer.

4146. Lascault : « qui parle de Duchamp ne doit jamais rejeter un jeu de mots possible. » Hum. Bien au contraire… ne devrait accueillir un jeu de mots qu'avec d'extrêmes précautions.

4147. Thierry de Duve, définition du ready-made : « c'est une œuvre d'art réduite à l'énoncé "ceci est de l'art" ». Non. C'est une œuvre d'art de poésie.

4148. (rem. 3825) D'où, en remontant, du poète passionné de machines par essence célibataires (phonographe, photographie en couleur, mécanisme pour la communication avec les planètes), Charles Cros.

4149. (rem. 3834) insérer : « complété par Duchamp ».

4150. (rem. 4082) insérer « je veux dire qui n'est pas prise encore dans l'histoire de l'art ».

4151. (rem. 4083) corriger : genre poétique.

4152. (rem. 4124) Jean Suquet me fait remarquer, à juste titre, que je fais de l'anti-bretonisme grossier et sommaire. Dont acte.

4153. mot GLAM caractéristique : Holocaust.

4154. Expérience : quelqu'un essaye de répondre à une question de journalisme télévisé par une phrase, je ne dis pas de la taille d'une phrase de Proust, mais de James, par exemple.

4155. La consigne implicite du romancier 2001 : écrire en téléphrases, ou pub-phrases. Je ne veux pas dire en tant que contenu, mais du point de vue de la longueur, de la complexité de la construction, de la taille des mots employés.

4156. Deux mesures d'un style de prose : – Nombre de mots significatifs (catégories syntaxiques majeures) dans une phrase (moyenne, écarts). – Taille des mots.

4157. L'emploi du Zyklon B est interdit aux usa pour les exécutions capitales. Il serait inhumain.

4158. Mode oulipien (cas des styles dans 'gril') : une contrainte s'établit en cours de composition.

4159. Le projet oulipien n'est pas d'abord l'invention ou la réinvention des contraintes, mais la potentialité. Les contraintes devraient être subordonnées aux formes. (Exemple du sonnet souvent invoqué par les fondateurs : il y a une forme-sonnet mais pas de contraintes ou contraintes qui définissent le sonnet.)

4160. Le poème commandé par Emmanuel Hocquard à G.P., sous la consigne d'être sans contrainte, est, dans ce contexte, oulipien. La consigne de non-contrainte est alors une contrainte.

4161. Le titre du poème, L'éternité, fait qu'il respecte le « premier principe » : l'éternité est sans contraintes.

4162. Maintenant (mai 2001) ce qu'écrivent les oulipiens (contrainte ou pas) définit l'oulipo.

4163. Ce qui veut dire que l'oulipo doit maintenant se reconnaître comme mouvement littéraire.
(upon reading crj in FINS 10).

4164. prépositions généralement invisibles dans les poèmes.

4165. Scherer, dans Grammaire de Mallarmé, fait surtout un sort à « selon » ; of course ; « pli selon pli ». Relativement peu sur les autres. Mais ce n'est pas ce qui m'intéresse le plus.

4166. Je vois deux cas exceptionnels : « Verlaine, il est caché parmi l'herbe, Verlaine ». Pour Grévisse, ce n'est pas l'usage dominant. « Il s'emploie surtout avec un régime pluriel. » Et : « souvent indique simplement l'appartenance à un ensemble ». C'est la conjonction de l'idée d'appartenance à l'ensemble « herbe », et l'emploi du singulier au lieu du pluriel qui fait la force de cet exemple (qui m'a toujours extrêmement frappé).

4167. Grévisse signale aussi que Verlaine emploie la forme archaïque « emmi » (pas Mallarmé) dans Jadis et Naguère (Pantoum négligé) « la libellule erre emmi les roseaux » (c'est un taratantara : archaïsme métrique).

4168. Est-ce que Mallarmé, là, « cite » ?

4169. « Emmi » est un mot-fétiche, presque une signature des Décadents.

4170. Selon crj, la poésie est prépositionnelle et non propositionnelle.

4171. Autre exemple mallarméen de préposition marquée : « Au seul souci de voyager/Outre une Inde splendide et trouble ».

4172. Les cinq prépositions du vers fameux de Donne, before, behind, above, beneath et below, sont bien des prépositions, pas des adverbes. Leur complément commun virtuel est « body » (absent mais signalé phoniquement : b, b, b, bo, b).

4173. (w) un sonnet prépositionnel.

4174. Prépositions : contrapuntiques.

4175. Serait-ce que les prépositions, à la différence des génitifs (see M.M.), ne sont pas superposables ?

4176. Contrainte (ml) : semi-palindrome de mots ou vers ou phrases : les éléments correspondants ne sont pas nécessairement les mêmes, mais il y a des synonymes, des antonymes…

4177. Le « parmi » de Mallarmé fait de la mort un espace qui n'est pas « totalement éparpillé ».

4178. Les prépositions du vers de Donne sont topologiques : lieu, et mouvement.

4179. (w) Un poème sans préposition aucune. Mais ça existe, sans doute.

4180. (w) Un poème avec toutes les prépositions (suivant une liste standard).

4181. Si les substantifs sont des noms propres, les articles, les prépositions, les adjectifs sont-ils des prénoms ?

4182. La prose de roman ordinaire, celle qui est partout, n'offre aucune difficulté à son lecteur. Elle est comme il l'attend. Il comprend tout ce qui s'y passe. La prose avant-gardiste (modèle « Finnegans ») n'offre pas plus de difficulté à son lecteur (différent du premier). Il ne comprend rien de ce qui s'y passe. Mais il sait qu'il ne doit rien comprendre de ce qui s'y passe. L'une et l'autre proses sont sans surprise. L'une et l'autre se lisent sans effort.

4183. Le **VIL** va-t-il survivre ? son traitement oral par les **POM**s (Poètes Mondiaux) suggère qu'on pourrait très bien se passer de la distinction vers-non vers (qui n'est pertinente que pour la vue). Il n'y aurait plus que de la prose. La poésie en VIL deviendrait alors **PIL** (Prose Internationale Libre), qui s'insérerait naturellement dans le continuum de la prose à intention d'art, occupant le domaine du court : plus court que la short story (nouvelle), que la novella et que le roman (novel). Elle engloberait l'aphorisme, etc.

4184. Dans les conditions de 4183, pourquoi garder le nom, « poésie » ? On le réserverait à certains types de proses, celles qui ont du « sucre sur le gâteau », rhétorique, sentimental, « poétique » (au sens de l'opinion).

4185. ji-amari : clinamen (généralement sémantique).

4186. **mémoire** et **rythme** sont, métaphoriquement, des foncteurs adjoints entre des catégories (métaphoriques también) non spécifiées, disons des mondes possibles de langue. La mémoire est co-rythme, le rythme est co-mémoire. Le co-co-rythme n'est pas la mémoire. La co-co-mémoire n'est pas le rythme. Dirons-nous que le co-co-rythme est le **rythme-mémoire** (le rythme en tant que mémoire), et la co-co-mémoire la **mémoire-rythme** (la mémoire en tant que rythme) ? Why not ?

4187. Le style est l'usage approprié de la citation.

4188. Les jeux de mots si balourds du docteur L., si chargés de sens selon le mode soap-opera…

4189. Pour l'antiphilosophie je préfère monsieur Aa.

4190. L'utilisation d'un tout petit nombre de constructions propres au docteur L. est une marque d'allégeance.

4191. La survivance de la prosodie traditionnelle, après le vers libre, apparaît dans la diaspora lacanienne. Très visible chez Lardreau, la méta-position.

4192. Effet-fantôme : Bossuet-Breton, Pascal-Debord. Mais dans chaque cas il s'agit avant tout de l'effet-fantôme d'Alexandre (accompagné de son petit frère, l'octosyllabe, piglet to pooh).

4193. Avec « discours-dioscurs » Natacha échappe au français néo-lacan.

4194. L'interdiction de la répétition proche d'un mot, cette maladie de la prose française découle directement des diktats de la rime.

4195. Passage du « e » au « a » : différence/différance (Derrida). Inexistence/inexistance (Badiou). À l'encontre, du « a » au « e » : contrainte/contreinte ?

4196. Tous les mots sont des ready-mades de langue (4084), d'où le statut du mot en poésie, dédoublé : d'un côté sa « valeur d'usage », (qu'il ne perd pas), de l'autre sa « valeur ajoutée » (le « sens plus pur »).

4197. (rem. 5). Je me souviens, donc je pense.

4198. (rem. 6). S'il y a une forme-mémoire, elle est la matrice de toutes les formes.

4199. (autre formulation de rem. 7) L'âme est l'invention du conte de la mémoire.

4200. (rem. 12) La pensée se raconte.

4201. FLL, RQ (surtout) voulaient inventer une forme aussi durable que le sonnet. Ils pensaient au sonnet comme étant une forme fixe, soumise à des contraintes explicites, une forme oulipienne, en somme. Mais c'est faux. Seul, par exemple, le sonnet banvillien peut, à la rigueur, être pensé ainsi.

4202. L'oulipo est un bureau d'études (ingénieurs).

4203. Les trois moments simultanés d'une composition oulipienne : composer, condenser, contraindre.

4204. Le temps linguistique intervenant dans la méditation de composer est le futur antérieur.

4205. La résolution par Diodore du Paradoxe de l'Instant reposait sur le principe suivant (M-l) :
Il n'y a que du passé.
Mais pour FLL, le principe était à l'opposé : **Il n'y a que du futur**.

4206. FLL se situait sans cesse par la pensée à différents étages du futur antérieur regardant, depuis ces lieux temporels élevés, les passés plus ou moins lointains qu'il traitait comme appartenant à un futur rétrospectif : d'où l'idée des PLANTS (Plagiaires par Anticipation).

4207. La potentialité d'une contrainte : possibilité d'un nouveau monde possible de langue.

4208. Un nom pour les formes oulipiennes : **phormes**.

4209. (rem. 36) L'oulipo, l'oupoumpo pour échapper à la « fin de l'art ».

4210. (rem. 94) FLL-Merlin.

4211. La date de l'évasion du prisonnier : huit juillet ou huit août.

4212. Pour penser le Catalogue des Idées Reçues, Flaubert n'a eu qu'à lire Balzac.

4213. Balzac, Plant du Soap-Opera.

4214. Bi-forme : redondeau.

4215. Partimen : le récit tranche, la poésie ne décide pas.

4216. Un bon exemple de PLANT qui montre que la notion est non seulement naturelle mais inévitable : l'invention du sonnet. Giacomo da Lentini n'invente pas le sonnet. Le sonnet n'apparaît qu'un demi-siècle plus tard. Lui compose une cobla ou une strophe de tenzone. Il ne peut être reconnu responsable de la forme-sonnet qu'a posteriori.

4217. La notion de PLANT est aussi peu paradoxale que celle d'ALVA.

4218. *Remarque supprimée.*

4219. (rem. 646) Un nombre est l'emblème d'une collection d'objets.

4220. (rem. 853) La poétique plutôt qu'hilbertienne, brouwerienne.

4221. « Tennantienne » même (pas de « ex falso quodlibet »).

4222. (rem. 915) Alors quoi ?

4223. *Remarque supprimée.*

4224. Sextine with interversion de deux mots-rimes, somewhere.

4225. La poésie est un langage privé transmissible.

4226. d'où (4225) son « impossibilité ».

4227. Joyce-Hélène Smith.

4228. La fin d'un roman est son suicide : critère évident de la séparation irréductible poésie-prose (de fiction).

4229. Le roman hérite du conte. Mais le conte avait deux stratégies de fin : exorciser soit par la joie, soit par l'horreur : on oublie que le conte est mort.

4230. (4164) La poésie est quasi invisible dans les poèmes.

4231. (4170 Selon crj, la poésie est <u>prépositionnelle</u> et non <u>propositionnelle</u>) : corriger : « plus que ».

4232. Rhyme is a kind of pun ; pun a substitute for rhyme.

4233. Nos <u>images-souvenir</u> sont une <u>imagination</u> de notre passé.

4234. (Rêve) Le fait du sommeil paradoxal n'est pas une preuve de l'existence des rêves.

4235. Pas de « rêve », sans « récit de rêve ».

4236. Ce qu'on nomme rêve se produit dans les secondes qui suivent le réveil, se maintient parfois quelque temps ensuite.

4237. Rien dans un « rêve » n'est distinct d'un souvenir, sinon que le contrôle du scénariste principal, du metteur en scène, du « je » se souvenant est plus évidemment aux commandes quand il s'agit de la restitution du passé.

4238. Il y a des états intermédiaires : la rêverie par exemple. Pas de différence de nature entre images du « rêve » et images-souvenir.

4239. Le « rêve » est un scénario construit sur des <u>images-souvenir</u>

venant à la conscience du dormeur au moment où il s'éveille, transformant une quantité quelconque de ces images-souvenir en images-mémoire auxquelles est assignée une position temporelle dans la nuit.

4240. Le moment du rêve est celui où les images réelles du monde ne combattent pas encore les images-souvenir.

4241. L'expression « logique du rêve » est incohérente. La version freudienne décrit des mécanismes, une causalité, mais ne constitue en rien une logique au sens où on entend ce terme ordinairement.

4242. DÉFINITION SCEPTIQUE DU RÊVE

a) événement instantané (quasi-, ou, – pour toutes fins pratiques).

b) se produit, au moment du réveil, à la frontière de l'état d'éveil réel et constant.

c) composé d'images-souvenir organisées en « séquences-vidéo » instables interprétées comme étant de réelles images-mémoire venues la nuit dans la tête du dormeur.

d) porte la signature d'un « auteur » qui est le « rêveur du passé », ayant donc la marque d'un JE considéré comme appartenant au passé, présent dans le rêve, et pour qui le rêve arrive.

e) parvient difficilement au statut d'images-mémoire (sentiment d'illogisme, jugement d'impossibilités physiques et logiques).

f) s'effaçant généralement assez vite, par le récit, la restitution orale ou écrite.

4243. (réponse à une objection de M-l) – mais le rêve est senti comme réel, comme fermement appartenant au passé du dormeur. – Ces images ont l'apparence du souvenir, mais seulement l'apparence. Le JE éveillé ne peut les identifier comme des souvenirs réels. En tant que souvenirs, ils sont impossibles. Il faut donc les situer quelque part dans le temps et la solution qui s'impose est celle du sommeil. On a appris à avoir recours à cette solution. c'est une idée acquise. Elle appartient à la « vulgate » des « idées reçues ». Tout enfant apprend qu'il a rêvé.

4244. Dans le cas des images-souvenir « réelles », la censure du JE s'exerce à plein qui excise les contradictions avec le monde, à l'aide, au besoin, d'inventions souvent énormes.

4245. La « question du premier souvenir ». Nos images-souvenir sont une imagination de notre passé.

4246. Le « point » du rêve est celui du « maintenant » de l'éveil. Je m'éveille et alors je rêve et alors je pense que j'ai rêvé.

4247. Comme le « metteur en scène de soi » qu'est le JE ne peut raisonnablement situer le « rêve » dans le temps dit réel, dans le réel révolu, il y a une tentation très forte (et quasi universelle) à le considérer comme en provenance d'ailleurs, comme une manifestation privilégiée du « temps orthogonal » au nôtre, le « temps divin ».

4248. (4247) Ou encore imaginer qu'il s'agit d'une image-mémoire du futur : rêve prémonitoire. C'est la solution que j'ai choisie pour l'unique rêve que j'ai reconnu tel dans mon existence.

4249. Les images-rêve (symétriques des images-souvenir), à l'aide desquelles je fabrique ce que je nomme un rêve (le symétrique d'une image-mémoire), sont inaccessibles à la conscience de mon passé parce qu'elles proviennent d'un autre moment du temps cyclique.

4250. Hypothèse ancienne : le « rêve » ne vient pas de mon propre passé mais m'est imposé de l'extérieur : démon, divinité.

4251. Le cinéma surréaliste, quand il a voulu filmer l'onirique n'a produit que les mêmes banalités que l'écriture automatique.

4252. « Jakobson n'ignore pas la composante rythmique du langage. » Certes, mais (see § 68 d'IMP-CAT), au degré de généralité où il se place il ne peut guère en tirer grand-chose ; mais surtout, un lieu privilégié de l'exercice de la FPL (Fonction Poétique du Langage) agissant en particulier dans la Composante Rythmique d'une Langue donnée (CRL) est la Forme Poétique (FP).

4253. L'INCF (Inconscient Freudien) et l'INCL (Inconscient Lacanien) ignorent superbement l'aspect principal de la conséquence principale de la FPL (Fonction Poétique du Langage), i-e la Forme Poétique, dans son exercice central traditionnel : le Vers, la Rime, les Formes (sonnet par exemple). Ils ne voient que les conséquences ou les aspects concomitants ou préparatoires : le langage cuit, le jeu de mots, la contrepèterie, les mots-valises…

4254. THÈSE : LA CHUTE DE LA FORME POÉTIQUE TRADITIONNELLE (ALEXANDRIN) A EU POUR CONSÉQUENCE L'INVENTION DE L'INCONSCIENT FREUDIEN.

4255. THÈSE BIS (plus faible) : LA CHUTE DE LA FORME POÉTIQUE A PERMIS L'INVENTION (OU LA DÉCOUVERTE) DE L'INCF PAR LE RENFORCEMENT DE SES AUTRES MANIFESTATIONS.

4256. La Forme Poétique, dans une langue, manifestation réglée de la FPL (Fonction Poétique du Langage) dans cette langue ne s'exerce pas seulement à travers la poésie savante ou populaire mais, pour les locuteurs, très universellement par la chanson.

4257. Le Langage Cuit est également présent dans la chanson.

4258. Le KEKCHOSE, dont l'INCF (Inconscient Freudien) comme l'INCL (Inconscient Lacanien) sont des interprétations partielles, modalités ou explications, est présent dans chaque individu, le constitue en tant qu'être parlant (autrement dit je ne suis ni dans la position du jungien, ni dans celle du pseudo-savant cognitiviste, dénégateur hargneux de l'INCF (je ne parle même pas de l'INCL)) mais ses manifestations, son exercice, passent par le langage, qu'il possède en partage avec les autres locuteurs de la même langue, phénomène collectif.

4259. La Forme Poétique est un moyen privilégié de contrôle du pouvoir redoutable du kekchose autant que révélatrice de son organisation, « sa « structure », comme on disait structuralistement.

4260. La chute de la Forme Poétique (sa dégénérescence ainsi que son action diminuée dans la société) s'est amplifiée (depuis la fin du dix-neuvième siècle) avec le temps. Le retrait de la Forme Poétique s'est accéléré au cours du siècle qui précède le nôtre.

4261. Dans la première moitié du 20e siècle, c'est la chanson qui « maintient » la FPL. Mais la chanson voit son rôle diminuer considérablement, particulièrement dans la jeunesse, avec l'elvis-presleyanisme, qui voit la langue française s'absenter.

4262. Le SLAM peut s'interpréter en partie comme un « besoin de rime », la rime ayant été l'une des victimes principales de l'elvispresleyanisme et de l'école.

4263. Pour l'INCF le « jeu de mots » (au sens large) manifeste l'inconscient, permet de débusquer son fonctionnement, de traquer ses lois.

4264. Comment la FPL (Fonction Poétique du Langage) manifeste-t-elle le kekchose, permettrait-elle de débusquer son fonctionnement, de traquer ses lois ? I don't know. Et ce n'est pas mon job de m'employer à cette tâche.

4265. Maybe, la FPL a un rôle de masque.

4266. Dans la célèbre formule de l'INCL (« L'inconscient est structuré comme un langage ») (je préférerais pour ma part « comme une langue », ou « comme « le » langage) de quelle structure s'agit-il ? très pauvre, indiscutablement. Je ne crois pas que la théorie syntaxique soit réellement mise à contribution. A fortiori la CRL (Composante Rythmique du Langage) et encore moins la Forme Poétique, dans aucune de ses manifestations.

4267. (en 4266) Je marque un manque, pas plus. Je ne peux faire plus, par ignorance. Si ce manque n'en est pas un vraiment (s'il n'affecte aucunement la théorie), j'aimerais comprendre en quoi, pourquoi.

4268. J'ai voulu un jour poser cette question au Docteur L. (en me limitant, dans ce qui aurait été un premier temps dans un dialogue, à la syntaxe), mais je n'ai pas eu de réponse (see « Ma vie avec le Docteur Lacan »).

4269. Mr Milner, censé être (ou avoir été) chomskien, dans son livre sur le Docteur, ne répond pas à la question de 4268.

4270. Il ne me semble pas que l'INCF (Inconscient Freudien) et encore moins l'INCL (Inconscient lacanien) aient besoin de postuler la réalité des rêves. Il me semble au contraire que mon hypothèse (négation du rêve) donne plus de poids à l'hypothèse du « kekchose » : la prise de contrôle par le JE scénariste de la mémoire se produit de manière incomplète, telle qu'il n'a pas pu gommer les manifestations du KEKCHOSE.

4271. Jakobson conçoit la FPL dans le cadre d'une linguistique qui ignore, non seulement la CRL mais la Forme Poétique en général. Ses analyses des textes poétiques (see *Les chats*) font totalement impasse sur elle.

4272. THÈSE DE LA DISPENSE D'INCONSCIENT : une légende veut que le Docteur L. ait dénié son inconscient aux japonais. Et la légende (qui est ce qui est venu jusqu'à moi) veut aussi qu'il ait justifié cette affirmation par des considérations (fantaisistes) sur la langue japonaise. En conséquence, je me suis autorisé de cet illustre exemple, en tant que provençal d'origine familiale, à me sentir dispensé d'inconscient par le TROBAR. En fait, au-delà de la formulation paradoxale, je pense que la forme poétique déployée par les Troubadours, la « canso », organise combinatoirement le Champ des Rimes d'une manière très complexe et très riche qui constitue une IMAGE DU CHAMP DE KEKCHOSE (de sa « structure » comme on dirait). Le Kekchose, dans la langue provençale, est « structuré » comme la canso, comme le trobar.

4273. La banalisation du champ métrico-rythmique de la poésie en langue française, après le moment des Trouvères (où la « chanson » agit comme la *canso* en provençal) a facilité la chute de la Forme Poétique.

4274 (de la méthode de 'gril') Mark Twain (1904) « *I hit upon the right way to do an Autobiography… start it at no particular time of your life… talk only about the thing which interests you for the moment; drop it the moment its interest threatens to pale, and turn your talk upon the new and more interesting thing that has intruded itself into your mind meantime.* »

4275. Le collectionneur rêve de l'infini en maîtrisant les nombres.

4276. (Gertrude Stein) : La peinture est faite de peintures à l'huile peintes sur une surface plate et mises dans un cadre afin d'être regardées.

4277. La poésie est faite de poèmes faits de mots posés sur la surface d'une page afin d'être lus.

4278. Le « stade du miroir tourné contre le mur » est une consigne du 'gril'. C'est une consigne de composition anti-narcissique.

4279. (4278) Comme stade (fictif) dans l'existence de quelqu'un, il désigne une position anti-narcissique également. Mais sur le chemin de la mélancolie.

4280. La poésie ne fait rien. Elle n'a pas de fins, parce qu'elle n'est rien d'autre que l'activité du langage poursuivant ses propres fins.

4281. Kerouac : déroulement imperturbable et quasi infini de banalités.

4282. (d'après Le Monde du 25 mai 2012) *J. CL. MILNER, sur Mallarmé : «… au moment où la poésie commençait à s'éloigner des formes versifiées »*. On hésite entre : « ignorance béate » et « imbécillité péremptoire du faux savant ».

4283. Le raisonnement « généalogique », « archéologique » universalise le raisonnement étymologique.

4284. L'Oulipo, selon un manuel de 2025 (?) : Groupe d'écrivains créé par l'auteur du Condottiere, le grand romancier juif Georges Perec, pour son divertissement.

4285. (m-l) Une contrainte ne doit pas être authentifiée oulipienne tant qu'on ne lui a pas trouvé un PLANT.

4286. Clinamen Le clinamen est indispensable à l'Oulipo, car il est la volupté de la contrainte (*see Wismann*).

4287. (m.l.) La lecture (d'un roman) est un jeu où l'on perd quand l'adversaire (le romancier) joue mal.

4288. (4286 →) confirmation : La règle (facultative) de l'Oulipo, selon laquelle on peut s'autoriser un clinamen à condition de pouvoir s'en passer.

4289. (→) ajouter :… et entendus.

4290. Les fameux scénarios de récupération du temps passé de Monsieur Marcel sont destinés aux instituteurs de la Troisième République. Ma grand-mère les adorait.

4291. (→ 4172, 4178) Donne, three versions :
Before, behind, above, between, below
Behind, before, above, between, below
Between, before, beneath, above, below

4292. (cahiers de Henri de Régnier) : Un seul homme, avec de la littérature, a su donner l'idée d'une rue, une idée abstraite, et cela sans la décrire, ni dire ce qui constituerait son tumulte : c'est de Quincey qui a créé, inoubliable, complexe, Oxford Street.

4293. m-l sur la rose de Gertrude Stein : 1+3, la Trinité. Alice Toklas par sa broderie change le 3 en infinité.

4294. (4293 →) D'ailleurs, dans *Four in America*, Gertrude elle-même précise que c'est le prédicat d'identité qui est impliqué : « I know that in daily life we don't go around saying "is a… is a… is a…" Yes, I'm no fool. »

4295. Fractions : Concierge/cierge = con ; concierge/con = cierge.

4296. (et suivantes → 4301) Un enregistrement ancien de Creeley. Il lit comme de la prose. Il est clair qu'il n'a pas pensé la réalisation orale de son poème. Aujourd'hui, la majorité des poètes (USA et ailleurs) font de même.

4297. On pourrait envisager plusieurs modalités de lecture orale pour ce qui est du traitement des fins de vers

a) Le respect des frontières par la voix, plus ou moins marquée.

b) L'enchaînement pur et simple, comme si prose.

c) L'enchaînement-prose, signal oral de la fin de vers.

d) Un traitement réfléchi de la distance écrit oral : jazzé…

4298. La pratique dominante en 2012 (il s'agit de poètes composant en « vil ») : on fait prose, mais on signale les fins de syntagme qui sont des vers par une montée de voix insistante.

4299. Le vers lui-même, dans son déroulement oral, est entièrement « pénétré de poésie » (j'aimerais pouvoir expérimenter, avec des cobayes de bonne volonté). Généralement, tous les vers le sont, dans ce mode de lecture. Et ceci, quoi qu'ils disent. Le « corps » du vers, avant l'élévation finale est « recto tono » (on évite ainsi, apparemment, l'emphase, la « rhétorique » ; modestie, sérieux ; emmerdement maximal du « reading »).

4300. Dans la poésie comptée-rimée, le compte et la rime marquent mieux la versification. Pourtant les alexandrins-prose de Planchon, autrefois, me hérissaient. Car il n'y a pas que compte et rime, mais aussi la tension syntaxique : ne pas séparer dans la voix et nettement « comtesse » et « de Pimbêche » dans « Les Plaideurs », serait catastrophique.

4301. La lecture du VIL, aujourd'hui encore (toutes langues ?) est « comme prose ». Mais seulement du point de vue du vers, de « l'aller la ligne ». D'autres marques dans l'intonation signalent qu'il s'agit de poésie. Ah, mais ! C'est l'application d'un « coefficient d'émotion ».

4302. D'où vient la règle de « non-répétition » de Boileau ? de Pétrarque ? de Malherbe ? (les reprises d'un même mot dans le corps du sonnet sont rares dans le RVF).
4303. (→ 4307) Coopter à l'Oulipo des PLANTS ?
4304. How would one know that they agree ?
4305. L'exemple de QB : what did FLL mean by this ?
4306. Procès en oulipisation : canonisation. Qu'est-ce qu'un miracle ? Une contrainte. Étudier ce que fait l'Église pour ses nouveaux saints.
4307. Comment un « membre rétroactif » participerait-il aux travaux de l'Oulipo ?
4308. *Paterno, Carrafa* : La répétition comme contre-stratégie. S'oppose à la non-répétition lexicale du RVF. C'est une répétition limitée aux vocables « sur-propres » (Termes du Grand Chant).
4309. Le sergent Bobillot (fidèle adjoint du Capitaine Vroumvroum) a inventé une notion nouvelle de plagiat : l'Oulipo plagie le lettrisme parce qu'il vient, chronologiquement, après !
4310. Les langues, perfectibles en cela que plusieurs.
4311. Titre : les actes criminels des démocraties occidentales.
4312. Verheggen en 2012 : après 40 ans, l'insolence adolescente devient lubricité de vieillard alcoolique.
4313. Thomas Reid.
4314. (36 →) Le marché préfère la fin de la poésie.
4315. (85 →) Il ne peut que s'affaiblir encore, tendre à la prose, comme il l'est dans la diction contemporaine.
4316. (87 →) d'où 4310.
4317. (109 →) On peut faire cela sur écran.
4318. (118 →) Il s'ensuit qu'un poème n'est jamais passé.
4319. (121 →) Par exemple, avant de dire un sonnet, annoncer : le dernier vers de l'octave est ; l'avant-dernier vers est ; ou encore : la suite des mots-rimes…
4320. (122 →) Arnaut Daniel ajoutait : le premier vers de chaque strophe est un heptasyllabe.
4321. En 2012, le virus telquellien, qui dormait, refait surface ; plus virulent que jamais.
4322. (143 →) corollaire : tout sonnet est un sonnet de Pétrarque.
4323. (195 →) Un poème « aura été maintenant ».

4324. (199 →) Il faut plusieurs mesures indépendantes (thèse Robel).
4325. (202 →) de loin dans le temps (Freud ?).
4326. (205 →) Encore moins une absence entière de forme.
4327. (207 →) au fond, pourquoi seulement « au début » ?
4328. (208 →) « dans l'ordre », c'est un « avion » (MG) ; dans le désordre, l'équivalent anagrammatique.
4329. (4328 →) exemple : verre, gel/grêle = rêve.
4330. (236 →) Tel est le « sens » de l'œuvre d'Opalka.
4331. X. croit montrer qu'un corbeau compte jusqu'à 4 ; ne sait pas ce qu'est la subitisation.
4332. Qui pourrait éclairer la lumière ?
4333. Le temps n'est pas une bouteille d'où s'évadent les instants, comme une buée.
4334. <u>Lumière</u> : patrie des objets.
4335. L'instant du souvenir est imperturbable.
4336. Toutes les théories métriques sont nécessairement pauvres : elles refusent de s'occuper du rythme, dont elles n'ont généralement d'ailleurs rien à dire.
4337. (1279 →) hum !
4338. Je me laisse parfois entraîner à des affirmations hasardeuses.
4339. pourtant, dans la remarque 1281 il y a quelque chose.
4340. (1091… 1137 →) Et j'oubliais le sabre !
4341. (1079 →) La thèse (slogan) de la mort de la poésie, revendiquée avec fureur par Denis Roche dans <u>Le Monde</u> récemment (automne 2012), resurgit avec force aujourd'hui.
4342. (4340 →) sabre, qui de nouveau fait alliance ostensible avec le goupillon ; avec tous les goupillons.
4343. (1109 et *sq.* →) <u>Postures de poètes</u> : une posture particulièrement active et rentable aujourd'hui : la <u>posture chauve-souris</u> : j'suis pas poète, la poésie est morte – j'suis poète j'ai besoin d'aide du CNL, je présente mon livre à la commission de poésie.
4344. (1128 →) Vanter le Rimbaud du Harar, mercenaire au service du colonialisme !
4345. (1148 →) Aujourd'hui, le slam.
4346. (1170 →) Dans un « reading », redire un poème déjà dit au cours du même (m.l.).

4347. (1196 →) Indulgence excessive : vroumvroum.

4348. (1215 →) J'ai abandonné autrefois l'hypokhâgne de Louis-Le-Grand à la suite d'une explication de texte de Nerval qui m'indigna : j'adoptai alors, sans réfléchir, la posture du propriétaire, sous la forme suivante : ce poème (*El Desdichado*) est à moi.

4349. La lutte entre poésie et prose est aussi ancienne que leur séparation.

4350. Les « petits poèmes en prose » de Baudelaire répondent à la prétention de Flaubert de tordre le cou à la poésie.

4351. Il répond aussi, par la même occasion, à Chateaubriand (*Génie du Christianisme,* Grand poème en prose).

4352. Le souvenir corrige les imperfections du passé.

4353. (1915 →) L'alexandrin devient dodécasyllabe « *douze timbres* » – *Mallarmé*), puis un vers vaguement nombré.

4354. (1916 →) Quarante ans après Sollers, Prigent fait de la prose-taratantara.

4355. (1928 →) Apollinaire eut un Plant, Marius Buisson.

4356. (1931 →) Un siècle après le vers libre, le « besoin de rimes » revient (slam, par exemple).

4357. (1933, 1934 →) Il n'y a pas que les pays où régnait, anciennement, le « socialisme réellement existant » qui sont envahis par les langues de cire ; ici même, en France…

4358. (1942 →) Les « douze timbres » de Mallarmé.

4359. (1953 →) L'octosyllabe autonome naissant avec la « brisure du couplet » par Chrétien de Troyes.

4360. (1954 →) Il peut servir à la parodie (les *Laudes*, d'inspiration pétainiste post-45 sans doute, se moquant de Claudel, que mon père avait rapporté du Sénat).

4361. (1964 →) Forme-mémoire certes, mais bien pauvre.

4362. (2000 →) La *cobla* plutôt, peut-être.

4363. (2012 →) En fait, cette objection est stupide. Les contre-exemples sont très nombreux. (J'étais bien poli, à l'époque !)

4364. correction de la rem. 2055 : L'Oulipo est maniériste.

4364 bis. (2060 →) Prigent, Pennequin, etc. : ni modernes, ni post-modernes : rococo.

4365. À côté d'un supermarché « dia » ne devrait-il pas y avoir, toujours, un « Super-U » ?

4366. Les vers mirlitonesques de la plupart des « slammeurs » sont de bien pauvres descendants de « Zone ».

4367. Le VIL est une forme-muesli, adaptée à la GLAM.

4368. La GLAM est la langue de L'ECOPROF (assisté de son sabre et de ses goupillons) et son vers est le VIL.

4369. La destruction par l'ECOPROF est plus proche de la bombe à neutrons que de celle d'Hiroshima.

4370. Les mises en mémoire sont des mémorisations de changements.

4371. Dans le poème de Mandelstam, snieg (neige), qui est poème de sa mort proche, pressentie, au goulag, une analyse rythmique un peu profondément suivie (celle de Léon Robel et P.L.) met en évidence qu'une architecture secrète de ce texte d'apparence très simple est échafaudée sur une négation dissolution du vers classique russe par excellence, le tétramètre iambique de Pouchkine. La résolution formelle de cette fuite hors de l'iambe, de ce refus de l'iambe est l'iambe lui-même qui triomphe à la fin finale du poème. L'iambe est symbole du poids du passé, il est la mort métrique et simultanément la proche mort concrète du poète dite à lui-même par son auteur. La poésie, ici (par le vers), est sens, mais sens formel : sens suscité, impliqué, effectué par la forme-vers.

(oulipo)

4371 bis. L'Oulipo existe à partir d'un certain moment. Après ce moment, <u>ensuite</u>, il y a l'Oulipo et cet <u>ensuite</u> est à considérer dans les deux sens de l'axe de ce qu'on veut bien appeler le temps.

4372. À un moment, l'Oulipo deviendra (est déjà devenu ?) l'Oulipo.

4373. L'Oulipo a été fondé. Il y a eu (c'est beaucoup plus certain que pour le « big bang » de l'univers) une création personnelle. Et double. L'Oulipo a été fondé d'une fondation double, bicéphale (Janus bifrons ?).

4374. Pour penser l'Oulipo, tel un « insecte contemplant la préhistoire », il faut se placer sur un vecteur bidirectionnel : un œil vers le futur, un œil vers ce qu'on appelle, à tort, le passé, car le passé, en littérature est un futur encore ; un autre futur.

4375. Pour penser la poésie (et dans une certaine mesure aussi la littérature) il faut se placer dans le champ mnémonique (les deux dimensions temporelles (au moins) qui ne sont pas inverses l'une de l'autre)).

4376. (2709 →) Le sonnet banvillien est proche d'une forme oulipienne.

4377. (2739 →) Le manuscrit de La Disparition était un exemple de la contrainte « contraire de la contrainte x » : il contenait un « e ».

4378. (2742 →) Variante : chaque mot contient au moins un « e » et au moins une autre voyelle.

4379. (2898, 4364 →)

4380. Le vers libre puis le VIL n'ont pas fait naître de forme poétique.

4381. Vers bi-césurés dans les « morales élémentaires » (mais rem. 2943).

4382. Il manqua au vers libre un shadow-metre.

4383. Vie antérieure : Rares sont ceux qui se souviennent de leurs vies postérieures.

4384. Dans chacune de ses phrases les mots étaient l'un avec l'autre toujours polis.

4384 bis. Contrainte : lettres à symétrie horizontale (majuscules) B, C, D, E, H, I, K, O, X.

4385. Contrainte : lettres à symétrie verticale (majuscules) : A, I, H, M, O T, U, V, W, X, Y.

4386. Une forme poétique définit un monde potentiel de poésie.

4387. « par égard pour ceux… »

4388. (3195 →) Principe de variation analogue à la « boule de neige croissante-fondante ».

4389. En un lieu où j'ai été et qui est demeuré tel sans modifications perceptibles, trois temps : temps du présent, temps du souvenir, temps du lieu vu, tel que passé, au présent.

4390. (3210 →) Même (surtout ?) quand elles font partie d'une séquence organisée ('gril', « mémoire », « style », etc.).

4391. (3234 →) Plus une forme est courte, plus l'appartenance à cette forme de deux poèmes composés selon cette forme est immédiatement évidente, plus leurs différences l'emportent sur leur ressemblance.

4391 bis. (3270 →) Dans un roman, un personnage dont le nom est suivi d'un point.

4392. (3274 →) On dira bientôt comme on dit : « c'est surréaliste ! » : c'est oulipien !

4393. (3291 →) Cavalcanti →

4394. (3296 →) « Pi in the sky ».

4395. (3334 →) La GLAM cache des massacres.

4396. (3363 →) d'où le « gardons notre silence » de Rimbaud.

4397. (3434 →) Je n'aurais pas dû oublier le sabre et le goupillon.

4398. (3436, 3437 →) La « xenomoney » est un dialecte de la GLAM.

4399. (3451 →) Verheggen a conservé depuis toujours l'idée-nobel de la poésie.

4400. On ne peut pas lire que Rilke.

4401. Pour lire un roman d'un romancier qui y a transporté, d'une manière reconnaissable, des pans entiers de son existence, il vaut mieux ne pas le connaître personnellement.

4402. (3515 →) Plutôt : le mobile ne bouge pas. Il aura bougé.

4403. (3687 →) et manquera toujours, je le crains.

4404. (3694, 3709, 3710 →) Ces remarques, depuis la première, ont écrit mon autobiographie.

4405. Robert Duncan : *« I've long discarded if I ever had it, the thot (sic) of whether some reader would think whatever of a poem. »*

4406. Robert Duncan : *« Protest is the way you feel. You get out and say it. You don't write a poem in protest, man ; you walk. You protest at the same level that two hundred thousand people protest… And when you write a poem that's not your business to protest at all. That's not what a poem does. »* So far so good. But you do not pretend (see TQ long ago et d'autres benêts aujourd'hui) that writing is a protest in itself. Writing is writing, that's all.

4407. Something troubles me in « *Einstein on the Beach* » : it is not called « *Smith on the Beach* ».

4408. Autobiographie (M-l) : rien que des moments oubliés, évoqués par d'autres.

4409. (4400 →) On ne peut pas écrire qu'au sujet de la cire.

4410. (Thelma) : *La lettre comme « reste » (« leftover » en anglais), comme tous les restes de cuisine, peut avoir deux destins, soit comme « reste à accommoder » lorsqu'elle sert aux effets de répétition dans la poésie, soit comme déchet où elle rejoint définitivement le réel comme lettre morte, laissée pour compte hors langage, parasitant la langue.* Joyce, dans FW ne crée que des mots morts.

4411. Haine de la poésie : Flaubert, Bataille (of course), Joyce (FW), Perec (hétérogrammes).

4412. (4411 →) sans oublier Sollers et ses épigones petits telquelliens vieillis, les post-poètes.

4413. Une question d'Eliana Vicari :

Dans vos essais – je pense notamment à Poésie, etcetera : ménage ou à L'invention du fils de Leoprépès, vous affirmez par exemple que

- *« la poésie n'est pas paraphrasable » ;*
- *« elle dit ce qu'elle dit en le disant » ;*
- *elle « ne dit rien qu'on puisse dire autrement » ;*
- *dans un poème « il y a nécessairement une part prépondérante de privé intransmissible, non interpersonnel » ;*
- *la « poésie est mémoire de la langue » ;*
- *la « poésie qui mérite ce nom est mémoire, est mémorable, ne peut avoir de sens qu'en une mémoire ».*

À partir de ces axiomes et de ces déclarations, on pourrait déduire que la poésie est intraduisible. Et pourtant vous avez traduit des poèmes.

Pourriez-vous expliquer ce que signifie traduire de la poésie « sans l'excuse et la servilité du "bilingue" » ?

a) La pertinence de la déduction est faible.

b) je dirai : toute lecture d'un poème dans la langue A par quelqu'un dont la langue maternelle est A est une traduction, nécessairement silencieuse, car, amenée à l'explicite, oralement ou par écrit, elle constituerait une paraphrase réductrice. Mais le passage à la langue B, par traduction au sens ordinaire, offre une lecture du poème, reflétée dans le miroir déformant, certes, mais pas seulement, si la traduction a quelque valeur, de cette langue autre.

c) C'est pourquoi la traduction est non seulement utile mais nécessaire.

ca) Une conséquence en est la thèse de Robel : un poème est l'ensemble de ses traductions.

cb) Que je modifie comme suit : un poème est le champ structuré de ses traductions, à la fois personnelles silencieuses dans sa langue (ses lectures) et visibles/audibles dans les langues où il est traduit.

4414. (4310 →) Conséquence anti (ou para) mallarméenne.

4415. (4413 →) cb) je dis « structuré » parce que toutes les traductions ne se valent pas et il ne peut donc s'agir d'un ensemble : dans un ensemble tous les éléments sont égaux en droit.

4416. (4415 →) D'ailleurs parler d'ensemble est de toutes façons un abus de langage. Il s'agit d'ensemble au sens de l'usage scolaire et non fondé du terme. Il vaudrait mieux, dans la thèse de Robel, mettre « collection » à la place d'ensemble.

4417 à 4438. *Remarques supprimées.*

REM-O (4439-4755)

4439. (Robert Duncan) « I don't use language, I collaborate with it. »
4440. (TLS, 25 mai 2012) « Le Retentissement de la révolution algérienne dans le monde ». Le « e » final d'un mot signale qu'il est féminin. Réciproquement (cadeau des USA, par l'intermédiaire du Québec), tout mot dont le signifié est féminin doit se terminer par un « e ».
4441. Écrivaine : mot « G.L.A.M. »
4442. Les livres n'ont pas, à la différence des peintures, besoin d'un cadre. Mais il leur faut une étagère (Gertrude Stein, Ed Ruscha).
4443. Traiter la poésie comme « opération sur la prose » : rémunère le défaut de forme.
4444. L'auteur d'une tragédie classique en alexandrins rimés est un Plant (Plagiaire par Anticipation) du « tireur à la ligne » : Dès qu'il compose un alexandrin, il faut qu'il en ajoute 3 autres (rime et alternance).
4445. Quatrain sur le vers classique : Que sa rime soit pauvre ou bien qu'elle soit riche/Nul vers ne rimera havec son hémistiche/et comme on le peut voir par le vers précédent/N'entrera nul hiatus même par accident//
4446. Comment, dans la sextine, remplacer l'*oda continua* ? Une seule phrase ?
4447. Un alexandrin parlant de lui-même : « mon vers sera compté très rigoureusement ».

4448. Quasi-cristaux est un « livre d'artiste » par un non-artiste.
4449. (M-l) Le titre est l'onomatopée du livre.
4450. Un poème dans une page est une installation de lettres.
4451. Blancs dans le vers : silences visuels ?
4452. Blancs dans le vers : autres ponctuations ?
4453. Edmund Burke ? Berk !
4454. Le total de la lumière est le temps.
4455. La lumière est le point d'ébullition des choses.
4456. (566 →) à la question : un point puis un point puis un point, ça fait combien ? la réponse ne peut être que : un point puis un point puis un point. Qui n'est pas un nombre. Qui n'est pas une réponse.
4457. On ne peut pas dire que la flèche bouge ; on ne peut dire que : elle a bougé. Seule la rivière bouge. Mais peut-on vraiment dire qu'elle a bougé ?
4458. Si je décris l'instant de ma vision, il ne me viendra pas la vision.
4459. Les lumières sont les objets du temps, les obscurités ses flèches. Les premières changent, pas les secondes.
4460. Ayant compté jusqu'à un certain nombre, on pourra toujours compter plus loin. Soit. Mais que veut dire « toujours » ?
4461. Tous les faits sont des faits de mémoire.
4462. L'instant est une définition du temps.
4463. L'instant est un renoncement au temps.
4464. La mémoire englobe cet antonyme de l'ignorance pour lequel il n'y aurait pas de mot.
4465. Les grands nombres sont des ombres des petits.
4466. Le temps s'éteint continûment.
4467. Le temps ne peut se déclarer lui-même sans déclarer aussi le hors-temps, qui pourtant n'est pas séparé de lui ni renvoyé à un autre lieu.
4468. Vous voyez un fragment flou du passé avec les yeux du passé, mais vous en jugez avec ceux d'aujourd'hui, ou d'un autre passé, postérieur. Vous regardez le passé avec deux yeux, certes, mais vous louchez. Tel est le strabisme émouvant du souvenir.
4469. Juste avant la lumière, c'est le temps qui a lieu ; juste après, c'est la beauté qui a lieu ; pendant, la lumière, seulement la lumière.

4470. La fontaine accablée de vent est comme ceci que je trace incliné sous le noir qui avance ligne à ligne noire dans le silence.

4471. Où est le commencement de notre mémoire ? Son commencement absolu ? Est-ce que je peux dire : c'est alors que j'ai commencé à me souvenir, que j'ai su que je me souvenais ?

4472. Un vers n'a pas nécessairement de sens complet en lui-même mais il doit être présent, avoir une existence propre comme un carré dans une œuvre de Josef Albers, ou une bande (*stripe*) dans un drapeau de Jasper Johns (Ted Berrigan).

4473. Le sonnet selon Ted Berrigan : « le premier quatrain tente de dire une chose – le deuxième quatrain l'opposé de cette chose ou une digression totale par rapport à elle – le troisième quatrain retourne le tout (*turns it around*) – et il faut conclure dans les deux derniers vers en contradiction totale avec ce qui précède. Ce sera une affirmation (*statement*), mais pas du tout dire quelque chose. »

4474. « *je n'ai pas réussi à écrire un sonnet dont les 14 vers constituent un énoncé unique* » (Ted Berrigan).

4475. i – Chaque vers de chaque sonnet composé depuis Pétrarque fait écho à tous les vers de même rang de tous les sonnets. Il y a une famille des « premiers vers » de sonnet, de « second vers », etc. Ce qui implique une virtuelle <u>interchangeabilité</u>.
ii – Mais, simultanément, chaque vers de rang quelconque « x » est placé, virtuellement, en contraste avec tout vers de rang « y » distinct de « x ». D'où la <u>mobilité</u> des vers qui peuvent se retrouver identiques en différentes positions.

4476. du <u>Berrigan-sonnet</u> : n'est pas le témoin d'une négation avant-gardiste de la forme, d'une destruction de la forme, d'une rupture absolue avec le passé de la forme, dont il ne conserverait, de manière dérisoire, presque que le nom, mais un héritier, certes insolent, et joueur, mais en même temps un descendant inventif et novateur de tous les sonnets de la tradition.

4477. Pendant tout le vingtième siècle, les « Modernes » (c'est-à-dire ceux qui s'affirmaient tels) ont eu un problème avec la forme-sonnet. Alors que l'abandon du mètre et de la rime semblait devoir lui couper l'herbe sous le pied, la forme ne disparaissait pas. Le sonnet a été traité parodiquement, avec dérision, de nombreuses fois, et de manière récurrente. Citons les Sonnets dénaturés de Cendrars en 1920 ; cinquante ans plus tard, le Sonett de Gerhard Rühm : *erste strophe erste zeile…* ; quatre ans plus tard le Sonett, 1 d'Ernst Jandl : *abnett/benett…*

4478. Les tentatives modernistes de destruction de la forme sont prises dans une contradiction : les sonnets parodiques ne touchent que très superficiellement à la forme. Et s'ils la traitaient sérieusement, ils se tireraient une balle dans le pied, comme on dit. D'ailleurs, la version la plus radicale de sonnets « détruits » est bien antérieure. Elle est due à
– **Marius Boisson**, *Sonnets épars* (1905) (sonnet de zéro mot).

4479. Les « sonnets » de Hocquard (« Un test de solitude ») ont une contrainte formelle unique extrêmement simple : quatorze lignes. Il est évident que composer, en se réclamant de cet exemple, des poèmes de quatorze lignes et les nommer sonnets a très peu de chances de créer une tradition formelle viable. Or, le livre de Hocquard mérite bien son sous-titre, étant, comme celui de Berrigan « soutenu » par l'histoire du sonnet : car c'est, comme l'œuvre de Pétrarque, un « canzoniere ».

sur Finnegans Wake

4480. Le livre est écrit en une seule langue, l'anglais, tout simplement ; un anglais vieillot, grammaticalement correct, très classique, très conventionnel, très « victorien », très élémentaire même du point de vue syntaxique, rythmique, rhétorique. Autrement dit, on ne peut parler dans son cas de « plurilinguisme », de « polyglossie » que si on a une conception des langues comme étant, essentiellement, des lexiques.

4481. Il est absolument stupéfiant que, plus d'un demi-siècle après « Syntactic Structures » de Chomsky et tous les travaux des linguistes partout au monde qui ont suivi, on puisse encore s'imaginer que Joyce, dans **Finnegans Wake**, a créé, d'un « *kaléidoscope de langues, une langue nouvelle* » (Derek Attridge).

4482. Si le projet de Joyce était de corriger, réparer la catastrophe supposée de Babel, qui rendit les langues plurielles, donc « *imparfaites en cela que plusieurs* » (Mallarmé), à moins de supposer (ce n'est pas invraisemblable) que la langue parfaite était pour lui l'anglais, et qu'il a suffi de la saupoudrer de vocables inventés façonnés à partir de 61, 62, 65 ou même 70 langues autres pour parvenir à la « Tour inverse », il est clair que le résultat est nul. L'idée que Joyce se fait du langage, sa conception des langues comme listes de vocabulaire rend de toutes façons totalement absurde cette lecture de l'épisode-Babel de la Genèse.

4483. Selon Jean L'hour, « *Le narrateur de Gn 11 suppose une unicité de langue dans le monde. Il lie cette situation au projet unificateur d'une ville et d'une tour universelle pour assurer la non-dispersion de l'humanité et il y voit une entreprise illusoire et dangereuse. D'où son intervention pour brouiller les langues. Le contre-projet divin n'est pas une punition pour un quelconque péché d'hubris, mais une volonté d'amener les humains à accepter le fait de leur diversité, seule condition pour réaliser leur "humanisation" progressive à travers l'altérité et le dialogue. En d'autres termes, face à un projet tentant (encore aujourd'hui : le rêve d'un gouvernement universel, le Big Brother de George Orwell, 1984), le projet divin selon l'écrivain de Gn 11 fait le choix de la dispersion, de l'altérité, du voyage au risque de l'errance, en quête du dialogue, thèmes déjà présents en Gn 2-4.* » Les babéliens disaient tous la même chose.

4484. (4483 →) Selon Franz Rosenzweig, l'effacement de la confusion babélique serait offert par l'épisode de la Pentecôte : une seule « bouche », divine, parle, mais tous ceux qui l'écoutent, qui parlent les myriades de langues distinctes dans le monde, entendent la même chose.

4485. Joyce et les « mots-valises » : pour déterminer le sens d'un « joyce-word », il est indispensable de tenir compte de la totalité du livre. Il n'est pas possible d'en sortir. Un « joyce-word » ne crée pas un nouveau mot anglais prêt à fonctionner dans la langue. Il fonctionne dans FW, et pas ailleurs. Sa fonction est en ce sens essentiellement différente de celle des mots inconnus du « Jabberwocky » de Lewis Carroll.

4486. Les mots inventés par Joyce ont parfois du sens, mais uniquement dans **FW**.

4487. L'appel à la « défense-illustration » de la langue s'accompagne, dans le manifeste de Du Bellay, d'un « appel aux armes », pas du tout dissimulé, d'ailleurs : « Du passé faisons table rase ! » Plus simplement : « Ôte-toi de là que je m'y mette. »

4488. « Dégagez ! » tel est le conseil donné aux adversaires potentiels des avant-gardes. Le programme d'élimination des concurrents accompagne toujours le geste avant-gardiste.

4489. La désignation « langue de bois » a convenu (et convient toujours) à des états qu'en termes *coluchiens* on nommera les états du « ferme ta gueule ». Le terme « **glam** » convient à l'autre situation « *coluchienne* », dite du « cause toujours ».

4490. La distinction **Glam** versus « Langue de bois ». Cette distinction peut s'exprimer, en termes plus élégants que ceux de Coluche, par l'opposition deleuzienne de deux stratégies très différentes : – celle de la contrainte (où la « langue de bois » est nécessaire, mais ne se cache pas) – celle du contrôle (où la « glam » est indispensable, mais doit être dissimulée).

4491. La « langue de bois » était une invention Grand-Russe. Pour la « glam » il fallait un terme « multinational ».

4492. Le règne de la « glam », qui ne cesse d'étendre son emprise, conduit, dans un premier temps à une société de « **têtes vides** » (autrement dit, pleines surtout de « **glam** »), et prépare un nouvel état, celui des « **têtes refaites** » (où les images tendent à se substituer à la langue, « glam » ou pas). Il y a des usages **glam** des images.

4493. En Roumanie, aujourd'hui, on a remplacé la langue de bois par la langue de cierge.

4494 (4493 →) elles ne s'étaient d'ailleurs, semble-t-il, pas trop mal entendues.

4495 (4494 →) Selon Olivier Gillet, spécialiste de l'histoire des religions, on pourrait dire aussi langue de cire. – Elle sert à bien boucher les oreilles. Les langues de cire sont des filles naturelles des langues de bois.

4496. Une tâche peut être assignée à la poésie : lutter contre la **GLAM**.

4497. Un grand nombre de mathématiciens (dont je pourrais être, si je me laissais aller à une telle conclusion) sont intimement persuadés que les nombres (je parle des entiers) ont une existence réelle, dans le monde, indépendante de notre esprit ; qu'ils font partie, comme les chaises et les quarks, des matériaux du monde.

4498 (4497 →) Pourquoi refuser l'idée, qu'en retour, ces objets-là ont sur nous une influence ?

4499. Le hasard, qu'est-ce ? Simplement la **trace**, dans notre esprit qui l'éprouve, d'un **changement de « monde possible »**.

4500. Le nouveau Hays Code. Hollywood, dans les années anciennes, était soumis aux contraintes morales du code « Hays » qui précisait ce qu'on ne pouvait pas montrer sur les écrans. Le Professeur Lugton, de l'université du West-Fife à Lochgelly, a étudié cent séries télévisées d'aujourd'hui et affirme qu'elles sont soumises à un nouveau code, implicite, mais rigoureux. Selon lui, dans 96 % des scènes qui montrent un homme et une femme faisant l'amour, la femme doit être au-dessus de l'homme dans au moins 69 % de la durée de l'accouplement. Et dans 99 % des cas, elle n'enlève pas son soutien-gorge.

4501. L'immense majorité des personnes qui, entendant le nom de Stein, citent le vers où elle parle de la rose, ou celles plus nombreuses encore qui, sans faire référence à Stein, appliquent sa construction répétitive à d'autres objets, sont incapables de le faire correctement. Elles ne disent jamais : **x est x est x est x**, mais **x est x est x**.

4502. (4501 →) Un des plus beaux exemples : (Renaud Camus – *Le royaume de Sobrarbre, journal 2005* – Fayard 2008, p 265) « J'avais écrit que pour la petite bourgeoisie présentiste, "l'actualité est l'actualité est l'actualité" ». La forme est évidemment, on est gêné d'avoir à le souligner, une allusion à Stein : « *A rose is a rose is a rose* ».

4503. (4502 →) Un autre : *Wikipedia* (se surpassant, comme d'habitude) dans son article « Stein » : « **A rose is a rose is a rose** » is probably her most famous quotation.

4504. Les Pères de l'église chrétienne ont découvert, au 3e siècle, une stratégie que leurs successeurs n'ont jamais cessé d'utiliser, jusqu'à aujourd'hui : inventer des hérésies pour définir l'orthodoxie. Exemples : – le gnosticisme, qui n'a jamais existé. – Le catharisme, créé de toutes pièces par Innocent III.

4505. Sonnet continu, sextine continue…

4506. (585 →) La disposition de rimes du tercet dantesque, « aba », « mime » mon trident, qui est également un « peigne » à la Benzécri.

4507. (649 →) Le vers étant tombé, alors naquit l'inconscient.

4508. (808 →) Photographie en noir et blanc, puis photographie en couleur. Poésie en noir et blanc, puis poésie avec couleurs.

4509. Que toute poésie n'est pas vers est un fait aussi ancien que la poésie.

4510. Baudelaire, dans *Le spleen de Paris*, par ses « *petits poèmes en prose* » s'oppose à la fois à Chateaubriand et à son « grand poème en prose » « *Le génie du christianisme* », et à Flaubert, revendiquant pour la prose de roman la faculté de se substituer à la poésie. Il leur adresse ses « *merveilleux nuages* » avec le message suivant : « essayez un peu, pour voir ».

4511. De la rupture du lien entre « mots » et « sons », qui se produisit au quatorzième siècle, est résultée une nouvelle forme double, la poésie, unissant, inséparablement, les mots d'une langue dans une écriture et une parole.

4512. La chanson n'est pas la poésie. La poésie n'est pas la chanson.

4513. Les mots d'une chanson privée de ses sons peuvent constituer une poésie ; ou pas. Les mots d'une poésie associés à des sons peuvent constituer une chanson ; ou pas.

4514. Du quatorzième siècle à la fin du dix-neuvième, la forme-poésie a maintenu son existence et son autonomie par rapport aux autres instances des arts du langage : philosophie, éloquence, science, littérature, etc.

4515. Dans la période qui s'achève en France à la fin du 19e, il y a harmonie entre les 4 états des poèmes (oral-aural-écrit-éQrit) : le mètre et la rime assurent qu'on peut passer sans trop d'efforts de la page à l'oreille, de la vision virtuelle à l'écoute virtuelle.

4516. Jusqu'aux années 60 en France, la persistance (masquée) de certains traits fondamentaux du vers traditionnel (essentiellement la coïncidence des fins de vers avec des coupures syntaxiques assez fortes) permet sans trop de difficultés de conserver la situation précédente du rapport oral-écrit. C'est l'époque du **VLS (Vers Libre Standard)**.

4517. Ce « consensus » mou est mis en pièces par Denis Roche ; après quoi le « vers libre » entre dans une période de turbulence.

4518. La poésie versifiée est dominée mondialement aujourd'hui par un mode d'organisation uniforme, valable partout, le **Vers International Libre**, ou **VIL**.

4519. Mostefa Harkat a mis en évidence le VIL dans la poésie contemporaine de langue arabe.

4520. Dans la conquête du marché global de la poésie, le **VIL** a bénéficié d'une aide précieuse. Celle d'une de ses variétés, le **translatese**.

4521. Pour transformer, par la traduction, un poème (tchouvache, finlandais ou ourdou) en **VIL**, il est nécessaire d'éliminer de l'original tout ce qui fait « province », c'est-à-dire les restes plus ou moins importants de la tradition poétique dans la langue qu'on « traduit ». Telle est la fonction du « translatese ».

4522. Même si un poème original est composé en **VIL** strict, sans fioritures « locales », le « **translatese** » le rend généralement plus **VIL** encore. Il devient du **VIL délavé**.

4523. Le « **translatese** » est aujourd'hui partout. Et il a fini par influencer, en retour, les poètes qu'il est chargé de traduire ; qui se mettent à composer directement en **VIL**, avec toutes les conséquences qui en résultent sur la nature même des poèmes ainsi produits. Il y a de nombreuses publications dans le monde (comme World Literature Today) où des dizaines de « grands poètes mondiaux » sont représentés par des textes quasi interchangeables. Tout provincialisme de « contenu » y étant soigneusement éliminé.

4524. Le « **translatese** », se répandant hors de son terrain d'origine, envahit aussi celui de la traduction ordinaire de poésie (see traduction des Sonnets de Shakespeare).

4525. Au moment même (années cinquante et soixante) où le vers libre standard, en France, rencontrait ses limites, la poésie des USA découvrait l'oralité perdue (Ginsberg, Creeley) et inventait le **VOL (Vers Oral Libre)**, qui réalisait l'idéal formel du vers libre (que les surréalistes avaient raté) : l'aller à la ligne. C'est un aller au vers suivant qui, en principe, devrait permettre une adéquation simple de l'oral à l'écrit.

4526. Le **VOL** est encore extrêmement présent trente ou quarante ans plus tard. Il est accompagné d'une cécité pratiquement universelle chez les poètes des USA devant les particularités de la forme écrite des poèmes.

4527. C'est un fait que bien des poètes français ont découvert à leurs dépens quand ils se sont trouvés confrontés aux traductions faites de leurs poèmes qui se moquent généralement de ce qui est implicitement considéré comme fioritures maniaques : mise en page, typographie, rôle du blanc, etc.

4528. En poésie comme ailleurs, l'influence mondiale des usa n'a pas tardé à se faire sentir. Et le résultat prévisible a été une dégénérescence du **VOL** (analogue à la dégénérescence de la langue anglaise en sabir mercantile).

4529. <u>Traitement oral du vers : premier aspect</u> – L'immense majorité des poètes que j'ai pu entendre lit *comme s'il s'agissait de prose*. La voix ne marque pas la fin du vers, telle que la page l'offre, mais découpe ce qui est dit comme s'il n'y avait pas de vers.

4530. J'ai interrogé un grand nombre de poètes, après leur lecture, sur ce fait, que je trouvais curieux. Je n'ai jamais eu la moindre réponse indiquant qu'il s'agissait d'un traitement voulu, signifiant, du rapport entre poème écrit et poème lu.

4531. <u>Traitement oral du vers : deuxième aspect</u> – La fin du vers ou du segment syntaxique choisi pour se substituer à la fin de vers est signalée par une élévation de la voix, qui ne se produirait pas de cette façon monotone réglée dans le discours ordinaire.

4532. <u>Traitement oral du vers : troisième aspect</u> – Le « ton haut » de fin de vers ou de segment est rarement seul. Il s'accompagne le plus souvent d'un envahissement de la voix par quelque chose qui ressemble à de l'émotion. Une émotion constante, soutenue et monotone. Quand on l'entend il n'y a pas de doute : on **sait** ainsi qu'il s'agit de poésie.

4532 bis. L'évolution du VIL vers la « prose courte » est un des modes de disparition de la poésie.

4533. La post-poésie est une héritière attardée du « texte » telquellien.

4534. À la place du slogan « <u>mort de la poésie</u> », on trouve maintenant un autre slogan : non, la poésie n'est pas morte. <u>La poésie est ailleurs</u> ; ailleurs que dans les poèmes. Cet « ailleurs » est très variable : pour un ancien président du Conseil français, c'est l'EUROPE. Pour d'autres c'est LE COUCHER DE SOLEIL. On propose aussi, de manière plus affirmée, LA CHANSON, le ROCK, etc.

4535. Le SLAM, sur lequel les praticiens français appuient leur désir d'apparaître comme les « vrais poètes » du 21e siècle, n'est pas autre chose que la résurgence de l'ancien « vers de mirliton » qui proliférait au 19e siècle.

4536. La POÉSIE DE PERFORMANCE, développée en France (et ailleurs) depuis les années cinquante, trouve aujourd'hui un écho dans la presse, qui l'avait ignorée pendant un demi-siècle. Cette soudaine faveur entre dans la stratégie <u>d'effacement de la poésie</u>. Sous le nom de « poésie de performance » on rencontre un peu de tout : de la musique, de la déclamation, du théâtre, de la gymnastique, du « cri primal », etc. Et tout cela s'accompagne d'un mépris de l'écrit.

4537. Si on met sur une page ce qui se présente dans ce genre de « poésie » (quand cela contient des mots d'une langue), on est en présence d'un texte d'une médiocrité absolue. Le lire engendre un ennui mortel.

4538. Pourquoi s'obstiner à nommer « poésie » quelque chose qui manifestement n'a rien à voir avec la poésie ? La raison est simple : bénéficier de l'<u>aura</u> qui reste associée au mot POÉSIE, son EFFET-FANTÔME (Yannick Liron).

4539. Un peu partout, la danse tend à évincer le théâtre (Festival d'Avignon, par exemple). Pourquoi ? peur de la langue, triomphe du GLAM.

4540. (4504 →) Il y a deux différences essentielles entre l'affaire d'Orléans de 1022 et la croisade dite des Albigeois. a) Ceux qui sont désignés comme hérétiques sont dits appartenir à une seule secte. C'est <u>l'invention du catharisme</u>. b) L'hérésie vient de l'étranger, de là-bas, vient d'Orient. C'est <u>l'invention de l'adversaire</u>. Ce sont ces deux « ingrédients » qui permettent de présenter la croisade comme la continuation légitime des précédentes, qui n'avaient pas tellement réussi à la Chrétienté.

4541. Personne n'oserait affirmer qu'Homère était un slameur, mais on nous explique que le *slam* et ses <u>vers de mirliton</u> sont les dignes héritiers de Bernart de Ventadour, et de la *canso*.

4542. Le *trobar* traite l'amour comme une énigme.

4543. Les récits des chansonniers de troubadours qui le mettent en narration, de même que les romans d'amour de la tradition médiévale en langue française, convertissent l'énigme de l'amour (singulier) en mystères (pluriel).

4544. Les mystères d'amour sont des manifestations romanesques de l'énigme d'*Amors*.

4545. L'affaire Œdipe met en scène la catastrophe que constitue le fait de donner une réponse (juste) à une devinette (celle du sphinx), dissimulant des mystères qui voilent, eux, une énigme.

4546. L'affaire « Perceval au château du graal » est une autre version d'un « nœud » de nature comparable à celui d'Œdipe.

4547. Le Hyde d'*Amors*, double du Jekyll sublime et chanteur, est comme un loup. La force de cette composante d'*Amors* est incontrôlable. Et elle peut s'emparer des amoureux, du troubadour, de sa dame. Elle est cause de disruption, de destruction, de folie, de mort. C'est la force de l'Éros barbare.

4548. Le « trouveur moderne » de l'éros barbare : *Sade*.

4549. La Règle d'Amour, dont le nom est *mezura*.

4550. Traduire « *mezura* » par « mesure » est une catastrophe lexicale : élément du vocabulaire de la « bonne » éducation, désignation de la tendance philintienne (Le Misanthrope) au compromis et à la tiédeur morale, synonyme de « juste milieu », le lexème moderne « mesure » est aussi éloigné de son voisin provençal dans le *trobar* que de son sens pythagorique antique.

4551. *Amors* doit se dire, doit se chanter, sous peine de sombrer. Le silence est impossible d'amour. Il n'y a pas d'amour muet.

4552. Une conception très originale (par rapport à l'idée antique, par exemple) de la poésie est apparue, à la fin du onzième siècle, dans le chant troubadouresque, qui n'a pas cessé de produire depuis, de siècle en siècle, ses effets : La poésie est le lieu privilégié où se disent ensemble l'amour des êtres (*Amors*) et l'amour de la langue. Il ne faut pas penser l'amour seul, la poésie seule, ni même le chant qui les unit ; mais en un unique syntagme l'amour la poésie.

4553. Giacomo da Lentini n'a pas inventé la forme-sonnet.

4554. L'invention du sonnet est postérieure de presque un demi-siècle et de plus d'un millier d'exemples à Giacomo da Lentini. Elle est due pour moitié à Guido Cavalcanti, qui non seulement adopte le nom, sonetto, choisi par Guittone d'Arezzo pour désigner cette variété de cobla, mais est responsable de l'innovation majeure dans la formule de rimes qui consiste à disposer les huit premiers vers en deux quatrains à disposition « embrassée », abba abba.

4555. L'autre moitié de la responsabilité de l'invention du sonnet est à mettre au compte de Pétrarque qui, après Dante et Cino da Pistoia, a rendu « canonique » l'invention cavalcantienne.

4556. Modèle idéal de la forme-sonnet « à la française » résultant de la pratique des poètes pendant le premier siècle de son existence (de Marot à Malherbe) : la hiérarchie des positions relativement au critère pf (ponctuations finales).

14 > 8 > 4 > 11
2 > 6 > 10 > 12
13 > 9 > 7 > 5 > 3 > 1

4557. Remarque destinée au lecteur de ces « remarques » : je ne suis pas philosophe. Je ne suis pas linguiste. Je ne suis pas poéticien. Ce que j'écris est irresponsable. C'est un travail d'amateur.

4558. La remarque précédente devrait peut-être être placée en début de liste, comme remarque 0.

4559. Il n'y a pas de partisan plus exalté de la liberté qu'un propriétaire d'esclaves.

4560. L'invention de la « femme cougar » est une stratégie de l'industrie pornographique pour conquérir de nouvelles parts du marché des biens culturels.

4561. L'Ukraine dans l'Europe, le rêve ! Pensez à quel point le travail des proxénètes (de filles et de main-d'œuvre) s'en trouvera simplifié !

4562. Les stars du porno, épilées jusqu'au bout des ongles, sont la méthadone de la pédophilie.

4563. Le roman a été inventé pour qu'on lise.

4564. (1139 →) Bel exemple : Heidsieck, dans le film de Pascale

Bouhénic, faisant l'éloge funèbre de Ghérasim Luca dans une forme « troisième république » bêlante.

4565. Dans un *trident*, compris comme « peigne », imbriquer. Quoi ? Un autre trident ?

4566. Vers ou poèmes, accompagnés de contraintes sur leur mise en voix : « chronopoèmes » (à dire en 10 secondes...) ; monostiches paysagers ;...

4567. Vers ou poèmes, accompagnés de contraintes sur leur mode de composition : « poèmes de métro ».

4568. Anti-sonnet : Les vers 1, 3, 5 se terminent par un point, les vers 7, 9, 13 par un « ; » ou un « : », les 2, 6, 10, 12 par une virgule, et les vers 4, 8, 11, 14 sans signe de ponctuation (la ponctuation étant normale).

4569. Le vers se signale oralement (du moins, on peut le faire). Mais la page ?

4570. Que pourrait être une ponctuation orale distincte de celle asociée normalement à ses signes ? Une insistance ? Une élévation ou baisse spéciale de la voix ? Une durée particulière de quelque syllabe ?

4571. (1141 →) Aujourd'hui le roman « fait de société » : l'inceste, la pédophilie, la transplantation d'organes (Maylis de Kerangal).

4572. Pour la poésie-chimie langagière, chaque lettre est un corps pur.

4573. L'invention polémique de l'inexistante « poésie blanche » est née de l'incompréhension du rôle du blanc dans la page de poésie.

4574. (1171 →) C'est votre mémoire qui peut comprendre un poème.

4575. Le roman comme diffamation : l'école Hervé Bazin (Christine Angot).

4576. (1196 →) J'étais bien indulgent, en ce temps-là.

4577. (4565 →) Plutôt une « fourche », i-e un trident à vers 2 vide.

4578. (4568 →) Tri-sonnet : trois sonnets tels que le critère de ponctuation finale reproduise, en gros, la hiérarchie des positions du modèle idéal.

4579. Une stratégie bi-millénaire : inventer l'hérésie comme déviation par rapport à une orthodoxie qui n'existait pas encore.

4580. La plupart des récits de martyrs ont été composés (inventés ?)

après la conversion de Constantin et la prise de pouvoir théologique de l'Église chrétienne dans l'Empire romain.

4581. Sur « je vis assis… » (Rimbaud) :
a – bout-rimé
b – tension extrême des registres de langue. V. 12 nervalien, puis « je pisse »
c – dernier vers mystérieux qui a concentré l'incompréhension masquant le rejet des avant-gardistes et décadents années 1880. Ils ne supportent pas et parodient, ironisant sur le mot « assentiment »
d – ce gd poème s'oppose au célèbre verlainien « de la musique »
– da – rime « ah qui dira les bienfaits de la rime/quel troubadour ou quel trouvère fou/nous a légué ce bijou/ce diamant qui flambe sous la lime/»
– db – de la musique ? non une architecture, une armature métrique…
– dc – pas plus impair que pair : peu importe
e – « cieux bruns » très bel exemple de la saisie par le vers d'un trait du monde en ses espèces naturelles. C'est extrêmement rare
f – la poésie progresse tjs en regardant triplement la langue : now, avant, après.

4582. sur « poison perdu » : on a cherché : nouveau, rimbaud, cros (le plus proche). Mais aucun n'est possible, tt simplement à cause des rimes : piquée, trempée, préparée !

4583. sur la « saison en enfer » : C'est le texte de transition avant la conversion au colonialisme. Et c'est une régression. Le Rimbaud poète est très au-dessus de ce manuel pour adolescents retardés.

4584. sur le « hareng saur » : ce poème annonce l'éloignement de la rime.

4585. s'il est vrai (Beck) qu'un poème miniaturise une bibliothèque de Warburg, alors le « bon voisin » d'un vers est un vers d'un autre poème.

4586. crj dans la revue K : au-dessus, les très petits caractères. Ils forcent l'attention, qui se détourne du reste du poème, mais le poème agit, obliquement. Vraiment subtil !

4587. (4559) par exemple, les Girondins.
4588. pour interroger le passé je ne suis ni Proust, ni Sartre, ni Leiris… plutôt Thomas Reid.
4589. Les mots d'un Trident pourraient parfois, placés autrement, constituer un alexandrin.
4590. Dans un trident, le vers 2 arrête, brutalement, un haiku.
4591. La forme-trident n'est pas du tout une imitation ou une descendante des formes japonaises. Elle s'oppose à elle numériquement de manière absolue.
4592. Forme-procuste, le trident brutalise le lexique.
4593. trident : un monde possible, plein, en 13 syllabes.
4594. trid : la contrainte impose, au lexique, bien des contorsions.
4595. « incipit vita nova » : non ! on ne lit pas, si aisément, au livre de mémoire.
4596. Cogito : je mens, donc je suis : devise de tous les puissants.
4597. Convulsive, la Beauté ? Fatras prétentieux de surréaliste.
4598. En 1965, Lawvere voyait, dans les foncteurs adjoints, l'essence même de la dialectique à la mao. Aujourd'hui, il accepte d'avoir tout inventé en théorie des Catégories, surtout ce qui est dû à Jean Bénabou.
4599. Tridents : j'essaye de ne pas les trancher dans le cœur d'un mot.
4600. Trident : aura-t-il été mon unique création d'une vraie forme, oulipienne, mais pas seulement.
4601. Mots en moi : rumeur. Le mot « rumeur » parle et prépare ma tête à la rumeur.
4602. Mots en moi : bleu. Le mot « bleu », seul, ne permet pas de choix entre les innombrables « bleus » du monde.
4603. Mots en moi : jaune. Le mot « jaune » ne me fait voir, jamais, que la couleur verte.
4604. (4603) Avec un détour par l'or : und grün das lebens goldner baum.
4605. Beck, à son tour, dit « le poème ». Je ne suis pas d'accord : il y a la poésie et des poèmes (je l'ai déjà remarqué). Plusieurs fois ?
4606. Axiome de Tertullien : le vrai précède le faux. Appliquer en histoire des sciences.
4607. Pourquoi « trident » ? le trident de Neptune pour la pêche aux souvenirs.

4608. Un gros bon point pour Beck : La Fontaine.

4609. Tiphaine Samoyault publie un « Barthes ». Comme c'est original !

4610. Lectures : désagrégation du « vil ». On lit comme de la prose.

4611. « Toi aussi tu as des armes », ou : comment lutter contre les tanks à coups d'éventail.

4612. « Maximes à vérité cubique » (Joubert). Mais il y en a si peu chez lui.

4613. Thèse de l'enjambement : il est nécessaire à la distinction vers/prose.

4614. Dans la poésie classique (et le théâtre versifié qui lui emprunte ses dispositions), les vers sont marqués par a) le nombre b) la rime c) la place qui leur est accordée sur le papier (et que la voix, de préférence, doit lui assurer à la lecture). Un quatrième caractère, d) sans doute le plus décisif, est la manière dont il présente les unités de langue qui le constituent. Elle s'oppose sur bien des points à celle de la prose.

4615. Je nomme <u>débord</u> le jeu entre vers et prose qui les définit l'un par rap-port à l'autre.

4616. Le <u>débord</u> est le moteur de l'évolution des rapports poésie-prose.

4617. La poésie est indispensable à la prose d'art et le <u>débord</u> est indispensable à la poésie comme à la prose.

4618. Le <u>débord</u>, dans ses très nombreuses modalités, marque l'écart de la poésie par rapport à la prose ; écart qui n'est pas de « contenu » (poésie et prose parlent des mêmes choses) ; ni de langue (poésie et prose sont dans la même langue naturelle). Les modes du débord sont ceux de l'éloignement, de la mise à distance ; séparation formelle, relative seulement.

4619. Le vers libre rejoue l'histoire du vers traditionnel en accéléré. Si le vers libre était réellement libre de toute contrainte traditionnelle, il pourrait « enjamber » librement. Mais très vite il se normalise, en tout cas dans ses rapports avec la syntaxe.

4620. L'édition de Mr Marchal (Pléiade toujours) n'a strictement rien à dire du traitement, par Mallarmé, de la forme-sonnet. Et pour beaucoup, pour la plupart en fait, ce poète n'est qu'un prosateur.

4621. La quasi-totalité des lecteurs de leurs propres poèmes que sont dans ces circonstances les poètes multinationaux règle le problème de la mise en voix de leurs textes d'une manière extrêmement simple : ils lisent exactement comme s'il s'agissait de prose. Il est clair que plusieurs manières sont envisageables pour restituer à l'oral (et pour l'aural) ce que la partition écrite d'un poème vous donne. L'une d'elles pourrait être celle que je viens de dire (quoique je ne voie pas bien ce qu'on y gagne si on ne suit pas le poème avec le texte sous les yeux ; et même dans ce cas). (Il serait plus intéressant de le faire dans le cas de poèmes comptés, ou comptés rimés, et devant un auditoire averti de la métrique.)

4622. Un certain nombre de poètes (je serais tenté de dire, particulièrement les USA-iens, mais mon enquête sur ce point n'est pas assez étendue) marquent une différence nette avec la prose : ils accentuent les fins de poèmes en élevant un peu la voix (comme les acteurs de la Comédie-Française il y a un demi-siècle). Comme ça, on est sûr qu'il s'agit bien de poésie.

4623. Le **Vers Libre Énergumène (VLE)** fut la tentative rochienne de redonner aux débords du vers leur vitalité perdue.

4624. Mes remarques ne touchent à rien de profond. La profondeur de la pensée n'a jamais été à ma portée. Heureusement, je n'ai jamais eu d'illusions à ce sujet. Mais ces remarques contiennent, souvent j'espère, des réflexions précises sur les différents sujets qu'elles abordent.

4625. Plus Lusson sentait qu'il allait être vague dans son exposé, plus il parlait de précision.

4626. Aucun trident ne devrait être une remarque.

4627. Cette tranche (section O) de remarques sera la dernière.

4628. Mes remarques ne sont pas neutres.

4629. Mes remarques sont-elles utiles ? je ne sais pas – ni à qui, ni à quoi.

4630. Tous les poèmes, et non-poèmes, et leurs états-frontières, contribuent à faire être la poésie. Comment le poème pourrait-il faire être quoi que ce soit.

4631. La poésie ; des poèmes ; des proses.

4632. Non : plutôt des poèmes que les poèmes ; mais les proses, non ?

4633. Poète : jongleur d'espaces (pages).

4634. Il y a plus dans un trident que ses mots, que ses vers. Ils doivent être déchiffrés. Un exemple illustratif serait celui de Uncle Joe (Staline en 1943).

4635. (4634) Ce caractère de la forme, pas si souvent réussi, s'inspire, consciemment, de la forme-origine (pas modèle), le tanka (haiku). La « variation allusive » qui oblige à lire le tanka (haiku) en tenant compte de nombreux prédécesseurs.

4636. Ma mémoire me nomme.

4637. (cahiers de Henri de Régnier) Un seul homme, avec de la littérature, a su donner l'idée d'une rue, une idée abstraite, et cela sans la décrire, ni dire ce qui constituerait son tumulte : c'est de Quincey qui a créé, inoubliable, complexe, Oxford Street.

4638- **pari-pascal**
4642. a « *Vous avez deux choses à perdre : le vrai et le bien, et deux choses à engager : votre raison et votre volonté, votre connaissance et votre béatitude ; et votre nature a deux choses à fuir : l'erreur et la misère. Votre raison n'est pas plus blessée, en choisissant l'un que l'autre, puisqu'il faut nécessairement choisir. Voilà un point vidé. Mais votre béatitude ? Pesons le gain et la perte, en prenant choix que Dieu est. Estimons ces deux cas : si vous gagnez, vous gagnez tout ; si vous perdez, vous ne perdez rien. Gagez donc qu'il est, sans hésiter.* » Pascal. Pensées.

b Vous marchez dans la rue. Si vous passez sous cette échelle, un malheur, peut-être arrivera. passerez-vous, ou pas ? *Votre raison n'est pas plus blessée, en choisissant l'un que l'autre, puisqu'il faut nécessairement choisir. Pesons le gain et la perte, en pariant qu'un malheur arrivera. Estimons ces deux cas : si vous gagnez, vous évitez le malheur. Si vous perdez, vous ne perdez rien. Pariez donc, sans hésiter, qu'un malheur se produira, et ne passez pas sous l'échelle.*

c Vous marchez dans cette rue. Si vous la traversez, une voiture, peut-être, vous renversera. Traverserez-vous, ou pas ? *Votre raison n'est pas plus blessée, en choisissant l'un que l'autre, puisqu'il faut nécessairement choisir. Pesons le gain et la perte, en pariant qu'une voiture vous renversera. Estimons ces deux cas : si vous gagnez, vous évitez l'accident. Si vous perdez, vous ne perdez rien. Pariez donc, sans hésiter, qu'une voiture vous renversera, et ne traversez pas la rue.*

d Vous allez sortir de chez vous. Si vous franchissez le seuil de la porte, le pot de fleurs, peut-être, de la voisine du troisième, vous tombera sur le crâne. Sortirez-vous, ou pas ? *Votre raison n'est pas plus blessée, en choisissant l'un que l'autre, puisqu'il faut nécessairement choisir. Pesons le gain et la perte, en pariant que le pot de fleurs vous tombera sur le crâne. Estimons ces deux cas : si vous gagnez, vous évitez le pot de fleurs. Si vous perdez, vous ne perdez rien. Pariez donc, sans hésiter, que le pot de fleurs tombera, et ne sortez pas de chez vous.*

e La nuit s'achève. Vous êtes dans votre lit. Si vous vous levez, peut-être, vous glisserez sur le parquet fraîchement ciré par votre épouse, active ménagère, et vous vous fracturerez le col du fémur. Vous lèverez-vous, ou pas ? *Votre raison n'est pas plus blessée, en choisissant l'un que l'autre, puisqu'il faut nécessairement choisir. Pesons le gain et la perte, en pariant que vous allez tomber. Estimons ces deux cas : si vous gagnez, vous évitez la chute. Si vous perdez, vous ne perdez rien. Pariez donc, sans hésiter, que vous allez glisser, et restez au lit.*

4643. La manière d'exposer de Chevalley était extrêmement différente de celle de Schwartz. Elle était sévère, stricte, peu attirante ; je dirais (dans le vocabulaire en usage en France) « janséniste » (il était d'origine protestante, je ne sais si ceci explique cela). Alors qu'en raisonnant en dehors de toute exposition orale ou écrite au tableau il était, comme Schwartz, d'une vitesse fulgurante, utilisant tous les courts-circuits de l'intuition, dès qu'il se plaçait dans une situation didactique il devenait lent et extrêmement pointilleux.

4644. Chevalley avait pris au sérieux la remarque désolée d'un analyste du dix-neuvième (citée par Bourbaki) « comment l'intuition a-t-elle pu nous tromper à ce point ! ».

4645. Chevalley avait foi en l'écriture rigoureuse et formelle et d'ailleurs les grands résultats qu'il a obtenus sur les groupes simples finis sont de bout en bout conduits par sa conviction de la puissance de la méthode axiomatique.

4646. Chevalley était, dans son travail de recherche, comme une

« locomotive qui avançait sur la mer, poussée par la foi » (Michaux).

4647. Au centre de mon image-mémoire de FLL, qui n'est certes pas une image-souvenir pure, un verre de « champagne brut » du passé, mais une image fortement composite, souvent évoquée, polie et recomposée au cours des années, le visage du président-fondateur est rond, souriant, lunetté et bienveillant. Cela se passe chez lui, route de la Reine, à Boulogne, où l'Oulipo s'est réuni jusqu'à sa mort.

4648. Route de la Reine, FLL tient dans sa main la clochette symbolique de son autorité, et il vient de l'agiter en l'air, non comme un mouchoir mais comme une clochette, afin de son timbre rappeler à l'ordre et à l'ordre du jour quelque gamin oulipien, bavard et dissipé, un perec (GP) peut-être, un queval (JQ) ?, un bens (JB) ?, un lescure (JL) ? Mon regard, à ce qu'il me semble, sort d'un « moi » (JR) assis à la table, qui est table du repas pendant lequel se continue la réunion commencée bien plus tôt, et je « me » situe quelque part à la gauche du président, assez loin. C'est l'été, bien ensoleillé.

4649. J'ai toujours considéré Calvino (en tout cas le second Calvino, après la fameuse trilogie du baron du vicomte et du chevalier) comme un oulipien, premier véritable représentant de l'**oulipo sémantique** complémentaire de l'**oulipo combinatoire** (qui est presque toujours le seul reconnu du public) : celui de la **narration axiomatique** (réclamée par Henry James dans l'Image dans le tapis).

4650. (Vauvenargues) Il n'y a pas de contradictions dans la nature. Vrai ? pas vrai ? allons, Roubaud, choisis !

4651. J'avais prévu 7 rubriques de remarques : poésie, mémoire, nombre, temps, rythme, contrainte, forme. J'aurais pu ajouter « souvenir » (s'opposant à mémoire) et quelques « miscellaneous ». 9 rubriques, alors.

4652. Les « rubriques » de ces remarques sont hiérarchisées, selon l'ordre présenté dans le titre.

4653. Je n'avais pas prévu de fin à ces remarques, sauf celle, contingente, de ma mort. Mais aujourd'hui (février 2015) je pose comme point final l'achèvement de la présente section O.

4654. 317 est « le » nombre de Khlebnikov, le nombre des sonnets du Rvf, un nombre premier ainsi que son palindrome (écrit).

4655. Je n'ai pas inclus « numérologie » dans les rubriques de ces remarques. Et pourtant.

4656. Aucune rubrique des remarques n'est associée au langage, ou aux langues. C'est tout simplement que la poésie n'y est jamais envisagée que comme ayant affaire au langage.

4657. Dans le <u>Tiroir des Temps Verbaux</u> du français il manque l'image-miroir du <u>Futur Antérieur</u> : le <u>Passé Postérieur</u>.

4658. Remplacer le <u>Passé Postérieur</u> absent des temps verbaux du français par le <u>Futur</u> me fait grincer l'oreille.

4659. Tout poème est un souvenir de langue.

4660. Le troisième terme du titre des remarques est « nombre » : Poésie et mémoire (souvenir aussi) sont liées par le nombre.

4661. Nombre résulte du Temps, d'où la quatrième rubrique des remarques.

4662. La poésie dépend de la composante rythmique du langage, totalement ignorée par linguistes et poéticiens qui n'ont qu'une définition très vague du rythme.

4663. Toute forme poétique résulte d'une famille de contraintes (au sens que donne l'Oulipo à ce mot).

4664. Les remarques précédentes indiquent que l'idée de poésie qui est explorée ici est très étroite.

4665. Il y a beaucoup plus dans la poésie que ce dont s'occupent ces remarques.

4666. Les remarques de cette <u>section O</u> tiennent compte de la nécessité d'en finir (santé, depuis le 29 mai 2014).

4667. Le « nombre » des remarques est le nombre entier.

4668. Le « nombre » des remarques s'organise en familles.

4669. Les deux familles principales de nombres pour ces remarques sont les nombres premiers et les « nombres de Queneau ».

4670. Je n'ai pas introduit la séparation en « styles » comme rubrique centrale dans ces remarques.

4671. Le choix des « rubriques » dans le titre de cette compilation séquentielle de remarques, et leur hiérarchie indiquent l'idée de la poésie qui y est présentée.

4672. En un demi-siècle (au moins) mon idée de ce qu'est la poésie n'a pas vraiment changé, il me semble.

4673. Joubert évite le quatrain d'octosyllabes non rimés qui l'attire irrésistiblement en ajoutant une syllabe au premier.

4674. La Théorie du Rythme aurait pu gagner la dimension 3 à l'aide de la Théorie des ondelettes. Cela n'a pas été fait. Honte à toi P.L. !

4675. (suite) La dimension 3 au moins.

4676. Je peux présenter de nouvelles « rubriques », par exemple « style », en extrayant les remarques adéquates de la liste ordonnée.

4677. (suite) Ici « style » désigne la notion que j'ai « empruntée » (sans responsabilité) à Teika, Chomei, Shinkei (entre autres).

(Lisant Proust)

4678. *Le titre* : Il n'y a pas de temps perdu. On ne perd pas ce qu'on ne posséda jamais. On ne peut pas non plus le retrouver. Le souvenir ne nous offre pas le passé, mais une image momentanée du passé construite par le présent. Le titre, donc, est impropre, n'est pas le nom propre du livre qu'il prétend être, mais un masque.

4679-4681. Ce nouveau titre de la traduction anglaise s'applique assez bien au narrateur
en lisant (réf. à l'éd. ancienne Pléiade, 195 ?)

4682. (I, 24, du côté de chez Swann) «… comme les bons poètes que la tyrannie de la rime force à trouver leurs plus grandes beautés », idée à la fois banale et fausse (d'une manière générale, il y a peu d'idées dans ce livre, et celles qu'on y trouve sont le plus souvent de mauvaise seconde main). Le fond, obscur et irréfléchi, de cette idée est le contre-pied de l'idée ancienne d'un rapport de substance entre la Beauté et la Vérité. On en trouve les prémices dans une des premières proses françaises, dans l'introduction à la « Chronique du Pseudo-Turpin » « Nul conte rimé n'est vrai ». D'où la « déduction » : la poésie (rimée) est mensonge, et c'est d'être mensonge qu'elle tire non la beauté mais ses beautés.

4683. (26, 7 le dîner avec Swann et l'effort du narrateur enfant pour préparer la suite) Premier exemple, typique, de ce qui produit chez moi un difficilement suspensible « disbelief » : l'enfant (c'est un enfant), présenté comme se préoccupant de donner un baiser à sa mère, et se souvenant avec une telle exactitude de la conversation autour de lui. (Si ce n'est lui qui se souvient, qui est-ce?... etc.) Ce n'est pas que cela soit invraisemblable qui me choque, mais que la narration ne prenne aucune distance, même légère, avec sa présentation de la scène comme ayant effectivement eu lieu.

4684. (44, remarque préparatoire à la « madeleine » : « il en est ainsi de notre passé... »). Cette critique de la mémoire volontaire est parfaitement contradictoire avec ce qui suit. Car, contrairement à ce que la scène décrite laisse entendre, c'est à une recherche volontaire de souvenirs, puis à une construction parfaitement raisonnée de toute une longue « tranche de vie » passée que nous assistons, et assemblée comme un véritable décor de théâtre (comparaison plus exacte que celle des morceaux de papier japonais trempés dans l'eau d'un bol de la p. 47).

4685. Dans son projet de film sur la « madeleine », le président Le Lionnais n'est pas fidèle à la lettre du roman (là très décevant, à la relecture), mais il l'est beaucoup plus au mécanisme réel de l'émergence des souvenirs, à partir de cet effecteur de mémoire qu'est le parfum-goût de la « cuillerée de thé où (s'était amolli) un morceau de madeleine ».

4686. Ce qu'il y a de meilleur dans ce livre, c'est le comique, un comique toujours méchant, directement ou obliquement. Le reste est toujours en train de tomber dans la sentimentalité « camp », sans parler de son invraisemblable penchant à un horrible « poétique ».

4687. La remarque précédente est banale.

4688. Au-dessous de la « subtilité » surafﬁchée de l'analyse des tourments de l'amour (qui est d'ailleurs indéfiniment répétitive, et je veux parler là de la répétition dans la narration, pas dans les états sentimentaux eux-mêmes, qui mériteraient plus de variété, au moins de surface ; il s'agit d'un roman, pas d'un journal !) affleure une niaiserie qui fait par contraste apparaître la sensiblerie dickensienne comme un monument de complexité.

4689. (p. 55 *sq.*) Que Françoise ne parle pas, là, comme elle parlera beaucoup plus tard. Elle n'a pas trouvé sa langue. Il y a là une maladresse paresseuse (s'il en est bien ainsi, mais je n'ai pas encore tout relu, et mon souvenir m'a peut-être fait oublier quelque remarque du narrateur indiquant un changement sur ce point chez son personnage avec le passage des années) assez significative de l'auteur. En fait, je soupçonne qu'elle est beaucoup plus générale que je ne le pensais initialement.

4690. C'est dans la langue que la fausseté d'un passé raconté se manifeste le plus.

4691. La remarque précédente ne vaut pas que pour Proust.

4692. (85, excursus sur le roman : « l'ingéniosité du premier romancier… ») On pourrait presque contredire point par point ce qu'il dit là et obtenir ainsi des maximes légèrement moins fausses. De plus ce qu'il fait, lui, est fort différent : d'une part il conserve (comment pourrait-il faire autrement) certains personnages réels, et c'est ceux-là qu'il observe avec toute la méchanceté aiguë dont il est capable, et il ne se cache absolument pas de nous les présenter comme des caricatures (M. de Norpois, par exemple – c'est ce qu'il réussit le mieux) ; d'autre part les personnages « importants » (signalés par la componction particulière du style qui accompagne leurs évolutions) sont toujours le même, sous quelque déguisement que ce soit, c'est-à-dire le narrateur lui-même et son double antagoniste, l'être aimé.

4693. (130, Legrandin) On s'amuse assez à constater que les descriptions de nature prêtées à Legrandin, et voulues ridicules, le sont à peine plus que les siennes propres.

4694. Le président fondateur de l'Oulipo avait donné à ses « mémoires » jamais achevés et jamais parus un titre, Le Disparate, que Marcel Bénabou, puriste, critiqua, disant (en accord avec tous les dictionnaires (?)) que le substantif « disparate » est, en français, au féminin. Je vois avec satisfaction (pour la mémoire du président) que Proust n'est pas de cet avis : p. 205 : «… une accumulation de redites et un disparate d'étrennes » ; 246 : «… un disparate bizarre avait existé entre les satisfactions qu'il accordait à l'un et à l'autre » ; p. 532 : « Songeons seulement aux choquants disparates que nous présenterait,… tel horoscope… » (je remarque aussi, p. 195 : «… dans l'orbite particulier où elle se mouvait… »).

4695. La méchanceté du narrateur est souvent sournoise. Pratiquement tout ce qu'il prête à son père comme opinions, actes et propos, est médiocre.

4696. Que Gilberte est sans doute un garçon : ses jeux (p. 395) : le jeu de barres était-il vraisemblable comme jeu de (petites) filles ; les billes (p. 402) ; il en est de même pour presque tous les personnages « féminins » notés comme objets de possibles désirs ; on peut toujours les « traduire » en garçons : (p. 716) une « pêcheuse à la ligne » ! ; la petite bande de « à l'ombre… » (p. 788), leur préférence des sandwichs sur les gâteaux (p. 904), le goût des calembours (p. 908).

4697. (p. 864) La « tirade » d'Elstir : il pleut des vérités premières… ; cela est rapporté sans aucune ironie, il me semble.

4698. La scène « petite fripouille… » (p. 767) avec mr de Charlus. Les paroles ensuite attribuées au même, et que mes parents aimaient citer (ce qui en soi est tout un programme, comme on disait jadis) : « des sentiments trop naturels pour n'être pas sous-entendus » doivent se lire, dans un premier temps (qui est, comme le deuxième, interne au roman) non pas comme s'ils visaient la protestation du narrateur « comment, Monsieur, je l'adore !… » mais ce qu'a dit juste avant mr de Charlus lui-même, et dans un deuxième temps (obscur à la surface romanesque comme le premier) comme étant des « sentiments trop naturels » du narrateur lui-même ; et par suite (troisième temps) ceux du romancier (ce que, si on veut, la lecture biographique rend vraisemblable, mais on peut se dispenser, comme toujours, du 4e temps, cad de les prêter à P.). Proust (auteur) s'identifie ici spontanément à mr de Charlus (see le texte de je ne me souviens plus qui, montrant que, dans la fameuse scène entre Charlus et Jupien, la « physique » de la description, la topographie des lieux et la position des personnages prouvent que c'est le narrateur qui nécessairement se trouve à la place de Charlus (le narrateur, donc l'auteur, donc mr Proust, d'après le critique qui fait cette démonstration, mais bien entendu cela n'importe guère, il suffit qu'imaginairement et sans pouvoir le dissimuler totalement le romancier

« soit » alors « madame Bovary », je veux dire Charlus), du narrateur qui voudrait tant « se fiche (r) bien de sa vieille grand'mère », être, ô délices, une « petite fripouille ».

4699. tome II (38) « cherchant à retrouver un vers de Phèdre... ce qu'il avait de trop... cette énormité... n'était qu'un seul pied ». C'est un phénomène de subitisation négative : on ne sait pas quel est le nombre exact, mais on sait très nettement qu'il est faux, même s'il ne l'est que d'extrêmement peu.

4700. Je suis possesseur de mots qui sont « morts pour toutes fins pratiques » : soulier, réclame...

4701. **Le rythme selon Lusson : Définition**. *La Théorie du Rythme Abstrait, ou TRA (M, m) (où M = Métaphysique et m = mathématisée) est l'entrelacement d'une famille de théories ayant en commun une combinatoire séquentielle hiérarchisée d'événements élémentaires discrets observés sous le seul aspect du « même » et du « différent ».*

Sont à commenter dans cette définition les 14 mots suivants : abstrait, métaphysique, mathématisée, entrelacement, famille, combinatoire, séquentielle, hiérarchisée, événements, élémentaires, discrets, observés, « même », et « différent ». L'articulation de la phrase définitoire sera reportée à la suite d'un certain nombre de développements « concrets ».

4702. La première (par ordre d'importance) des « rubriques » de ces remarques est « poésie », mais je n'ai pas pris pour titre « poésie, remarques ». Les autres rubriques restreignent les remarques à certains aspects seulement de ce que j'entends par « poésie ».

4703. (Vauvenargues) Où tout est dépendant, il y a un maître. L'air appartient à l'homme, et l'homme à l'air, et rien n'est à soi ni à part.

4704. Jean Rolland (ens, 1928) disait : « plus il pleut, moins il pleut ».

4705. Jean Rolland (ens, 1928) disait : « Cette table me semble plus large que longue ».

4706. Presque tous les substantifs, dans les poèmes des 3 premiers livres d'Yves Bonnefoy, étaient déjà des mots français et de sens proche de leur sens actuel, avant 1100.

4707. Un portrait est une nature morte.

4708. Les poèmes composés suivant une forme ont entre eux une « ressemblance familiale ».

4709. (suite) Cette ressemblance, nette quand on découvre pour la première fois des exemples de la forme, s'estompe ensuite.

4710. Un poème n'est pas un jeu.

4711. Une lecture peut être un jeu entre un poème et des lecteurs.

4712. « La mort des amants » : l'amour punaise de sacristie.

4713. (4709) Cette remarque est faite par Compton-Burnett à propos des ressemblances proprement familiales (entre membres d'une même famille d'humains).

4714. Ce que j'ai oublié, l'ai-je su ?

4715. (4712) le taratantara, « populaire », « enfantin » (Hugo) est-il choisi avec une intention ironique ?

4716. Traduction métrique : *plant* : le « cimetière marin » en alexandrins. Il est en décas classiques « a minore ». Traduisons en décas « a majore » (on perd les rimes) : « ce toit où les pigeons marchent tranquilles/palpite entre les pins, entre les tombes/ »

4717. LE poète ? ouille ! Des poètes, oui.

4718. « Poète » est un nom, un nom propre avec, éventuellement, le supplément d'un qualificatif, d'un nom de rue, d'une statue, d'un monument…

4719. Un nom de poète mis sous un poème est comme un mot indo-européen reconstruit.

4720. Les poètes ? Peut-être.

4721. (4441) Si « x » est « une écrivaine, alors je suis un « poét' ».

4722. La plupart des « suppléments littéraires » des journaux ont adopté (depuis plusieurs années) l'élégante solution suivante pour rendre compte des livres de poésie : la « critique de zéro mot ».

4723. (4722) Le journal Le Monde complète ce mode de la critique par l'intervention d'un soi-disant « poète » qui déverse, à intervalles réguliers ses petites crottes de une ou deux lignes sur tel ou tel livre de poésie.

4724. (4450) Une installation de lignes.

4725. (4453) **Burke** (TLS, sept 7, 2012) On May 11, 1792 speaking in the Commons against a motion proposed by

Fox to annul the 1698 statutes against Unitarians (which denied the protection of the courts, debarred them from public office, and threatened to have their children taken from them), Burke declared of the outlawed community in question : « These insects reptiles only fill us with disgust ; if they get above their natural size, and increase in quantity, whilst they keep the quality, of their venom, they become the objects of the greatest terror. A spider in his natural size is only a spider, ugly and loathsome, and his flimsy net is only fit for catching flies. But, good God ! suppose a spider as large as an ox, and that he spread his cables about us, all the wilds of Africa would not produce any thing so dreadful. »

4726. Le temps est un effacement de lumière.

4727. (4461) Le monde est ce dont je me serai souvenu.

4728. Sans vers, on dit quoi ?

4729. Les vers cassent le temps. Les blancs droit et gauche dans la ligne rétablissent. Troisième intensité silencieuse des blancs intérieurs aux mots.

4730. Entendre (et comprendre) une forme, c'est la serrer entre deux au moins de ses passés contradictoires.

4731. Aveu : en un demi-siècle au moins je n'ai fait, sur la poésie, qu'explorer, en les restreignant souvent, quelques-unes des implications de ma conviction initiale. C'est peu pour une vie.

4732. J'ai été raisonnable, et prudent, donc étroit. Mais toutes les formes sont étroites.

4733. Si, quand je me souviens, je ne sais pas que je me souviens, est-ce vraiment que je me souviens ?

4734. Je l'ai su, je ne le sais plus. Je sais que je l'ai su. Qu'est-ce que je sais, là ?

4735. Souviens-moi du Vase de Soissons.

4736. (4506) Vantard !

4737. (4565) Je n'ai pas eu le temps de mettre au point le « trident » avec imbrication.

4738. Une question non abordée sérieusement dans mes remarques : l'enveloppe des formes. Par exemple : le sonnet court, long, les quasi-sonnets…

4739. Un nom de poète est un nom, linguistiquement, « sur-propre ».

4740. Au commencement de la collation systématique de ces remarques, il y eut la discussion, avec Lusson (à Fontaine-lès-Dijon) de l'orgue comme objet-mémoire de la musique.

4741. Tout, pour les philosophes français aujourd'hui, est frénétiquement marqué d'importance planétaire. Je crois la poésie plus modeste.

4742. (4741) Je ne parle même pas de la mathématique.

4743. Un legs peu remarqué d'Hitler à la langue allemande : typographique. On n'est pas revenu en arrière sur ce point. (Le peu d'allemand que j'ai appris au lycée était imprimé en « gothique ». Bizarre, quand j'y pense (c'était après 1945, pourtant.))

4744. Poésie, donc mémoire (et souvenir), donc nombre, donc temps, donc rythme, donc contrainte, donc forme. Rien d'autre dans ces remarques ; ou presque. Langue, langage, implicitement impliqués partout.

4745. On trouvera dans les différentes « sections » de l'ouvrage des remarques associées à des « rubriques-ombre » des principales : prose, oubli, espace, mètre…

4746. Les « rubriques-ombre » ont été explorées de manière bien trop lacunaire. Amende honorable ici est faite aux lecteurs.

4747. Au-delà du couple principal de mes remarques, poésie/prose, j'avais pensé, retardant sans cesse l'examen systématique et, à la fin, sans y parvenir (et c'est trop tard) au troisième terme, qui est le conte.

4748. (4747) Une section spécialement importante et difficile était le conte théologique.

4749. Wordsworth ? poète pour guides touristiques.

4750. J'ai traité ces remarques comme une forme de prose.

4751. Mes remarques contiennent trop de répétitions. Mais je préfère maintenir les répétitions.

4752. J'arrête maintenant (j'arrêterai bientôt) ces remarques, n'ayant plus accès aux bibliothèques, très peu aux livres, même ceux qui sont derrière moi, dans ma bibliothèque.

4753. J'arrête aussi parce que l'envahissement de ma tête par l'oubli ne me permet plus de contrôler l'ensemble.

4754. La dernière remarque ne remarquera rien que le fait qu'elle sera la dernière remarque.

4755. La dernière remarque ne remarque rien que le fait qu'elle est la dernière remarque.

Table

A (1-317) 7
B (318-634) 33
C (635- 951) 61
D (952-1268) 91
E (1269-1585) 119
F (1586-1902) 155
G (1903-2219) 183
H (2220-2536) 213
I (2537-2853) 239
J (2854-3170) 267
K (3171-3487) 293
L (3488-3804) 321
New Remarks – M (3805-4121) 347
REM-N (4122-4438) 371
REM-O (4439-4755) 395

L'auteur

Jacques Roubaud est né en 1932 à Caluire, dans le Rhône. Il se définit lui-même comme compositeur en poésie et retraité en mathématiques. Il a publié de la poésie, de la prose, du théâtre et des écrits de théorie littéraire.

Il a notamment publié, aux Éditions du Seuil :

Partition rouge. Poèmes et chants des Indiens d'Amérique du Nord (en collaboration avec Florence Delay), « Fiction & Cie », 1988 ; « Points Sagesses », n° 87, 1995.

Le Grand Incendie de Londres. Récit avec incises et bifurcations, 1985-1987 ; « Fiction & Cie », 1989.

L'Hexaméron (en collaboration), « Fiction & Cie », 1990.

Le Voyage d'hier, 1993.

La Boucle, « Fiction & Cie », 1993.

Mathématique : (récit), « Fiction & Cie », 1997.

L'Abominable Tisonnier de John McTaggart Ellis McTaggart et autres vies plus ou moins brèves, « Fiction & Cie », 1997.

Poésie : (récit), « Fiction & Cie », 2000.

La Bibliothèque de Warburg. Version mixte, « Fiction & Cie », 2002.

Parc sauvage. Récit, « Fiction & Cie », 2008.

Impératif catégorique (récit), « Fiction & Cie », 2008.

'le grand incendie de londres' (La Destruction, La Boucle, Mathématique :, Impératif catégorique, Poésie :, La Bibliothèque de Warburg), « Fiction & Cie », 2009.

Le Voyage d'hiver & ses suites (en collaboration avec Georges Perec et l'Oulipo), « La Librairie du XXIe siècle », 2013.

Chez d'autres éditeurs :

€, Gallimard, 1967, « Poésie/Gallimard », 1988.

Petit Traité invitant à découvrir l'art subtil du go (en collaboration avec Pierre Lusson et Georges Perec), Bourgois, 1969.

Mono no aware. Le sentiment des choses. Cent quarante-trois poèmes empruntés au japonais, Gallimard, 1970.

Renga (en collaboration avec Octavio Paz, Charles Tomlison, Eduardo Sanguinetti), Gallimard, 1971.

Trente et un au cube, Gallimard, 1973.

Mezura, Éditions d'Atelier, 1975.

Autobiographie, chapitre dix. Poèmes avec des moments de repos en prose, Gallimard, 1977.

Graal fiction, Gallimard, 1978.

La Vieillesse d'Alexandre. Essai sur quelques états récents du vers français, Maspero, 1978 ; Ramsay, 1988.

Dors, précédé de *Dire la poésie*, Gallimard, 1981.

Le Roi Arthur. Au temps des chevaliers et des enchanteurs, Hachette, « Échos/personnages », 1983.

Les Animaux de tout le monde. Poèmes pour enfants illustrés par Marie Borel et Jean-Yves Cousseau, Ramsay, 1983 ; Seghers, 1990.

La Belle Hortense, Ramsay, 1985 ; Seuil, « Points », 1996.

Quelque chose noir, Gallimard, 1986, « Poésie/Gallimard », 2001.

Soleil du soleil. Anthologie du sonnet français de Marot à Malherbe, Gallimard, 1990, « Poésie/Gallimard », 2006.

La Pluralité des mondes de Lewis, Gallimard, 1991.

La Fleur inverse. Essai sur l'art formel des troubadours, Ramsay, 1996 ; Les Belles Lettres, 1994.

La Bibliothèque oulipienne (en collaboration avec Paul Fournel), 3 vol., Seghers, 1987-1990.

L'Enlèvement d'Hortense, Ramsay, 1987 ; Seuil, « Points », 1996.

Échanges de la lumière, Métailié, 1990.

La Princesse Hopy ou Le Conte du labrador, Hatier, « Fées et Gestes », 1990 ; Absalon, « La Reverdie », 2008.

L'Exil d'Hortense, Seghers, 1990 ; Seuil, « Points », 1996.

Les Animaux de personne. Poèmes pour enfants illustrés par Marie Borel et Jean-Yves Cousseau, Seghers, « Volubile », 1991.

Impressions de France, Hatier, « Brèves », 1991.

L'Invention du fils de Leoprépès, Circé, 1993.

Monsieur Goodman rêve de chats. Poésie, Gallimard jeunesse, 1994.
Poésie etcetera. Ménage, Stock, 1995.
Mille e tre, deux. 200 flèches (en collaboration avec Michaël Heinich), Théâtre typographique, 1995.
La Fenêtre veuve. Prose orale, Théâtre typographique, 1996.
Le Chevalier Silence. Une aventure des temps amoureux, Gallimard, « Haute Enfance », 1997.
La Ballade et le Chant royal. Poétique, Les Belles Lettres, 1997.
La forme d'une ville change plus vite, hélas, que le cœur des humains. Cent cinquante poèmes (1991-1998), Gallimard, 1999, « Poésie/ Gallimard », 2006.
Menu, menu (présentation de Guy Goffette et illustrations de Elene Usdin), Gallimard jeunesse, « Enfance en poésie », 2000.
Kyrielle, Nous, 2003.
Tokyo infra-ordinaire, Inventaire-Invention, 2003 ; Le Tripode, 2014.
Churchill 40 et autres sonnets de voyage (2000-2003), Gallimard, 2004.
Ma vie avec le docteur Lacan, Éditions de l'Attente, 2004.
Sous le soleil. Vanité des vanités, Bayard, 2004.
Graal théâtre (1977), Gallimard, version intégrale revue, 2005.
Nous, les moins-que-rien, fils aînés de personne. 12 (+1) autobiographies, Fayard, 2006.
La Dissolution, Nous, 2008.
Éros mélancolique (en collaboration avec Anne F. Garréta), Grasset, 2009.
Rondeaux. Poésie, Gallimard jeunesse, 2009.
Ciel et terre et ciel et terre, et ciel. John Constable, Argol éditions, 2009.
Lire, écrire ou Comment je suis devenu collectionneur de bibliothèques, Presses de l'Enssib, 2012.
Ode à la ligne 29 des autobus parisiens, Attila, 2012.
Description du projet, Nous, 2014.
Octogone. Libre de poésie, quelquefois prose, Gallimard, « Blanche », 2014.
C et autre poésie (1962-2012), Nous, 2015.

La Librairie du XXIe siècle

Sylviane Agacinski, *Le Passeur de temps. Modernité et nostalgie.*

Sylviane Agacinski, *Métaphysique des sexes. Masculin/féminin aux sources du christianisme.*

Sylviane Agacinski, *Drame des sexes. Ibsen, Strindberg, Bergman.*

Sylviane Agacinski, *Femmes entre sexe et genre.*

Giorgio Agamben, *La Communauté qui vient. Théorie de la singularité quelconque.*

Henri Atlan, *Tout, non, peut-être. Éducation et vérité.*

Henri Atlan, *Les Étincelles de hasard I. Connaissance spermatique.*

Henri Atlan, *Les Étincelles de hasard II. Athéisme de l'Écriture.*

Henri Atlan, *L'Utérus artificiel.*

Henri Atlan, *L'Organisation biologique et la Théorie de l'information.*

Henri Atlan, *De la fraude. Le monde de l'*onaa.

Marc Augé, *Domaines et châteaux.*

Marc Augé, *Non-lieux. Introduction à une anthropologie de la surmodernité.*

Marc Augé, *La Guerre des rêves. Exercices d'ethnofiction.*

Marc Augé, *Casablanca.*

Marc Augé, *Le Métro revisité.*

Marc Augé, *Quelqu'un cherche à vous retrouver.*

Marc Augé, *Journal d'un SDF. Ethnofiction.*

Marc Augé, *Une ethnologie de soi. Le temps sans âge.*

Jean-Christophe Bailly, *Le Propre du langage. Voyages au pays des noms communs.*

Jean-Christophe Bailly, *Le Champ mimétique.*

Marcel Bénabou, *Jacob, Ménahem et Mimoun. Une épopée familiale.*

Marcel Bénabou, *Pourquoi je n'ai écrit aucun de mes livres.*

Julien Blanc, *Au commencement de la Résistance. Du côté du musée de l'Homme 1940-1941.*

R. Howard Bloch, *Le Plagiaire de Dieu. La fabuleuse industrie de l'abbé Migne.*

Remo Bodei, *La Sensation de déjà vu.*

Ginevra Bompiani, *Le Portrait de Sarah Malcolm.*

Julien Bonhomme, *Les Voleurs de sexe. Anthropologie d'une rumeur africaine.*

Yves Bonnefoy, *Lieux et destins de l'image. Un cours de poétique au Collège de France (1981-1993).*

Yves Bonnefoy, *L'Imaginaire métaphysique.*

Yves Bonnefoy, *Notre besoin de Rimbaud.*

Yves Bonnefoy, *L'Autre Langue à portée de voix.*

Yves Bonnefoy, *Le Siècle de Baudelaire.*

Yves Bonnefoy, *L'Hésitation d'Hamlet et la Décision de Shakespeare.*

Philippe Borgeaud, *La Mère des Dieux. De Cybèle à la Vierge Marie.*

Philippe Borgeaud, *Aux origines de l'histoire des religions.*

Jorge Luis Borges, *Cours de littérature anglaise.*

Claude Burgelin, *Les Mal Nommés. Duras, Leiris, Calet, Bove, Perec, Gary et quelques autres.*

Italo Calvino, *Pourquoi lire les classiques.*

Italo Calvino, *La Machine littérature.*

Paul Celan et Gisèle Celan-Lestrange, *Correspondance.*

Paul Celan, *Le Méridien & autres proses.*

Paul Celan, *Renverse du souffle.*

Paul Celan et Ilana Shmueli, *Correspondance.*

Paul Celan, *Partie de neige.*

Paul Celan et Ingeborg Bachmann, *Le Temps du cœur. Correspondance.*

Michel Chodkiewicz, *Un océan sans rivage. Ibn Arabî, le Livre et la Loi.*

Antoine Compagnon, *Chat en poche. Montaigne et l'allégorie.*

Hubert Damisch, *Un souvenir d'enfance par Piero della Francesca.*
Hubert Damisch, *CINÉ FIL.*
Hubert Damisch, *Le Messager des îles.*
Luc Dardenne, *Au dos de nos images (1991-2005)*, suivi de *Le Fils* et *L'Enfant*, par Jean-Pierre et Luc Dardenne.
Luc Dardenne, *Sur l'affaire humaine.*
Luc Dardenne, *Au dos de nos images II (2005-2014)*, suivi de *Le Gamin au vélo* et *Deux jours, une nuit*, par Jean-Pierre et Luc Dardenne.
Michel Deguy, *À ce qui n'en finit pas.*
Daniele Del Giudice, *Quand l'ombre se détache du sol.*
Daniele Del Giudice, *L'Oreille absolue.*
Daniele Del Giudice, *Dans le musée de Reims.*
Daniele Del Giudice, *Horizon mobile.*
Daniele Del Giudice, *Marchands de temps.*
Mireille Delmas-Marty, *Pour un droit commun.*
Jean-Paul Demoule, *Mais où sont passés les Indo-Européens ? Le mythe d'origine de l'Occident.*
Marcel Detienne, *Comparer l'incomparable.*
Marcel Detienne, *Comment être autochtone. Du pur Athénien au Français raciné.*
Donatella Di Cesare, *Heidegger, les Juifs, la Shoah. Les* Cahiers noirs.
Milad Doueihi, *Histoire perverse du cœur humain.*
Milad Doueihi, *Le Paradis terrestre. Mythes et philosophies.*
Milad Doueihi, *La Grande Conversion numérique.*
Milad Doueihi, *Solitude de l'incomparable. Augustin et Spinoza.*
Milad Doueihi, *Pour un humanisme numérique.*
Jean-Pierre Dozon, *La Cause des prophètes. Politique et religion en Afrique contemporaine*, suivi de *La Leçon des prophètes* par Marc Augé.
Pascal Dusapin, *Une musique en train de se faire.*
Brigitta Eisenreich, avec Bertrand Badiou, *L'Étoile de craie. Une liaison clandestine avec Paul Celan.*
Uri Eisenzweig, *Naissance littéraire du fascisme.*

Norbert Elias, *Mozart. Sociologie d'un génie.*

Norbert Elias, *Théorie des symboles.*

Rachel Ertel, *Dans la langue de personne. Poésie yiddish de l'anéantissement.*

Arlette Farge, *Le Goût de l'archive.*

Arlette Farge, *Dire et mal dire. L'opinion publique au* XVIIIe *siècle.*

Arlette Farge, *Le Cours ordinaire des choses dans la cité au* XVIIIe *siècle.*

Arlette Farge, *Des lieux pour l'histoire.*

Arlette Farge, *La Nuit blanche.*

Alain Fleischer, *L'Accent, une langue fantôme.*

Alain Fleischer, *Le Carnet d'adresses.*

Alain Fleischer, *Réponse du muet au parlant. En retour à Jean-Luc Godard.*

Alain Fleischer, *Sous la dictée des choses.*

Lydia Flem, *L'Homme Freud.*

Lydia Flem, *Casanova ou l'Exercice du bonheur.*

Lydia Flem, *La Voix des amants.*

Lydia Flem, *Comment j'ai vidé la maison de mes parents.*

Lydia Flem, *Panique.*

Lydia Flem, *Lettres d'amour en héritage.*

Lydia Flem, *Comment je me suis séparée de ma fille et de mon quasi-fils.*

Lydia Flem, *La Reine Alice.*

Lydia Flem, *Discours de réception à l'Académie royale de Belgique*, accueillie par Jacques de Decker, secrétaire perpétuel.

Lydia Flem, *Je me souviens de l'imperméable rouge que je portais l'été de mes vingt ans.*

Nadine Fresco, *Fabrication d'un antisémite.*

Nadine Fresco, *La Mort des juifs.*

Françoise Frontisi-Ducroux, *Ouvrages de dames. Ariane, Hélène, Pénélope…*

Marcel Gauchet, *L'Inconscient cérébral.*

Hélène Giannecchini, *Une image peut-être vraie. Alix Cléo Roubaud.*

Jack Goody, *La Culture des fleurs.*

Jack Goody, *L'Orient en Occident*.
Anthony Grafton, *Les Origines tragiques de l'érudition. Une histoire de la note en bas de page*.
Jean-Claude Grumberg, *Mon père. Inventaire*, suivi de *Une leçon de savoir-vivre*.
Jean-Claude Grumberg, *Pleurnichard*.
François Hartog, *Régimes d'historicité. Présentisme et expériences du temps*.
Daniel Heller-Roazen, *Écholalies. Essai sur l'oubli des langues*.
Daniel Heller-Roazen, *L'Ennemi de tous. Le pirate contre les nations*.
Daniel Heller-Roazen, *Une archéologie du toucher*.
Daniel Heller-Roazen, *Le Cinquième Marteau. Pythagore et la dysharmonie du monde*.
Ivan Jablonka, *Histoire des grands-parents que je n'ai pas eus. Une enquête*.
Ivan Jablonka, *L'histoire est une littérature contemporaine. Manifeste pour les sciences sociales*.
Jean Kellens, *La Quatrième Naissance de Zarathushtra. Zoroastre dans l'imaginaire occidental*.
Nicole Lapierre, *Sauve qui peut la vie*.
Jacques Le Brun, *Le Pur Amour de Platon à Lacan*.
Jacques Le Goff, *Faut-il vraiment découper l'histoire en tranches ?*
Jean Levi, *Les Fonctionnaires divins. Politique, despotisme et mystique en Chine ancienne*.
Jean Levi, *La Chine romanesque. Fictions d'Orient et d'Occident*.
Claude Lévi-Strauss, *L'Anthropologie face aux problèmes du monde moderne*.
Claude Lévi-Strauss, *L'Autre Face de la lune. Écrits sur le Japon*.
Claude Lévi-Strauss, *Nous sommes tous des cannibales*.
Claude Lévi-Strauss, *« Chers tous deux ». Lettres à ses parents, 1931-1942*.
Monique Lévi-Strauss, *Une enfance dans la gueule du loup*.
Nicole Loraux, *Les Mères en deuil*.
Nicole Loraux, *Né de la Terre. Mythe et politique à Athènes*.

Nicole Loraux, *La Tragédie d'Athènes. La politique entre l'ombre et l'utopie.*

Patrice Loraux, *Le Tempo de la pensée.*

Sabina Loriga, *Le Petit x. De la biographie à l'histoire.*

Charles Malamoud, *Le Jumeau solaire.*

Charles Malamoud, *La Danse des pierres. Études sur la scène sacrificielle dans l'Inde ancienne.*

François Maspero, *Des saisons au bord de la mer.*

Marie Moscovici, *L'Ombre de l'objet. Sur l'inactualité de la psychanalyse.*

Michel Pastoureau, *L'Étoffe du diable. Une histoire des rayures et des tissus rayés.*

Michel Pastoureau, *Une histoire symbolique du Moyen Âge occidental.*

Michel Pastoureau, *L'Ours. Histoire d'un roi déchu.*

Michel Pastoureau, *Les Couleurs de nos souvenirs.*

Michel Pastoureau, *Le Roi tué par un cochon. Une mort infâme aux origines des emblèmes de la France ?*

Vincent Peillon, *Une religion pour la République. La foi laïque de Ferdinand Buisson.*

Vincent Peillon, *Éloge du politique. Une introduction au* XXIe *siècle.*

Georges Perec, *L'Infra-ordinaire.*

Georges Perec, *Vœux.*

Georges Perec, *Je suis né.*

Georges Perec, *Cantatrix sopranica L. et autres écrits scientifiques.*

Georges Perec, *L. G. Une aventure des années soixante.*

Georges Perec, *Le Voyage d'hiver.*

Georges Perec, *Un cabinet d'amateur.*

Georges Perec, *Beaux présents, belles absentes.*

Georges Perec, *Penser/Classer.*

Georges Perec, *Le Condottière.*

Georges Perec, *L'Attentat de Sarajevo.*

Georges Perec/OuLiPo, *Le Voyage d'hiver & ses suites.*

Catherine Perret, *L'Enseignement de la torture. Réflexions sur Jean Améry.*

Michelle Perrot, *Histoire de chambres.*
J.-B. Pontalis, *La Force d'attraction.*
Jean Pouillon, *Le Cru et le Su.*
Jérôme Prieur, *Roman noir.*
Jérôme Prieur, *Rendez-vous dans une autre vie.*
Jacques Rancière, *Courts voyages au pays du peuple.*
Jacques Rancière, *Les Noms de l'histoire. Essai de poétique du savoir.*
Jacques Rancière, *La Fable cinématographique.*
Jacques Rancière, *Chroniques des temps consensuels.*
Jean-Michel Rey, *Paul Valéry. L'aventure d'une œuvre.*
Jacqueline Risset, *Puissances du sommeil.*
Jean-Loup Rivière, *Le Monde en détails.*
Denis Roche, *Dans la maison du Sphinx. Essais sur la matière littéraire.*
Olivier Rolin, *Suite à l'hôtel Crystal.*
Olivier Rolin & Cie, *Rooms.*
Charles Rosen, *Aux confins du sens. Propos sur la musique.*
Israel Rosenfield, *« La Mégalomanie » de Freud.*
Pierre Rosenstiehl, *Le Labyrinthe des jours ordinaires.*
Paul-André Rosental, *Destins de l'eugénisme.*
Jacques Roubaud. *Poétique. Remarques. Poésie, mémoire, nombre, temps, rythme, contrainte, forme, etc.*
Jean-Frédéric Schaub, *Oroonoko, prince et esclave. Roman colonial de l'incertitude.*
Jean-Frédéric Schaub, *Pour une histoire politique de la race.*
Francis Schmidt, *La Pensée du Temple. De Jérusalem à Qoumrân.*
Jean-Claude Schmitt, *La Conversion d'Hermann le Juif. Autobiographie, histoire et fiction.*
Michel Schneider, *La Tombée du jour. Schumann.*
Michel Schneider, *Baudelaire. Les années profondes.*
David Shulman, Velcheru Narayana Rao et Sanjay Subrahmanyam, *Textures du temps. Écrire l'histoire en Inde.*
David Shulman, *Ta'ayush. Journal d'un combat pour la paix. Israël-Palestine, 2002-2005.*

Jean Starobinski, *Action et réaction. Vie et aventures d'un couple.*
Jean Starobinski, *Les Enchanteresses.*
Jean Starobinski, *L'Encre de la mélancolie.*
Anne-Lise Stern, *Le Savoir-déporté. Camps, histoire, psychanalyse.*
Antonio Tabucchi, *Les Trois Derniers Jours de Fernando Pessoa. Un délire.*
Antonio Tabucchi, *La Nostalgie, l'Automobile et l'Infini. Lectures de Pessoa.*
Antonio Tabucchi, *Autobiographies d'autrui. Poétiques* a posteriori.
Emmanuel Terray, *La Politique dans la caverne.*
Emmanuel Terray, *Une passion allemande. Luther, Kant, Schiller, Hölderlin, Kleist.*
Camille de Toledo, *Le Hêtre et le bouleau. Essai sur la tristesse européenne*, suivi de *L'Utopie linguistique ou la pédagogie du vertige.*
Camille de Toledo, *Vies pøtentielles.*
Camille de Toledo, *Oublier, trahir, puis disparaître.*
César Vallejo, *Poèmes humains* et *Espagne, écarte de moi ce calice.*
Jean-Pierre Vernant, *Mythe et religion en Grèce ancienne.*
Jean-Pierre Vernant, *Entre mythe et politique I.*
Jean-Pierre Vernant, *L'Univers, les Dieux, les Hommes. Récits grecs des origines.*
Jean-Pierre Vernant, *La Traversée des frontières. Entre mythe et politique II.*
Ida Vitale, *Ni plus ni moins.*
Nathan Wachtel, *Dieux et vampires. Retour à Chipaya.*
Nathan Wachtel, *La Foi du souvenir. Labyrinthes marranes.*
Nathan Wachtel, *La Logique des bûchers.*
Nathan Wachtel, *Mémoires marranes. Itinéraires dans le* sertão *du Nordeste brésilien.*
Catherine Weinberger-Thomas, *Cendres d'immortalité. La crémation des veuves en Inde.*
Natalie Zemon Davis, *Juive, catholique, protestante. Trois femmes en marge au* XVIIe *siècle.*

RÉALISATION : PAO ÉDITIONS DU SEUIL
IMPRESSION : NORMANDIE ROTO IMPRESSION S.A.S. À LONRAI (61)
DÉPÔT LÉGAL : AVRIL 2016. Nº 129549 (1600857)
Imprimé en France